绍兴文理学院应用型本科教材出版基金资助项目

金建生　编著

中小学教师考试
通识教程

ZHONGXIAOXUEJIAOSHIKAOSHI
TONGSHIJIAOCHENG

南京大学出版社

图书在版编目(CIP)数据

中小学教师考试通识教程 / 金建生编著. —南京：
南京大学出版社，2014.10(2022.12 重印)
ISBN 978 - 7 - 305 - 14089 - 1

Ⅰ.①中…　Ⅱ.①金…　Ⅲ.①中小学－教师－聘用－
资格考试－自学参考资料　Ⅳ.①G451.1

中国版本图书馆 CIP 数据核字(2014)第 242430 号

出版发行　南京大学出版社
社　　址　南京市汉口路 22 号　　　邮　　编　210093
出 版 人　金鑫荣
书　　名　中小学教师考试通识教程
编　著　金建生
责任编辑　钱梦菊　王抗战　　　　编辑热线　025 - 83592146
照　排　南京开卷文化传媒有限公司
印　刷　广东虎彩云印刷有限公司
开　本　787×1092　1/16　印张 20.25　字数 493 千
版　次　2014 年 10 月第 1 版　2022 年 12 月第 2 次印刷
ISBN 978 - 7 - 305 - 14089 - 1
定　价　44.00 元

网　址:http://www.njupco.com
官方微博:http://weibo.com/njupco
官方微信号:njupress
销售咨询热线:(025)83594756

前　言

根据国家教师教育的相关文件精神规定,从 2012 年起,试点教师资格证考试省份的师范生在毕业当年需要参加国家统一命题的教师资格考试。2015 年,浙江省、江西省的师范生将首先参加国家教师资格证考试,接着山东等省份的师范生在毕业时也要参加国家教师资格证考试。从 2015 年起,全国师范生将不再当然地在毕业时获得教师资格证,都必须参加国家教师资格证考试。为此,2011 年 7 月,教育部师范教育司教育部考试中心公布了《中小学和幼儿园教师资格考试标准(试行)》(以下简称《标准》)。《标准》强调要考查申请教师资格人员从事教师职业所必需的职业道德、专业知识与基本能力,并分别从职业道德与素养、教育知识与应用、教学知识与能力三个领域进行命题。

同时,根据各省教育部门"凡进必考"的原则,在取得教师资格证后入职时,还要进行入编(事业编制)考试。各省的入编考试都以各省发布的考试大纲作为基本遵循,但在实际命题中,为了取得高区分度,往往会有偏、难、怪题出现。

本书编写的目的是兼顾教师资格证考试与教师招考考试的内容与形式,从最早试点的浙江省的教师资格证考试和入编考试的命题原则与样式获取经验,力图体现九大编写特点:

(1)科学性:依据学科特征,先学习心理学,再学习教育学和教育政策法规。

(2)全面性:涵盖教师教育考试标准、资格证、教师招考等权威文件内容。

(3)针对性:收录了 2009 年来全国和各省教师编制和资格证考试典型真题和解析。

(4)系统性:从教师教育基础知识视角系统梳理了重要知识点和技能点。

(5)简约性:框架和叙述便于理解和记忆,答题要点清晰,符合标准答案要求。

(6)标准性:集多版教材于一体,论述权威,观点标准,采分点强。

(7)生本性:设有知识要点、即时检测、真题再现、考题预测和深度练习。

(8)练习性:书中每章后面都设计了大量的深度练习题,边白也有预测题。

(9)预测性:基于考试方向设有预测题,可以重点巩固基础知识和主要采分点。

本书的编著者具有多年教师资格证辅导、教师考编辅导的经验,书中内容也在历年教师资格证考试、入编考试培训、教学中得到使用,效果良好。

　　本书主要作为教师资格证和教师考编总复习用书,也可以作为想获得教师资格证和想考入教师编制的人员的学习、复习用书。

　　在本书的编写过程中,参考了大量的文献,特别要提到的是王道俊、郭文安主编的《教育学》(人民教育出版社),沈德立主编的《发展与教育心理学(附自学考试大纲)》(辽宁大学出版社),劳凯声主编的《教育学》(南开大学出版社)。在这里编著者表示深深的敬意。最后,感谢绍兴文理学院校本教材出版基金的资助,感谢南京大学出版社的编辑们的辛苦工作。

编　者

目 录

第一编 心理学基础

第二编　教育学

第三编　教育政策与法规

第一编 心理学基础

第一章 心理学概述

知识架构

心理学概述	心理学的研究对象与研究任务 心理学的产生、独立与发展 普通心理学与发展心理学、教育心理学的关系 学习心理学的意义 心理学研究方法

考纲要点

识记

1. 心理学的研究对象；
2. 心理学的产生、独立与发展。

理解

1. 心理学研究的任务；
2. 普通心理学与发展心理学、教育心理学的关系；
3. 学习心理学的意义；
4. 心理学常用的研究方法。

运用

结合教学实际谈谈心理学对教育教学工作的意义。

第一节 心理学的研究对象与学科性质

一、心理学的研究对象

心理学是研究人的心理现象发生、发展及其变化规律的学科。可以具体为：

第一，研究心理现象对客观环境条件的依赖关系，探讨各种心理现象在客观环境条件的影响下发生和发展的规律。

第二，研究个体特点对自身认知活动的影响，以及对自身行为活动的调节作用。

第三，研究和揭示心理活动的生理机制。

二、心理现象及其结构

人和动物都具有心理现象，心理现象也叫心理活动。动物的心理活动简单低级，往往受本能需要所支配，人的心理活动则在此基础上产生了更高级的需要，如情感、意志、精神甚至言语需要。因此，人的心理具有意识性和能动性。

一般说来，人的心理现象可以分为心理过程和个性心理两部分。

（一）心理过程

心理过程是心理活动的一种动态过程，是人脑对客观实际的反映过程，一般包括认知过程、情绪情感过程和意志过程。（见表1-1-1）

（1）认知过程。认知是个体认识客观世界的信息加工活动，主要指人们获得知识和应用知识的过程。主要包括感觉、知觉、记忆、想象、思维等。（2011年考过）

（2）情绪情感过程。人在认知过程中产生的各种内心体验。基本情绪有喜怒哀乐惧，基本情感有理智感、道德感和美感。（2011年考过）

（3）意志过程。人在活动中为实现目标而对自己的行为的自觉组织和自我调节过程。人能自觉地确定目的，并克服困难，实现目的。这是人与动物心理的重要区别。

上述三个过程相互影响、相互支撑，共同组织成为一个统一的心理过程。其中，认知过程是基础，情感过程是动力，意志过程具有调控作用。

> **重要知识点**
> 人的心理分为：
> 心理过程
> 个性心理
> 心理过程分为：
> 认知过程
> 情绪情感过程
> 意志过程
> 个性心理分为：
> 个性心理倾向性
> 个性心理特征
> 自我意识

表1-1-1 心理过程结构表

组成结构	内容要素	关系
认知过程	感觉、知觉、记忆、想象、思维	基础
情绪情感过程	喜怒哀乐惧；理智感、道德感和美感	动力
意志过程	自我调节、自我监控、自我计划	调节

（二）个性心理

个性心理是指表现在一个人身上的比较稳定的心理特质的综合，是一个人总的精神面貌，反映了人与人之间稳定的差异特质。它主要包括个性心理倾向性、个性心理特征和自我意识三个方面。（见表1-1-2）

（1）个性心理倾向性。个性心理倾向性是指人对客观现实的态度，是人进行活动的基本动力，主要包括需要、动机、兴趣、理想、世界观、人生观、价值观。

（2）个性心理特征。个性心理特征则是指个体经常表现出来的典型的、稳定的特点，主要包括气质、性格、能力和智力等。

（3）自我意识。自我意识是人对自己身心状态及对自己同客观世界的关系的意识。自我意识包括三个层次：对自己及其状态的认识；对自己肢体活动状态的认识；对自己思维、情感、意志等心理活动的认识。自我意识是人类特有的反映形式，是人的心理区别于动物心理的一大特征。自我意识主要包括三种心理成分：自我认识、自我体验和自我监控。

表 1 - 1 - 2　个性心理结构表

组成结构	内容要素	关系
个性心理倾向性	需要、动机、兴趣、理想、世界观、人生观、价值观	基本动力
个性心理特征	气质、性格、能力、智力	稳定特质
自我意识	自我认识、自我体验、自我监控	调节

（三）注意

注意（attention）指心理活动对一定对象的指向和集中。

注意不是一个独立的心理过程，但却是伴随上述心理过程的心理状态。

心理过程和个性心理共同构成我们的全部心理生活。两者之间的关系是：心理过程是动态心理现象，个性心理特征则是静态心理现象；而注意是伴随上述心理活动的心理状态。

三、心理学的性质

心理学兼有自然科学和社会科学的双重性质，是一门交叉（边缘性）学科。

四、真题选析

（一）单选题

在学习和生活中，我们常确定目标，但在目标实现的过程中会遇到各种障碍，这要求我们要通过自己的心理努力克服困难，有意识地把自己的行为调节和控制在与实现目标一致的方向上，这种心理过程是（　　）。（2011 年）

A. 动机　　　　　B. 情绪　　　　　C. 意志　　　　　D. 思维

答案 C。解析：意志指人们自觉地确定目的并支配其行动以实现预定目的的心理过程。动机是指由特定需要引起的，欲满足各种需要的特殊心理状态和意愿。情绪是对一系列主观认知经验的通称，是多种感觉、思想和行为综合产生的心理和生理状态。思维是人脑对客观现实概括的和间接的反映，它反映的是事物的本质和事物间规律性的联系。

（二）名词解释

情绪和情感

答：人对事物的态度的体验，是人的需要得到满足与否的反映。情绪和情感两个词常可通用，在某些

> **重要知识点**
> 1. 注意不是一个独立的心理过程，而是伴生的心理过程。
> 2. 感知、记忆、思维是信息加工过程，也是我们获得和应用知识的基本过程，它们属于（A）。（2011 初高中真题）
> A. 认知过程
> B. 情绪情感过程
> C. 人格
> D. 动机系统

场合它们所表达的内容也有不同,但这种区别是相对的。人们常把短暂而强烈的具有情景性的感情反应看作是情绪,如愤怒、恐惧、狂喜等;而把稳定而持久的、具有深沉体验的感情反应看作是情感,如道德感、理智感、美感。

第二节 心理学的产生、独立与发展

一、心理学的产生与独立

（一）科学心理学的诞生路径

1. 哲学路径

古希腊哲学是心理学产生的哲学路径之一。其中亚里士多德的《论灵魂》是历史上第一部论述心理现象的书。近代哲学中的唯理论和经验论对心理学的产生起到了主要作用。其中被马克思赞誉为"英国唯物主义和整个近代实验科学的真正始祖"的培根提出的经验归纳法,以及笛卡尔提出的"反射"思想,洛克的"联想"概念,贝克莱的"存在就是被感知"命题,培因第一个创办的《心灵》杂志,拉美特利的名著《人是机器》,把人的认识能力分为感性、悟性和理性三种形式的康德,以及第一个把心理学宣称为科学的赫尔巴特等对科学心理学的诞生起到了不可磨灭的作用。

2. 科学路径

生理学和物理学的成果对心理学产生了重要影响。其中西波克拉底和加伦论气质的四种体液说、加尔的颅像说、弗卢龙的大脑统一机能说、阿斯特律克的反射说、赫尔姆霍兹的神经冲动反射说与视觉的三色和四色说、韦伯定律,以及费西纳第一次把物理学的数量化测量运用到心理学研究中等都为科学心理学的产生奠定了基础。

（二）心理学的三个故乡

1. 古希腊

古希腊是心理学起源的遥远故乡。苏格拉底的《对话》提出了灵魂和肉体的不同。柏拉图提出两个世界说。亚里士多德的《论灵魂》是历史上第一部关于心理学的专门著作,他的实在论后来演变为经验论。他认为,要想对某事物有所认识,必须了解四个原因:形式因、质料因、动力因以及目的因。

2. 德国

德国是科学心理学诞生的故乡。1879年12月,冯特在莱比锡大学建立了心理学实验室标志着科学心理学的诞生。他的《生理心理学原理》是科学心理学诞生的标志性著作。

3. 美国

美国是科学心理学发展的故乡,行为主义成为心理学第一大势力。

（三）科学心理学的独立

1879年冯特在德国莱比锡大学建立第一个研究心理学的实验室。

重要知识点

1. 科学心理学独立的标志是（　　）。

答:1879年12月,冯特在莱比锡大学建立了心理学实验室标志着科学心理学的诞生。他的《生理心理学原理》是标志性著作。

2. 心理学的第二大势力是（精神分析）。

3. 构造主义心理学派的代表人物是（铁钦纳）。

4. 詹姆士是（机能心理学）的代表人物。

5. 皮亚杰学派强调心理发展是（主客体相互作用的结果）。

6. 弗洛伊德是（精神分析）心理学的代表人物。

7. 第三势力心理学指的是（人本主义）。

8. 德国是（科学心理学）诞生的故乡。

这一事件成为心理学从哲学中分化出来,成为一门独立学科的标志。他被称为实验(内容)心理学的创始人或心理学之父。

二、心理学的发展

德国哲学家沃尔夫的《理性心理学》《经验心理学》使得心理学这个词得到了公认。之后,心理学沿着两条路线发展:一条是冯特代表的自然科学心理学发展路线;另一条是布伦塔诺代表的人文科学心理学路线,代表著作是《经验观点的心理学》。心理学的发展出现了许多流派,并形成了三大势力:行为主义是第一大势力,精神分析是第二大势力,人本主义是第三大势力。

三、心理学的主要流派

(一)科学流派

1. 内容心理学派

内容心理学派的代表人物主要有费希纳和冯特,强调心理学的科学观,主张把心理学看作是一门纯科学。其研究对象应该是人的直接经验。该学派主张身心平行论,采用实验内省法进行研究,认为心理学的研究任务是心理元素的分析和结合。其中艾宾浩斯的记忆研究也属于内容心理学范畴。

2. 构造主义心理学派

构造主义心理学派的代表人物是铁钦纳,其流派发展与铁钦纳的个人努力有重要关系,并在铁钦纳去世后衰退。该流派强调用实验方法系统研究心理问题,其理论基础为纯粹经验论;强调把心理学看成一门纯科学,只研究心理内容本身,研究它的实际存在,不去讨论其意义和功用,显得极为狭隘。

3. 机能心理学

机能心理学的代表人物是美国的心理学家詹姆士,分为哥伦比亚学派和芝加哥学派。机能心理学关心意识的用途(我们的心理是什么? 为何是这样? 这些信息是怎样应用到实践中去的?)等问题;强调心理现象对客观环境的适应和功用,不以研究意识经验为限。

4. 行为主义心理学

行为主义心理学的实质是将意识和行为绝对地对立起来。它主张研究可观察的行为,而不是意识,强调学习是控制和影响所有行为的关键。其代表人物是华生、斯金纳等。行为主义是心理学的第一大势力。

5. 格式塔学派

格式塔学派的代表人物是魏特海默、柯勒、考夫卡。它强调部分相加并不等于整体,整体先于部分而存在,并且制约着部分的性质和意义。

6. 皮亚杰学派

皮亚杰学派的代表人物是皮亚杰。该学派强调心理发展是主客体相互作用的结果,其实质是通过同化、顺应、平衡达到心理图式的改变;认为影响人心理发展的是成熟、物理环境和社会环境以及平衡或自我调节;强调心理发展阶段论。

7. 认知心理学

认知心理学的代表人物是奈瑟和西蒙。它研究人们对知识的获得、储存、提取和运用的过程。

（二）人文流派

1. 意动心理学

意动心理学的代表人物是布伦塔诺和斯顿夫。它强调心理学研究的人文观，采用内部知觉的方法研究心理经验。

2. 精神分析心理学

精神分析心理学的代表人物是弗洛伊德、荣格、阿德勒。它强调无意识控制着行为，儿童时期的经历是影响人格发展的主要因素；用潜意识、欲望、生本能和死本能等概念解释人的行为的内在动力；用口腔期、肛门期、性器期、潜伏期和性征期来解释个体的心理发展历程；用本我、自我和超我来解释个体的人格结构。精神分析是心理学的第二大势力。

3. 人本主义心理学

人本主义心理学的代表人物是马斯洛、罗杰斯。它强调自我意志，认为心理学的研究应该以正常人为对象。其任务是发掘人的内在潜力，达到自我实现境界。人本主义是心理学的第三大势力。

4. 超个人心理学

超个人心理学的代表人物是萨蒂奇。它强调研究人性的最高潜能、意识状态和超越经验。

5. 积极心理学

积极心理学的代表人物是马丁·塞里格曼。它强调利用心理学目前已比较完善和有效的实验方法与测量手段，来研究人类的力量和美德等积极方面的一个心理学思潮。积极心理学的研究对象是平均水平的普通人，它要求心理学家用一种更加开放的、欣赏的眼光去看待人类的潜能、动机和能力等。

> **重要知识点**
>
> **人本主义心理学的主要观点是什么？**
>
> 答：人本学派强调人的尊严、价值、创造力和自我实现，把人的本性的自我实现归结为潜能的发挥，而潜能是一种类似本能的性质。该学派的主要代表人物是马斯洛（1908～1970）和罗杰斯（1902～1987）。马斯洛对人的基本需要进行了研究和分类，提出人的需要是分层次发展的，人的需要从低到高安排在一个层次序列的系统中。罗杰斯则强调"自我理论"，并倡导了"患者中心疗法"的心理治疗方法，在教学上提出非指导性教学。

四、真题选析

（一）单选题

1. 一个人能充分发挥自己的潜能，不断完善自己，使自己达到完美的境界，这种需要，马斯洛称为（　　）。

A. 认知的需要　　　　　　　　B. 自尊的需要

C. 归属的需要　　　　　　　　D. 自我实现的需要

答案：D。解析：马斯洛理论把需求分成生理需求、安全需求、归属与爱的需求、尊重需求和自我实现需求五类，依次由较低层次到较高层次排列。

生理需求（Physiological needs），也称级别最低、最具优势的需求，如：食物、水、空气、性欲、健康。

安全需求（Safety needs），同样属于低级别的需求，其中包括人身安全、生活稳定以及免遭痛苦、威胁或疾病等。

归属与爱的需求（Love and belonging needs），属于较高层次的需求，如：对友谊、爱情以及隶属关系的需求。

尊重需求(Esteem needs),属于较高层次的需求,如:成就、名声、地位和晋升机会等。尊重需求既包括对成就或自我价值的个人感觉,也包括他人对自己的认可与尊重。

自我实现需求(Self-actualization),是最高层次的需求,包括对于真善美至高人生境界获得的需求,因此前面四项需求都能满足,最高层次的需求方能相继产生,是一种衍生性需求,如:自我实现、发挥潜能等。

2. 提出替代性学习与替代性强化概念的心理学家是(　　　)。

A. 桑代克　　　　　　　　　　　B. 科勒

C. 斯金纳　　　　　　　　　　　D. 班杜拉

答案 D. 解析:斯金纳在对学习问题进行了大量研究的基础上提出了强化理论,十分强调强化在学习中的重要性。强化就是通过强化物增强某种行为的过程,而强化物就是增加反应可能性的任何刺激。班杜拉则发展了强化理论,提出了替代性学习与替代性强化概念,发展了社会学习理论。

(二)简答题

简述心理学的三大势力。

答:第一大势力是行为主义,代表人物是华生和斯金纳,强调环境决定了一个人的行为模式,认为环境刺激与行为反应之间具有规律性。

第二大势力是精神分析,代表人物是弗洛伊德,强调人的本能的、情欲的、自然性的一面,它首次阐述了无意识的作用,肯定了非理性因素在行为中的作用,开辟了潜意识研究的新领域;它重视人格的研究、重视心理应用。

第三大势力是人本主义,代表人物是马斯洛和罗杰斯,强调人的需要、自我实现等人的价值特征。

第三节　心理学的任务及学习意义

一、心理学的研究任务

总的来说,心理学的基本任务是描述心理事实、揭示人的心理现象,解释心理机制、探讨心理活动发生发展的规律,并应用这些规律为人类实践服务。心理学的研究任务可以分为理论任务和实践任务两方面。

(一)心理学的理论任务

1. 论证和完善辩证唯物主义

心理学的理论任务首先是通过对自己对象的研究,不断深入地揭示心理、意识与外部世界和脑的关系及其起源的奥秘,从而以最新的科学成果对辩证唯物主义的基本原理起到论证与充实的作用。其主要包括描述心理事实、揭示心理规律。

2. 正确认识自己的精神世界,树立科学世界观

心理学的研究成果可以帮助人们正确认识自己的精神世界,战胜宗教、迷信和各种唯心主义的宣传,树立科学的世界观。

3. 推动邻近学科的发展

心理学是许多学科的基础学科,其研究成果可以帮助这些学科的发展。如教育学、政治学、文学、法学、美学、社会学等。这些学科也是从不同方面研究人的,而心理学对人的心理的大量研究成果无疑对这些邻近的学科的研究和发展起到积极的推动作用。

(二)心理学的实践任务

心理学的实践任务是揭示各个实践领域中心理现象的特殊规律,并根据心理现象的一

般规律与特殊规律来解决具体的心理问题,为社会实践服务,具体体现在两个方面:

1. 预测与控制

心理学研究人的心理活动的规律,其目的就是指导人们在实践中如何了解、预测、控制和调节人的心理。例如,我们可以根据智力、性格、气质等心理表现的情况,编制各种量表,来了解人们的心理发展的水平与特点,为教师因材施教提供依据;我们还可以根据各种心理现象和行为的相互联系,从一个人的过去和现在的心理和行为状况,预测他将来的心理和行为表现。因此,预测与控制有助于我们利用有利因素,避免不利因素,更好地调节人的心理活动,从而提高活动效率。

2. 把理论应用到人类生活的其他领域

由于人类的各种实践活动都涉及人的心理问题,因此如何把基础心理学所揭示的一些基本规律应用到实践的各个方面就成了心理学的又一任务,由此应用心理学分支越来越多,如教育心理学、管理心理学、医学心理学、文艺心理学、军事心理学、运动心理学、司法心理学等。心理学的科学知识渗透到各种实践领域,产生广泛的实用价值,由此形成了心理学的众多分支,直接服务于社会。

二、普通心理学、发展心理学及教育心理学的关系

(一)三门心理学概述

1. 普通心理学

普通心理学是心理学的基础学科,是一门理论学科。普通心理学的任务是依据并归纳心理学在各个方面的研究成果,阐明心理现象中最基本的事实与一般问题,探讨心理活动的普遍规律。其具体特点是总体性、概括性、基础性与稳定性。普通心理学可细分为感知觉心理学、记忆心理学、思维心理学、情感心理学和个性心理学等。

2. 发展心理学

发展心理学主要包括比较心理学和个体发展心理学两门学科。前者是研究物种在演化过程中心理发生、发展的事实与规律的学科。后者是研究儿童从出生到成年心理发生、发展的规律及其各年龄阶段心理特点的学科。个体发展心理学主要包括儿童心理学、青年心理学(成年心理学)和老年心理学等。

3. 教育心理学

教育心理学是研究教育过程中所包含的各种心理现象,揭示教育与心理发展的相互关系的一门学科。它不仅从理论上阐明人类学习的本质、过程与普遍规律,而且还具体地探索学生掌握知识、发展智能、形成品格的规律,以及教育者依据这些规律合理地组织教学与教育活动的方法及其应有的品质等。教育心理学可以细分为学科心理学、教师心理学、教学心理学和品德心理学等。

> **重要知识点**
>
> **心理学的基本任务是什么?**
>
> 答:描述心理事实,揭示人的心理现象,解释心理机制、探讨心理活动发生发展的规律,并应用这些规律为人类实践服务。
>
> 发展心理学主要包括比较心理学和个体发展心理学两门学科。前者是研究物种在演化过程中心理发生、发展的事实与规律的学科。后者是研究儿童从出生到成年心理发生、发展的规律及其各年龄阶段心理特点的学科。

> **重要知识点**
>
> **普通心理学和教育心理学是什么关系?**
>
> 答:普通心理学是一门理论学科,主要研究心理现象中最基本的事实与一般问题,探讨活动的普遍规律。而教育心理学是把普通心理学中的普遍现象和规律应用到教育情境中,研究教育同人的心理发展的相互关系的一门学科,主要研究人类学习的本质、过程与普遍规律。

（二）三门心理学之间的关系

（1）普通心理学是发展心理学和教育心理学的基础学科。

（2）发展心理学对教育心理学具有指导作用。

（3）教育心理学是普通心理学、教育心理学等心理学科在教育方面的应用。

三、学习心理学的意义

1. 认识内外世界

学习心理学，可以加深人们对自身的了解。通过学习心理学，你可以知道自己为什么会做出某些行为，这些行为背后究竟隐藏着什么样的心理活动，以及自己现在的个性、脾气等特征的成因等等。同样，你也可以把自己学到的心理活动规律运用到人际交往中，通过他人的行为表现推断其内在的心理活动从而实现对外部世界更准确的认知。

2. 调整和控制行为

学习心理学，我们可以在一定范围内对自身和他人的行为进行预测和调整，也可以通过改变内在、外在的因素实现对行为的调控；可以尽量消除不利因素，创设有利情境，引发自己和他人的积极行为。

3. 提高工作效能

我们可以把心理学的理论研究成果和实践研究成果直接应用到自己的实际工作中，提高工作效能。比如教师可以利用教育心理学的规律来改进自己的教学实践，或者利用心理测量学的知识设计更合理的考试试卷等。

> **重要知识点**
>
> 学习心理学的意义？
>
> 答：第一，认识内外世界。
>
> 第二，调整和控制行为。
>
> 第三，提高工作效能。

四、心理学常用的研究方法

心理学的研究方法很多，可以大致分为三大类：描述研究、相关研究和实验研究。

（一）描述研究

描述研究是对心理与行为进行详细的客观描写，以确定某种心理现象在质和量上的特点。具体方法有自然观察法、调查法和个案法。

1. 自然观察法

自然观察法是指在自然情境中对被观察者的行为做系统的描述记录。

2. 调查法

调查法是以提问题的方式，要求被调查者就某个或某些问题回答自己的想法。

调查法可分为问卷调查和访问调查两种方式。问卷调查也称问卷法，是研究者根据研究课题的要求，设计出问题表格让被调查者自行填写以收集资料的一种方法。访问调查也称晤谈法，是一种以面对面的方式向被调查者提出问题进行调查的方法。

> **考题预测**
>
> 1. 在自然情境中对被观察者的行为作系统的描述记录是（ A ）。
>
> A. 自然观察法
>
> B. 调查法
>
> C. 个案法
>
> D. 实验法
>
> 2. 研究一种现象与另一种现象关系的方法称为（ D ）。
>
> A. 自然研究
>
> B. 描述研究
>
> C. 个案研究
>
> D. 相关研究

3. 个案法

个案法是收集单个被试各方面的资料以分析其心理特征的方法。通常收集的是包括个人的生活史、家庭关系、生活环境和人际关系等特点的资料。根据需要,也常对被试做智力和人格测验,从熟悉被试的亲近者那里了解情况,或从被试的书信、日记、自传或他人为被试写的资料(如传记、病历)进行采集和分析。

(二)相关研究

如果我们用自然观察法、调查法和个案法发现一种现象与另一种现象有联系,那我们就可以用相关法来考察它们之间的相关程度。相关法是一种探索两个或两个以上变量之间相互联系的性质与紧密程度的研究。在相关研究中,研究者对研究环境一般不加以控制,往往依据过去从现场收集到的资料用统计程序加以处理,建立变量之间的对称关系而不是因果关系。

(三)实验研究

实验法是在控制的条件下系统操纵自变量的变化,以揭示自变量和因变量之间的内在关系的一种研究方法。实验法的主要优点是它不仅可以帮助我们确定因果关系,而且通过使用安慰剂还能确定实验变量的真正效应。因而,长期以来实验法一直都是心理学研究的一种主要方法。

五、真题选析

(一)单选题

不仅从理论上阐明人类学习的本质、过程与普遍规律,而且要具体地探索学生掌握知识、发展智能、形成品格的规律的心理学分支是(　　)。

A. 心理学　　　　　B. 教育心理学　　　　C. 发展心理学　　　　D. 普通心理学

答案 B。解析:教育心理学从学习和教育两个方面阐释人类学习的现象和规律,包括认知学习、品德形成、智力发展等。

(二)简答题

简述心理学的基本任务。

答:描述心理事实;揭示人的心理现象;解释心理机制;探讨心理活动发生发展的规律;并应用这些规律为人类实践服务。

(三)论述题

结合教育实际谈谈学习心理学的意义。

答:心理学是人们对自身心理世界的科学认识,是教师做好教育教学工作的基本知识体系中的重要一环。

学习心理学知识可以使教师理解和掌握学生身心发展规律和特点,学生心理、道德发展的规律和特点,使教师的教育教学更加科学化,从而提高教育效能。

学习心理学可以使教师更好地认识内外世界,科学地解释心理和物理现象,从而排除迷信思想的干扰。

学习心理学还可以更好地调整和控制行为。一方面可以调整教师自己的心态和行为,另一方面还可以帮助学生调整行为。

总之,学习心理学是教师的基本任务,对做好教师工作具有重要意义。

本章深度练习及解析

一、单项选择题

1. 从学科性质看,心理学是一门( )科学。

A. 社会　　　　B. 自然　　　　C. 交叉(边缘)　　　　D. 基础

答案 C。解析:心理学既研究自然现象,也研究社会现象,属于交叉(边缘)学科。

2. 内容心理学派的代表人物主要有( )。

A. 杜威　　　　B. 弗洛伊德　　　　C. 冯特　　　　D. 布鲁纳

答案 C。解析:内容心理学派的代表人物主要有费希纳和冯特。

3. 第一个创办《心灵》杂志的人是( )。

A. 培因　　　　B. 亚里士多德　　　　C. 柏拉图　　　　D. 华生

答案 A。解析:第一个创办《心灵》杂志的人是培因。

4. 现代认知心理学诞生的标志是奈瑟的《　　　》。

A. 人是机器　　　　B. 认知心理学　　　　C. 认知结构　　　　D. 结构主义

答案 B。解析:现在认知心理学诞生的标志是奈瑟的《认知心理学》。

5. 心理学的发展故乡在( )。

A. 美国　　　　B. 德国　　　　C. 中国　　　　D. 古希腊

答案 A。解析:心理学的发展故乡在美国。古希腊是起源的遥远故乡。德国是科学心理学的诞生故乡。

6. 下列心理现象中,( )属于意志过程。

A. 自我调节　　　　B. 能力　　　　C. 个性　　　　D. 兴趣

答案 A。解析:自我调节属于意志过程。能力属于认知过程。个性和兴趣属于情绪情感过程。

7. 心理学中的第一势力是( )。

A. 认知学派　　　　B. 行为学派　　　　C. 皮亚杰学派　　　　D. 人本学派

答案 B。解析:心理学中的第一势力是行为学派;第二势力是精神分析学派;第三势力是人本学派。

8. 人本主义学派的代表人物是( )。

A. 培因　　　　B. 亚里士多德　　　　C. 皮亚杰　　　　D. 罗杰斯

答案 D。解析:人本学派的代表人物是马斯洛和罗杰斯。

9. 主张采用内省法研究意识的心理学流派是( )。

A. 认知学派　　　　B. 构造主义　　　　C. 皮亚杰学派　　　　D. 人本学派

答案 B。解析:构造主义主张采用内省法研究意识。认知学派主张采用信息加工的实验方法。皮亚杰学派采用案例观察法。人本学派采用个案、实验等多种方法。

10. 第一个宣称心理学是科学的人是( )。

A. 杜威　　　　B. 弗洛伊德　　　　C. 冯特　　　　D. 赫尔巴特

答案 D。解析:赫尔巴特是第一个宣称心理学是科学的人。

二、简答题

1. 简述心理学的发展路径。

答：第一是科学路径，主要包括物理学、生理学等。第二是哲学路径，主要包括古希腊哲学、现代唯识论和经验论哲学。

2. 简述心理学的三个故乡。

答：古希腊是心理学起源的遥远故乡。德国是科学心理学的诞生故乡。美国是心理学的发展故乡。

3. 简述普通心理学和教育心理学之间的关系。

答：普通心理学是教育心理学的基础学科。教育心理学是普通心理学的应用。两者是共性和个性的关系。

4. 简述心理学的主要研究任务。

答：描述心理事实、揭示人的心理现象，解释心理机制、探讨心理活动发生发展的规律，并应用这些规律为人类实践服务。

第二章 认知过程与注意状态

认知过程
- 感觉：概念、种类、感受性、感觉对比、感觉后效、感觉效应
- 知觉：概念、特征、种类、似动现象、诱导现象、错觉、感知规律
- 注意：概念、特点、分类、品质
- 思维：概念、特点、种类、过程及基本形式、品质、创造性思维
- 言语：概念、特点、感知和理解、教学中的应用

考纲要点

识记

1. 感觉的概念、感受性、感觉阈限、感觉的适应、感觉的对比、感觉后效；

2. 知觉的概念、空间知觉、时间知觉、运动知觉、似动现象、诱导运动、错觉；

3. 注意的概念和特点、有意注意、无意注意、有意后注意、注意的起伏现象、注意稳定性、注意广度、注意分配、注意转移；

4. 记忆、瞬时记忆、短时记忆、长时记忆、有意识记、无意识记、机械识记、意义识记、保持、遗忘、再认、有意回忆、无意回忆、追忆、前摄抑制、倒摄抑制、记忆的系列位置效应、艾宾浩斯遗忘规律；记忆的几个品质；

5. 思维的概念和特点、思维的种类、思维的品质、创造性思维；

6. 问题解决的概念；

7. 想象的概念和种类、再造想象与创造想象、幻想；

8. 言语的概念和特点，言语的感知与理解。

理解

1. 感觉的种类，感受性与感觉阈限的关系，感觉间的相互作用，感觉与知觉的关系，知觉的特征。

2. 影响注意稳定性、注意广度、注意分配、注意转移的条件；

3. 影响识记的因素，思维的过程，创造性思维的特征，问题解决的阶段，影响问题解决的因素；

4. 创造想象对活动的意义，言语的种类。

运用

1. 运用感知觉的规律提高直观教学的效果；

2. 运用注意的规律提高学生课堂的注意力；

3. 运用记忆和遗忘规律提高学生的记忆效果；

4. 联系实际说明机械识记的必要性和意义识记的优越性；

5. 结合实际谈谈如何根据记忆和遗忘的规律防止不必要的遗忘；

6. 联系实际谈谈创造性思维能力的培养；

7. 结合学生谈谈如何培养学生创造性活动的能力；

8. 根据言语感知与理解的特点谈谈如何培养学生的阅读能力。

第一节　感觉和知觉

一、感觉

（一）感觉概述

1. 感觉的概念

感觉是人脑对直接作用于它的客观事物的个别属性的反映。可以从以下几个方面理解：第一，感觉是脑的机能，大脑、神经系统和各个感觉器官是感觉的生物基础。第二，感觉是客观的，它以客观事物为对象，但带有主观色彩。第三，感觉是客观内容和主观形式的统一。第四，感觉是对当前直接接触到的客观事物的反映。第五，感觉反映的是客观事物的个别属性。

2. 感觉的种类

可以分为外部感觉和内部感觉（见表1-2-1）：

（1）外部感觉。感受器位于身体的表面或接近身体表面的部分，主要包括视觉、听觉、嗅觉、味觉和皮肤觉。

（2）内部感觉。内部感觉的信息来自身体内部，感觉器官主要位于身体的内脏和组织内，包括动觉、平衡觉（静觉）和机体觉（内脏觉）。机体觉告诉我们内部各器官所处状态，如饥、渴、胃痛等；动觉感受身体运动与肌肉和关节的位置；平衡觉由位于内耳的感受器传达关于身体平衡和旋转的信息。

表1-2-1　感觉结构表

分类	内部感觉	外部感觉
具体分类	视觉、听觉、嗅觉、味觉和皮肤觉	动觉、平衡觉（静觉）和机体觉（内脏觉）

（二）感受性与感觉阈限

对刺激的感觉能力叫感受性；能够引起感觉的刺激范围叫感觉阈限。感觉阈限可以衡量感受性的大小。感受性与感觉阈限在数值上成反比关系，感受性高则感觉阈限低；感受性低则感觉阈限高。可以分为绝对感受性与绝对感觉阈限、差别感受性与差别阈限。

（1）绝对感受性。刚刚能引起感觉的最小刺激量叫绝对感觉阈限。而人的感觉觉察这种刺激的能力叫绝对感受性。

（2）差别感受性与差别阈限。刚刚能引起差别感觉的刺激物间的最小差异量叫差别阈限。对这一最小差异量的感受能力叫差别感受性。

（3）感受性的发展。感受性是发展的。其发展依赖于人们的生活条件和实践。有计划的训练可以提高人们的感受性。

（三）感觉的相互作用

同一感受器接收的其他刺激以及其他感受器的接受状态对感受性产生的影响叫做感觉的相互作用。感觉的相互作用有两种形式：一个是同一感觉的相互作用，另一个是不同感觉的相互作用。

1. 同一感觉的相互作用

（1）感觉的适应。同一感受器在外界刺激持续作用下感受性发生变化的现象叫做感觉适应。如嗅觉的适应、温觉的适应、视觉的适应等。

暗适应：从亮到暗的适应。明适应：从暗到明的适应。

（2）感觉的对比。不同刺激作用于同一感受器，使感受性发生变化的现象叫感觉对比。包括同时对比和继时对比。

同时对比：两种感觉同时发生所形成的对比。如马赫现象（明暗相邻的边界处，亮出更亮，暗处更暗。如绿叶配红花，红花更红，绿叶更绿。）

继时对比：两种感觉先后发生所形成的对比。如吃完苦药再吃糖。

（3）感觉后像（感觉后效）。外界刺激停止作用后，暂时保留的感觉印象叫感觉后像。如电灯灭了，眼睛里还留着灯泡的现象。声音停了，你依旧还能听到声音在持续。

感觉后像分为正后像和负后像。

正后像：与刺激物性质相同的后像。看到白光以后，眼睛里保留着白色的感觉。

负后像：与刺激物性质相反的后像。看到灯灭了，眼睛里却留下了黑色灯泡的形象。彩色的负后像是刺激色的补色。红色对蓝绿；黄色对蓝色。

2. 不同感觉的相互作用

（1）不同感觉的相互影响。某种感觉器官受到刺激而对其他器官的感受性造成影响，或使其升高或使其降低，这种现象叫不同感觉的相互作用。

现实生活中，人接受环境的信息常常是多通道同时进行的，不同感觉的相互作用时有发生。实验发现，微痛刺激、某些嗅觉刺激，都可使视觉感受性有所提高。微光刺激能提高听觉的感受性，而强光刺激会降低听觉感受性。

不同感觉的相互作用，其一般规律是，弱刺激能提高另一种感觉的感受性；强刺激则会使另一种感觉的感受性降低。

即时检测

1. 月明星稀是感觉的（ A ）。
A. 同时对比
B. 继时对比
C. 适应
D. 代偿

2."入芝兰之室，久而不闻其香"描述的是（ A ）现象。
A. 适应
B. 听觉
C. 嗅觉
D. 味觉

3. 能够引起感觉的刺激范围叫（ A ）。
A. 感觉阈限
B. 绝对感觉阈限
C. 相对感觉阈限
D. 最小感觉阈限

（2）不同感觉的相互补偿。当某种感觉受损或缺失后，其他感觉会予以补偿。这就是不同感觉的补偿现象。不同感觉之间之所以能够相互补偿，是因为在一定条件下不同形式的能量可以相互转换。

（3）联觉。一个刺激不仅引起一种感觉，同时还引起另一种感觉的现象叫联觉。如看见红色，感觉很温暖等。

（四）感觉的应用

（1）了解不同学生的感觉阈限，提高学生的感觉性。

（2）有目的地训练学生的感受性，提高学生的感知能力。

（3）利用感觉的相互作用规律，提高教学的效能。

二、知觉

（一）知觉概述

1. 知觉概念

知觉是人脑对直接作用于感觉器官的客观事物的各个部分和属性的整体的反映。知觉是在感觉的基础上产生的，是对感觉信息的整合和解释。知觉是在人的实践活动中发展起来的。与感觉相比，知觉具有如下特征：

第一，知觉反映的是事物的意义。知觉的目的是解释作用于我们感官的事物是什么，尝试用词去标志它，因此知觉是一种对事物进行解释的过程。

第二，知觉是对感觉属性的概括。知觉是对不同感觉通道的信息进行综合加工的结果，所以知觉是一种概括的过程。

第三，知觉包含思维的因素。知觉要根据感觉信息和个体主观状态所提供的补充经验来共同决定反映的结果，因而知觉是人主动地对感觉信息进行加工、推论和理解的过程。

可以说感觉是知觉的基础，知觉是感觉的深入。

2. 知觉的特性

（1）整体性。知觉的整体性是指人在过去经验的基础上把由多种属性构成的事物知觉为一个统一的整体的特性。

部分之和大于整体。只要客体各部分之间的相互关系不变，它们就总是被知觉为同一整体。客观上的缺失，能在人的主观上弥补起来。一个人原有的知识经验可以对当前的知觉活动提供补充信息。

（2）选择性。知觉的选择性是指人根据当前的需要，有选择地将外来刺激物中的一部分作为知觉对象，进行组织加工的过程。

（3）理解性。知觉的理解性是指在对现实事物的知觉中，人以过去的知识和经验为基础进行加工处理，并用语词加以概括赋予说明的过程。

（4）恒常性。知觉的恒常性是指人在一定范围内，不随知觉的客观条件的改变而保持其知觉映象的过程。尽管感觉到刺激在变化，但属于知觉相对稳定的特性。

即时检测

1. 知觉反映的是事物的（ A ）。
A. 意义
B. 大小
C. 外貌
D. 原因
2. 属于空间知觉的是（ A ）。
A. 大小
B. 顺序
C. 嗅觉
D. 诱导
3. 人根据需要对对象进行加工叫知觉的（ D ）。
A. 整体性
B. 理解性
C. 恒常性
D. 选择性
4. 暗室内，你注视一个光点，会看到这个光点似乎在运动是（ C ）。
A. 诱导运动
B. 动景运动
C. 自主运动
D. 真动知觉

3. 知觉和感觉的关系

(1) 联系：它们都是对刺激物的反映，都是认识世界的初级形式。

(2) 区别：感觉是个别属性的反映；知觉是整体属性的反映。知觉是大脑对感觉信息进行组织和解释的过程。感觉是分散的、片段的，知觉是综合的反映。

(二) 知觉的种类

1. 空间知觉

空间知觉是指物体的空间特性在人脑中的反映，包括形状知觉、大小知觉、距离知觉、方位知觉等。

2. 时间知觉

时间知觉是指人对客观物质现象延续性和顺序性的反映。

3. 运动知觉

运动知觉是对物体在空间位移的知觉，直接依赖于对象运动的速度。运动知觉分为真动知觉和似动知觉。物体按特定速度或加速度，从一处向另一处做连续位移，由此引发的知觉就是真动知觉。

似动知觉是指在一定的时间和空间条件下，人们在静止的物体间看到了运动，或者在没有连续位移的地方看到了连续的运动。似动的主要形式有动景运动、自主运动和诱导运动。

动景运动是指当两个刺激物按一定空间间隔和时间间隔相继呈现时，人看到原来两个静止的物体的连续运动的现象。电影摄影技术和电影放映机，就是根据动景运动发生的原理提出和制作的。

自主运动是似动知觉的主要形式之一。在暗室内，如果你点燃一支熏香或烟头，并注视着这个光点，你会看到这个光点似乎在运动；在没有月光的夜晚，当我们仰视天空时，有时会发现一个细小而发亮的东西在天空游动，我们会误认为它是一架飞机，其实这是由星星引起的自主运动。

诱导运动是指一个相对静止的客体，当受到周围其他物体运动的诱导而被知觉为运动的现象。动和不动是相对的，一个物体被知觉为运动是与其他物体相比较而言的，这种被比较的物体就是运动知觉的参照系。在缺少更多参照系的条件下，只要两个物体中的一个在运动，它们中的任何一个就有可能被知觉成运动的，"云移月动"就是一种诱导运动。其实所看到的这类诱导运动都不是物体的真正位移，而是由运动着的物体诱导出来的一种假象运动。

运动后效(motion after effect)指长时间注视一个运动的物体，再看静止的物体，会感觉到原本静止的物体在向反方向运动。运动后效是因为速度的突然改变给人的一种错觉。如，注视瀑布久了，再看田野，会觉得田野向天空飞升；又比如坐在火车上，盯着外面移动的景物时间长了之后，当火车停下来后，会觉得此时外面的景物在向前运动，而火车在向后运动；再比如一个快速转动的轮子，突然停下来，你会错认为轮子又朝相反方向运动了。运动后效的原理是由于感知这种运动的视觉神经会变疲劳，疲劳后的视觉由快速运动物体转为看较为慢速、较为静止物体的时候，视觉神经的感应就会出错，而人的大脑会将此解释为反方向的运动。

即时检测

1. 大小知觉属于（ C ）。

A. 形状知觉

B. 距离知觉

C. 空间知觉

D. 方位知觉

2. 人对客观物质现象的延续性和顺序性的反映是（ A ）。

A. 时间知觉

B. 运动知觉

C. 空间知觉

D. 方位知觉

3. 当两个刺激物按一定空间间隔和时间间隔相继呈现时，人看到原来两个静止的物体的连续运动的现象叫（ B ）。

A. 自主运动

B. 动景运动

C. 诱导运动

D. 真动

4. 错觉现象

错觉又叫错误知觉,是在特定条件下产生的对客观事物的歪曲知觉。错觉是指不符合客观实际的知觉,包括几何图形错觉(高估错觉、对比错觉、线条干扰错觉)、时间错觉、运动错觉、空间错觉以及光渗错觉、整体影响部分的错觉、声音方位错觉、形重错觉、触觉错觉等。

三、感知规律与直观教学

(一)直观教学的基本形式

1. 实物直观

实物直观是以实际的事物本身作为直观对象而进行的直观活动,包括实物直观、收集标本、野外考察、参观、实验等活动。实物直观是通过直接感知要学习的实际实物而进行的一种直观方式。

实物直观的优点是给人以真实感、亲切感,所得到的感性知识与实际事物间的联系比较密切,因此有利于激发学生的学习兴趣,调动学习的积极性,在实际生活中能很快地发挥作用。其缺点是由于实物直观的本质属性与非本质属性联系在一起,并且由于受时空与感官特性的限制,许多实物的特征与联系难以在实物直观中直接被觉察。因此它不是唯一的直观方式,还必须有其他种类的直观相辅助。

2. 模象直观

模象即事物的模拟性形象。所谓模象直观即通过对事物的模拟性形象直接感知而进行的一种直观方式。例如,各种图片、图表、模型、幻灯片和教学电影电视等的观察和演示等。其优点是可以人为地排除一些无关因素,突出本质要素;并且可以根据观察需要,通过大小变化、动静结合、虚实互换、色彩对比等方式扩大直观范围,不受实物直观的局限,提高直观效果。因此它已成为现代化教学的重要手段。但是,由于模象只是事物的模拟形象,与实际事物之间有一定距离,因此要使通过模象直观获得的知识能在学生的生活实践中发挥更好的定向作用,一方面应注意将模象与学生熟悉的事物相比较;同时,在可能的情况下,尽量使模象直观与实物直观结合进行。

3. 言语直观

言语直观是在形象化的语言作用下,通过学生对语言的物质形式(语音、字形)的感知及对语义的理解而进行的一种直观形式。言语直观的优点是不受时间、地点和设备条件的限制,可以广泛使用;同时也能运用语调和生动形象的事例去激发学生的感情,唤起学生的想象。但是,言语直观所引起的表象,往往不如实物直观和模象直观鲜明、完整、稳定。因此,在可能的情况下,应尽量配合实物直观和模象直观。

(二)一般的感知规律

(1)强度律。对被感知的事物,必须达到一定的强度,才能感知得清晰。

(2)差异律。观察对象与背景的差别越大,对象就被感知得越清晰;相反,对象与背景的差别越小,对象就被感知得越不清晰。

即时检测

1. 长时间注视一个运动的物体,再看静止的物体,会感觉到原本静止的物体在向反方向运动叫(A)。
　A. 运动后效
　B. 错觉
　C. 似动
　D. 空间知觉
2. 不符合实际的知觉叫(A)。
　A. 错觉
　B. 似动
　C. 运动后效
　D. 诱导
3. 用形象的言语描述事物的教学方法是(C)。
　A. 模拟直观
　B. 实物直观
　C. 言语直观
　D. 感觉直观

（3）对比律。凡是两个显著不同甚至互相对立的事物，就容易被清楚地感知。

（4）活动律。活动的物体比静止的物体容易被感知。

（5）组合律。凡是空间上接近、时间上连续、形式上相同、颜色上一致的观察对象容易形成整体而为我们清晰地感知。因此，在实际观察中，要把零散的材料或事物，按空间接近、时间连续、形式相同或颜色一致的形式组合起来进行观察，从而找出各自的特点。

（6）协同律。协同律指在观察过程中，有效地发动各种感知器官，分工合作，协同活动，这样可以提高观察的效果；也指同时运用强度、差异、对比等规律去观察对象。

（7）观注律。越是观注的越有利于记忆和理解。培养那种以积极的探究态度观注事物的习惯，有助于观察力的发展。

（三）促进直观教学的策略

1. 运用被感知的强度律提高教育效果

作用于感觉器官的刺激物必须达到一定的强度，才能被我们清晰地感知。因此，教师在讲课时，声音要洪亮，语速要适中，板书要清晰，要让全班同学听得懂、看得见。教师在制作、使用直观教具时，也要考虑到直观教具的大小、颜色、声音等是否能被全班学生清楚地感知。

2. 运用对象与背景差别的感知觉规律促进直观教学

当知觉的对象与背景在颜色、形态、声音等方面有较大差别时，知觉的对象容易被感知。如讲课时，对于重要的知识，可以反复几次，可以提高音量；板书时，重要的部分可以用大一些的字，可以在那些字下面加点、画线，可以用彩色粉笔；使用挂图时，可以将其中不需要学生看的部分遮住；制作教具时，要注意把知觉对象从背景上突出来等。

3. 运用静止背景上的活动性对象易被感知的规律促进直观教学

在静止的背景上，活动的对象容易被感知，也容易吸引人的注意力。因此，教学中使用活动性教具，演示实验，放幻灯片、教学电影或录像等可以起到很好的教学效果。

4. 运用知觉的组合规律促进直观教学

在时间上连续、在空间上接近或相似的刺激物容易被知觉为一个整体。因此，教师在绘制挂图时，不要在需要学生感知的对象周围画上与之类似的线条或图形，最好在不同的对象之间留空或用色彩区分；板书时，章与章、节与节等不同内容之间要留空；讲课时，语言流畅，针对不同内容，采用不同的语速，对不同的内容加以分析、综合，使学生了解其中的逻辑关系。

5. 让学生交替使用多种感官感知对象促进直观教学

如果学生能使用多种感官去感知同一个知觉对象，那么，从不同感官获得的信息将传递到大脑，从而获得对事物的全面的认识。我国古代的许多学者曾提出学习要做到"五到"，即眼到、耳到、口到、手到和心到，其目的就是通过多种感知渠道来巩固知识。有研究表明，在接受知识方面，看到的比听到的给人留下的印象深。只靠听觉，一般能记住 15%；只靠视觉，一般能记住 25%；既看又听，能记住 65%。

重要知识点

1. 一般感知规律
2. 协同律
3. 对比律
4. 如何促进直观教学？

答：第一，运用多种直观教学方法促进直观教学。

第二，运用一般感知规律促进直观教学。

四、真题选析

1. 听见说"五星红旗",我们能在头脑中浮现出五星红旗的形象,这个形象是(　　)。(2009 年)

　　A. 知觉形象　　　　　B. 记忆表象　　　　　C. 想象表现　　　　　D. 再造想象

答案 B。解析:知觉是一系列组织并解释外界客体和事件产生的感觉信息的加工过程。知觉有这样几个特性:整体性、恒常性、意义性、选择性。知觉形象就是知觉在头脑中的表象。

记忆表象是保存在人头脑中的曾感知过的客观事物的形象。感知过的事物不在眼前而在头脑中重现出来的形象,称之为记忆表象。

根据语言的表述或非语言的描绘(图样、图解、模型、符号记录等)在头脑中形成有关事物的形象的想象,就是再造想象。

2. 我们坐在一列靠站停止的火车上,当相邻的一列火车开动时,我们会觉得我们乘坐的火车开动了,这种现象是(　　)。(2012 年小学)

　　A. 真动知觉　　　　　B. 主动知觉　　　　　C. 诱导运动　　　　　D. 运动后效

答案:C。解析:真动知觉是观察者处于静止状态时,物体的实际运动连续刺激视网膜各点所产生的物体在运动的知觉。

一个相对静止的客体,当受到周围其他物体运动的诱导而被知觉为运动的,这一假象运动就是诱导运动。

运动后效是因为速度的突然改变给人的一种错觉。

第二节　记　忆

一、记忆概述

记忆是在头脑中积累、保存和提取个体经验的心理过程,也可以说是人脑对外界输入的信息进行编码、存储和提取的过程。人们感知过的事物、思考过的问题、体验过的情感和从事过的活动,都会在人们头脑中留下不同程度的印象,这个就是记的过程;在一定的条件下,根据需要,这些储存在头脑中的印象又可以被唤起,参与当前的活动,得到再次应用,这就是忆的过程。

二、记忆过程

记忆过程包括识记、保持、回忆和再认三个环节。用信息加工的术语说,记忆包括三个基本过程:信息进入记忆系统——编码,信息在记忆中储存——保持,信息从记忆中提取出来——提取。

(一)识记(编码)

识记是记忆过程的第一个基本环节,是个体获得知识经验的过程。从信息加工的角度看,识记也叫编码,它把来自感官的信息变成记忆系统能够接收和使用的形式。一般说来,我们通过各种感觉器官获取的外界信息,首先要转换成各种不同的记忆代码,即形成客观物理刺激的心

即时检测

1. 记忆过程的第二个环节是(　A　)。
  A. 存储
  B. 回忆
  C. 加工
  D. 识记

2. 识记过的材料不能再认与回忆,或者错误的再认与回忆叫(　B　)。
  A. 错认
  B. 遗忘
  C. 再认
  D. 编码

3. 新旧经验之间彼此相互干扰致使遗忘是(　B　)。
  A. 消退说
  B. 干扰说
  C. 压抑说
  D. 线索依赖说

理表征。编码过程需要注意的参与。

根据识记的有无目的，可以把识记分为无意识记和有意识记。根据识记的材料性质和识记的方法不同，可以分为机械识记和意义识记。

1. 无意识记

无意识记是事先没有自觉的目的，也没有经过特殊的意志努力的识记，也叫做不随意识记。

2. 有意识记

有意识记也叫随意识记，是指事先有一定识记意图和任务，并经过一定努力，运用一定的方法和策略所进行的识记。有意识记的目的明确、任务具体、方法灵活，又伴随着积极的思维和意志努力，因此它是一种主动而又自觉的识记活动。

3. 机械识记

机械识记是指人根据材料的外在联系，在没有意义或不理解其意义的情况下，采取机械重复的方法所进行的识记。例如，记人名、地名、电话号码、外文生词、元素符号、历史年代、商品或仪器型号等。机械识记的基本条件是多次重复、强化。它的优点是保证记忆的准确性。缺点是花费时间较多，消耗精力大，对材料很少进行加工。

4. 意义识记

意义识记是根据事物的内在联系，在反复领会、理解，弄清事物本身意义的基础上所进行的识记。意义识记的先决条件是理解。只有领会材料本身的意义，把它同已有的知识经验联系起来，并纳入人的知识系统，才能保留在记忆中。这种识记，保持时间长，也较容易提取，但不一定十分精确。

（二）保持与遗忘

1. 保持的内涵

保持也称储存，是指已经获得的知识经验在人头脑中的巩固过程，是记忆过程的第二个环节。

2. 遗忘

（1）概念。遗忘是对识记过的材料不能再认与回忆，或者错误的再认与回忆。遗忘分为暂时性遗忘和永久性遗忘，前者指在适宜条件下还可能恢复记忆的遗忘；后者指不经重新学习就不可能恢复记忆的遗忘。遗忘还有一种分类，为选择性遗忘。

（2）遗忘规律。艾宾浩斯是德国著名的心理学家，是第一个从心理学角度对记忆进行系统实验的人。他对记忆研究的主要贡献之一就是对记忆的保持规律做了重要研究，并绘制出著名的"艾宾浩斯遗忘曲线"（如图1-2-1所示）。

这条曲线表明遗忘从识记之后迅速发生，其进程是不均衡的，其趋势是先快后慢，先多后少，呈现负加速，并且到一定程度就不再遗忘。

（3）影响遗忘的因素：

一是时间因素。越久远的越容易忘记。

二是识记材料的数量和学习程度。重要的不容易遗忘，有意义的、能理解的材料不容易忘。材料的顺序因素：前面的和后面的不容易忘，中间的容易忘。记忆次数因素。过度学习150％以上的不容易忘。

三是记忆方法。有记忆线索的不易忘记，结构化的不易遗忘。

四是情绪和动机。有情绪参与的记忆不易遗忘；中等动机水平容易记忆。

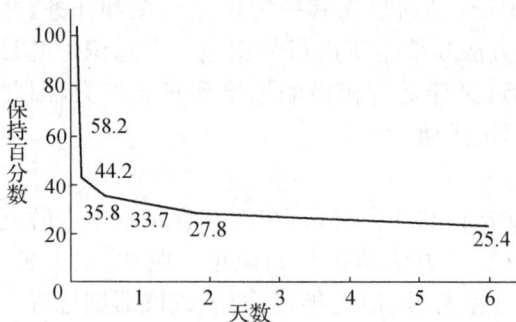

图 1－2－1　艾宾浩斯遗忘曲线

（4）遗忘理论：

第一，痕迹消退理论。亦称"消退说"、"痕迹理论"。认为记忆过程就是信息在大脑留下痕迹的过程，若这些记忆痕迹得不到强化，会逐渐减弱、衰退乃至消失。该理论源于桑代克的失用律。他认为，记忆的信息不被使用时，会随时间的推移而逐渐衰退。它对解释短时记忆中的遗忘现象有一定说服力，但不能充分说明长时记忆的遗忘原因，且缺少有力的实验依据。

第二，干扰理论。该理论认为，遗忘是新旧经验之间彼此相互干扰的结果。由于干扰抑制了记忆中信息的提取而导致遗忘。此时，记忆中的信息并未消失。一旦消除了干扰或得到适当的线索，记忆就得以恢复。造成遗忘的干扰类型主要有前摄抑制和倒摄抑制。

前摄抑制指先学习的材料对后学习的材料的记忆干扰。

倒摄抑制指后学习的材料对先学习的材料的记忆干扰。

双重抑制指中间学习的材料受到前后材料的干扰。

系列学习研究表明，在长时记忆里，信息的遗忘尽管有自然消退的因素，但主要是由信息间的相互干扰造成的。如学习一个较长的字表或一篇文章，往往总是首尾部分记得好，不易遗忘，而中间部分识记较难，也容易遗忘，这主要是因为两种干扰的影响。这种记忆效果首尾部分好于中间部分的现象称为首尾效应。

第三，提取失败说。强调遗忘只是暂时的，只要有合适的线索，就可以恢复记忆。

第四，动机性遗忘理论。动机性遗忘说又称为压抑说，认为遗忘是由于某种动机的压抑所致，源于弗洛伊德提出的压抑理论。一些痛苦的经历被压抑到潜意识领域，导致了遗忘。如果通过某种方式，如催眠或自由联想等，则能够恢复这种被压抑的记忆。如果能消除人压

> **重要知识点**
> 1. 影响遗忘的因素
> 2. 遗忘规律
> 3. 前摄抑制
> 4. 倒摄抑制
> 5. 如何防止遗忘？
> 答：第一，及时复习。第二，合理分配复习时间。第三，分散复习与集中复习相结合。第四，复习方法多元化。第五，多感官参与复习。第六，尝试回忆与反复识记结合。第七，掌握复习的量。

抑回忆的原因,消除记忆材料与消极情绪之间的联系,遗忘现象就能克服。

第五,线索依赖性遗忘理论。线索依赖性遗忘是与消退说相反的一种解释,认为遗忘不是痕迹的消退,而是检索的困难。图尔文(Tulving)将线索依赖性遗忘和痕迹消退说做了重要的区分。他认为遗忘的一种可能是信息从记忆系统中消失了,这就是痕迹消退说。另一种可能就是信息仍然存在于记忆系统,但却不能被提取出来,这就是线索依赖性遗忘。神经可塑性的研究和内隐记忆的研究等都为线索依赖性遗忘提供了证据。线索依赖性遗忘是长时记忆产生遗忘的主要原因。

（5）如何防止遗忘。第一,及时复习。第二,合理分配复习时间。第三,分散复习与集中复习相结合。第四,复习方法多元化。第五,多感官参与复习。第六,尝试回忆与反复识记结合。第七,掌握复习的量。

（三）提取（回忆和再认）

回忆和再认是记忆的第三环节。保存在记忆中的信息,只有被提取出来加以应用,才是有意义的。提取有两种表现方式:回忆和再认。日常所说"记得"指的就是回忆,指的是经历过的事情不在眼前,能把它们在人脑中重新呈现出来的过程。再认较容易,原因是原刺激呈现在眼前,你有各种线索可以利用,需要的只是确定它的熟悉程度。

（四）记忆的分类

1. 记忆按其内容可分为五类

形象记忆:即对感知过的事物形象的记忆;

情境记忆:对亲身经历过的,有时间、地点、人物和情节的事件的记忆;

情绪记忆:对自己体验过的情绪和情感的记忆;

语义记忆:又叫词语—逻辑记忆,是用词语概括的各种有组织的知识的记忆。

动作记忆:对身体的运动状态和动作机能的记忆。

2. 根据回忆是否有预定目的、任务,可分为无意回忆和有意回忆

无意回忆:没有预定目的,自然而然地想起某些经验。

有意回忆:按照一定的目的而进行的回忆。

3. 从信息加工的角度,可分为陈述性记忆和程序性记忆

陈述性记忆处理陈述性知识,即事实类信息,包括字词、定义、人名、时间、事件、概念和观念。陈述性记忆的内容可以用言语表达。

> **重要知识点**
>
> 1. 记忆的分类
> 2. 记忆的品质
> 3. 如何培养良好的记忆品质?
> 答:(1)明确记忆目的,增强学习主动性。(2)利用记忆和遗忘规律,养成良好的记忆习惯。(3)利用记忆术,培养良好的记忆策略。(4)增加经验,培养理解力。

程序性记忆又称技能记忆,如怎样做事情或如何掌握技能,通常包含一系列复杂的动作过程,既有多个动作间的序列联系,也包括在同一瞬间同时进行的动作间的横向联系,这两方面共同构成的复合体是无法用语言清楚表述的。

（五）记忆的品质

1. 记忆的敏捷性

记忆的敏捷性是指一个人在识记事物时的速度方面的特征。能够在较短的时间内记住较多的东西,就是记忆敏捷性良好的表现。记忆的这一品质,与人的暂时神经联系形成的速度有关:暂时联系形成得快,记忆就敏捷;暂时联系形成得慢,记忆就迟钝。

2. 记忆的持久性

记忆的持久性是指记忆内容在记忆系统中保持时间长短方面的特征。能够把知识经验长时间地保留在头脑中,甚至终身不忘,这就是记忆持久性良好的表现。记忆的这一品质,与人的暂时神经联系的牢固性有关:暂时神经联系形成得越牢固,则记忆得越长久;暂时神经联系形成得越不牢固,则记忆得越短暂。

3. 记忆的准确性

记忆的准确性是指对记忆内容的识记、保持和提取是否精确的特征。它是指记忆提取的内容与事物的本来面目相一致的程度。记忆的这一品质,与人的暂时神经联系的正确性有关:暂时神经联系越正确,记忆的准确性就越好;暂时神经联系越不正确,记忆准确性就越差。

4. 记忆的准备性

记忆的准备性是指对保持内容在提取应用时所反映出来的特征。记忆的目的在于在实际需要时,能迅速、灵活地提取信息,回忆所需的内容加以应用。记忆的这一品质,与大脑皮层神经过程灵活性有关:由兴奋转入抑制或由抑制转入兴奋都比较容易、比较灵活,记忆的准备性的水平就高;反之,记忆的准备性的水平就很低。

以上记忆的四种品质是相互联系,相互影响的。

(六) 记忆的三个子系统

用信息加工的观点,记忆也被看做是人脑对输入的信息进行编码、存储和提取的过程,并按信息的编码、存储和提取的方式不同,以及信息存储的时间长短的不同,将记忆分作:瞬时记忆、短时记忆和长时记忆三个系统。

1. 瞬时记忆

瞬时记忆又叫感觉记忆或感觉登记,是指外界刺激以极短的时间一次呈现后,信息在感觉通道内迅速被登记并保留一瞬间的记忆。一般又把视觉的瞬时记忆称为图像记忆,把听觉的瞬时记忆叫做声像记忆。瞬时记忆有如下特点:

(1) 形象鲜明。瞬时记忆的编码方式,即瞬时记忆记住信息的方式,是外界刺激物的形象。由于瞬时记忆的信息首先是在感觉通道内加以登记,因此,瞬时记忆具有鲜明的形象性。

(2) 容量很大。瞬时记忆的容量很大,但保留的时间很短。一般认为,瞬时记忆的内容为 9～20 比特。

(3) 时间极短。如果对瞬时记忆中的信息加以注意,或者说当意识到瞬时记忆的信息时,信息就被转入短时记忆。否则,没有注意到的信息过 1 秒钟便会消失,也就是遗忘了。

2. 短时记忆

短时记忆是指外界刺激以极短的时间一次呈现后,保持时间在 1 分钟以内或是几分钟的记忆。短时记忆有如下特点:

(1) 容量有限。一般为 7±2,即 5～9 个项目(组块),这也就是平常我们所说的记忆广度。如果超过短时记忆的容量或插入其他活动,短时记忆容易受到干扰而发生遗忘。为扩大短时记忆的容量,可采用组块的方法,即将小的记忆单位组合成大的单位来记忆,这时较大的记忆单位就叫做块。

(2) 意识清晰。语言文字的材料在短时记忆中多为听觉编码,即容易记住的是语言文字的声音,而不是它们的形象;非语言文字的材料主要是形象记忆,而且视觉记忆的形象占有更重要地位。此外,也有少量的语义记忆。

(3) 操作性强。短时记忆中的信息是当前正在加工的信息,因而是可以被意识到的。在短时记忆中加工信息的时候,有时需要借助已有的知识经验,这时又要从长时记忆中把这些知识经验提取到短时记忆中来。因此,短时记忆中既有从瞬时记忆中转来的信息,也有从长时记忆中提取出来的信息,它们都是当前正在加工的信息,所以短时记忆又叫工作记忆。

(4) 易受干扰。当有新的信息插入,即阻止了复述,原有信息就会很快消失。当然,短时记忆的信息经过复述,不管是机械复述,还是运用记忆术所做的精细复述,只要定时复习,就都可以转入长时记忆系统。

3. 长时记忆

长时记忆是指外界刺激以极短的时间一次呈现后,保持时间在1分钟以上的记忆,也叫永久记忆。长时记忆有如下特点:

(1) 容量无限。长时记忆的容量无论是信息的种类或是数量都是无限的。

(2) 两类编码。长时记忆的编码有语义编码和形象编码两类。语义编码是用语言对信息进行加工,按材料的意义加以组织的编码。形象编码是以感觉映像形式对事物的意义进行的编码。

(3) 无意识性。长时记忆中存储的信息如果不是有意回忆的话,人们是不会意识到的。只有当人们需要借助已有的知识经验时,长时记忆存储的信息才被提取到短时记忆中,被人们意识到。

(4) 记忆时间长。长时记忆的遗忘或因自然的衰退,或因干扰造成。干扰分为前摄抑制和倒摄抑制两种。

(七) 提高学生记忆的策略(方法)

(1) 明确记忆目的,增强学习主动性。

(2) 理解学习材料的意义。

(3) 对材料进行精细加工,促进知识的理解。多渠道:记忆子系统(其他心理过程)、地点标定法、关键词法、SQ3R(元认知策略)(survey question read recite review)、画线、做摘要、列提纲、网络框图、直观形象、谐音法、比较归类、联想、歌诀。

(4) 运用组块化学习策略。

(5) 多重编码。

(6) 重视复习。

三、真题选析

(一) 单选题

1. 从迁移的角度讲,倒摄抑制属于(　　)。(2011年)

A. 顺向正迁移　　　　B. 逆向正迁移　　　　C. 顺向负迁移　　　　D. 逆向负迁移

答案 D。解析:迁移即一种学习对另一种学习的影响,它广泛地存在于知识、技能、态度和行为规范的学习中。

2.有关记忆的研究表明,排在最前面和后面的单词比排在中间的单词记忆效果好,这是(　　)。(2012 年)

A. 有意回忆　　　　　　　　　　　B. 前摄抑制

C. 倒摄抑制　　　　　　　　　　　D. 系列位置效应

答案 D。解析:前摄抑制,也称前摄干扰,强调之前学习过的材料对保持和回忆以后学习的材料的干扰作用。反之,后学习的材料对保持和回忆先学的材料的干扰作用就是倒摄干扰或者倒摄抑制。系列位置效应是指记忆材料在系列位置中所处的位置对记忆效果发生的影响,包括首因效应和近因效应。

3.从迁移的角度看,前摄抑制属于(　　)。(2010 年)

A. 顺向正迁移　　　 B. 逆向正迁移　　　 C. 顺向负迁移　　　 D. 逆向负迁移

答案 C。解析:顺向迁移是指先前的学习对后来学习的影响;逆向迁移是指后来的学习对先前学习的影响。正迁移是指一种学习对另一种学习起到积极的促进作用;负迁移是指两种学习之间互相干扰、阻碍。而前摄干扰是指之前学习过的材料对保持和回忆以后学习的材料的干扰作用。

4.心理学界一般认为短时记忆的广度是(　　)。(2013 年)

A. 7　　　　　　　 B. 7 个信息单位　　　 C. 7 个组块　　　　 D. 5~7 个组块

答案 D。解析:记忆广度指的是按固定顺序逐一地呈现一系列刺激以后刚刚能够立刻正确再现的刺激系列的长度。其呈现的各刺激之间的时间间隔必须相等。再现的结果必须符合用来呈现的顺序才算正确。记忆广度是测定短时记忆能力的一种简单易行的方法。即:短时记忆的容量,为 7±2 个信息单位或组块。

(二)名词解释

记忆的系列位置效应(2013 年)

答:记忆的系列位置效应指的是学习材料的顺序对记忆效果的影响。研究表明,对于系列性材料最容易学的是开始部分的项目,其次是终末部分,中间偏后一点的项目最难学。

(三)简答题

1.简述中学生记忆发展的特点。

答:中学生记忆发展的最大特点,就是青少年时期是人生中记忆力的"最佳时期",达到了记忆的"高峰"。具体地说,有如下特点:(1)有意识记忆随目的性增加而迅速发展。(2)意义识记能力不断提高。(3)抽象记忆发展较快。

2.简述儿童记忆发展的基本特点。

答:(1)无意识记忆占优势,有意识记忆正在发展;(2)记忆的精确性和巩固性较差;(3)记忆容量增加;(4)形象记忆占优势,语词记忆能力慢慢提高;(5)大脑容易兴奋,也极不稳定。

第三节　思维与问题解决

一、思维

1.思维的内涵

思维是人脑对客观现实概括的和间接的反映。它反映的是事物的本质和事物间规律性的联系,属于理性认识。

思维具有如下特性:

第一,概括性。即思维反映的是一类事物的共同的本质特征和事物之间的内在联系及规律。

第二,间接性。思维总是通过某种媒介来反映客观事物。

2. 思维的种类

(1) 根据思维凭借物分为:

直观(觉)动作思维:通过实际操作解决具体直观问题时的思维过程。

具体形象思维:凭借头脑中的表象进行的思维。

抽象逻辑思维:凭借语言符号进行的思维。抽象思维是运用概念进行判断、推理的思维活动,是人类特有的复杂而高级的形式。

三种思维出现的顺序依次是:直观(觉)动作思维—具体形象思维—抽象逻辑思维。但在成人身上,这三种思维何者占据优势,并不表明思维水平的高低。

(2) 根据思维的逻辑分为:

分析思维:分析思维又称逻辑思维,它是按照逻辑规律,逐步分析推导,最后获得合乎逻辑的正确答案或合理的结论的思维。

知觉(直觉)思维:直觉思维是一种未经有意识的逻辑推理过程,而对问题的答案突然领悟或迅速做出合理的猜测、设想的思维。

(3) 根据思维的指向性分为:

聚合思维:也叫求同思维,是把问题所提供的各种信息集中起来得出一个最好的答案的思维。

发散思维:也叫求异思维,是从一个目标出发,沿着各种不同途径寻找解决问题的各种答案的思维。

(4) 根据思维的创造性分为:

常规思维:也叫再造思维,运用已有经验,按现成方案来解决问题的思维。

创造思维:以新颖独特方式解决问题的思维。

(5) 根据思维的过程依据分为:

理论思维:是以科学的原理、定理、定律等理论为依据,对问题进行分析、判断的思维。

经验思维:是以日常生活经验为依据,判断生产、生活中的问题的思维。

3. 思维的过程

思维的基本过程是分析与综合。其他还有比较与分类、抽象与概括、具体化与系统化。

(1) 分析与综合:

分析是把一个事件的整体分解为各个部分,并把这个整体事件的各个属性都单独分离开的过程。

综合就是分析的逆向过程,它是把事件里的各个部分、各个属性都结合起来,形成一个整体的事件,在头脑里把事物的各个部分结合起来思考的思维过程。

即时检测

1. 人脑对客观现实概括的和间接的反映属于(B)。

A. 记忆

B. 思维

C. 注意

D. 概括

2. 按照逻辑规律,逐步分析推导,最后获得合乎逻辑的正确答案或合理的结论的思维是(D)。

A. 逻辑思维

B. 聚合思维

C. 常规思维

D. 分析思维

3. 把一个事件的整体分解为各个部分,并把这个整体事件的各个属性都单独的分离开的过程是(A)。

A. 分析

B. 综合

C. 抽象

D. 分类

（2）比较与分类：

比较是将几种有关事物加以对照，确定它们之间相同和不同的地方的思维。

分类是根据实物或现象的不同特征进行归类时的思维。

（3）抽象与概括：

抽象是抽出同类事物的部分共同特征，摈弃该类事物的其他特征的思维过程。

概括是把同类事物的共同的、本质的特征结合起来并推广到同类事物中去的过程。

（4）具体化与系统化：

具体化是把一般原理同具体事物联系起来的思维过程。

系统化是把头脑中的知识分别组织起来的思维过程。

4. 思维的基本形式

（1）概念。概念是反映对象的本质属性的思维形式。人类在认识过程中，从感性认识上升到理性认识，把所感知的事物的共同本质特点抽象出来，加以概括，就成为概念。表达概念的语言形式是词或词组。概念都有内涵和外延，即其涵义和适用范围。明确概念就是要明确概念的内涵和外延。定义是明确概念内涵的逻辑方法，划分是明确概念外延的逻辑方法。概念的作用是分类、比较和定量。

概念形成经历三个阶段：第一是抽象化阶段；第二是类化阶段；第三是辨别阶段。

（2）判断。判断就是肯定或否定某种事物的存在或指明它是否具有某种属性的思维过程，主要是要认识概念与概念之间的联系的活动。

（3）推理。推理是根据已有信息得出新信息的过程，分为归纳推理（完全归纳和不完全归纳）、演绎推理、逻辑性推理、类比推理(Reasoning)。

归纳推理：就是从个别性知识推出一般性结论的推理。完全归纳推理是根据某类事物每一对象都具有某种属性，从而推出该类事物都具有该种属性的结论。不完全归纳推理是根据某类事物部分对象都具有某种属性，从而推出该类事物都具有该种属性的结论。不完全归纳推理包括简单枚举归纳推理、科学归纳推理。

演绎推理：就是从一般性的前提出发，通过推导即"演绎"得出具体陈述或个别结论的过程。演绎推理有三段论、选言推理、假言推理、关系推理四种形式。

类比推理：是根据两个或两类对象有部分属性相同，从而推出它们的其他属性也相同的推理。简称类推、类比。

（4）决策。决策是个体权衡各种选择的利弊得失的过程。

5. 思维的品质

（1）思维的广阔性和深刻性。思维的广阔性又称思维的广度，是指善于全面地考察、分析问题的思维品质。思维的深刻性也叫思维的深度，是指善于透过纷繁的现象发现问题的本质的思维品质。

（2）思维的独立性与批判性。思维的独立性是指善于独立地发现问题、分析问题、解决问题的思维品质。思维的批判性是指善于从实际出发，严格地根据客观标准评价和检查自己或他人的思维成果。

（3）思维的逻辑性。思维的逻辑性是指思考问题时,条理清楚,严格遵循逻辑规则的思维品质。

（4）思维的灵活性和敏捷性。思维的灵活性是指善于根据具体情况的需要和变化,及时提出符合实际的解决问题的新方案。思维的敏捷性表现为能够迅速地发现问题和解决问题。

（5）思维的独创性。思维的独创性是指思考、解决问题时,不仅善于求同,更善于求异。

6. 思维品质的培养

（1）良好思维品质的培养

第一,加强科学思维方法的训练。第二,运用启发方式调动学生思维的积极性和主动性。第三,加强言语交流训练。第四,培养学生解决实际问题的能力。

（2）创造性思维品质的培养

创造性思维是以发散思维为核心,发散思维和聚合思维的统一,具有流畅性、灵活性和独创性的特点。

创造性思维一般经历准备期、酝酿期、豁朗期和验证期四个阶段。

一般说来,教师可以运用启发式教学,培养学生的发散性思维,组织学生的创造性活动,开设具体的课程来加以培养。

二、问题解决

（一）问题与问题解决的内涵

1. 问题的概念

问题就是个体不能用已有的知识经验直接加以处理并因此而感到疑难的情境。

任何问题都有三个基本成分:一是初始状态,二是目标状态,三是存在的限制或障碍。

2. 问题解决的概念

按照信息加工理论,问题解决就是为了从问题的初始状态到目标状态,而采取的一系列具有目标指向性的认知操作规程。实际上,问题解决是由一定的情景引起的,按照一定的目标,应用各种认知活动、技能等,经过一系列的思维操作,使问题得以解决的过程。

问题解决分两种情形:一是常规型问题解决;二是创造型问题解决。

3. 问题解决的特点

第一,问题情境性。问题总是由问题情境引起的。问题情境就是在生活中出现在我们面前,使我们感到困惑又不能利用经验直接解决的情况。正是这种情境性才能促使我们进行思考,开动脑筋,并采取相应的策略去改变这种困境。问题解决的过程就是问题情境消失的过程。当一个问题解决之后再遇到同类情境时就不会再感到困惑。

第二,目标指向性。问题解决的过程就是寻找和达到目标的过程。问题解决的过程可以通过直觉与猜测,也可以通过分析与推理,还可以通过联想与想象,但无论通过哪一种途径都必须受到目标的指引。

第三,操作序列性。问题解决包含一系列心理操作,这种操作是成序列、有系统的。序列出现错误,问题就无法解决。

第四,认知操作性。问题解决的活动至少要有认知成分的参与,它的活动依赖于一系列的认知操作来进行。认知操作是解决问题的最基本成分。

（二）问题解决的过程

1. 发现问题

从问题解决的阶段性看，发现问题是问题解决的第一阶段，是解决问题的前提。发现问题不论对学习、生活，还是创造发明都十分重要，是思维积极主动性的表现。

2. 分析问题

要解决所发现的问题，必须明确问题的性质，也就是弄清问题的关键信息。以确定所要解决的问题要达到什么结果，所必须具备的条件、其间的关系和已具有哪些条件。

3. 提出假设

在分析问题的基础上，提出解决该问题的假设，即可采用的解决方案，其中包括采取什么原则和具体的途径、方法。提出假设是问题解决的关键阶段。

4. 检验假设

通常有两种检验方法：一是通过实践检验，即按假定方案实施，如果成功就证明假设正确，同时问题也得到解决；二是通过心智活动进行推理，即在思维中按假设进行推论，如果能合乎逻辑地论证预期成果，就算问题初步解决。

（三）影响问题解决的因素

1. 个体已掌握的知识

问题解决的任何一个阶段都涉及有关知识，没有相应的知识不仅难于发现问题，而且缺乏分析问题的基础和提出假设所必需的依据。知识对解决问题的影响，还涉及在必要时是否能及时忆起已有的有关知识，并恰当地加以综合应用。

2. 心智技能水平

心智技能是影响问题解决的极重要因素，因为解决问题主要是通过思维进行的，心智技能正是思维能力在解决问题中所表现的技能。为此，在教学中不能只重视知识的灌输，还必须同时促进心智技能的发展。

3. 动机和情绪的关系

它们在问题解决中有积极和消极两方面的影响。恰当的学习动机和求知欲，不仅对发现问题有极重要的作用，而且对深入分析问题、探索各种假设和反复检验，都是重要的内部动力。但只有中等强度的动机和平静的心境状态，才有利于问题的解决。动机和情绪的强度不够，则缺乏动力；过于强烈则会干扰思维而影响问题解决。因此，教师必须重视培养学生的求知欲及其正确的学习动机，同时要训练学生经常带着愉快平静的情绪进行学习和解决问题。

4. 刺激呈现的模式（问题呈现的方式）

当问题中所包含的事件和物体呈现在问题解决者面前时，总要涉及特定的空间位置、距离、时间的先后（或同时）顺序，以及它们当时所表现的特定功能,所有这些具体特点及其间关系就构成了特定的刺激模式。如果刺激模式直接提供了适合于问题解决的线索,就便于找出解决的方向、途径与方法;如果刺激模式掩蔽或干扰了解题线索,就会使解题增加困难,甚至导向歧途。因此,教师在教学时一方面要十分注意对刺激物的组织处理(如教具安排等),另一方面要经常训练学生从多种角度观察同一事物,以揭露和认识这一事物在不同情境中所可能具有的多种功能。

5. 思维定势

思维定势是指连续解决一系列同类型课题所产生的定型化思路。这种思路对同类的后继课题的解决是有利的;如果后继课题虽可用前法解决,但也可以采用更合理更简易的步骤时,思维定势就成为障碍,从而影响解题的速度与合理化。因此,平时既要注重训练学生思维的定向性,又要训练其思维的灵活性。

6. 功能固着

功能固着是指个体在解决问题时往往只看到某种事物的通常功能,而看不到其他方面可能有的功能。这是人们长期以来形成的对某些事物的功能或用途的固定看法。

7. 原型启发

原型是指对解决问题能起到启发作用的事物。任何事物或现象都可以作为原型。

8. 个性特点

独立性、自信心、坚韧性、精密性、敏捷性、灵活性以及兴趣等个性特点,均对解决问题的效率产生一定的影响。教师应经常关心和发挥学生有利于问题解决的个性特点,纠正其不利的个性特点。

(四) 问题解决的策略

人们解决问题的策略可以分为两类:算法和启发式。

1. 算法

算法是解决问题的一套规则,精确地指明解决问题的具体步骤。

2. 启发式

凭借经验进行问题解决的方法,也称经验规则。经常使用的有效的启发式策略主要包括手段—目的分析、逆向工作法、计划法、爬山法等。

(1) 手段—目的分析。将需要达到的问题的目标状态分成若干子目标,通过实现一系列的子目标最终达到总目标的方法。

(2) 逆向工作法。从问题的目标状态退回起始状态,以寻求解决问题的方法。

(3) 计划法。抛开问题的某些方面或细节,将问题抽象成简单的形式,找到问题的主要结构,先解决抽象成简单的问题,再利用所得答案来解决复杂问题的思维方式。

(4) 爬山法。采用一定的方法逐步降低初始状态和目标状态的距离,以达到问题解决的一种方法。

三、真题选析

（一）单选题

1. 学生利用头脑中的概念、理论知识来解决问题,这种思维是(　　)。(2011年)

A. 动作思维　　　　B. 形象思维　　　　C. 逻辑思维　　　　D. 发散思维

答案C。解析:逻辑思维指人们在认识过程中借助于概念、判断、推理等思维形式能动地反映客观现实的理性认识过程,又称理论思维。动作思维亦称直观动作思维。其基本特点是思维与动作不可分,离开了动作就不能思维。形象思维是用直观形象和表象解决问题的思维,主要是指人们在认识世界的过程中,对事物表象进行取舍时形成的,用直观形象的表象,解决问题的思维方法。发散思维又称辐射思维、放射思维、扩散思维或求异思维,是指大脑在思维时呈现的一种扩散状态的思维模式。如"一题多解"、"一事多写"、"一物多用"等方式。

2. 我们在解数学题时,通常是根据已知条件朝向目标方向进行分析与综合,最后寻找到答案,这种解决问题的思路是(　　)。(2012年小学)

A. 直觉思维　　　　　　　　　　　B. 发散思维

C. 常规思维　　　　　　　　　　　D. 聚合思维

答案D。解析:直觉思维是指对一个问题未经逐步分析,仅依据内因的感知迅速地对问题答案作出判断、猜想、设想,或者在对疑难百思不得其解之时,突然对问题有"灵感"和"顿悟",甚至对未来事物的结果有"预感"、"预言"等都是直觉思维。聚合思维是指从已知信息中产生逻辑结论,从现成资料中寻求正确答案的一种有方向、有条理的思维方式。常规思维是指人们根据已有的知识经验,按现成的方案和程序直接解决问题。

3. 根据加德纳的多元智力理论,通常教师和心理咨询师的智力水平高主要是在(　　)。

A. 语言智力　　　　　　　　　　　B. 人际智力

C. 自知智力　　　　　　　　　　　D. 身体—动觉智力

答案B。解析:人际智力是指与人相处和交往的能力,表现为觉察、体验他人情绪、情感和意图并据此做出适宜反应的能力。这种智力在教师、律师、推销员、公关人员、谈话节目主持人、管理者和政治家等身上有比较突出的表现。

（二）简答题

1. 加德纳多元智力理论的观点是什么?

答:加德纳认为,一方面,智力与一定社会和文化环境下人们的价值标准有关,这使得不同社会和文化环境下的人们对智力的理解不尽相同,对智力表现形式的要求也不尽相同;另一方面,智力既是解决实际问题的能力,又是生产及创造出社会需要的产品的能力。加德纳的多元智力框架中相对独立地存在着七种智力:言语-语言智力、音乐-节奏智力、逻辑-数理智力、视觉-空间智力、身体-动觉智力、自知-自省智力和交往-交流智力。

2. 影响问题解决的因素包括哪些?

答:问题解决的思维过程受多种心理过程影响,有些因素对解决问题起促进作用,有些则起阻碍作用。一是问题情景;二是定势;三是功能固着;四是背景知识;五是个性特征;六是动机水平;七是智力水平;八是认知策略。

3. 简述小学生思维发展的特征。

答:(1)从以具体形象思维为主要形式向以抽象逻辑思维为主要形式过渡;(2)抽象逻辑思维发展不

平衡;(3)抽象逻辑思维从不自觉到自觉;(4)辩证逻辑思维初步发展。

（三）论述题

1. 教师如何帮助学生有效地掌握概念？

答:掌握概念其实就是概念学习。也就是把具有共同属性的事物集合在一起并冠以一个名称,把不具有此类属性的事物排除出去的过程。影响概念学习的因素主要有:概念的定义性特征;原型;讲授概念的方式;概念间的联系以及学生在年龄、性别、智力、动机、情绪、经验、民族、语言能力和使用学习策略上的个体差异等自身的因素。

教师帮助学生掌握概念应该遵循如下原则:

第一,提供概念范例。范例指能够代表概念的典型事例,提供适当范例有助于学习者掌握概念的主要特征。范例既可以有概念原型,以便告诉学习者这个概念是什么,也可以有反例,让学习者了解这个概念不是什么。一般来讲,最好的范例就是那些定义性特征很明显或学习者最熟悉的原型。当某一概念很容易与其他概念混淆时,反例非常重要。提供范例的方法可以有两种:一种是例—规法;另一种是规—例法。

第二,利用概念间的联系构图。概念之间是有联系的,利用学习者已有概念组成"概念地图",把新概念置于其中,在这样的"地图"中,概念与概念间的上下级关系得以明确显露,概念被赋予了更多的含义,有利于学习者通过已知概念来掌握新概念。

第三,消除错误概念。学习者很容易由日常生活经验而形成不科学的错误概念,而这种不科学的错误概念一旦形成,又难以消除或改变。对于这类问题,可以强调概念的定义性特征,直接指出学习者的错误所在。

第四,在实践中运用概念。学习者每使用一次概念或在新的丰富的情境中遇到同一概念,也就是概念的每一次具体化,都会使概念进一步丰富和深化,学习者对要领的理解就更完全、更深刻,尤其是模糊要领的教学更是如此。而运用概念于实际就是这种概念具体化的过程。

2. 论述掌握知识与发展智力相统一的规律。

答:掌握知识和发展智力相互依存、相互促进。掌握知识是发展智力的基础,发展智力又是掌握知识的必要条件,两者相互联系,辩证统一。① 掌握知识是发展智力的基础,不能脱离知识的传授和掌握凭空发展智力。② 智力的发展是学生进一步掌握知识的条件和工具;智力发展水平的高低直接制约着学生掌握知识的深度、广度和速度。③ 知识多少和智力水平高低不一定成正比。我们要求在教学过程中向学生传授知识的同时,有计划、有目的、自觉地发展学生智力。

第四节 言语与想象

一、言语

（一）言语的内涵

1. 言语的概念

言语即人们运用语言交流思想,进行交际的过程,是人们掌握和使用语言的活动。

其特点包括:（1）目的性。人们使用语言是为了达到某种目的,实现交际的需要。（2）开放性。人们在交际中使用的句子繁多,词语、声音灵活,就有无限扩展的特点。（3）规则性。言语活动受到语言规则和文化习俗的制约。（4）离散性。说话时所运用的词语和句子具有离散性特点。（5）社会性和个体性。言语活动是社会交往活动,也是个体运用语言的活动。

2. 言语与语言的区别

首先,语言是社会共有的交际工具,因而是稳固的,具有相对的静止状态。而言语则是人们运用语言这种工具进行交际的过程和结果,是自由结合的,具有相对的运动状态。

其次,语言是个系统,是言语活动中社会成员约定俗成共同使用的部分,是社会共有的交际工具。而言语是人们运用这个工具的过程和结果,它具有个人特色,每个人说话的嗓音,每个音的具体发音,每个人使用的词语和句子结构等方面都有个人特色,而且每个人每一次说话都是不同的。

(二)言语的功能与种类

1. 功能

言语具有:(1)交流功能。(2)符号功能,言语中的词总是代表着一定的对象或现象。(3)概括功能。

2. 种类

(1)对话言语。像聊天、座谈等由两个以上的人直接交际的言语活动就是对话言语。(2)独白言语。像报告、讲座、旁白等由个人独自进行的言语活动就是独白言语。(3)书面言语。借助文字来表达思想、借助阅读来吸收思想的活动叫作书面言语。(4)内部言语。它是一种自问自答或不出声的言语活动,具有隐蔽性和简洁性特点。

(三)言语能力的提高

在教育教学中,我们通过对话教学、阅读教学和写作教学来提高言语的运用水平。通常采用的策略是:

(1)巧用图画,形象表达。(2)感悟重点,个性表达。(3)形式模仿,迁移表达。(4)想象情境,拓展表达。

(四)阅读能力的培养

(1)循序渐进,培养学生阅读的兴趣。

(2)加强阅读的指导,培养阅读习惯。

(3)指导学生课外阅读,拓宽学生视野。

(4)拓展阅读范围,提高思维水平。

> **即时检测**
>
> 1. 简述言语的概念。
> 2. 简述语言的概念。
> 3. 简述言语与语言的区别。
> 4. 简述言语的种类。
> 5. 提高言语能力的策略有哪些?

二、想象

(一)想象的内涵

1. 想象的概念

想象是人脑里对已有表象进行加工改造形成新形象的过程,它是一种特殊的思维形式。想象与思维有着密切的联系,都属于高级的认知过程,它们都产生于问题的情景,由个体的需要所推动,并能预见未来。

2. 想象的特征

想象具有主动性、丰富性、生动性、现实性、新颖性、深刻性等特征。

3．想象的功能

(1) 补充作用：对人类认识活动的补充。

(2) 预见作用：预见活动结果，指导活动方向。

(3) 代替作用：满足现实中不能实现的需要。

(4) 对机体的调节作用：能改变人体外周部分的技能活动。

(二) 想象的种类

从有无目的性分为：

(1) 无意想象，指事先没有预定目的的想象。无意想象是在外界刺激的作用下，不由自主地产生的。例如梦是一种无意想象。

(2) 有意想象，指事先有预定目的的想象。有意想象中，根据观察内容的新颖性、独立性和创造程度，又可分为再造想象、创造想象、幻想。

从内容是否新颖的角度分为：

(1) 再造想象，指根据别人的描述或图样，在头脑中形成新形象的过程。它使人能超越个人狭隘的经验范围和时空限制，获得更多的知识；使我们更好地理解抽象的知识，使之变得具体、生动、易于掌握。

形成正确再造想象的基本条件：一是能正确理解词与符号、图样标志的意义；二是有丰富的表象储备。

(2) 创造想象，指不根据现成的描述，而在大脑中独立地产生新形象的过程。

从想象和现实的关系分为：

(1) 幻想，是创造想象的特殊形式，是与个人生活愿望相联系并指向未来的想象。它有两个特点：体现了个人的憧憬或寄托，不与当前的行动直接联系而指向于未来。具有积极意义，积极的幻想是创造力实现的必要条件，是科学预见的一部分；是激励人们创造的重要精神力量；是个人和社会存在与发展的精神支柱。

(2) 理想，是符合事物发展规律、并可能实现的想象。

(3) 空想，是不以客观规律为依据甚至违背事物发展的客观进程，不可能实现的想象。

(三) 想象的加工方式

1．粘合（或称比拟）

粘合就是把两种或以上本无关系的客观事物的属性和特征结合在一起，构成新形象。

2．夸张

夸张是故意增大或缩小客观事物的正常特征，使它们变形，《格列佛游记》中的大人国和小人国就是经典的例子。

3．人格化

人格化就是对客观事物赋予人的形象和特征，从而产生的新形象。

4．典型化

典型化就是根据一类事物的共同特征来创造新形象。

即时检测

1．简答想象的概念。

2．简答再造想象的概念。

3．简答幻想的特点。

4．简答创造想象的概念。

5．想象的加工策略有哪些？

考题预测

1．简述想象的加工方式。

2．从创造性想象产生的条件谈如何培养学生的创造力。

（四）创造性想象产生的条件

一要，强烈的创造欲望。二要，丰富的表象储备。三要，积累必要的知识经验。四要，原型启发。五要，积极的思维活动。六要，灵感的作用。

（五）学生想象力的培养

第一，引导学生学会观察，丰富学生的表象储备。

第二，引导学生积极思考，拓宽学生想象渠道。

第三，引导学生努力学习，扩展学生知识经验。

第四，结合各科教学，训练学生想象力。

第五，引导学生积极幻想。

（六）创造力培养的策略

一是，培养学生创造性思维。二是，重视创造性心理环境的创设。三是，激发学生的想象。四是，树立远大的理想。五是，重视学生个性的塑造。六是，开设创造性课程。

> **即时检测**
>
> 如何培养学生的想象力？
>
> 答：引导学生学会观察，丰富学生的表象储备；引导学生积极思考，拓宽学生想象渠道；引导学生努力学习，扩展学生知识经验；结合各科教学，训练学生想象力；引导学生积极幻想；激发学生的想象欲望。

三、真题选析

（一）单选题

1. 听见说"五星红旗"，我们能在头脑中浮现出五星红旗的形象，这个形象是（   ）。

A. 知觉形象   B. 记忆表象

C. 想象表现   D. 再造想象

答案 B。解析：略。

2. 空想也是一种（   ）。

A. 表象   B. 想象   C. 理想   D. 幻想

答案：B。解析：表象是事物不在面前时，人们在头脑中出现的关于事物的形象。想象是利用头脑中已有的表象进行加工改造形成新形象的过程。理想是一种对未来的想象。幻想是一种不能实现的对未来的想象。空想是没有根据的一种想象，即可以是对未来的想象，也可以是对过去的瞎想。

（二）简答题

简述创造力的结构。

答：创造力是指产生新思想，发现和创造新事物的能力。它是成功地完成某种创造性活动所必需的心理品质。创造力的静态结构可以是知识、人格、智力。从动态看则是动力系统、操作系统和控制系统。

（三）论述题

结合实际谈谈如何在小学教学中培养学生的想象力？

答：想象是人脑对已有表象进行加工改造，形成新形象的过程。想象可以通过粘合、夸张、拟人化以及典型化等方式加工，需要学生具有强烈的创造愿望、丰富的表象储备、积累必要的知识和经验，也需要进行原型启发。因此，教师在教学中需要为学生：① 创造良好的心理环境，让学生愿意想象和敢于想象。② 引导学生积极幻想，教会学生想象的策略。③ 努力扩大眼界，丰富学生的表象储备。④ 提供原型支持，启发学生积极想象。⑤ 利用好评价机制，鼓励学生积极想象。

第五节　注　意

一、注意的内涵

（一）注意的概念

注意是心理活动对一定对象的指向和集中。注意不是一个独立的心理过程,但却和认知过程、情绪情感过程和意志过程难以分开,是一切心理活动的共同特征,是人完成各种心理活动的心理条件。人在注意着什么的时候,总是在感知着、记忆着、思考着、想象着或体验着什么。

（二）注意的特点

（1）指向性,指心理活动有选择地反映一定的对象。

（2）集中性,指心理活动停留在被选择的对象上的强度或紧张度。

（三）注意的功能

1. 选择功能

注意表现为心理活动的一种积极状态,它具有选择的功能,也就是使心理活动具有一定的方向性。

2. 保持功能

注意还具有保持的功能,即感觉记忆的材料必须经过注意才能进入短时记忆,如果不加注意,它就会很快消失。

3. 调节和监督功能

注意还有对活动进行调节和监督的功能。

二、注意的分类与特征

（一）注意的分类

根据注意的产生有无预定目的,以及保持注意时是否需要意志努力,可将注意分为无意注意、有意注意和有意后注意。

（1）无意注意。无意注意也叫不随意注意,是指事先没有预定的目的,也不需要意志努力的注意。引起无意注意的原因,主要来自客观刺激物的特点和人的主观状态。

（2）有意注意。有意注意也叫随意注意,是指有预定目的,需作一定意志努力的注意。

（3）有意后注意。有意后注意是一种有预定目的,而不需要意志努力的注意。它是在有意注意的基础上发展起来的。

无意注意、有意注意和有意后注意三者之间有着密切的联系,在一定条件下,它们可以相互转化。

（二）注意的特征（品质）

1. 注意范围

注意范围是指一个人在同一时间里能够清晰地把握对象数量的多寡的特性。注意的范围本质上就是知觉的范围。各种注意的范围都可以通过测量来确定。例如,用速示器测量视知觉的注意范围,结果表明在不超过 1/10 秒的时间内,成人从速示器中所能把握的对象是 4～6 个彼此不相联系的外文字母,或者 8～9 个黑色原点。当刺激的数量增多,呈现的速度加快时,判断的错误就增加,一般倾向于低估。

影响注意范围的因素很多:

首先是对象的特点。如果被注意的对象具有实际意义,容易被理解;排列有规则,能成为相互联系的整体;颜色、大小、体积方面的特点单纯,则注意的范围较大。

其次是活动的任务和个人的知识经验。当任务复杂或者需要更多地去注意细节时,注意的范围就较小。个人知识、经验越丰富,整体知觉的能力较强,则有助于扩大注意的范围。

第三是把握对象的方法。实验证明,把握对象的方法不同,对注意的范围有很大影响。例如,对较少(4 个以下)的对象,采用直接把握的效果较好。对中等数量(5～6 个)的对象,分组进行把握的效果较好。而对较大数量的对象,分组和逐个把握的效果差不多。

在教学中,训练扩大学生的注意范围,是使他们较多较快地获得知识的必要条件,同时也有助于提高他们的学习和工作效率。

2. 注意稳定性

注意稳定性是指人的心理活动以同样的强度持久地保持在一定事物或活动上的特性。人的注意是不能长时间地保持固定不变的。据研究证实,不同年龄的人,注意稳定持续的时间有所不同。一般 5～7 岁的儿童,每次注意稳定的时间约 15 分钟,7～10 岁每次注意稳定约 20 分钟,10～12 岁是 25 分钟左右,12 岁以后是 30 分钟左右。观察和实验都表明,经过一定时间后,人的注意会不随意地离开客体,产生一种周期性起伏的现象,这是与注意的稳定性相反的一种特性,叫做注意的动摇性(起伏)。一般来说,在不长的时间间隔里,注意动摇(起伏)的情况是正常的现象。

广义的注意稳定性不是指一个人的注意要始终指向同一个对象,而是就注意活动的总方向而言的。例如,学生作文时,可能要翻看字典,查阅有关资料,推敲字句等,虽然他所接触的对象和内容时刻都在变化着,但这些活动都要服从于写好作文这一总任务,因此仍然表现了注意的稳定性。

在学校的各项活动中,学生的注意能否长久保持稳定,与以下因素有关:

第一,对象的特点。注意的对象如果是内容丰富的、特征复杂的、活动变化着的,那么注意就容易稳定和持久。

第二,对活动任务的态度。如果学生对活动的目的、任务认识明确,或者对活动具有责任心和积极的态度,并能从中获得求知欲望的满足,则注意就能长久与稳定。

第三,人自身的特点。个人的学习与工作习惯、抗干扰的能力、情绪和健康的状态等都会影响注意的稳定性。

第四,注意的方式、方法。用实际动作支持注意,不断地提出新问

即时检测

学生注意保持长久的条件是什么?

答:第一,注意的对象。如果是内容丰富的、特征复杂的、活动变化着的,那么注意就容易稳定和持久。

第二,如果学生对活动的目的、任务认识明确,或者对活动具有责任心和积极的态度,并能从中获得求知欲望的满足,则注意就能长久与稳定。

第三,个人的学习动机高,工作习惯好、抗干扰的能力强、情绪和健康的状态好等都会提高注意的稳定性。

第四,不断地提出新问题,使活动交替进行,把总的任务化为具体的分步完成的任务等会提高注意的稳定性。

题,使活动交替进行,把总的任务化为具体的分步完成的任务等,采取这些注意的方式、方法,能有效地提高注意的稳定性。

3. 注意分配

注意的分配是指人在一定时间内,把注意指向两种或两种以上的对象或者活动上的特性。使注意顺利地进行分配的条件是:

（1）人对活动的熟练程度。同时进行的几项活动中,如果只有一项是不大熟悉的,那么可以集中多的注意去对付它,使之成为注意的中心,其余的活动所要完成的动作由于比较熟练或者已经达到自动化的程度,只要稍加留意或使之处于注意的边缘即可,这样,注意的分配就成为可能。

（2）活动本身的性质和特点。如果同时进行的几项活动的性质和内容有密切的联系,或者通过训练可以把各项活动的动作组合成为一个整体的操作系统,那么注意的分配也就可以顺利进行。

（3）分配注意的技巧。同时进行的几项活动的动作,如果巧妙地迅速更替进行,那么注意的分配就能顺利实现。例如弹奏钢琴时,眼睛在曲谱、音键和手指之间迅速来回移动,经过一段时间的训练,掌握了注意分配的技巧之后,便可以加快弹奏速度,应付自如了。

4. 注意转移

注意转移指根据需要主动、及时地把注意从一个对象调整到另一个对象上,或者在同一种活动中由一种操作过渡到另一种操作的特性。

注意的转移是另一种有意识、自觉的活动,它使一种活动合理地被另一种活动所代替。学生上完第一节课之后,不受这一节课饶有兴趣的内容所干扰,自觉地做好上第二节课的准备,这就是一种注意的转移。注意转移的难易程度和速度受以下几个条件的制约:

第一,原来的活动吸引注意力的强度。如果原来的活动是引人入胜的,有极大吸引力的,那么注意就难以转移。

第二,引起注意转移的新的活动的特点。新的活动越符合人的需要和兴趣,比前一个活动更有意义、更重要,或者具有时间性等,注意的转移就会越迅速。

第三,事先是否有转移注意的信号。如果事先发出注意转移的信号,人的心理会有所准备,则注意的转移就会主动而及时。

第四,注意的转移还与人的神经类型和已有的习惯有关。神经活动灵活型的人比非灵活型的人注意的转移要容易与迅速些。已养成注意转移习惯的人比没有这种习惯的人能更主动地完成注意的转移。

（三）利用注意规律组织教学

1. 合理运用无意注意的规律组织教学

（1）防止分散注意力因素的干扰。（2）利用刺激物的特点引起学生的无意注意。（3）培养学生的兴趣;凡是与学生爱好及已有知识经验有关的事物,都较容易引起学生的无意注意。（4）保持良好的情绪状态和健康状态。

2. 积极调动学生的有意注意组织教学

（1）教育学生明确学习目的，培养间接兴趣。（2）正确组织课堂教学。（3）加强意志锻炼，养成良好的注意习惯。

3. 交替运用几种注意组织教学

单靠有意注意，易于疲劳而导致分心；单靠无意注意会造成学生只凭兴趣学习，不利于学生掌握系统的科学知识。在教学过程中要做到两种注意交替运用，恰当地安排教学。同时，要善于引导学生从有意注意转化为有意后注意。

4. 根据注意的特点和规律培养学生的注意

（1）培养学生克服注意分散的能力。（2）培养学生稳定而广泛的兴趣。（3）培养学生良好的注意习惯。（4）培养学生远大的理想。

三、真题选析

1. 在教学中，大多数注意是要有预定目的，需要意志努力的，这种注意叫（　　）。（2011年）

A. 有意注意　　　　　　　　　　B. 无意注意

C. 有意后注意　　　　　　　　　D. 注意的分配

答案 A。解析：按照注意有无目的，是否需要意志努力，把注意分类为：① 无意注意。无意注意也叫不随意注意，是指事先没有预定的目的，也不需要意志努力的注意。② 有意注意。有意注意也叫随意注意，是指有预定目的，需做一定意志努力的注意。③ 有意后注意。它是一种有预定目的，而不需要意志努力的注意。有意后注意是在有意注意的基础上发展起来的。

2. 学生上课时没有听老师讲课，而是在下面集中精力看有趣的小说，这种现象属于（　　）。（2009年）

A. 注意分散　　　B. 注意集中　　　C. 注意分配　　　D. 注意转移

答案 A。解析：注意的稳定性是指在同一对象环境或同一活动上的注意持续时间。狭义的注意稳定性是指注意保持在同一对象上的时间。广义的注意稳定性是指注意保持在同一活动上的时间。

注意的广度就是注意的范围，是指同一时间内能清楚地把握对象的数量。影响注意广度的因素主要有两个，一是知觉对象的特点，二是个人知觉活动的任务和知识经验。

注意的起伏指短时间内注意周期性地不随意跳跃现象，它是由人的感受性不能长时间地保持固定的状态，而是间歇性地加强和减弱造成的。注意的起伏周期一般为2、3秒至12秒。这种现象在复杂的认知活动中是经常发生的，但只要我们的注意没有离开当前的对象，注意起伏就不会产生消极的作用。

注意的转移是指根据需要，主动、及时地把注意从一个对象调动到另一个对象上，或者在同一种活动中由一种操作过渡到另一种操作的特性。

注意的分配是指同一时间内把注意指向于不同的对象。

3. 在寂静的夜晚，将钟放在一个恰当距离，你会感觉到一会儿听到滴答声，一会儿听不到，这种现象是（　　）。（2013年）

A. 注意不稳定现象　　　　　　　B. 注意起伏现象

C. 注意转移现象　　　　　　　　D. 注意分散现象

答案 B。解析：略。

本章深度练习及解析

一、单项选择题

1. 我们认识世界的第一步是(　　)。
A. 知觉　　　　　　　B. 感觉　　　　　　　C. 反映　　　　　　　D. 对比
答案 B。解析:感觉是人第一种认识属性。

2. 一个人在面对问题情境时,在规定的时间内能产生大量的不同观念,说明这个人的思维具有(　　)。
A. 独创性　　　　　　B. 流畅性　　　　　　C. 变通性　　　　　　D. 准确性
答案 B。解析:思维的流畅性是指对思维在规定时间内产生观念多少的衡量。

3. 在安静的教室内,一名学生咳嗽了一下,大家都向他望去,这种现象是(　　)。
A. 有意注意　　　　　B. 无意注意　　　　　C. 无意后注意　　　　D. 随意注意
答案 B。解析:无意注意是指没有目的,也不需要用意志力维持的注意。

4. 蓝色使人宁静,绿色使人平和是(　　)现象。
A. 联觉　　　　　　　B. 感觉同时对比　　　C. 适应　　　　　　　D. 感觉后像
答案 A。解析:联觉是指一种感觉引起了其他感觉的心理。

5. 内部言语具有(　　)特性。
A. 非交际性　　　　　B. 对话性　　　　　　C. 思维性　　　　　　D. 有声性
答案 A。解析:内部言语的特性是为了思维,而非交际。

6. "水果是可以生吃的食物"是思维过程的(　　)阶段。
A. 综合　　　　　　　B. 概括　　　　　　　C. 比较　　　　　　　D. 抽象
答案 B。解析:概括是把事物的本质特征抽象出来的过程。

7. 短时记忆的容量是(　　)。
A. 7　　　　　　　　　B. 5—7　　　　　　　C. 5—9　　　　　　　D. 7+2
答案 C。解析:短时记忆的容量是 7 加减 2 个组块。

8. 教师通过批改学生的作业知道学生掌握知识的情况属于思维的(　　)。
A. 间接性　　　　　　B. 概括性　　　　　　C. 指向性　　　　　　D. 流畅性
答案 A。解析:不需要直接作用于感觉器官。

9. 当我们看见远处的汽车小如蚂蚁,但我们不会认为它变小了,属于知觉的(　　)。
A. 理解性　　　　　　B. 恒常性　　　　　　C. 选择性　　　　　　D. 整体性
答案 B。解析:恒常性是指不管物体如何变化,在头脑中不变的特性。

10. 课堂上,小米集中注意力听课,不觉就被老师的讲解吸引了,属于注意中的(　　)。
A. 有意注意　　　　　B. 有意后注意　　　　C. 不随意注意　　　　D. 无意注意
答案 B。解析:有意后注意是指有一定的目的,但不需要意志力去维持的注意。

二、名词解释

1. 感觉后像
答:在刺激停止作用后,感觉并不立即消失,而是仍暂留一段时间,叫感觉后像,分为正后像:性质与原感觉的性质相同。负后像:性质与原感觉的性质相反。

2. 系列位置效应

答:系列位置效应指在系列学习中接近开头和末尾的记忆材料的记忆效果好于中间部分的记忆效果。其开头和结尾记忆效果较好,分别叫首因效应和近因效应,而效果较差的中间部分称为渐近部分。

3. 暗适应

答:当我们从明亮的地方走进黑暗的地方,一下子我们的眼睛就会什么也看不见,需要经过一会,才会慢慢地适应,逐渐看清暗处的东西,这一过程约20～30分钟,其间视网膜的敏感度逐渐增高。这一适应过程,就是暗适应,也就是指视网膜对暗处的适应能力。

4. 幻想

答:幻想是与个人生活愿望相联系并指向未来的想象。有两个特点:体现了个人的憧憬或寄托,不与当前的行动直接联系而指向于未来。

5. 再认

答:对曾经感知过的事物再度感知的时候,觉得熟悉,认得它是从前感知过的,叫做再认。

三、简答题

1. 简述引起和维持有意注意的条件。

答:一是客观刺激物的特点:刺激物的强度、刺激物的新颖性、刺激物的对比、刺激物的活动和变化。二是人的主观状态:个体的需要和兴趣、个体的情绪和精神状态、个体的知识经验。

2. 简述记忆的品质及其培养策略。

答:记忆的品质有:记忆的敏捷性、记忆的持久性、记忆的准确性、记忆的准备性。

培养策略:第一,明确记忆目的,增强学习主动性。第二,引导学生进行理解记忆。第三,教给学生记忆方法,包括对材料进行精细加工,促进知识的理解。多渠道:记忆子系统(其他心理过程)、地点标定法、关键词法、SQ3R(元认知策略)、画线、做摘要、列提纲、网络框图、直观形象、谐音法、比较归类、联想、歌诀;运用组块化学习策略;多重编码。第四,培养学生重视复习以及学会复习。

3. 简述影响问题解决的因素。

答:个体已掌握的知识;心智技能水平;动机和情绪;刺激呈现的模式(问题呈现的方式);思维定势;功能固着;原型启发;个性特点。

4. 简述注意分配的条件。

答:(1)人对活动的熟练程度。(2)活动本身的性质和特点。(3)分配注意的技巧。

5. 简述言语和语言的区别和联系。

答:区别:语言是社会性的、相对稳固的、相对静止的。而言语是自由结合的,相对运动的、个性化的。

联系:语言是从言语中概括出来的模式,语言存在于言语之中,语言对言语具有约束和规范作用;个人的言语必须符合约定俗成的语言规则,否则言语就不能被人们理解,不能完成交际的任务,不能得到社会的承认。

四、论述题

1. 结合实际谈谈促进直观教学的策略。

答:(1) 运用被感知的强度律提高教育效果。(2) 运用对象与背景差别的感知觉规律促进直观教学。(3) 运用静止背景上的活动性对象易被感知的规律促进直观教学。(4) 运用知觉的组合规律促进直观教学。(5) 让学生交替使用多种感官感知对象促进直观教学。

2. 结合实际谈谈学生创造力的培养策略。

答:(1) 培养学生创造性思维。(2) 重视创造性心理环境的创设。(3) 激发学生的想象。(4) 树立远大的理想。(5) 重视学生个性的塑造。(6) 开设创造性课程。

3. 如何利用记忆规律组织教学?

答:首先,合理运用无意注意的规律组织教学:① 防止分散注意力因素的干扰。② 利用刺激物的特点引起学生的无意注意。③ 培养学生的兴趣。凡是与学生爱好及已有知识经验有关的事物,都较容易引起学生的无意注意。④ 保持良好的情绪状态和健康状态。

第二,积极调动学生的有意注意组织教学:① 教育学生明确学习目的,培养间接兴趣。② 正确组织课堂教学。③ 加强意志锻炼,养成良好的注意习惯。

第三,交替运用几种注意组织教学。单靠有意注意,易于疲劳而导致分心;单靠无意注意会造成学生只凭兴趣学习,不利于学生掌握系统的科学知识。在教学过程中要做到两种注意交替运用,恰当地安排教学。同时,要善于引导学生从有意注意转化为有意后注意。

第四,根据注意的特点和规律培养学生的注意:① 培养学生克服注意分散的能力。② 培养学生稳定而广泛的兴趣。③ 培养学生良好的注意习惯。④ 培养学生远大的理想。

第三章　情绪情感和意志过程

知识架构

情绪情感和意志过程 {
情绪情感的概念、种类与功能
情绪与心理健康、中学生情绪调节
意志的概念与特征
意志行动过程、意志冲突、意志品质培养
}

考纲要点

识记

1. 情绪和情感的概念及其关系；
2. 情绪与情感的种类；
3. 意志的概念与特征；
4. 意志品质。

理解

1. 情绪与情感的功能；
2. 意志行动的过程。

运用

1. 根据情绪与身心健康的关系谈谈如何调节人的情绪；
2. 谈谈对学生意志力的培养。

第一节　情绪和情感

一、情绪情感概述

（一）情绪和情感的内涵

情绪和情感是人对客观事物是否符合自身需要而产生的态度体验。情绪和情感是由独特的主观体验、外部表现和生理唤醒三种成分组成的。

> **真题再现**
>
> 名词解释：
> 　　情绪和情感（13年）

1. 主观体验

情绪的主观体验是人的一种自我觉察,即大脑的一种感受状态。人有许多主观感受,如喜怒哀乐爱惧恨等都是一种感受状态。

2. 外部表现

在情绪产生时,人们还会出现一些外部反应过程,这一过程也是情绪的表达过程。如人悲伤时会痛哭流涕,激动时会手舞足蹈,高兴时会开怀大笑。情绪所伴随出现的这些相应的身体姿态和面部表情就是情绪的外部行为。

3. 生理唤醒

人在情绪反应时常常会伴随着一定的生理唤醒。如激动时血压升高,愤怒时浑身发抖,紧张时心跳加快,害羞时满脸通红等。脉搏加快、肌肉紧张、血压升高及血流加快等生理指数是一种内部的生理反应过程,常常是伴随不同情绪产生的。

(二) 情绪与情感的异同

1. 不同点

第一,情绪更多的是与人的物质或生理需要相联系的态度体验。情感更多的与人的精神或社会需要相联系。

第二,从发展的角度来看,情绪发生早,情感产生晚。

第三,情绪与情感的反映特点不同。情绪具有情境性、激动性、暂时性、表浅性与外显性。如当我们遇到危险时会极度恐惧,但危险过后恐惧会消失。情感具有稳定性、持久性、深刻性、内隐性,不大会由于个别现象影响情感。

2. 联系点

第一,情感的发生依赖于情绪。稳定的情感是在情绪的基础上形成的,同时又通过情绪反应得以表达,因此离开情绪的情感是不存在的。

第二,情绪也依赖于情感的变化。情绪的变化也往往反映了情感的深度,而且在情绪变化的过程中,常常饱含着情感。

第三,人和动物都有情绪。情绪是基于物质需要而产生的;情感则只有人才有,主要是基于精神需要产生。

(三) 人的基本情绪

人类具有四种基本的情绪:快乐、愤怒、恐惧和悲哀(喜怒哀惧)。

快乐是追求并达到目的时所产生的一种满足体验。它是具有正性享乐色调的情绪,具有较高的享乐维度和确信维度,使人产生超越感、自由感和接纳感。

愤怒是由于受到干扰而使人不能达到目标时所产生的体验。当人们意识到某些不合理的或充满恶意的因素存在时,愤怒会骤然产生。

恐惧是企图摆脱、逃避某种危险情景时所产生的体验。引起恐惧的重要原因是缺乏处理可怕情景的能力与手段。

悲哀是在失去心爱的对象或愿望破灭、理想不能实现时所产生的体验。悲哀情绪体验的程度取决于对象、愿望、理想的重要性与价值。

二、情绪与情感的分类

（一）情绪的分类

依据情绪发生的强度、速度、紧张度、持续性等指标，可将情绪分为心境、激情和应激。

1. 心境

心境是一种具有感染性的、比较平稳而持久的情绪状态。当人处于某种心境时，会以同样的情绪体验看待周围事物。心境体现了弥散性特点，平稳的心境可持续几个小时、几周或几个月，甚至一年以上。

2. 激情

激情是一种爆发快、强烈而短暂的情绪体验。如在突如其来的外在刺激作用下，人会产生勃然大怒、暴跳如雷、欣喜若狂等情绪反应。在这样的激情状态下，人的外部行为表现比较明显，生理的唤醒程度也较高，因而很容易失去理智。

3. 应激

应激是指在意外的紧急情况下所产生的适应性反应。当人面临危险或突发事件时，人的身心会处于高度紧张状态，引发一系列生理反应，如肌肉紧张、心率加快、呼吸变快、血压升高等。

（二）情感的分类

1. 道德感

道德感是根据一定的社会道德标准，对人的思想、行为做出评价时所产生的情感体验。当自己或他人的言行符合道德规范时，对自己会产生自豪感，对他人会产生敬佩、羡慕、尊重等情感；当自己或他人的言行不符合道德规范时，对自己会产生自责、内疚等情感，对他人会产生厌恶、憎恨等情感。

2. 理智感

理智感是在认知活动中，人们认识、评价事物时所产生的情绪体验。如发现问题时的惊奇感，分析问题时的怀疑感，解决问题后的愉快感，对认识成果的坚信感等等。理智感常常与智力的愉悦感相联系。

3. 美感

美感是根据一定的审美标准评价事物时所产生的情感体验。它是人对自然和社会生活的一种美的体验。如对优美的自然风景的欣赏，对良好社会品行的赞美。美感的产生受思想内容及个人审美标准的制约。

<blockquote>
真题再现

名词解释：
心境

单选题：
1. 有感染性的、比较平稳而持久的情绪状态是（C）。
A. 情感
B. 情绪
C. 心境
D. 激情

2. 当人面临危险或突发事件时，人的身心会处于高度紧张状态，引发一系列生理反应的现象称为（A）。
A. 应激
B. 情绪
C. 心境
D. 激情

真题再现

简答题：
1. 情感的分类。
2. 情绪和情感的功能。

单选题：
1. 根据一定的审美标准评价事物时所产生的情感体验是（C）。
A. 情感
B. 理智感
C. 美感
D. 好感
2. 责任感、义务感属于（B）。
A. 理智感
B. 道德感
C. 美感
D. 正义感
</blockquote>

三、情绪与情感的功能

情绪与情感具有四大功能：适应功能、动机功能、组织功能和信号功能。

（1）适应功能。情绪能够使个体针对不同的刺激事件产生灵活自如的适应性反应，并调节或保持个体与环境间的关系。

（2）动机功能。情绪伴随动机性行动产生，具有动机作用。积极的情绪对行为有促进作用；消极的情绪对行为有抑制作用。

（3）组织功能。积极的情绪和情感对活动起着协调和促进作用；消极的情绪对活动起着瓦解和破坏作用。

（4）信号功能。情绪和情感具有在人际间传递信息、表达信息的功能。情绪以体验的方式表达出自己对周围事物意义的认知，并对他人施加一定的影响。如人的情绪或情感一旦和有关事物结合起来，人就会在头脑中形成该事物的、具有感情色彩的记忆映象；人一旦有了情绪、情感的记忆经验，不仅见到某类事物能够引起相应的情绪，而且再度遇到某些表情时，也能领会它的含义，并对它做出积极的或消极的情绪反应及行动上的趋避动作。另外，个体对各种信息的意义性的鉴别经常是通过共鸣和移情作用进行的。

情绪是人们社会交往中的一种心理表现形式。情绪的外部表现是表情，表情具有信号传递作用，属于一种非言语性交际。人们可以凭借一定的表情来传递情感信息和思想愿望。

真题再现

单选题：
教师以微笑点头的方式赞许王平主动帮助同学的行为体现了情绪的（A）功能。
A. 信号
B. 感染
C. 调节
D. 激励

论述题：
结合实际，谈谈如何调节学生的情绪？

四、学生情绪的调节

（一）情绪与身心健康的关系

人对社会的适应是通过调节情绪来进行的，情绪调控得好坏会直接影响到身心健康。情绪分为积极情绪和消极情绪两大类。情绪好有利于身心健康，使人积极乐观、活力无限；情绪差有害于身心健康，使人产生消极心理，在生活上、工作中都缺乏自信与活力。

因此应该主动摆脱不良情绪。当有什么事使你烦恼的时候，应当畅所欲言，不要闷在心里。当事情不顺利时，不妨避开一下，改变一下生活环境，可能会使精神得到松弛。

（二）良好情绪的标准

第一，能准确反映一定环境和情境的影响，善于表达自己的感受。

第二，能对引起情绪的刺激做出适当强度的反应。

第三，具备情绪的转移能力。

第四，情绪的表达，符合自己的年龄特点。

（三）常用的情绪调节方法

1. 自我鼓励法

用某些哲理或某些名言安慰自己，鼓励自己同痛苦、逆境做斗争。自娱自乐，会使情绪好转。

2. 语言调节法

语言是影响情绪的强有力工具。如悲伤时朗诵滑稽、幽默的诗句，可以消除悲伤。用"冷静"、"制怒"、"忍"等词语自我提醒、自我命令、自我暗示，也能调节自己的情绪。

3. 环境制约法

环境对情绪有重要的调节和制约作用。情绪压抑时,到外边走一走,能起调节作用;心情不快时,到娱乐场做做游戏,会消愁解闷。

4. 注意力转移法

把注意力从消极方面转到积极、有意义的方面来,心情会豁然开朗。

5. 能量发泄法

对不良情绪可以通过适当的途径排遣和发泄。

6. 升华法

把低级情绪升高到高级情绪中去。如失恋了,可以把注意力放在考研复习上等。

(四)情绪情感在教学中的运用

第一,重视教学过程中的情感目标达成;第二,在教学中重视学生的情绪特征和理智感;第三,在教学中加强师生的情感交流。

(五)教师如何帮助学生调节情绪

一要教会学生形成适宜的情绪状态;二要丰富学生的情绪体验;三要引导学生正确看待问题;四要教给学生情绪调节的方法;五要通过实践锻炼学生情绪调节的能力。

五、真题选析

驾驶员发现路前有大坑紧急刹车的情绪状态是(　　　)。

A. 应激　　　　　　　B. 激情　　　　　　　C. 心境　　　　　　　D. 着急

答案 A。解析:心境是一种具有感染性的、比较平稳而持久的具有弥散性特点的情绪状态。如人伤感时,会见花落泪,对月伤怀。

激情是一种爆发快、强烈而短暂的情绪体验。如在突如其来的外在刺激作用下,人会产生勃然大怒、暴跳如雷、欣喜若狂等情绪反应。

当人面临危险或突发事件时,人的身心会处于高度紧张状态,引发一系列生理反应,如肌肉紧张、心率加快、呼吸变快、血压升高等就是应激。

第二节　意志过程

一、意志概述

(一)意志的内涵

1. 意志的概念

意志是个体自觉地确定目的,并根据目的支配、调节行动,克服困难,实现预定目的的心理过程。意志是人类特有的心理现象。意志总是和行动紧密相连,通常称之为意志行动。

2. 意志的特征

第一,意志行动是人特有的自觉确定目的的行动。自觉的目的是意志行动的前提,意志行动和自觉的目的分不开。

第二,意志对活动具有支配作用。

第三,意志行动的重要特征是克服内外部困难。人的意志行动总是与调动人的积极性去克服困难、排除行动中的各种障碍分不开。

第四,意志行动是以随意(有意)动作为基础的。随意动作是指受到意识调节和支配的,具有一定目的性、方向性的动作,是通过有目的的练习而形成的条件反射,是意志行动的必要组成成分。

（二）意志行动的过程

意志过程包括两个阶段,即决定阶段(准备阶段)和执行阶段。

1. 决定阶段(准备阶段)

该阶段包括动机斗争、确定目的、选择行动方法和制订行动计划等环节。

首先是解决动机斗争的问题。动机是由需要产生的愿望、意图、信念和理想等等,它们都是意志行动的内部原因和动力,决定着一个人行动的性质和方向。从形式上看,动机斗争可以分为四类:

（1）双趋冲突。双趋冲突是指两种对个体都具有吸引力的需要目标同时出现,而由于条件限制,个体无法同时采取两种行动所表现的动机冲突。《孟子·告子上》说的"鱼,我所欲也;熊掌,亦我所欲也,二者不可得兼,舍鱼而取熊掌者也"就是典型的双趋冲突。

（2）双避冲突。双避冲突指同时有两个可能对个体具有威胁性、不利的事发生,两种都想躲避,但受条件限制,只能避开一种,接受一种的冲突。如前有狼后有虎的两难境地。

（3）趋避冲突。有时,一个人对同一目的会同时产生两种动机:一方面好而趋之,另一方面恶而避之,这种对同一目的兼具好恶的矛盾心理,称为趋避冲突。例如,学生想参加校足球队为学校争光,又怕耽误时间影响自己的学业成绩。

（4）多重趋避冲突。多重趋避冲突又称双趋避冲突、双重正负冲突,指同时有两个或两个以上的目标,但每个目标各有所长、各有所短,分别具有吸引和排斥两个方面的作用,使人左顾右盼,难以抉择的心态。如择业时有两个单位可供选择,而每个单位又利弊相当,就有可能举棋不定而陷入这种冲突中。

其次是确定目标环节。一般说来,目标越明确,人的行动越自觉;目标越远大,它对行动的动力作用越大。

之后是选择行动方法和制订行动计划。

2. 执行阶段

执行阶段指将行动计划付诸实现的过程。在执行阶段中,意志的品质表现为坚定地执行所定的行动计划,努力克服主观上和客观上遇到的各种困难。

二、意志品质及其培养

（一）意志品质

一般把意志品质归纳为自觉性、果断性、自制性和坚持性四个方面。

1. 自觉性

自觉性是指一个人在行动中具有明确的目的性，认识到行动的社会意义，自觉调节行动的品质。具有自觉性的个体不轻易受外界的干扰和影响，信念坚定，能接受有益的意见，能克服困难去执行决定。与自觉性相反的品质是受暗示性和独断性。受暗示性是指一个人容易接受别人的暗示或影响，经常轻易地改变或取消自己的决定而执行与自己观点不符合的决定，盲目地服从他人的意志行动。独断性是受暗示性的另一个极端。具有独断性的人，似乎能独立地做出决定并执行决定。受暗示性和独断性都是意志的不良品质。

2. 果断性

果断性是指一个人善于明辨是非，适时而合理地做出决定并执行决定的品质。具有果断性的人，能全面、深刻地考虑行动的目的和方法，在动机斗争时能当机立断；在行动时，敢作敢为，及时行动，毫不动摇；在不需要立即行动或情况发生变化时，能立即停止已经做出的决定。与果断性相反的是优柔寡断和草率决定。优柔寡断的人总是在做出决定时动摇不定，一直处于动机斗争状态；在执行决定时不能坚持执行，顾虑重重，常常要重新考虑已经做出的决定。草率决定的人主要是不考虑主客观条件，也不考虑行动后果，仓促地做出决定，冒险从事，结果往往是以盲目行动开始，以后悔告终。

3. 自制性

自制性是指一个人善于控制自己的情感，约束自己言行的品质。自制性强的人，一方面善于控制自己或迫使自己去执行所做出的决定，自觉地调节自己的言论和行动；另一方面又善于控制自己的情绪冲动，保持情绪的稳定，表现出应有的忍耐性。与自制性相反的是任性和怯懦。任性的人不能约束自己，语言伤人，行为放纵；怯懦的人胆小怕事，遇困难就惊慌失措、畏缩不前。

4. 坚持性（坚韧性）

坚持性是指一个人在执行决定时，以充沛的精力和顽强的毅力，百折不挠地克服重重困难、坚持到底的品质。具有坚持性品质的人经得起长期的磨炼，不顾挫折和失败、锲而不舍，抵制各种干扰，不达目的誓不罢休。顽固和执拗与坚持性不同。顽固执拗的人对自己的行动缺乏正确的估计，常常自以为是，肆意妄为，固执己见。此外，虎头蛇尾、见异思迁等也是与坚持性相反的品质。

（二）意志品质的培养

（1）加强目的动机教育，培养正确的观念。

（2）鼓励学生，下决心树立信心和恒心。

（3）创设情境，使学生在实践中接受锻炼。

（4）通过适当的挫折教育，锻炼学生的意志品质。

（5）针对年龄特点，引导学生加强意志的自我锻炼。

（6）根据学生意志品质的差异，采取不同的锻炼创设。

> **真题再现**
>
> 论述题：
>
> 　结合教学实际谈谈如何培养学生良好的意志品质。

三、真题选析

1. 学生想参加娱乐活动,又怕耽误学习的心理称为(　　　)。

A. 双避冲突　　　　　　　　　　　B. 双重趋避冲突

C. 趋避冲突　　　　　　　　　　　D. 双趋冲突

答案 C。解析:(1)双趋冲突是指两种对个体都具有吸引力的需要目标同时出现,而由于条件限制,个体无法同时采取两种行动所表现的动机冲突。(2)双避冲突指同时有两个可能对个体具有威胁性、不利的事发生,两种都想躲避,但受条件限制,只能避开一种,接受一种的冲突。(3)趋避冲突指一个人对同一目的同时产生两种动机:一方面好而趋之,另一方面恶而避之,这种对同一目的兼具好恶的矛盾心理,称为趋避冲突。(4)多重趋避冲突也称双趋避冲突,双重正负冲突,指同时有两个或两个以上的目标,但每个目标各有所长、各有所短,分别具有吸引和排斥两个方面的作用时,使人左顾右盼,难以抉择的心态。

2. 在学习和生活中,我们常确定目标,但在目标实现的过程中会遇到各种障碍,这要求我们要通过自己的心理努力克服困难,有意识地把自己的行为调节和控制在与实现目标一致的方向上,这种心理过程是(　　　)。

A. 动机　　　　　B. 情绪　　　　　C. 意志　　　　　D. 思维

答案 C。解析:意志指人们自觉地确定目的并支配其行动以实现预定目的的心理过程。

动机是指由特定需要引起的,欲满足各种需要的特殊心理状态和意愿。

情绪是对一系列主观认知经验的通称,是多种感觉、思想和行为综合产生的心理和生理状态。

思维是人脑对客观现实概括的和间接的反映,它反映的是事物的本质和事物间规律性的联系。

本章深度练习及解析

一、单项选择题

1. "急中生智"是情绪状态中的(　　　)。

A. 应激　　　　　B. 激情　　　　　C. 心境　　　　　D. 快乐

答案 A. 应激。

2. "人逢喜事精神爽"是属于(　　　)情绪状态。

A. 应激　　　　　B. 激情　　　　　C. 心境　　　　　D. 快乐

答案 C. 心境。

3. 意志行动最重要的环节是(　　　)。

A. 确定目的　　　B. 制订计划　　　C. 执行计划　　　D. 做出决定

答案 C. 执行计划。

4. "进退维谷"是一种(　　　)冲突。

A. 双避　　　　　B. 双趋　　　　　C. 趋避　　　　　D. 多重趋避

答案 A. 双避。

5. 善于迅速地明辨是非,合理地采取决定和执行决定的品质是意志的(　　　)。

A. 自觉性　　　　B. 自制性　　　　C. 果断性　　　　D. 坚持性

答案 C. 果断性。

6. 下列不属于基本情绪类型的是(　　　)。

A. 快乐　　　　　　　B. 悲哀　　　　　　　C. 愤怒　　　　　　　D. 嫉妒

答案 D. 嫉妒。

7. 人的求知欲属于情感中的(　　)。

A. 美感　　　　　　　B. 理智感　　　　　　C. 道德感　　　　　　D. 责任感

答案 B. 理智感。

8. "富贵不能淫"体现出意志品质的(　　)。

A. 自觉性　　　　　　B. 自制性　　　　　　C. 果断性　　　　　　D. 坚持性

答案 B. 自制性。

9. 老师用严肃的表情制止小米的调皮行为属于表情的(　　)。

A. 信号　　　　　　　B. 调节　　　　　　　C. 激励　　　　　　　D. 适应

答案 A. 信号。

10. 任性是与意志的(　　)相反的品质。

A. 自觉性　　　　　　B. 自制性　　　　　　C. 果断性　　　　　　D. 坚持性

答案 B. 自制性。

二、名词解释

1. 道德感

答:道德感是根据一定的社会道德标准,对人的思想、行为做出评价时所产生的情感体验。

2. 情绪

答:情绪是人对客观事物是否符合自身需要而产生的态度体验。

3. 意志

答:意志是个体自觉地确定目的,并根据目的支配、调节行动,克服困难,实现预定目的的心理过程。

4. 双趋冲突

答:双趋冲突是指两种对个体都具有吸引力的需要目标同时出现,而由于条件限制,个体无法同时采取两种行动所表现的动机冲突。

5. 心境

答:心境是一种具有感染性的、比较平稳而持久的情绪状态。

三、简答题

1. 简述良好情绪的标准。

答:(1)能准确反映一定环境和情境的影响,善于表达自己的感受。(2)能对引起情绪的刺激做出适当强度的反应。(3)具备情绪的转移能力。(4)情绪的表达,符合自己的年龄特点。

2. 简述情绪与情感的区别。

答:第一,情绪更多的是与人的物质或生理需要相联系的态度体验。情感更多的与人的精神或社会需要相联系。第二,从发展的角度来看,情绪发生早,情感产生晚。第三,情绪与情感的反映特点不同。情绪具有情境性、激动性、暂时性、表浅性与外显性,如当我们遇到危险时会极度恐惧,但危险过后恐惧会消失。情感具有稳定性、持久性、深刻性、内隐性。

3. 简述意志行动的基本阶段。

答:第一阶段是准备阶段,包括动机斗争、确定目的、选择行动方法和制订行动计划等环节;第二阶段是执行阶段,包括克服内外困难,认真执行计划等。

四、论述题

1. 如何培养学生的良好的意志品质?

答:良好的意志品质包括自觉性、果断性、自制性和坚持性。

培养良好的意志品质需要:(1) 加强目的动机教育,培养正确的观念。(2) 鼓励学生,下决心树立信心和恒心。(3) 创设情境,使学生在实践中接受锻炼。(4) 通过适当的挫折教育,锻炼学生的意志品质。(5) 针对年龄特点,引导学生加强意志的自我锻炼。(6) 根据学生意志品质的差异,采取不同的锻炼创设。

2. 如何调节学生的不良情绪?

答:不良情绪是负面情绪,对人的身心健康具有害处。调节学生的不良情绪是一种过程,也是策略的运用。(1) 教会学生形成适宜的情绪状态。(2) 丰富学生的情绪体验。(3) 引导学生正确看待问题。(4) 教给学生情绪调节的方法。(5) 通过实践锻炼学生情绪调节的能力。

五、案例题

小伟写字非常好,曾获得书法比赛一等奖,他是班级的宣传委员。一天中午,他正在出板报,很多同学围观,不少同学赞叹,小伟听后心里美滋滋的,脸上始终洋溢着微笑,写得更起劲。这时,小刚过来,对板报提出了一些批评,小伟不高兴了,回头生气地看着小刚,小刚还在说。小伟扔下粉笔,冲着小刚大声地说:"你行,我不干了。"剩下小刚和其他同学尴尬地站在那里。

初中生的情绪有什么特点? 如果你是老师,你如何帮助小伟调节情绪?

【分析】初中生情绪特点是:情绪体验和情绪表现的强度常常不一致、情绪表现的隐蔽性和表演性共存、情绪不容易受控制、消极心境大量出现。

老师如何调节:针对性调节;平时贯彻到课堂教学中调节;多锻炼调节;教给方法调节。

第四章　人格心理

知识架构

人格心理 {
　需要的概念、种类、马斯洛的需要层次论
　动机的概念、种类、功能、兴趣概念、种类
　智力与创造力的概念、结构、加德纳多元智力、成功智力
　创造力的概念、结构及智力的关系、培养
　人格、气质、性格的概念、特征、影响因素及培养
}

考纲要点

识记

1. 人格的概念与特征;
2. 需要的概念;
3. 动机的概念;
4. 气质的概念;
5. 性格的概念;
6. 智力、创造力的概念及其结构。

理解

1. 人格的结构;
2. 影响人格形成与发展的因素;
3. 需要的种类;
4. 马斯洛的需要层次理论;
5. 动机的种类、功能;气质类型的特点;
6. 性格的类型;
7. 影响性格形成与发展的因素;
8. 智力结构的有关理论;多元智力理论、成功智力理论;
9. 影响智力形成与发展的因素。

运用

1. 谈谈如何培养学生优良的性格;
2. 如何根据学生气质特征因材施教;
3. 如何培养学生的创造力;
4. 运用多元智力理论促进新课程改革。

第一节　动机、需要与兴趣

一、动机概述

（一）动机的内涵

1. 动机的概念

心理学家一般把动机定义为激发、维持、调节人们从事某种活动，并引导活动朝向某一目标的内部心理过程或内在动力。

2. 动机的产生

动机的产生受内外两种因素的共同影响。个体内在的某种需要是动机产生的根本原因，而外在环境则作为诱因，引导个体趋向于特定的目标。需要是有机体内部生理与心理的不平衡状态，它是有机体活动的动力和源泉。需要一旦产生，就成为人们设法采取某种行为以寻求满足，消除不平衡状态的动力。环境刺激是动机产生的诱因。所谓诱因是指能够激起有机体的定向行为，并能满足某种需要的外部条件或刺激物。需要与诱因是紧密相连的：需要比较内在、隐蔽，是支配人们行动的内部原因；诱因是与需要相联系的外界刺激物，它为有机体的活动提供方向，并可能使需要得到满足。

3. 动机的种类

（1）根据需要的不同性质，可以将动机分为生理性动机和社会性动机。生理性动机也称为驱力，是由个体的生理需要所驱动而产生的动机。社会性动机是人类所特有的，它以人的社会文化需要为基础。

（2）根据动机产生的源泉不同，可以将动机区分为内在动机与外在动机。

外在动机是在外部刺激的作用下产生的，是为了获得某种奖励而产生的动机。

内在动机是由个体的内部需要所引起的动机。如学生认识到学习的意义，了解到学习对自己毕生发展的重要性，就会对学习产生很大的兴趣而能积极主动地学习，这时他们的学习动机就转化成为内部动机了。一般来说，由内在动机支配下的行为更具有持久性。

（3）依据动机在行为中所起的作用不同，可将动机划分为主导动机和从属动机。人的行为可能是由多种动机所驱使的。表现强烈而稳定、起主导作用的动机就是主导动机。从属动机则处于辅助从属的地位，所起的作用偏弱。主导动机和从属动机在不同人身上或不同情况下会相互转化。

4. 动机强度与工作效率：耶基斯—多德森定律

耶基斯和多德森研究表明，动机强度与工作效率之间的关系不是一种线性关系，而是倒 U 形曲线。

中等强度的动机最有利于任务的完成。

各种活动都存在一个最佳的动机水平。

动机的最佳水平随任务性质的不同而不同。

在难度较大的任务中，较低的动机水平有利于任务的完成。

> **考题预测**
>
> 名词解释：
> 　动机
> 　耶基斯—多德森定律
>
> 简答题：
> 　1. 简述动机的种类。
> 　2. 简述兴趣的品质。

（二）动机的功能及在教学中的运用

1. 动机的功能

（1）引发功能。动机是在目标或对象的引导下，激发和维持个体活动的内在心理过程或内部动力。动机是一种内部心理过程，不能直接观察，但是可以通过任务选择、努力程度、活动的坚持性和言语表示等行为进行推断。动机必须有目标，目标引导个体行为的方向，并且提供原动力。动机要求活动，活动促使个体达到他们的目标。

（2）指引功能。动机能将行为指向一定的对象或目标。当个体活动由于动机激发而产生后，能否坚持活动同样受到动机的调节和支配。

（3）激励功能。动机具有激活、指向、维持和调整功能。动机是个体能动性的一个主要方面，它具有发动行为的作用，能推动个体产生某种活动，使个体从静止状态转向活动状态。

2. 动机在教学中的应用

第一，明确活动目的，增强学习动机。

第二，激发学生的求知欲，增强内部动机。

第三，利用各种诱因激发学生动机。

二、需要概述

（一）需要的内涵

1. 需要的概念

需要是人脑对生理需求和社会需求的反映。需要是一种主观状态，是个体在生存过程中对既缺乏又渴望得到的事物的一种心理反应活动。

2. 需要的特点

（1）对象性，需要总是指向能满足其需求的某种对象。

（2）紧张性，某种需要一旦出现，就会使人感到某种缺乏，人在力求获得满足而未能满足时便会体验到一种特殊的紧张感、不适感。

（3）动力性，需要一旦出现，就会成为人去从事活动的原动力。

（4）层次性，在人的多种多样的需要之间有着内在的联系，即需要按低级到高级的顺序排列，具有层次性。

3. 需要的种类

（1）按需要的产生和起源可以分为生理性需要和社会性需要。

生理性需要指与保持个体的生命安全和种族延续相联系的一些需要。如睡眠、食、色等。社会性需要是在生理需要基础上，产生的对劳动、交往、成就、友谊、道德等的需要。

（2）按照需要对象的性质，可分为物质需要和精神需要。

物质需要是指人对衣食住行有关物品的需要，以及对劳动工具、生产资料、文化用品等的需要。精神需要是指人对社会精神生活及其产品的需要。如对知识的需要、对文化艺术的需要等。

（二）马斯洛的需要层次论

1. 需要层次论的基本内容

马斯洛将需要分为不同的五种层次：① 生理需要；② 安全需要；③ 归属与爱的需要；④ 尊重的需要；⑤ 自我实现的需要。第一、二层次是低级需要；第三、四、五层次是高级的社会性需要，其中"自我实现的需要"处于最高层次。（如图 1-4-1 所示）

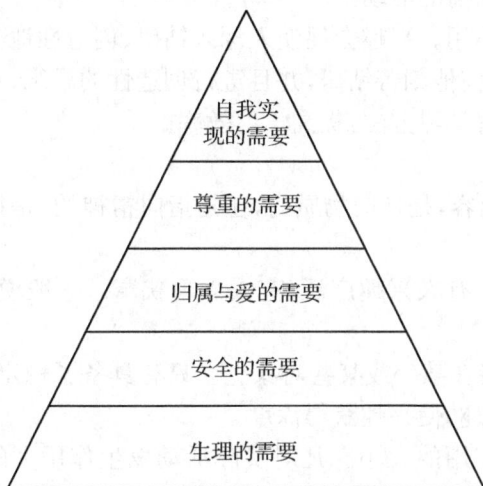

图 1-4-1　马斯洛的需要层次理论

> **考题预测**
>
> 名词解释：
> 　需要
>
> 单选题：
> 　马斯洛的需要层次论中的最高需要是（C）。
> 　A. 生理需要
> 　B. 安全需要
> 　C. 自我实现的需要
> 　D. 尊重需要
>
> 论述题：
> 　马斯洛的需要层次论对学生全面发展的意义？

马斯洛认为所有的人都有一个从低级到高级的需要层次，这些需要都是天生的，从最基本的生理需要到最高级的社会需要构成了一个需要等级，在不同的情境下激励和引导着个体的行为。在需要层次中，层次越低，力量越大。当低级需要未得到满足时，这些需要便成为支配个体的主导性动机。然而，一旦较低层次的需要得到满足，较高一层的需要便会占据主导地位，支配个体的行为。但这种需求层次的等级也不是绝对的，有时人会在低级需要尚未得到满足之前，去寻求高级需要。各层次需要之间的关系是相互依赖、彼此交叉和部分重叠的。

2. 需要层次理论对教学的启发

第一，学生的需要也是一个层次过程。只有满足学生合理的需要，学生才能积极努力地争取高级需要。

第二，学校里最重要的需要是爱和自尊，因此，教师要积极满足学生这两种需要。

第三，要积极培养学生的高级需要，特别是精神需要。

三、兴趣概述

（一）兴趣的内涵

1. 兴趣的概念

兴趣是人们力求认识某种事物和从事某项活动的意识倾向。它表现为人们对某事物、某项活动的选择性态度和积极的情绪反应。兴趣在人的实践活动中具有重要的意义，可以使人集中注意，产生愉快紧张的心理状态。

2. 兴趣的功能

第一,对未来活动的准备作用。例如,对于一名中学生来说,对化学感兴趣,就可能激励他积累各种化学知识,研究各种化学现象,为将来研究和从事化学方面的工作打基础,做准备。

第二,对正在进行的活动起推动作用。兴趣是一种具有浓厚情感的志趣活动,它可以使人集中精力去获得知识,并创造性地完成当前的活动。

第三,对活动的创造性态度具有促进作用。兴趣会促使人深入钻研、创造性地工作和学习。就学生来说,对一门课程感兴趣,会促使他刻苦钻研,并且进行创造性的思维,不仅会使他的学习成绩大大提高,而且会大大地改善学习方法,提高学习效率。

3. 兴趣的品质

(1) 兴趣的倾向性,指兴趣所指向的内容,是指向物质的,还是指向精神的;是指向高尚的,还是指向卑劣的。

(2) 兴趣的广度,指兴趣的范围大小。有人兴趣广泛,有人兴趣狭窄。一般说来,兴趣广泛的人能获得广博的知识。

(3) 兴趣的稳定性,指兴趣长时间保持在某一或某些对象上。只有具备了稳定性,一个人才可能在兴趣广泛的背景上形成中心兴趣,使兴趣获得深度。

(4) 兴趣的效能,指兴趣对活动发生作用的大小。凡对实际活动发生作用大的兴趣其效能作用也大;反之,对实际活动发生作用小的,其兴趣的效能作用也小。

(二) 兴趣的分类

1. 物质兴趣和精神兴趣

物质兴趣主要指人们对舒适的物质生活,如衣、食、住、行方面的兴趣和追求;精神兴趣主要指人们对精神生活,如学习、研究、文学艺术、知识的兴趣和追求。就学生来说,由于人生观和世界观尚未完全形成,无论是物质兴趣还是精神兴趣都需要师长进行积极的引导,以防止在物质兴趣方面的畸形发展,在精神兴趣方面的消极发展和追求。

2. 直接兴趣和间接兴趣

直接兴趣是指对活动过程的兴趣。例如,有的学生想象力丰富,富于创造性,喜欢探究自然,在探究过程中全神贯注,表现出浓厚的兴趣。

间接兴趣主要指对活动过程所产生的结果的兴趣。有的学生业余喜欢唱歌,每当演出结束后,都会对他人对自己的评价表现极大兴趣。

直接兴趣和间接兴趣是相互联系、相互促进的,如果没有直接兴趣,各种探究的过程就很乏味、枯燥;而没有间接兴趣的支持,也就没有目标,过程就很难持久下去,因此,只有把直接兴趣和间接兴趣有机地结合起来,才能充分发挥人的积极性和创造性。

考题预测

名词解释:
间接兴趣

论述题:
根据兴趣理论谈谈如何培养学生的学习兴趣?

材料分析题:
1. 小红上学不积极,考试成绩也不好,王老师想了好些方法也不起作用。请你从需要、兴趣理论为王老师提供帮助。

2. 小红很喜欢学习动物学,因为他对小动物很喜欢,但是其他学科他就不喜欢学习。请根据兴趣理论谈谈如何把小红的动物学习兴趣推广为其他学习兴趣?

3．个人兴趣和社会兴趣

个人兴趣是个体以特定的事物、活动及人为对象所产生的积极的和带有倾向性、选择性的态度和情绪。社会兴趣是指社会成员对某一领域的普遍兴趣，或社会某一领域对社会成员的普遍需求。

（三）学习兴趣的培养和激发

第一，增加知识储备，培养兴趣的基础。

第二，开展有趣活动，培养直接兴趣。

第三，明确目的意义，培养间接兴趣。

第四，因材施教，培养优良的兴趣品质。

四、真题选析

1．一个人能充分发挥自己的潜能，不断完善自己，使自己达到完美的境界，这种需要，马斯洛称为（　　）。（2009年）

　　A．认知的需要　　　　　　　　　　B．自尊的需要

　　C．归属的需要　　　　　　　　　　D．自我实现的需要

答案D。解析：马斯洛把需要分成生理需要、安全需要、归属与爱的需要、尊重需要和自我实现需要五类，依次由较低层次到较高层次排列。生理需要，也称级别最低、最具优势的需要，如：食物、水、空气、性欲、健康。安全需要，同样属于低级别的需要，其中包括对人身安全、生活稳定以及免遭痛苦、威胁或疾病等。归属与爱的需要属于较高层次的需要。如对友谊、爱情以及隶属关系的需要。尊重需要，属于较高层次的需要。如成就、名声、地位和晋升机会等。尊重需要既包括对成就或自我价值的个人感觉，也包括他人对自己的认可与尊重。自我实现需要，是最高层次的需要，包括针对于真善美至高人生境界获得的需要，因此前面四项需要都能满足，最高层次的需要方能相继产生，是一种衍生性需要。

2．下列哪个选项是指对活动结果的兴趣？（　　　）

　　A．物质兴趣　　　　B．精神兴趣　　　　C．直接兴趣　　　　D．间接兴趣

答案D。解析：间接兴趣主要指对活动过程所产生的结果的兴趣。直接兴趣是指对活动过程的兴趣。物质兴趣主要指人们对舒适的物质生活的兴趣和追求。精神兴趣主要指人们对精神生活的兴趣和追求。

3．为实现一定目的而行动的原因是（　　　）。

　　A．动机　　　　　　B．需要　　　　　　C．兴趣　　　　　　D．理想

答案A。解析：动机是激发、维持、调节人们从事某种活动，引导活动朝向某一目标的内部心理过程或内在动力。需要是人脑对生理需求和社会需求的反映。兴趣是人们力求认识某种事物和从事某项活动的意识倾向。理想是符合现实需要的，能通过努力实现的想象。

4．从根本上说，人的积极性的源泉是（　　　）。

　　A．动机　　　　　　B．需要　　　　　　C．信念　　　　　　D．世界观

答案B。解析：需要是一种主观状态，是个体在生存过程中对既缺乏又渴望得到的事物的一种心理反应活动，是人积极性的源泉和动力。需要是个体对内外环境的客观需求在脑中的反映。它常以一种"缺乏感"体验着，并以意向、愿望的形式表现出来，最终形成推动人进行活动的动机。

5．动机产生的最根本的心理基础是（　　　）。

　　A．兴趣　　　　　　B．价值观　　　　　C．信念　　　　　　D．需要

答案 D。解析:见上题。

6. 关于需要种类的划分,影响最大的需要层次理论的提出者是(　　)。

　　A. 哈洛　　　　　　　B. 马斯洛　　　　　　C. 班杜拉　　　　　　D. 奥苏伯尔

答案 B。解析:哈洛(Harry F. Harlow,1905—1981)是美国比较心理学家,早期研究灵长类动物的问题解决和辨别反应学习,其后用学习定势的训练方法比较灵长类和其他动物的智力水平。其著名研究是恒河猴研究,其中母爱研究,如母爱剥夺、依恋等是大家熟知的。班杜拉以社会学习、替代强化、潜在学习等出名。奥苏伯尔以有意义接受学习的研究闻名。

7. 明确意识到并想实现的需要叫(　　)。

　　A. 愿望　　　　　　　B. 内驱力　　　　　　C. 动机　　　　　　　D. 意向

答案 A。解析:需要在主观上常以意向和愿望被体验着。模糊意识到的、未分化的需要叫意向(intention)。有某种意向时,人虽然意识到一定的活动方向,却不明确活动所依据的具体需要和以什么途径和方式来满足需要。明确意识到并想实现的需要叫愿望(wish)。如果愿望仅停留在头脑里,不把它付诸实际行动,那么这种需要还不能成为活动的动因。只有当愿望或需要激起人进行活动并维持这种活动时,需要才成为活动的动机。动机(motivation)就是激发和维持个体进行活动,并导致该活动朝向某一目标的心理倾向或动力。

8. 对于饥饿的个体来说,他所见到的食物是一种(　　)。

　　A. 正强化　　　　　　B. 负强化　　　　　　C. 正诱因　　　　　　D. 负诱因

答案 C。解析:凡是能引起机体动机行为的外部刺激,均称为诱因(incentive)。诱因按其性质可分为两类:有机体因趋向或获得它而得到满足时,这种诱因称为正诱因;有机体因逃离或回避它而得到满足时,这种诱因称为负诱因。强化理论是美国的心理学家和行为科学家斯金纳、赫西、布兰查德等人提出的一种理论,也称为行为修正理论或行为矫正理论。正强化(positive reinforcement)又称积极强化;负强化(negative reinforcement)又称消极强化。当在环境中增加某种刺激,有机体反应概率增加,这种刺激就是正强化。例如,当饥饿的白鼠按动开关时给予食物,食物便是正强化物。当某种刺激在有机体环境中消失时,反应概率增加,这种刺激便是负强化,是有机体力图避开的那种刺激。例如,当处于电击状态下的白鼠按动开关时停止电击,停止电击就是负强化。

9. 即使学生不具有较强的求知欲,精彩的教学也能引起他们强烈的听课动机,这体现了(　　)。

　　A. 需求的作用　　　B. 内驱力的作用　　　C. 诱因的作用　　　D. 强化的作用

答案 C。解析:有机体并不仅仅是由于内驱力的驱使才被迫活动的。外部刺激也能激起有机体的活动。例如,饥饿会导致有机体去寻找食物,但并不饥饿者看见美味佳肴也会引起食欲,即使已吃饱也会再次进食。

10. 为掌握知识而努力学习的动机属于(　　)。

　　A. 近景性动机　　　B. 远景性动机　　　C. 内部动机　　　　D. 外部动机

答案 C。解析:外在动机是由外在因素引起的,是追求活动之外的某种目标。例如,有的学生的学习动机是由学习者以外的父母或教师提出的,或学习只是为了获得一枚奖章。这种动机就是外在动机。内在动机是出自于活动者本人并且活动本身就能使活动者的需要得到满足的动机。例如,有的学生的学习动机是由学习者本人自行产生的,学习活动本身就是学习者所追求的目的。这种动机就是内在动机。

第二节　智力和创造力

一、智力

（一）智力的内涵

1. 智力的概念

智力又称智能、智慧，是人们在获得知识和运用知识解决实际问题时所必须具备的心理条件或特征。它主要包括观察力、记忆力、想象力、思维力等成分，并以思维力为核心。

2. 个体智力差异

首先，在智力发展水平上，不同的人所达到的最高水平极其不同。研究表明，人类的智力分布基本上呈正态分布形式。在一个代表性广泛的人群中，有接近一半的人智商在90到110之间，而智力发展水平非常优秀者和智力落后者在人口中只占很小的比例。

其次，每个人智力的结构，即在组成方式上也有所不同。由于智力不是一个单一的心理品质，它可以分解成许多基本成分。有的人记忆力好，有的人观察能力强；有的人擅长逻辑推理，但缺乏音乐才能；也有人很擅长音乐，却在数字计算方面表现得无能。人们之间的智力差异水平多种多样，不仅仅是一个简单的数量上的差异。

再次，人的智力发展过程有不同形态：一是稳定发展，这是大多数人的发展模式；二是有一些人表现出早熟或晚成。有的人在很小的时候就崭露头角，但在成人以后智力平平；也有些人前期发展很慢，但大器晚成，后来居上，得到了高水平的发展。

3. 智力和能力的区别

能力指人们成功地完成某种活动所必需的个性心理特征，可以有多种表现形式；而智力则只是表现在人的认知学习方面。人的能力种类很多，可以按不同的标准对能力进行分类。如按照倾向性可划分为一般能力和特殊能力；按照功能可划分为认知能力、操作能力和社交能力；按照在活动中产生的结果与原有知识经验的关系可划分为模仿能力和创造能力等。

> **考题预测**
>
> **名词解释：**
> 　智力、能力、创造力、晶体智力
>
> **简答题：**
> 　1. 简述智力和能力的区别。
> 　2. 简述斯皮尔曼二因素论对教学的启示。

（二）影响智力的因素

研究表明，遗传与营养、早期经验、教育与教学、社会实践、主观努力是影响智力的主要因素。

（三）智力理论

1. 智力因素论

（1）斯皮尔曼二因素论。英国心理学家斯皮尔曼最早在20世纪初对智力问题进行了探讨。他发现，几乎所有心理能力测验之间都存在正相关。斯皮尔曼提出，在各种心理任务上的普遍相关是由一个非常一般性的心理能力因素（或称g因素）所决定。在一切心理任务上都包括一般因素（g因素）和某个特殊因素（或称s因素）两种因素。g因素是人的一切智力活动的共同基础，s因素只与特定的智力活动有关。

（2）瑟斯顿的群因素论。美国心理学家瑟斯顿认为智力可归为7个不同的测验群：字词流畅性、语词理解、空间能力、知觉速度、计数能力、归纳推理能力和记忆能力。

2. 流体智力和晶体智力说（智力形态说）

考题预测
名词解释：
　　晶体智力

简答题：
　　简述五种智力
理论。
　　答：智力因素论；
智力形态论；智力结
构论；多元智力论；成
功智力论。

卡特尔认为，一般智力（g 因素）可以进一步分成流体智力和晶体智力两种。流体智力指一般的学习和行为能力，由速度、能量、快速适应新环境的测验来度量，如逻辑推理测验、记忆广度测验、解决抽象问题和信息加工速度测验等。晶体智力指已获得的知识和技能，由词汇、社会推理以及问题解决等测验来度量。流体智力的主要作用是学习新知识和解决新异问题，它主要受人的生物学因素影响；晶体智力测量的是知识经验，是人们学会的东西，它的主要作用是处理熟悉的、已加工过的问题。晶体智力一部分是由教育和经验决定的，一部分是早期流体智力发展的结果。

3. 智力结构论

美国心理学家吉尔福特（J. P. Guilford）认为，智力活动可以区分出三个维度。即内容、操作和产物。这三个维度的各个成分可以组成一个三维结构模型。智力活动的内容包括听觉、视觉、符号、语义和行为。它们是智力活动的对象或材料。智力操作指智力活动的过程，它是由上述种种对象引起的，包括认知（理解、再认）、记忆（保持）、发散思维（寻找各种答案或思想）、聚合思维（寻找最好、最适当、最普通的答案）和评价（做出某种决定）。智力活动的产物是指运用上述智力操作所得到的结果。这些结果可以按单元计算（单元），可以分类处理（分类），也可以表现为关系、转换、系统和应用。由于三个维度的存在，人的智力可以在理论上区分为 $5 \times 5 \times 6 = 150$ 种（如图 1-4-2 所示）。

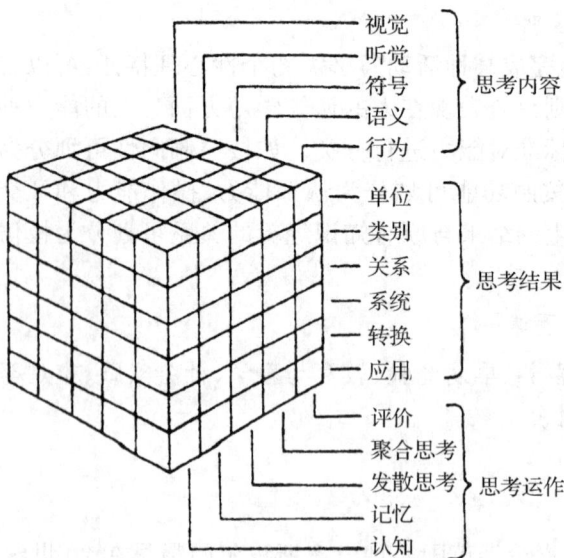

图 1-4-2　吉尔福特的三维智力结构模型

4. 斯腾伯格的三元智力（成功智力理论）

智力三元论是受认知心理学上讯息处理理论的影响，试图以认知历程的观点，解释认知活动中所需要的能力。按智力三元论的设想，个体之所以有智力上高低的差异，是因其在面对刺激情境时个人对讯息处理的方式不同造成的。据此,人类的智力由连接的三边关系组合的智力统合体构成,组成智力统合体的三种智力成分分别是:

第一,组合性智力(componential intelligence),也称分析能力,指个体在问题情境中,运用知识分析资料,经思考、判断、推理达到问题解决的能力。

第二,经验性智力(experiential intelligence),也称创造能力,指个体运用既有经验处理新问题时,统合不同观念而形成顿悟或创造力的能力。

第三,实用性智力(contextual intelligence),也称实践能力,指个体在日常生活中,运用学得的知识经验以处理其日常事务的能力。

斯腾伯格的三元智力理论(或成功智力理论)强烈评判了传统的智力测验所测量的"呆滞的智力",重新认为智力是指个体能在现实生活中实现自己的目标的能力,这种目标是个体通过努力能够最终达成的人生理想。因此,成功智力也就是指用以达成人生主要目标的智力。这种智力理论为教学提供了很多启示:

第一,教师需要关注每一种学习行为对智力发展三个方面的作用,不仅要强调智力的学术性方面,也要强调其实践性方面,还要考虑学生文化背景的影响。

第二,教师需要帮助学生认识、利用并发挥自己的智力优势,做到"扬长补短"。

第三,教师还可以让学生在学校中进行合理选择,进行因材施教,以充分利用自己的智力。

5. 加德纳的多元智力论

美国心理学家加德纳认为,智力的内涵是多元的,由七种相对独立的智力成分构成。每种智力都是一个单独的功能系统,这些系统可以相互作用,产生外显的智力行为。

(1)言语—语言智力(verbal-linguistic intelligence),渗透在所有语言能力之中,包括阅读、写文章以及日常会话能力。这种智力在记者、编辑、作家、演说家和政治领袖等人身上有比较突出的表现。

(2)逻辑—数理智力(logical-mathematical intelligence),包括数理运算与逻辑思维能力。如做数学证明题及逻辑推理。它是一种对于理性逻辑思维较显著的智力体现,对数字、物理、几何、化学,乃至各种理科高级知识有超常人的表现。这种智力在侦探、律师、工程师、科学家和数学家身上有比较突出的表现。

(3)视觉—空间智力(visual-spatial intelligence),是指感受、辨别、记忆、改变物体的空间关系并借此表达思想和情感的能力,表现为对线条、形状、结构、色彩和空间关系的敏感,以及通过平面图形和立体造型将它们表现出来的能力。同时对宇宙、时空、维度空间及方向等领域的掌握理解,是更高一层智力的体现,是以相当的理性思维基础习惯为前提的。这种智力在画家、雕刻家、建筑师、航海家、博物学家和军事战略家的身上有比较突出的表现。

(4)音乐—节奏智力(musical-rhythmic intelligence),是指感受、辨别、记忆、改变和表

考题预测

1. 简述三元智力论。

答:智力由三种成分组成:组合型智力,也叫分析能力;经验型智力,也叫创造性能力;实践性智力,也叫实践能力。

2. 简述三元智力论及对教育教学的启示。

答:三元智力理论认为智力是促使人成功的能力,包括分析能力、创造能力和实践能力。学校教育的目标也是帮助学生实现自己人生的价值,需要教师关注每一种学习行为对智力发展三个方面的作用;利用并发挥自己的智力优势,做到"扬长补短";进行因材施教。

达音乐的能力,具体表现为个人对音乐美感反应出的包含节奏、音准、音色和旋律在内的感知度,以及通过作曲、演奏和歌唱等表达音乐的能力。这种智力在作曲家、指挥家、歌唱家、演奏家、乐器制造者和乐器调音师身上有比较突出的表现。

(5)身体—动觉智力(bodily-kinesthetic intelligence),指运用四肢和躯干的能力,表现为能够较好地控制自己的身体,对事件能够做出恰当的身体反应,以及善于利用身体语言表达自己的思想和情感的能力。这种智力在运动员、舞蹈家、外科医生、赛车手和发明家身上有比较突出的表现。

(6)人际智力(interpersonal intelligence),是指与人相处和交往的能力,表现为觉察、体验他人情绪、情感和意图并据此做出适宜反应的能力。也是情商的最好展现。这种智力在教师、律师、推销员、公关人员、谈话节目主持人、管理者和政治家等人身上有比较突出的表现。

(7)自知—自省智力(self-questioning intelligence),是指认识洞察和反省自身的能力,表现为能够正确地意识和评价自身的情感、动机、欲望、个性、意志,并在正确的自我意识和自我评价的基础上形成自尊、自律和自制的能力。这种智力在哲学家、思想家、小说家等人身上有比较突出的表现。

后来,加德纳又提出了两种智能:

(8)自然观察智力(naturalist intelligence),是指认识世界、适应世界的能力,是一种在自然世界里辨别差异的能力,如植物区系和动物区系、地质特征和气候。对我们自己身处的这个大自然环境的规律认知,如历史、人体构造、季节变化、方向的确立、磁极的存在、感知灵性空间的超自然科学能力,能适应不同环境的生存能力。

(9)存在智力(existential intelligence),是指陈述、思考有关生与死和终极世界的倾向性,即人们的生存方式及其潜在的能力。如人为何要到地球上来;在人类出现之前,地球是怎样的;在另外的星球上生命是怎样的,以及动物之间是否能相互理解等。

每个人都在不同程度上拥有上述九种基本智力,智力之间的不同组合表现出个体间的智力差异。

(四)智商

为了对人们的智力进行有效的测量,曾有人提出了智力年龄的概念。假如一个学生通过了智力测验中10岁儿童能通过的项目,并且还通过了11岁的题目的一半和12岁题目的四分之一,那么他的智力年龄就是10岁加上9个月。最初,人们采用智力年龄与实际年龄的差数来表示一个人的聪明程度,后来,发现用智力年龄与实际年龄的比率能更好地表达一个人的智力水平,于是人们提出了智力商数即智商的概念。智商就是智力年龄与实际年龄的比率再乘100,即:

$$IQ(智商)=MA(智力年龄)/CA(实际年龄)\times 100$$

假如一个同学今年12岁,他完成了15岁儿童应答的题目,则其MA为15,CA为12,IQ为125。在未经挑选的人群中,智力平均数100。因此,智商接近100者称为智力正常,智商130以上者称为智力超常,智商70以下者称为智力落后。

考题预测

自知—自省智力对教师发展具有什么启示?

答:教师发展需要知识和技能的发展。但是,教师知识主要是一种实践知识,需要反思才能获得。一位优秀的教师一般都是具有反思意识的教师。这样的教师善于洞察和反省自身的能力,对自己的不足能认识清楚。

二、创造力

（一）创造力的内涵

1. 创造力的概念

创造力是指根据一定的目的，运用已知信息，产生出某种新颖、独特、有社会价值的产品的能力或心理特征。

创造力与一般能力的区别在于它的新颖性和独创性。其主要成分是发散思维，即无定向、无约束地由已知探索未知的思维方式。

2. 创造力的特征

创造力具有变通性、流畅性、独特性特征。

变通性是指思维能随机应变，举一反三，不易受功能固着等心理定势的干扰，因此能产生超常的构想，提出新观念。

流畅性是指反应既快又多，能够在较短的时间内表达出较多的观念。

独特性是指对事物具有不寻常的独特见解。

3. 创造力的结构（构成因素）

从静态看，创造力的结构包括：① 创造性动机；② 创造性思维；③ 创造性想象；④ 创造性人格特征；⑤ "立法式"的认知风格；⑥ 结构良好的知识。

其中知识、智能（思维）和人格是核心三部分：

第一，知识，包括吸收知识的能力、记忆知识的能力和理解知识的能力。

第二，智能，是智力和多种能力的综合，既包括敏锐、独特的观察力，高度集中的注意力，高效持久的记忆力和灵活自如的操作力，也包括创造性思维能力，还包括掌握和运用创造原理、技巧和方法的能力等。智能是构成创造力的重要部分。

第三，人格，包括意志、情操等方面的内容。它是在一个人生理素质的基础上，在一定的社会历史条件下，通过社会实践活动形成和发展起来的，是创造活动中所表现出来的创造素质。

从创造力的过程看，它则包括动力系统、操作系统和控制系统三部分。

（二）创造力与智力的关系

既有独立性，也有相关性。具体表现在：

低智商不可能具有创造力。

高智商可能有高创造性，也可能有低创造性。

低创造者的智商水平可能高，也可能低。

高创造者一般具有高智商。

（三）创造性的评定原则

第一，一致性原则。第二，多样性原则。第三，适用性原则。

（四）创造力的培养

（1）培养创造性认知能力，包括基础知识、创造性思维。

（2）培养创造性人格，包括自由、民主、个性等人格。

（3）创设有利的社会环境，包括支持环境、文化环境、评价环境等。

考题预测

论述题：

结合教学实际谈谈如何培养学生的创造力？

三、真题选析

（一）单选题

1. 根据加德纳的多元智力理论，教师和心理咨询师通常智力水平高主要是在（　　）。（2012年小学）

A. 语言智力　　　　B. 人际智力　　　　C. 自知智力　　　　D. 身体—动觉智力

答案 B。解析：人际智力是指与人相处和交往的能力，表现为觉察、体验他人情绪、情感和意图并据此做出适宜反应的能力。也是情商的最好展现。因为人和人的交流就是靠语言或眼神以及文字书写方式来传递。往往这些人具有相当的蛊惑力或者煽动性，是组织的焦点，明星或者政客等。这种智力在教师、律师、推销员、公关人员、谈话节目主持人、管理者和政治家等人身上有比较突出的表现。

2. 少年早慧和大器晚成表现了（　　）差异。

A. 能力类型　　　　　　　　　　　　B. 能力水平

C. 能力表现早晚的年龄　　　　　　　D. 智力

答案 C。解析：略。

3. 陈述、思考有关生与死和终极世界的倾向性的智力是加德纳多元智力中的（　　）。

A. 语言智力　　　　B. 存在智力　　　　C. 自知智力　　　　D. 自然观察智力

答案 B。解析：略。

4. 下列心理学家及其提出智力理论对应不正确的一组是（　　）。

A. 卡特尔的流体智力和晶体智力说（智力形态说）

B. 瑟斯顿的群因素论

C. 斯皮尔曼二因素论

D. 斯腾伯格的多元智力

答案 D。解析：斯腾伯格提出的是三元智力理论，也叫成功智力理论。

（二）简答题

1. 加德纳多元智力理论的观点是什么？

答：加德纳智力与一定社会和文化环境下人们的价值标准有关。智力既是解决实际问题的能力，又是生产及创造出社会需要的产品的能力。加德纳的多元智力框架中相对独立地存在着七种智力：言语—语言智力、音乐—节奏智力、逻辑—数理智力、视觉—空间智力、身体—动觉智力、自知—自省智力和人际智力。后来，他又增加了两种智力：自然观察智力和存在智力。

2. 简述创造力的结构（构成因素）。

答：从静态看，创造力的结构包括：① 创造性动机；② 创造性思维；③ 创造性想象；④ 创造性人格特征；⑤ "立法式"的认知风格；⑥ 结构良好的知识。其中知识、智能（思维）和人格是核心三部分。

第三节　人　格

一、人格概述

（一）人格的内涵

1. 人格的概念

人格是构成一个人思想、情感及行为的特有模式，这个独特模式包含了一个人区别于他人的稳定而统一的心理品质。人格是一个复杂的系统,包含气质、性格、认知风格以及自我调控等成分。

2. 人格的特征

(1) 独特性。一个人的人格是在遗传、成熟、环境、教育等先天后天因素的交互作用下形成的。不同的遗传环境、生存及教育环境,形成了各自独特的心理特点。正所谓"人心不同,各如其面"。

(2) 稳定性。一个人的某种人格特点一旦形成,就相对稳定。要想改变它是较为困难的事情。正如俗话"江山易改,禀性难移"。

(3) 统合性。人格是由多种成分构成的一个有机整体,具有内在的一致性,受自我意识的调控。当一个人的人格结构的各方面彼此和谐一致时,就会呈现出健康的人格特征;否则就会使人发生心理冲突,产生各种生活适应困难,甚至出现"分裂人格"。

(4) 复杂性。人格表现绝非静水一潭,各种人格结构的组合千变万化,使人格的表现千姿百态,表现出多元化、多层面的特征。

(5) 功能性。人格决定一个人的生活方式,甚至有时会决定一个人的命运。人格是一个人生活成败、喜怒哀恨的根源。当人格具有功能性时,表现为健康而有力,支配着一个人的生活与成败;而当人格功能失调时,就会表现出软弱、无力、失控,甚至变态。

(6) 社会性。人格是在人之间形成的,是人社会化的结果。

3. 人格的结构

(1) 知—情—意系统。认知过程、情绪情感过程和意志过程是人们都具有的共同心理现象,但是每个人在这三大过程中却表现得千差万别,这种个体差异现象是人格的成分。

(2) 心理状态系统。心理状态是指某一时刻或某段时间内相对稳定的心理活动背景,包括意识状态、注意、情绪状态、疲劳状态等。

(3) 人格动力系统。人格动力系统是决定并制约人的心理活动的进行、方向、强度和稳定水平的结构,包括需要、动机、兴趣、价值观和世界观等。

(4) 心理特征系统。这一系统包括能力、气质、性格三种成分。在能力方面,自然科学家表现出认知能力强,而社会活动家表现出人际交往能力强;在气质方面,有人暴躁,有人温和;在性格方面,有人正直,有人阴险。

(5) 自我调控系统。这是以自我意识为核心的人格调控系统,包括自我认识、自我体验、自我控制三个子系统。自我调控系统的主要作用是对人格的各个成分进行调控,保证人格的完整、统一和谐。自我认识是对自己的洞察和理解,包括自我观察和自我评价;自我体验是自我意识在情感上的表现,是伴随自我认识而产生的内心体验;自我控制是自我意识在行为上的表现,是实现自我意识调节的最后环节。

> **考题预测**
>
> 名词解释:
> 　人格(个性)
> 　人格的动力系统
> 　人格的统合性特征
>
> 简答题:
> 　简述人格结构。
> 　答:知—情—意系统;
> 　心理状态系统;
> 　人格动力系统;
> 　自我调控系统;
> 　心理特征系统。

（二）人格在认知方式上的差异以及影响人格形成的因素

1. 人格在认知方式上的差异

第一，冲动型与沉思型。

第二，系列型与同时型。系列型认知风格的特点是：在解决问题的过程中一步一步地分析问题，每一个步骤只考虑一种假设或一种属性，第一种假设成立后再进一步考虑第二种假设，一环一环地推导出问题的结果。每一种假设都有其时间上的前后顺序，他们解决问题的过程如链状。言语操作、记忆等都属于系列加工过程。一般来说，女性擅长系列加工方式，这也就是为什么女孩子的记忆功能、言语功能比男孩好的原因之一。同时型认知风格的特点是：在解决问题的过程中，采取宽视野的方式，同时考虑多种假设，并同时兼顾到各种可能性，才能解决好问题。许多数学操作、空间问题的操作都要依赖于这种同时型加工方式。这也就是为什么男孩子的数学能力与空间能力优于女孩子的原因之一。

第三，场独立性与场依存性。场独立性的人不太依赖于外界环境，他们在对信息进行加工处理时依据内在标准或内在参照，与人交往时也很少能体察入微，这种人称之为场独立性。而场依存性的人则要依赖于外界环境处理问题，总是依赖于"场"，他们在对信息进行加工处理时，依据外在参照，与别人交往时也能考虑到对方的感受，所以把这种人称之为场依存性。

2. 影响人格形成的因素

（1）生物遗传因素。

（2）社会文化元素。

（3）家庭因素。一般研究者把家庭教养方式分成三类：

第一类是权威型教养方式。这类父母在对子女的教育中表现为过分支配。孩子的一切均由父母来控制。成长在这种教育环境下的孩子容易形成消极、被动、依赖、服从、懦弱，做事缺乏主动性，甚至会形成不诚实的人格特征。

第二类是放纵型教养方式。这类父母对孩子过于溺爱，让孩子随心所欲。父母对孩子的教育甚至达到失控状态。这种家庭里的孩子多表现为任性、幼稚、自私、野蛮、无礼、独立性差、唯我独尊、蛮横胡闹等。

第三类是民主型教养方式。父母与孩子在家庭中处于一个平等和谐的氛围中，父母尊重孩子，给孩子一定的自主权，并给孩子以积极正确的指导。父母的这种教育方式使孩子形成了一些积极的人格品质，如活泼、快乐、直爽、自立、彬彬有礼、善于交往、容易合作、思想活跃等。

由此可见，家庭确实是"人类性格的工厂"，这三类教养方式塑造了具有不同人格特征的孩子。

考题预测

名词解释：
场独立性
系列型认知风格

简答题：
简述家庭教养方式。
答：权威型；放纵型；民主型。

考题预测

简答题：
1. 如何理解"家庭是人类性格的工厂"这句话？
2. 影响人格形成的因素有哪些？

单选题：
父母对孩子过于溺爱，让孩子随心所欲。结果，孩子多表现为任性、幼稚、自私、独立性差、蛮横胡闹等性格，这类家庭的教养方式是（C）。
A. 民主型
B. 权威性
C. 放纵型
D. 随意型

（4）早期的经验。首先，人格发展的确受到童年经验的影响,幸福的童年有利于儿童向健康人格发展,不幸的童年也会引发儿童不良人格的形成。但二者不存在——对应的关系。溺爱也可使孩子形成不良人格特点,逆境也可磨炼出孩子坚强的性格。其次,早期经验不能单独对人格起决定作用,它与其他因素共同来决定人格。再次,早期儿童经验是否对人格造成永久性影响因人而异。对于正常人来说,随年龄的增长、心理的成熟,童年的影响会逐渐缩小、减弱,其效果不会永久不衰。

（5）个人的主观因素。

二、气质概述

（一）气质的内涵

1. 气质的概念

气质是表现在心理活动的强度、速度、灵活性与指向性上的一种稳定的心理活动的动力特征。

2. 气质的特点

气质具有稳定性、可塑性、动力性特点。

（二）气质的分类

1. 体液说

气质学说最先源于古希腊医生希波克里特的体液说。他认为人体内有四种液体:粘液、黄胆汁、黑胆汁、血液。这四种体液的配合比率不同,形成了四种不同类型的人:

（1）胆汁质。以精力旺盛、粗枝大叶,表里如一,刚强,感情用事为特质。《水浒传》里的李逵就属于胆汁质。

（2）多血质。活泼、好动、乐观、灵活、思维灵活、行动敏捷、对各种环境的适应力强、教育的可塑性也很强是多血质气质上的优点;缺乏耐心和毅力,稳定性差,见异思迁是多血质气质上的弱点。

（3）粘液质。忍耐持久、安静稳重、沉默寡言、喜欢沉思、表情平淡、情绪不易外露、情绪体验深刻、自制力很强、主动性比较差是这类气质类型的特点。

（4）抑郁质。情绪体验深刻、细腻而又持久、主导心境消极抑郁,多愁善感、聪明而富于想象力、不善交际、孤僻离群、软弱胆小、萎靡不振等是这类气质类型的特点。《红楼梦》的林黛玉是典型人物。

2. 巴甫洛夫的高级神经活动类型说

巴甫洛夫认为人的气质是由人的高级神经活动类型决定的。大脑皮层的基本神经过程有强度、均衡性和灵活性三种基本特性。根据这三种特性可以将个体的神经活动分为不同的神经活动类型。神经过程的强度是指神经系统兴奋与抑制的能力,兴奋与抑制能力强,其神经活动就是强型;兴奋与抑制能力弱,其神经活动就是弱型。均衡性是指兴奋与抑制能力的相对强弱。根据神经活动的均衡性,可以将强型又分为两类:如果兴奋与抑制的能力基本接近,就是平衡型;兴奋能力明显高于抑制能力,就是不平衡型。灵活性是指兴奋与抑制之间相互转换的速度。

3. 其他气质类型说

巴斯和普洛明提出气质的 EAs 模型,确定三种气质倾向:情绪性,指个体情绪反应的强度;活动性,指个体能量释放的一般水平;交际性,指个体的人际交往特点。

托马斯和切斯提出儿童气质的九个维度,即活动水平、节律性、主动或退缩、适应性、反应阈限、反应强度、情绪质量、分心程度、注意广度和持久性,并据此划分三种气质类型:易教养型、困难型和缓慢发动型。

埃森克结合了类型与特质的概念,提出了人格的维度理论,从人格的特质和维度的研究出发,将人格特征分为三个基本的维度:E 维度:内—外向(introversion-extroversion);N 维度:情绪稳定性(neuroticism);P 维度:精神质(psychoticism)。E、N 维度与古希腊盖伦的气质学说相吻合。以 E 维作 X 轴、N 维作 Y 轴作一平面图,构成四个象限(与气质类型的关系)。外向—情绪不稳定(胆汁质);外向—情绪稳定(多血质);内向—情绪稳定(粘液质);内向—情绪不稳定(抑郁质)。

4. 体液类型与高级神经类型的比较和综合(见表 1-4-1)

表 1-4-1 两种类型的比较和综合

神经活动类型	强度	平衡性	灵活性	气质类型
不可遏制型	强	不平衡		胆汁质
活泼型	强	平衡	灵活	多血质
安静型	强	平衡	不灵活	粘液质
弱型	弱			抑郁质

(三)气质与教育

(1)对待学生应该克服气质偏见。

(2)针对学生的气质类型因材施教。

(3)帮助学生进行气质分析。

(4)重视胆汁质和抑郁质学生的个别教育。

三、性格概述

(一)性格的内涵

1. 性格的概念

性格是指人们对现实和周围世界的稳定的态度与习惯化了的行为方式。它在个性(人格)中具有核心意义。

2. 性格与气质的关系

性格与气质的联系表现在:① 气质可以影响性格的表现方式,使同一性格特征带上某种独特的色彩。② 气质可以影响性格形成和发展的速度。③ 性格在一定程度上可以调控、掩蔽和改造气质,使气质的消极因素得到抑制,积极因素得到发展,以便服从于生活实践

真题再现

1. 根据埃森克的气质理论,一个人表现为温和、镇定、安宁、善于克制自己,这种人的气质属于(B)。

A. 稳定外向型

B. 稳定内向型

C. 不稳定外向型

D. 不稳定内向型

2. 根据巴甫洛夫的高级神经类型学说,强、平衡、灵活的特征所对应的气质是(B)。

A. 胆汁质

B. 多血质

C. 粘液质

D. 抑郁质

的要求。

性格与气质的区别表现在：① 气质主要是先天的，它更多地受人的生理特点，主要是神经过程及体液特点的制约；性格则主要是后天的，它更多地受社会生活条件的影响。② 气质在社会意义的评价上没有好坏之分，不能笼统地说某种气质是积极的或消极的，不管哪种气质类型的人都可能做出杰出成就；性格特征则在社会意义的评价上有了好坏之分，它对事业的成功与否有明显的影响。③ 气质的表现范围较窄，它局限于心理活动的速度、强度、稳定性等方面；性格的表现范围较广，它几乎包含了人的全部心理活动的一切稳定特点。④ 气质的可塑性较小，变化较慢，它一般不需培养；性格则可塑性较大，变化较快，虽然具有一定的稳定性，但较易改变，它特别需要加以培养。

3. 性格的结构

性格结构可分为四个方面：性格的态度特征、意志特征、理智特征和情绪特征。性格差异就体现在这四类特征上。

第一，性格的态度特征。它是指人在处理各种社会关系时所表现出来的性格特征。具体表现在：① 对社会、对集体、对他人的态度，如助人为乐或损人利己；② 对劳动、工作、学习的态度，如勤奋或懒惰；③ 对自己的态度，如自信与自卑。

第二，性格的意志特征。它是指对人对自己的行为自觉调节方面的心理特征，是性格的主要构成成分。它主要表现在：① 对行为目标明确程度的特征，如：有目的性或盲目性；② 对行为自觉控制水平的特征，如：主动性或被动性；③ 在紧急或困难情况下表现的意志特征，如：镇定与惊慌；④ 对已作出决定贯彻执行方面的特征，如：坚韧性与动摇性。

第三，性格的理智特征。它是指个体在认识方面的特征，具体表现有：① 在感知等方面的性格特征；② 在记忆方面的性格特征；③ 在思维活动中的性格特征，如独立型或附合型。

第四，性格的情绪特征。它是指情绪活动的强度、稳定性、久暂性和主导心境等方面的特征。具体而言：① 在强度方面，表现为一个人受情绪感染和支配的程度，以及情绪受意志控制的程度；② 在稳定性方面，表现为一个人的情绪波动和起伏程度；③ 在久暂性方面，表现为情绪对人的身体和生活影响的持续时间；④ 在主导心境上，是指不同的主导心境在一个人身上的稳定表现。

（二）性格的分类

（1）理智型、情感型和意志型。根据知、情、意三者在性格中何者占优势，把人们的性格划分为理智型、情绪型和意志型。理智型的人，通常以理智来评价、支配和控制自己的行动；情绪型的人，往往不善于思考，其言行举止易受情绪左右；意志型的人一般表现为行动目标明确，主动积极。

（2）内倾型和外倾型。这是从心理活动倾向性上划分的。

（3）理论型、经济型、社会型、审美型、权利型、宗教型。这是从社会生活方式上划分的。

（4）独立型、顺从型、反抗型。根据个体独立性程度，把人们的性格划分为独立型、顺从型和反抗型。独立型的人善于独立思考，不易受外来因素的干扰，能够独立地发现问题和解决问题；顺从型的人，易受外来因素的干扰，常不加分析地接受他人意见，应变能力较差；反抗性的人具有抗争的意识。

（5）A、B、C、D、E 型。根据人际关系，把人们的性格划分为 A、B、C、D、E 五种。

A 型性格情绪稳定，社会适应性及向性均衡，但智力表现一般，主观能动性一般，交际能力较弱。

B型性格具有外向性的特点,情绪不稳定,社会适应性较差,遇事急躁,人际关系不融洽。

C型性格具有内向性特点,情绪稳定,社会适应性良好,但在一般情况下表现被动。

D型性格具有外向性特点,社会适应性良好或一般,人际关系较好,有组织能力。

E型性格具有内向性特点,情绪不稳定,社会适应性较差或一般,不善交际,但往往善于独立思考,有钻研性。

（三）影响性格形成和发展的因素

（1）家庭。家庭被认为是制造人类性格的工厂。

（2）学校教育。

（3）同伴群体。

（4）社会实践。

（5）社会文化因素。

（四）优良性格的培养

（1）加强人生观、价值观和世界观教育。

（2）及时强化学生的积极行为。

（3）利用榜样人物的示范作用。

（4）利用集体的教育力量。

（5）依据性格倾向因材施教。

（6）提高学生的自我教育能力。

真题再现

单选题：
在个性中具有核心意义的是人的(C)。
A. 能力
B. 气质
C. 性格
D. 动机

简答题：
影响性格形成和发展的因素有哪些？
答：家庭；学校教育；同伴群体；社会实践；社会文化因素。

四、真题选析

（一）单选题

1. "江山易改,本性难移"是指人格具有（   ）。

A. 独特性　　　　B. 稳定性　　　　C. 整体性　　　　D. 功能性

答案 B。解析：人格具有六大特征,分别是：（1）独特性。表示"人心不同,各如其面"的特征。（2）稳定性。俗话说的"江山易改,禀性难移"特征。（3）统合性。人格是由多种成分构成的一个有机整体,具有内在的一致性,受自我意识的调控。当一个人的人格结构的各方面彼此和谐一致时,就会呈现出健康人格特征；否则就会使人发生心理冲突,产生各种生活适应困难,甚至出现"分裂人格"。（4）复杂性。各种人格结构的组合千变万化,而使人格的表现千姿百态,表现出多元化、多层面的特征。（5）功能性。人格决定一个人的生活方式,甚至有时会决定一个人的命运。当人格具有功能性时,表现为健康而有力,支配着一个人的生活与成败；而当人格功能失调时,就会表现出软弱、无力、失控,甚至变态。（6）社会性。人格是在人之间形成的,是人社会化的结果。

2. 有一种人,他们有明确的行动目标,有较强的自我控制能力,能克服消极情绪的影响,能克服困难,实现预定目标,这种人的性格特征属于（   ）。

A. 理智型　　　　B. 意志型　　　　C. 情绪型　　　　D. 混合型

答案 B。解析：根据知、情、意三者在性格中何者占优势,把人们的性格划分为理智型、情绪型和意志型。理智型的人,通常以理智来评价、支配和控制自己的行动；情绪型的人,往往不善于思考,其言行举止易受情绪左右；意志型的人一般表现为行动目标明确,主动积极。

3. 在学习和生活中,我们常确定目标,但在目标实现的过程中会遇到各种障碍,这要求我们要通过自己的心理努力克服困难,有意识地把自己的行为调节和控制在与实现目标一致的方向上,这种心理过程是(　　)。

　　A. 动机　　　　　　B. 情绪　　　　　　C. 意志　　　　　　D. 思维

答案 C。解析:意志指人们自觉地确定目的并支配其行动以实现预定目的的心理过程。动机是指由特定需要引起的,欲满足各种需要的特殊心理状态和意愿。情绪,是对一系列主观认知经验的通称,是多种感觉、思想和行为综合产生的心理和生理状态。思维是人脑对客观现实概括的和间接的反映,它反映的是事物的本质和事物间规律性的联系。

4. 我们在解数学题时,通常是根据已知条件朝向目标方向进行分析与综合,最后寻找到答案,这种解决问题的思路是(　　)。

　　A. 直觉思维　　　　B. 发散思维　　　　C. 常规思维　　　　D. 聚合思维

答案 D。解析:直觉思维,是指对一个问题未经逐步分析,仅依据内因的感知迅速地对问题答案作出判断、猜想、设想,或者在对疑难百思不得其解之中,突然对问题有"灵感"和"顿悟",甚至对未来事物的结果有"预感"、"预言"等。

发散思维,又称辐射思维、放射思维、扩散思维或求异思维,是指大脑在思维时呈现的一种扩散状态的思维模式,它表现为思维视野广阔,思维呈现出多维发散状。如"一题多解"、"一事多写"、"一物多用"等方式,培养发散思维能力。不少心理学家认为,发散思维是创造性思维的最主要的特点,是测定创造力的主要标志之一。

聚合思维是指从已知信息中产生逻辑结论,从现成资料中寻求正确答案的一种有方向、有条理的思维方式。聚合思维法又称为求同思维法、集中思维法、辐合思维法和同一思维法等。聚合思维法是把广阔的思路聚集成一个焦点的方法。它是一种有方向、有范围、有条理的收敛性思维方式,与发散思维相对应。

5. 一个人对他人能助人为乐;对工作能勤奋;对自己能自信。这是人格中的(　　)。

　　A. 态度特征　　　　B. 意志特征　　　　C. 情绪特征　　　　D. 理智特征

答案 A。解析:略。

6. 下列气质理论及其提出者对应不正确的是(　　)。

　　A. 古希腊医生希波克里特的体液说

　　B. 埃森克的三维度说

　　C. 巴甫洛夫的高级神经活动类型说

　　D. 托马斯和切斯的内外倾说

答案 D。解析:略。

(二)名词解释

1. 人格

答:人格是指一个人与社会环境相互作用表现出的一种独特的行为模式、思想模式和情绪反应的特征,也是一个人区别于他人的特征之一。在心理学中,还经常运用"个性"一词表达人格的概念。

2. 场独立性

答:场独立性反映人格在认知领域中的差异。场独立性的人不太依赖于外界环境,他们在对信息进行加工处理时依据内在标准或内在参照,与人交往时也很少能体察入微。这种人称之为场独立性。

3. 智力

答:智力也称智能、智慧,是人们在获得知识和运用知识解决实际问题时所必须具备的心理条件或特征。主要包括观察力、记忆力、想象力、思维力等成分,并以思维力为核心。

4. 创造力

答:创造力是指根据一定的目的,运用已知信息,产生出某种新颖、独特、有社会价值的产品的能力或心理特征。

(三) 简答题

1. 人的创造力的结构是什么?

答:(1) 创造性动机;(2) 创造性思维;(3) 创造性想象;(4) 创造性人格特征;(5)"立法式"的认知风格;(6) 结构良好的知识。

2. 简述性格的结构。

答:(1) 对现实的态度特征;(2) 意志特征;(3) 情绪特征;(4) 理智特征。

3. 简述人格的认知方式上系列型与同时型的差异。

答:系列型认知风格的特点是:在解决问题的过程中一步一步地分析问题,每一个步骤只考虑一种假设或一种属性,第一种假设成立后再进一步考虑第二种假设,一环一环地推导出问题的结果。每一种假设都有其时间上的前后顺序,他们解决问题的过程如链状。

同时型认知风格的特点是:在解决问题的过程中,采取宽视野的方式,同时考虑多种假设,并同时兼顾到各种可能性,才能解决好问题。

本章深度练习及解析

一、单项选择题

1. 智力是(　　)的综合。

A. 观察能力　　　　　B. 思维能力　　　　　C. 一般能力　　　　　D. 特殊能力

答案 C。解析:一般能力包括观察力、思维力、创造力等。

2. 态度具有(　　)。

A. 情境性和暂时性　　　　　　　　B. 稳定性和不变性

C. 组织性和严密性　　　　　　　　D. 一致性和稳定性

答案 D。解析:态度具有一致性和稳定性等特征。

3. 问题解决策略中,用一定的方法逐步降低初始状态和目标状态的距离,以达到问题解决的策略为(　　)。

A. 爬山法　　　　　　　　　　　B. 逆向搜索

C. 手段—目的分析　　　　　　　　D. 算法

答案 A。解析:爬山法是指用一定的方法逐步降低初始状态和目标状态的距离,以达到问题解决的策略。

4. 人们在改造世界的过程中,寻求并实现某种最优化预定的活动称为(　　)。

A. 思维　　　　　B. 决策　　　　　C. 判断　　　　　D. 分析

答案 B。解析:决策是寻求并实现某种最优化预定的活动。

5. 个性心理特征的核心是(　　)。

A. 能力　　　　　B. 气质　　　　　C. 性格　　　　　D. 需要

答案 C。解析:性格是个性心理特征的核心。

6. 在马斯洛的需要层次理论中形容能够充分发挥自己潜能,并发现自我满足的方式等方面的需要被称为(   )。

A. 审美需要   B. 安全需要   C. 自我实现需要   D. 尊重需要

答案C。解析:略。

7. 马斯洛的"自我实现需要"是指(   )。

A. 随心所欲   B. 事业心强

C. 成名成家   D. 做力所能及的事

答案D。解析:略。

8. 中等智力是指 IQ 为(   )。

A. 80～89   B. 90～109   C. 110～119   D. 120～139

答案B。解析:中等智力是指 IQ 为 90～109,低等智力是指 IQ 为 70 以下。

9. 智力活动的内容包括(   )。

A. 行为、听觉、符号、视觉、嗅觉   B. 行为、听觉、符号、视觉、语言

C. 听觉、味觉、视觉、肤觉、触觉   D. 听觉、味觉、视觉、肤觉、行为

答案B。解析:智力活动的内容主要包括行为、听觉、符号、视觉、语言等。

10. 少年早慧和大器晚成表现了(   )。

A. 能力类型差异   B. 能力水平差异

C. 能力表现早晚的年龄差异   D. 能力结构差异

答案C。解析:少年早慧和大器晚成表现了能力表现早晚的年龄差异。

11. 高级神经活动类型属于强、平衡、不灵活,与其对应的气质类型是(   )。

A. 胆汁质   B. 多血质   C. 粘液质   D. 抑郁质

答案C。解析:略。

12. 一个人心理面貌本质属性的独特结合,是人与人之间有核心意义的心理特征是(   )。

A. 性格   B. 能力   C. 气质   D. 胆汁质

答案A。解析:略。

13. 在希波克拉底对气质的分类中,描述行为孤僻,反应迟缓;多愁善感,体验深刻,但情绪不易外露;具有很高的感受性,善于觉察到别人不易发觉的细小事物的是哪种气质(   )。

A. 多血质   B. 胆汁质   C. 粘液质   D. 抑郁质

答案D。解析:略。

14. 孩子刚一落生时,最先表现出来的差异就是(   )。例如有的孩子爱哭好闹,有的孩子平静安稳。

A. 气质差异   B. 性格差异   C. 血型差异   D. 性别差异

答案A。解析:气质是天生的。有的孩子爱哭好闹,有的孩子平静安稳是气质差异。

15. 气质主要反映了心理活动在(   )方面的动力方面的特点。

A. 速度、强度、稳定性和选择性

B. 速度、平衡性、稳定性和指向性

C. 灵活性、平衡性、稳定性和指向性

D. 速度、强度、稳定性和指向性

答案 D。解析:气质主要反映了心理活动在某方面的动力方面的特点,如速度、强度、稳定性和指向性等。

16. 人们在各种认识心理活动中表现出来的个体差异的性格特征是( )。

A. 性格的态度特征　　　　　　　　B. 性格的意志特征

C. 性格的认知特征　　　　　　　　D. 性格的情绪特征

答案 C。解析:人们在各种认识心理活动中表现出来的个体差异的性格特征是认知特征。

17. 成就动机理论的研究表明,成功概率约为以下哪个数值的学习任务,最有利于激发学生达到最佳动机水平( )。

A. 70%　　　　　　B. 50%　　　　　　C. 30%　　　　　　D. 90%

答案 B。解析:成就动机理论的研究表明,中等水平的动机最有利于学生达到成功。

18. 激发动机产生的直接原因是( )。

A. 需要　　　　　　B. 行为　　　　　　C. 目标　　　　　　D. 刺激

答案 A。解析:需要是激发动机产生的直接原因。

19. 长时间坚信自己决定的合理性,并坚持不懈地为执行决定而努力,是属于哪种意志品质( )。

A. 独立性　　　　　　B. 坚定性　　　　　　C. 果断性　　　　　　D. 自制力

答案 B。解析:略。

20. 关于动机的叙述,错误的是( )。

A. 根据动机的来源,分为外在和内在动机。

B. 外在动机与内在动机有明确的划分。

C. 外在动机的实质是一种内部动力。

D. 儿童先有外在动机,后才发展内在动机。

答案 B。解析:略。

21. 下列选项中不属于物质兴趣的是( )。

A. 衣　　　　　　B. 食　　　　　　C. 住　　　　　　D. 文化

答案 D。解析:略。

22. 引起动机的内在心理条件是( )。

A. 感觉　　　　　　B. 思维　　　　　　C. 需要　　　　　　D. 性格

答案 C。解析:略。

23. 人类主要的社会性动机是( )。

A. 饥饿动机和干渴动机　　　　　　B. 成就动机和交往动机

C. 好奇动机和探索动机　　　　　　D. 探索动机和操弄动机

答案 B。解析:略。

24. 下列哪个选项是指对活动结果的兴趣? ( )

A. 物质兴趣　　　　B. 精神兴趣　　　　C. 直接兴趣　　　　D. 间接兴趣

答案 D。解析:略。

25. 为实现一定目的而行动的原因是( )。

A. 动机　　　　　　B. 需要　　　　　　C. 兴趣　　　　　　D. 理想

答案 A。解析:略。

26. ( )是对事物的一种认识倾向,是价值观的初级形式,伴随积极的情感体验,对个体活动,特别是对个体认识活动有巨大的推动力。

A. 动机 B. 兴趣 C. 能力 D. 人格

答案 B。解析:略。

27. 动机的产生依赖于需要,请问下面哪项属于需要?( )

A. 水 B. 饥渴 C. 寻求水源 D. 喝水

答案 B。解析:略。

28. 诱发情绪的首要条件是( )。

A. 感觉 B. 记忆 C. 注意 D. 思维

答案 A。解析:略。

29. ( )是情绪产生的基础。

A. 期望 B. 需要 C. 驱动力 D. 知觉

答案 B。解析:需要是情绪产生的基础。

二、简答题

1. 智力差异有哪些类型?

答:由于智力是个体先天禀赋与后天环境教育相互作用的结果,因此,无论是个体还是群体在智力测验上都存在差异。(1)智力的个体差异既有量的差异又有质的差异:量的差异主要指个体在 IQ 分数上的不同;质的差异主要指个体的构成成分的差异。(2)智力的群体差异是指不同群体之间的智力差异,包括智力性别差异、年龄差异、种族差异等。

2. 简述动机的理论。

答:主要有:本能论、驱力论、唤醒论、诱因论、认知论。

(1)动机的本能理论认为:人类的行为是在进化过程中形成的,由遗传固定下来,是不学而会的固定的行为模式。

(2)动机的驱力理论认为个体由于生理需要而产生一种紧张状态,激发或驱动个体的行为以满足需要,消除紧张,从而恢复机体平衡状态。

(3)动机的唤醒理论认为人们总是被唤醒,并维持着生理激活的一种最佳水平,不是太高也不是太低。它提出了三个原理:第一,人们偏好最佳的唤醒水平;第二,简化原理;第三,个人经验对于偏好的影响。

(4)动机的诱因理论认为诱因是个体行为的一种能源,它促使个体去追求目标。诱因与驱力是不可分开的,诱因是由外在目标所激发,只有当它变成个体内在的需要时,才能推动个体的行为,并有持久的推动力。

(5)动机的认知理论认为认知具有动机功能。动机的认知理论主要有:期待价值理论、动机的归因理论、自我功效论、成就目标论。

第五章 人生全程发展

人生全程发展
- 中小学生发展特征
- 个体发展概念、阶段及年龄特征
- 全程发展的基本理念
- 个体心理发展的主要特点及影响因素
- 皮亚杰认知发展阶段论
- 埃里克森人格发展理论
- 科尔伯格道德发展理论

考纲要点

识记

1. 人生全程发展的概念、人生全程发展观；
2. 个体心理发展年龄阶段的划分及年龄特征；
3. 认知结构、认知发展、图式、同化与顺应等概念；
4. 皮亚杰关于儿童认知发展的阶段；
5. 埃里克森的人格发展阶段理论；
6. 皮亚杰和科尔伯格关于儿童道德发展阶段的划分。

理解

1. 影响个体心理发展的因素；
2. 皮亚杰关于儿童认知发展的基本观点及其评价；
3. 埃里克森关于人格发展的基本观点及其评价；
4. 皮亚杰和科尔伯格关于儿童道德发展的基本观点及其评价；
5. 中小学生心理发展特征，常常出现的问题及辅导。

运用

1. 根据皮亚杰的儿童认知发展阶段理论谈谈如何促进儿童的认知发展；
2. 根据埃里克森的人格发展阶段理论谈谈如何培养中小学生的人格发展；
3. 根据科尔伯格的儿童道德发展阶段理论谈谈如何提高儿童的道德判断能力。

第一节　人生全程发展概述

一、人生全程发展观

（一）人生全程发展的概念

人生全程发展指个体从生命开始经过新生儿、婴儿、幼儿、童年、少年、青年、中年以及老年各个时期直至生命完结的发展过程。

（二）人生全程发展的特点

第一，个体心理发展是分阶段而又持续不断的过程。

第二，个体的发展是多维度、多层面、多侧面的。

第三，个体发展由多种因素决定，且存在极大的可塑性。

第四，个体的发展是相互促进的，教育起到了主导作用。

二、个体的心理发展

（一）心理发展的内涵

1. 心理发展的概念

心理发展指个体从出生、成熟、衰老到死亡的整个生命过程中所发生的一系列心理变化。

2. 发展阶段划分及年龄特征（见表1-5-1）

表1-5-1　人生各个时期的主要发展重点

序号	发展阶段	发展重点	年龄划分
1	产前期 （prenatal stage）	生理发展	从受孕到出生
2	婴儿期 （infancy）	动作、语言、社会依赖	从出生到两岁
3	前儿童期 （early childhood）	口语发展良好，性别开始分化，爱好团体游戏，完成入学预备	2—6岁
4	后儿童期 （late childhood）	认知发展，动作技能与社会技能发展	6—13岁
5	青年期 （adolescence）	认知发展，人格渐独立，两性关系建立	13—20岁
6	壮年期 （young adulthood）	职业与家庭、父母角色、社会角色实现	20—45岁
7	中年期 （middle）	事业发展到顶点，考虑重新调整生活	45—65岁
8	老年期 （old）	退休享受家居生活，自主休闲与工作	65岁以上
9	寿终期 （death）	面对无可避免问题的身心适应	

（二）个体心理发展的一般特征

1. 连续性与阶段性

发展的连续性是指个体的心理发展是一个开放的系统。在生命延续的过程中，它既没有一个绝对的起点，也没有一个绝对的终点。每一个心理过程的进步总是在先前的基础上发展起来的，而且这种发展是有机的、必然的，不是外加的、偶然的。发展的连续性体现着个体心理发展的总趋势。在发展心理学范畴中，个体心理的发展既包括早期由低级到高级、由简单到复杂、由混沌到分化的上升过程，也包括后期由健全到衰减、由灵活到呆板、由清晰到朦胧的下降过程。

发展的阶段性是指个体心理发展的连续过程是由一个个具体的发展阶段组成的。每一阶段都是从前一阶段中孕育和产生出来的，同时，又将加入到后一个阶段中去。不同的发展阶段表现为不同的心理过程的质的差异，也表现为不同的主导活动和不同的心理能力。在具体行为上，又表现为不同的行为特征。从发展的总趋势上讲，个体心理发展的阶段是有次序的，是不可逾越的或倒退的。

2. 定向性（方向性）与顺序性

心理发展具有方向性和顺序性。在正常的条件下，个体的心理发展具有不可逆的方向性和顺序性。例如，身体的运动机能的发展遵循着从头部延伸到身体的下半部的头尾法则（头尾律）和从身体的中心部位延伸到边缘部位的远近法则（中心四周律）；认知的发展是从感知动作思维到具体形象思维，再到抽象概括思维。

3. 不平衡性

个体从出生到成熟并不是匀速前进的，而是表现出各种不平衡性特征。

第一，个体同一个方面的发展，在不同的年龄阶段发展是不均衡的。例如人的身高、体重在不同年龄阶段发展速度不同。心理学家提出了发展关键期或最佳期的概念。所谓发展关键期是指身体或心理的某一方面机能和能力最适宜于形成的时期。在这一时期中，对个体某一方面的训练可以获得最佳成效，并能充分发挥个性在这一方面的潜力。错过了关键期，训练的效果就会降低，甚至永远无法补偿。

第二，个体不同方面的发展具有不均衡性。有些方面在较早的年龄阶段就已达到较为成熟的发展水平，有些方面则要到较晚的年龄阶段才能达到较为成熟的水平。

第三，由于社会发展对个体要求的提高，学习年限延长，独立生活和工作期限后移，使人的心理成熟、社会性成熟相应后移；由于食物营养的改善、社会文化的影响，个体生理成熟的年龄相应提前，从而使个体身心发展的不平衡性表现得更为突出。

4. 普遍性与差异性

发展的普遍性是指个体心理的发展是一个客观过程，任何个体的心理发展都受遗传和环境因素的影响，在遗传因素、环境因素和个体自身心理因素的相互作用中得到发展。个体心理发展的总趋势和各个心理过程的具体发展都遵循一定的客观规律。

发展的差异性是指每一个儿童的心理都有自己的速率、特色、风格等特殊性和复杂性，构成个体间心理发展的差异性。差异性是遗传因素、环境因素和个体自身心理因素综合作用的结果。

5. 互补性

互补性反映个体身心发展各组成部分的相互关系,它首先指机体某一方面的机能受损甚至缺失后,可通过其他方面的超常发展得到部分补偿。如失明者通过听觉、触觉、嗅觉等方面的超常发展得到补偿。机体各部分存在着互补的可能,为人在自身某方面缺失的情况下依然能与环境协调,从而能继续生存与发展提供了条件。

（三）个体心理发展的影响因素

第一,遗传因素,为个体发展提供了物质基础和发展可能。

第二,环境因素,为个体发展提供了外在条件。

第三,教育因素,主导着个体的发展。

第四,自我能动性,为个体发展提供内在条件。

第二节　中小学生发展特征及常见问题

一、中学生心理发展的阶段特征

中学阶段,一般在十一二岁到十七八岁。其中,初中在十一二岁到十四五岁,为少年期;高中在十五六岁到十七八岁,为青年初期。总称青少年期或青春发育期。这是人的一生中身心发展最快的时期,也是各年龄发展阶段中的最佳时期,故称人生的黄金时期。同时,各种心理问题也会出现,也叫心理断乳期。

（一）中学生生理发展的特征

1. 身体外形剧变

身体外形发生急剧变化,身高、体重、胸围、头围、肩宽、骨盆等都加速增长,骨架粗大,肌肉壮实,外形、外貌以及外部行为动作也随之变化。身子突然窜高,每年可长 6～8 厘米,甚至 10～11 厘米;体重迅速增加,每年可增 5～6 公斤,甚至 8～10 公斤。

2. 体内机能增强

中学生心脏的发育,从心脏形体、恒定性、血压、脉搏等指标变化来看,日渐接近成人,肺活量可以达到或接近成人。肌肉发达,骨骼增粗。特别是脑和神经系统的发育最快,脑的重量和容积 12 岁时已经接近成人,十三四岁时脑已基本成熟,大脑皮质的沟回组织已经完善、分明,神经元细胞也完善化和复杂化,神经系统的结构与机能几近成人,大脑兴奋与抑制过程逐步平衡,到十六七岁后则能协调一致,第二信号系统逐步占据优势,并在概括与调节作用上显著发展。

3. 性的发育成熟

中学时期是人的性成熟最快的关键阶段。性发育的外部表现"第二性征"逐步凸现,性的成熟给他们的心理发展带来重大的变化,使他们感到自己长大了,是大人了。

（二）中学生心理发展的特征

1. 智力飞跃发展

中学生的言语包括口头言语、书面言语和内部言语在内得到了很大的发展。言语(特别是内部言语)的发展也促进了思维的发展,促进智力的开发。有关研究表明,初中二年级到高中二年级是中学生智力发展的关键时期。青少年的思维开始从经验型走向理论型。他们逐步摆脱对感性材料的依赖,应用理论来指导抽象思维活动,发展了思维的深刻性,出现了思维的独立性和批判性,表现为喜欢独立思考、寻根究底和质疑争辩,思维日趋成熟。思维力的发展,促进了观察力、记忆力、联想力和想象力的同步发展,使整个智力水平都得到飞跃式提高。

2.个性逐步形成

个性心理包括动机、兴趣、理想、信念、世界观等个性意识倾向性和能力、气质、性格等个性心理特征。中学阶段是人的世界观由萌芽到初步形成的时期。一般说来,萌芽于小学初中衔接时期,初步形成于高中阶段。当然,它还不成熟,也不稳定,具有很大的可塑性。与此同时,青少年进入"心理断乳期",力图摆脱成人的关照和约束,独立支配自己;也出现心理"闭锁性",除了知心朋友以外,一般不让别人了解自己的内心世界。但是,就总体而言,中学生是朝气蓬勃,天真活泼,热情奔放,奋发向上的。

3.记忆达到最佳

中学生记忆发展的最大特点,就是青少年时期的记忆力是人生中记忆力的"最佳时期",达到了记忆的"高峰"。具体地说,有如下特点:第一,有意识记随目的性增加而迅速发展。进入中学后,学生逐渐学会根据教材内容,独立地提出识记的目的和任务;能逐步自觉地检查自己的识记效果,主动选择良好的识记方法等。第二,意义识记能力不断提高。进入中学以后,由于学习内容的不断增多、加深以及言语和抽象逻辑思维的发展,意义识记得到了发展。心理学研究表明,进入初中以后,中学生的意义识记就超过了机械识记,并呈直线上升的趋势;相反,机械识记运用得越来越少,其效果也越来越差。第三,抽象记忆发展较快。初中学生在抽象记忆发展的同时,具体形象记忆也在发展。

4.想象充分发展

初中生想象的有意性迅速增长。研究发现,初中二年级到初中三年级是学生空间想象力发展的加速期或关键期。此外,初中生想象的创造性成分在不断增加。他们不仅能将看到的或听到的具体事物说出来、写出来,还能运用这些材料"编出"尚未看到或听到的事情来。想象的内容比较符合现实,富有逻辑性。初中生的幻想具有现实性、兴趣性,有时也带有虚构的特点。而要达到理性的想象一般要到高中阶段。

5.言语发展迅速

(1)口头言语能力增强,表达准确,具有了幽默感、流畅感和美感。

(2)阅读速度和阅读量提高,理解力增强。

(3)写作能力提高,开始掌握各种文体的写作,但写作能力的个体差异比较大。

(4)个体的内部言语发展经历三个时期:一是出声的思维时期,二是过渡时期,三是无声思维时期。初中生的内部言语基本处于思维的无声时期,内部言语发展水平较高。

6.性格、情绪情感不稳定

(1)情绪情感出现易感性、冲动性和两极性特征,同时具有强烈、狂暴与温和、细腻性,同时具有可变性与固执性、内向性与表现性、冲动性和两极性;(2)出现反抗情绪和逆反心理;(3)对异性产生感情。

7. 品德达到较高水平

（1）开始形成道德信念与道德理想；（2）理性道德情感占据主导地位；（3）主导性道德动机明确，道德意志力增强；（4）道德行为习惯逐步巩固；（5）道德结构更加完善。

8. 社会性发展充满矛盾

（1）逐步形成了稳定的社会态度；（2）开始信任同伴群体；（3）性别角色不断成熟；（4）出现了人格发展的危机；（5）自我意识高涨（独立意识发展、成人感增强。关注自己的身体形象。关注自己的内心世界和心理品质。自我意识开始分化为理想自我和现实自我。具有强烈的自尊需求。自我评价趋于稳定）；（6）兴趣开始分化，理想还不稳定。

9. 人际关系发展出现危机

中学生的人际关系主要是亲子关系、同伴关系和师生关系。

（1）亲子关系。总体上出现了亲子关系的危机期，出现了沟通障碍。具体表现为产生矛盾和张力。父母希望孩子独立，又要保护他们避免作出错误的判断和决策。青少年与父母在一起的时间减少，他们在亲子交流中越来越占主导地位，也更为积极主动。一方面要获得自主性，建立成熟的家庭关系；另一方面，又要继续从父母那里获得安慰、支持和建议。亲子冲突较多地表现在日常事务上，包括家务杂事、作业、衣着、花钱、晚睡时间、约会、交友等事情上，而不限于基本的价值观。

（2）同伴交往。同伴关系加强，青少年早期同伴的影响最强，在12、13岁时达到顶峰，在青少年中期和晚期逐渐下降，而与父母的关系重新缓和。关注在群体中的地位。关注异性交往。

（3）师生关系。教师影响力下降；出现挑战权威意识和举动；批判性增强；师生关系理性。

（三）这一时期心理发展的主要问题（矛盾）

（1）成人感和幼稚性并存。

（2）反抗性与依赖性共存。

（3）闭锁性和开放性并存。

（4）勇敢和怯懦并存。

（5）高傲和自卑并存。

（6）代沟出现，烦恼增多。

二、小学生心理发展的阶段特征

（一）小学生心理的主要特点

1. 感知、注意、记忆的特点

第一，从笼统、不精确地感知事物的整体渐渐发展到能够较精确地感知事物的各部分。

第二，能发现事物的主要特征及事物各部分间的相互关系。

第三，小学生的注意力不稳定、不持久，且常与兴趣密切相关。

第四，小学生的记忆最初仍以无意识记、具体形象识记和机械识记为主。

真题再现

简答题：

儿童记忆发展的基本特点。

答：无意识记忆占优势，有意识记忆在发展；记忆的精确性和巩固性较差；记忆容量增加，无意识记忆大于有意识记忆；形象记忆占优势，语词记忆能力慢慢提高；大脑容易兴奋，也极不稳定。表现容易记住，也易被遗忘。

2．想象、思维的特点

第一，从形象片断、模糊向着越来越能正确、完整地反映现实的方向发展。

第二，低年级的小学生，想象具有模仿、简单再现和直观、具体的特点。

第三，中高年级学生对具体形象的依赖性会越来越小，创造想象开始发展起来。

第四，小学生的思维从以具体形象思维为主要形式逐步向以抽象逻辑思维为主要形式过渡。

3．情感的特点

第一，小学生的情感也逐渐变得更加稳定、丰富、深刻。

第二，低年级小学生虽已能初步控制自己的情感，但还常有不稳定的现象。

第三，小学高年级学生的情感更为稳定，自我尊重，希望获得他人尊重的需要日益强烈，道德情感也初步发展起来。

4．意志的特点

第一，自制力不强，意志力较差，容易冲动。

第二，意志活动的自觉性和持久性比较差。

第三，在完成某一任务时，常是靠外部的压力，而不是靠自觉的行动。

5．性格的特点

小学生的自我意识在不断发展，自我评价的能力也不断增长。

（二）小学生身体发育的一般特征

1．小学生的身体发育正处于两个生长发育高峰之间的相对平稳阶段

身高平均每年增长4—5厘米，体重平均每年增加2—3千克，胸围平均每年增宽2—3厘米。男孩身高的生长高峰年龄为12岁，年增长为6.6厘米。女孩子身高的生长高峰年龄为11岁，年增长为5.9厘米；男孩体重增加的高峰年龄为13岁，年增重为5.5千克。女孩体重增加的高峰年龄为11岁，年增重为4.4千克。从发育时间看，女生不仅发育加速期比男生早1～2年，而且身高生长高峰期和体重增加的高峰期，也比男生提早1—2年。随着人民物质生活水平的提高，目前，男、女生的生长发育期出现提前的趋势。

2．小学生的骨骼骨化尚未形成

骨骼系统的许多软组织、椎、骨盆区和四肢的骨骼还没有骨化，骨骼组织含水分多，含钙盐成分少，使骨骼硬度小，韧性大，富于弹性，易弯曲变形。因此，要特别注意孩子坐、立、行、读书、写字的正确姿势的培养训练，尤其要防止驼背的产生。

3．小学生的肌肉发育呈现两个特点

第一，大肌肉群的发育比小肌肉早；第二，先是肌肉长度的增加，然后才是肌肉横断面的增大。因此，小学生能做比较用力和动作幅度较大的运动，如跑、跳、投、掷等活动，而对他们小肌肉运动精确性要求比较高的运动则很难做好，也不能提出太高的要求，特别是手部活动，由于小学生的腕骨尚未完全骨化，不能长时间连续地书写、演奏乐器和做手工劳动。在小学阶段，家长要注意配合学校帮助孩子保持正确的书写姿势，矫正错误的用笔姿势，防止写太小的字。

4．小学生的心肺功能相应增强

小学生的血管发展的速度大于心脏的发展速度，血液的循环量加大，新陈代谢加快。但小学生的心脏容积小于成人，脉搏频率远超过成年人，且心脏每搏输出量比成人小，心脏搏

动频率大约每分钟 80—90 次,因次要注意不让孩子开展过分剧烈的运动和繁重的体力劳动,以防损害心脏。孩子的呼吸频率随着年龄增长而递减。一般而言,6—9 岁的儿童,男孩为 23—24 次/分,女孩为 25—26 次/分,到了 10—13 岁,男女孩都为 19—20 次/分,而 14 岁以后基本上和成人一样,每分钟 16—18 次。与此相关的是,孩子的肺活量大小随着年龄增长而显著增加,且体育锻炼的情况也直接关系到肺活量的大小,家长应该鼓励孩子多参加体育锻炼活动。

5. 小学生的神经系统,特别是大脑结构逐步完善

儿童到了六、七岁时,脑重约 1280 克,已接近成人脑重的 90%,以后增长缓慢,9 岁时约 1350 克,到了 12 岁约 1400 克,基本上和成人一致。

(三)小学生心理发展的一般特征

1. 小学生情绪、情感的发展

(1)情绪的稳定性逐步增强;(2)小学生情绪的丰富性不断扩展;(3)情绪的深刻性不断增加;(4)高级情感不断形成。道德感不断发展(由外向内、由模糊向清晰、由自发到自觉),理智感得到发展(由感性向理性、由直觉到推理),美感得到发展(由外在向内在、由形式到内容、由表面向深刻)。

2. 小学生品德的发展

(1)在道德知识的理解上,从比较直观的、肤浅的认识逐步过渡到比较抽象、比较本质的认识;(2)在道德评价上,从只注意行为的效果,逐步过渡到全面地考虑动机和效果的统一;(3)在道德原则的掌握上,逐步树立道德原则,并初步形成道德信念;(4)在道德情感上,由狭隘的、模糊的态度发展到初步深刻和比较稳定的态度;(5)在道德行为上,由外部调节向内在调节发展。

总体来看,小学生的品德发展是从依附性向自觉性、从外部监督向自我监督、从服从型向习惯型过渡,发展较为平稳,显示出协调性。

三、中小学生常见问题及辅导

中小学生常见问题可以归纳为三类:第一,学习心理与行为问题;第二,人际交往心理与行为问题;第三,自我方面的心理与行为问题。

(一)学习心理与行为问题及辅导

1. 厌学

厌学指学生厌恶学习或厌倦学业的情况,包括厌学情绪、厌学态度和厌学行为,严重者称厌学症。它通常表现为情绪上厌倦学习,态度上消极甚至对抗学习,行为上被动应付或逃避学习,在具体行为上通常表现为上课无精打采,注意力不集中,无所谓自己的学习成绩,无所谓家长、教师的批评,成绩不断下降。

厌学的成因有以下几方面:一是缺乏学习的动机;二是缺少成功的体验;三是家庭环境不良;四是师生关系紧张;五是学习压力大。

改变中小学生的厌学情绪,可以从以下几个方面入手:第一,明确学习目的,改变教育方法,培养学习兴趣。第二,制定合适的教学目标和学习目标,让更多的学生体验到成功。第三,丰富校园文化生活,举办各种形式的活动,来缓解学习压力。第四,采用心理辅导、心理

咨询的方法。

2. 学校恐怖症

学校恐怖症在儿童和青少年中常见,指由于存在各种不良心理因素,使学生害怕上学,害怕学习,害怕学校和教师或相关情境,伴有恐怖心理和身心症状,故又称恐学症。学校恐怖症患者有三个特征:一是害怕上学,甚至公开表示拒绝上学。二是害怕见教师,在学校没有几个好朋友。三是还会表现出一些躯体症状,如心神不安、面色苍白、全身出冷汗、头痛、头晕、呼吸急促,甚至呕吐、腹疼、腹部不适、发热等。

学校恐怖症的形成原因主要有:从家庭方面来说,家长普遍对子女有较高的期望和严格的学习要求,子女感到学习压力很大;溺爱、娇惯的教育方式使儿童形成强烈的依赖感,不愿去上学吃苦;同时家庭环境不和谐,父母关系紧张,也可使儿童缺乏对环境的安全感,造成退缩、拒学。从学校方面来说,学校和教师为了"应试教育"的需要,采用不恰当的教育方式,给学生造成心理压力,也容易导致学校恐怖症的发生。从个体方面来说,心理素质不好,个性有缺陷,如性格内向、不合群、敏感、胆小等,就容易诱发学校恐怖症。

对中小学生学校恐怖症,可以从以下几个方面进行干预:第一,了解病因,进行严格的诊断,并使治疗措施具有针对性。第二,改变教师和家长的教育方式,关注中小学生的个性特点,与中小学生建立良好和谐的关系,帮助他们正确地认识学校和学校生活。第三,使用一些专业方法,如系统脱敏法,开始时让学生在校的时间短些,然后慢慢延长在校时间,在这个过程中,教师和同学要多关心、鼓励他们。第四,严重的学校恐怖症患者可在专业人员的监督下,进行药物治疗。

3. 考试焦虑症

考试焦虑症的表现是冒汗、心悸、腹泻、尿频、抑郁、肌肉紧绷、口干舌燥等,这些症状往往是因考试压力而引起的,在考试前几天和考试时表现尤为明显,考试结束后逐渐减轻或不治自愈。

辅导考试焦虑症,可以从如下几个方面入手:第一,加强各科基础知识的学习和技能训练,适应考题变化的形式。第二,注意劳逸结合。第三,掌握一些必要的心理调节方法。如腹式呼吸训练,取舒服坐姿(仰卧亦可),吸气时小腹鼓起,呼气时小腹复原,利用小腹的起伏进行呼吸,呼吸深而慢。还可听听轻音乐来调节。

(二)人际交往心理与行为问题及辅导

1. 社交恐惧

社交恐惧是以焦虑、恐惧、自闭为主要特征的综合心理障碍,表现为:自我封闭,不敢交友,害怕社交;社交的欲望得不到满足,并由此产生焦虑、孤独。社交恐惧有多种具体表现:与人见面时害怕、脸红;见人时感到表情不自然,表情异样、害怕;与他人对视时异常紧张,或不敢与他人对视;在他人面前走路时,怕自己姿势不好看而被嘲笑和轻视等。

社交恐惧这种不正常的心理状态往往与个体在成长过程中的某个行为印记有直接的关系。例如,一个学生曾经有一次演讲的机会,他做了精心的准备,希望能够充分展示自己。可没想到,他上台时竟把原先背得滚瓜烂熟的演讲词忘得一干二净,这使他尴尬至极。自此之后就不敢当众讲话了,甚至不能到人多的地方去。另外,社交恐惧与父母的不恰当教育有关。父母应从小培养孩子与人和谐交往的意识,学校也应开设必要的心理课程,同时给每个学生平等参与社交活动的机会,让学生得到锻炼。

解决中小学生的社交恐惧问题,我们可以从以下几方面入手:第一,培养开朗的性格。第二,增加知识。第三,进行专业的心理咨询和治疗。

2．嫉妒

嫉妒指一个人对在某些方面比自己强的人具有一种莫名其妙的怨恨情绪,也就是我们平常所说的"红眼病"。嫉妒可分为两种:一种是理性的嫉妒,另一种是非理性的嫉妒。理性的嫉妒可以转化为动力和智慧,可使人奋起,加倍努力;而非理性的嫉妒会转化为前进的阻力,刻意贬低别人,报复别人,攻击别人。

嫉妒是学生中普遍存在着的一种不良的心理现象,不仅后进生有,就是在学习成绩居于上游的所谓优等生中也是普遍存在的。中小学生嫉妒心理的表现与他们的生活环境、成长经验息息相关,表现出自己的特点,主要表现在几个方面:一是嫉妒他人的学习成绩;二是嫉妒他人的外貌、服装;三是嫉妒他人的家庭条件。

关于中小学生的嫉妒心理,可以从以下几个方面进行辅导:

第一,树立自信心,正视自己的失败。第二,教育学生正确认识自己,悦纳自己。第三,教育学生学会换位思考。

3．攻击行为

攻击行为是中小学生身上一种不受欢迎但经常发生的不良行为。中小学生之间因矛盾而互相辱骂、恶意中伤、打架斗殴,乃至伤害生命的事件时有发生。

男孩比女孩表现出更强的攻击性,并且这种性别差异具有跨文化的普遍性。在攻击的方式上,也有显著的性别差异,男孩较喜欢使用直接的身体攻击,而女孩则喜欢采用言语形式的攻击。

对于中小学生的攻击行为,我们可以从以下几个方面入手:

第一,正确认识中小学生攻击行为的原因,树立正确的态度。第二,教给中小学生一些调节策略,提高他们的自我控制能力。第三,创设适宜的环境。

（三）自我方面的心理与行为问题及其干预

1．自卑

自卑,即一个人对自己的能力、品质等作出偏低的评价,总觉得自己低人一等并因此悲观失望、惭愧、羞涩甚至畏缩不前。这种意识还能不断扩散到其他方面,并逐渐形成否定自我的倾向。如果这种意识长时间存在,就会逐渐形成自卑心理。自卑心理的表现形式有显性的,也有隐性的。显性表现是把自卑心理表现得直观、明显,也是我们惯常看见的,而隐性表现是把自卑心理掩藏起来,表现出孤傲、桀骜不驯。

中小学生自卑心理的形成原因主要有以下几方面:

一是客观因素。小学生无论从生理角度还是从心理角度看,都处于依赖成人的地位,中学生也是处于半成熟半幼稚的状态,因此,外部世界对他们的评价和态度,对其心理造成很大影响。如果儿童在成长过程中,经常受到父母的批评,在学校中得不到教师、同学的承认,就可能导致自卑心理的产生。

二是学生个体因素。由于学生心理发育不成熟,经验太少,处理问题的能力较差,经常感觉到受挫,因而会否定自己,总是看到自己的缺点和不足之处,最终导致自卑心理的产生。

三是学习成绩不好。中小学生的主要任务就是学习,家长、学校都对学生提出了严格的要求,学习不好的学生常常在成绩好一些的同学面前油然而生一种"不如他人"的心理。

对于中小学生的自卑心理,我们可以从以下几个方面进行辅导:

第一,引导中小学生正确认识自己。

第二,调整理想自我,让中小学生体验成功。

第三,掌握一些自我调节方法,让有自卑心理的学生能够积极主动地改变自己。

第四,引导学生采用补偿法来完善自己。

2. 抑郁

抑郁以长时期持续性情绪低下为主要特点,对一切事物缺乏兴趣,缺乏自信,情绪压抑,全身无力,懒散少动,记忆力、注意力下降,思考困难。抑郁有"懒、呆、变、忧、虑"五大特征。懒,即突然变得疲乏无力,甚至连简单的日常生活、工作、学习作业等也懒于应付;呆,即动作减少,思维迟钝,记忆力下降,难以集中注意力等;变,即性格明显改变,前后判若两人,自我感觉很差,精力、体力不如以前;忧,即忧郁悲观,意志消沉,心情压抑、沮丧,对一切事物失去兴趣;虑,即多思多虑,焦虑不安,自责自卑等。

中小学生抑郁的成因有以下几个方面:一是家庭环境的影响。二是学校环境的影响。三是个体影响,如个体自我评价的方式、自尊水平较低、归因方式不当也会造成抑郁等。

对于中小学生抑郁的预防,我们可以从以下几个方面入手:

第一,教师和家长要注意对中小学生的沟通和交流。第二,采取一些积极行为。第三,请专业咨询师进行心理治疗,主要有认知疗法、心理分析疗法、环境疗法等。

四、真题选析

(一)单选题

1. 人的发展有两条规律:中心四周律和头尾律。这说明人的身心发展具有(　　)。

A. 顺序性　　　　　B. 阶段性　　　　　C. 差异性　　　　　D. 不平衡性

答案 A。解析:顺序性强调人的发展的先后次序;阶段性强调在某一时期的关键性和敏感性;差异性强调人发展的不同特点;不平衡性强调发展有先有后,发展的水平不同。

2. 橘生淮南为橘,生于淮北为枳,这句话反映了什么因素对个人发展的影响(　　)。

A. 成熟　　　　　B. 遗传　　　　　C. 教育　　　　　D. 环境

答案 D。解析:影响人的发展的因素主要有四个:遗传、教育、环境和主观能动性。遗传是发展的物质基础;环境是外部条件;教育是主导因素;主观能动性是内在因素。

(二)名词解释

1. 身心发展

答:一个人从出生直至死亡的身体和心理变化发展过程称为身心发展。身心发展具有规律性。

2. 第二信号系统

答:以文字、言语为载体的信息传送就是第二信号系统。

(三)简答题

1. 简述儿童记忆发展的基本特点。

答:无意识记忆占优势,有意识记忆在发展;形象记忆占优势,语词记忆能力慢慢提高;大脑容易兴奋,也极不稳定,表现容易记住,也易被遗忘,记忆的精确性和巩固性较差,记忆容量增加,无意识记忆大于有意识记忆,形象记忆与意义记忆在发展。

2. 简述小学生思维发展的特征。

答:(1)从以具体形象思维为主要形式向以抽象逻辑思维为主要形式过渡;(2)抽象逻辑思维发展不平衡;(3)抽象逻辑思维从不自觉到自觉;(4)辩证逻辑思维初步发展。

3. 简述小学生常见的心理问题。

答:厌学、考试焦虑、学校恐怖、社交恐怖、自卑、嫉妒、攻击行为、抑郁。

第三节　心理发展理论

一、历史上几种观点

第一,自然成熟说。代表人物是格赛尔,曾经做过双生子爬楼梯实验,认为支配儿童心理发展的因素是成熟和学习,教育者应该尊重这种自然法则。

第二,心理成熟说。代表人物是美国教育家孟禄,强调支配儿童心理发展的因素是儿童对成人无意识的模仿。

第三,辐合说。代表人物是皮亚杰,认为心理的发展是其内在品质与外在环境合并发展的结果。

二、皮亚杰的认知发展阶段理论

(一)核心概念和基本原理

皮亚杰提出认知发展过程或建构过程有四个核心概念:一是图式,意指个体对世界的知觉、理解和思考的方式,是心理活动的框架或组织结构或心理模型。二是同化,就是将新知识和旧知识类比,并作出关连。三是顺应,即将旧知识的概念模型改变调适,以容纳新的内容。四是平衡,这种形象化过程不会完全只有同化或顺化的过程,而是两者之间的一个平衡点。找出这个平衡点的过程就是平衡。平衡有三种:一种平衡是同化和顺应之间的联系。第二种平衡是个体图式中子系统的平衡。三是一种调节个体部分知识与整体知识之间关系的平衡。

> **真题再现**
>
> 名词解释:
>
> 　图式:是人脑中已有的知识经验的网络。在皮亚杰的认知发展理论中,图式是指一个有组织、可重复的行为模式或心理结构,是一种认知结构的单元。

(二)认知发展阶段论

皮亚杰将儿童和青少年的认知发展划分为四个阶段:感知运动阶段、前运算阶段、具体运算阶段和形式运算阶段。他认为所有的儿童都会依次经历这四个阶段,新的心智能力的出现是每个新阶段到来的标志,而这些新的心智能力使得人们能够以更为复杂的方式来理解世界;虽然不同的儿童以不同的发展速度经历这几个阶段,但是都不可能跳过某一个发展阶段。同一个个体或许能同时进行不同阶段的活动,这明显地表现于从一个阶段进入到一个新的阶段的转折时期。

1. 感知运动阶段(出生到 2 岁)

这个阶段的婴儿或年幼儿童通过他们的感觉和动作技能来探索周围世界。其中有两个标志:(1)从反射行为(偶然)发展到目标指向行为(试误)。(2)"客体永久性"概念形成,即儿童认识到物体是客观存在的,即使它不在眼前,也是存在的。

2. 前运算阶段(2 到 7 岁)

儿童将感知动作内化为表象,建立了符号功能,可凭借心理符号(主要是表象)进行思维,从而使思维有了质的飞跃。其特点:(1)泛灵论。儿童无法区别有生命和无生命的事物,常把人的意识动机、意向推广到无生命的事物上。(2)自我中心主义。儿童只从自己的观点看待世界,难以认识他人的观点。(3)不能理顺整体和部分的关系。儿童能把握整体,也能分辨两个不同的类别。但是,当要求他们同时考虑整体和整体的两个组成部分的关系时,儿童多半给出错误的答案。这说明他们的思维受眼前的显著知觉特征的局限,而意识不到整体和部分的关系。皮亚杰称之为缺乏层级类概念(类包含关系)。(4)思维的不可逆性。思维的可逆性是指在头脑中进行的思维运算活动,有两种:一种是反演可逆性,认识到改变了的形状或方位还可以改变回原状或原位。如把胶泥球变成香肠形状,幼儿会认为,香肠变大,大于球状了,却认识不到香肠再变回球状,两者就一般大了。另一种是互反可逆性,即两个运算互为逆运算,如 A=B,则反运算为 B=A;A>B,则反运算为 B<A。幼儿难以完成这种运算,他们尚缺乏对这种事物之间变化关系的可逆运算能力。(5)缺乏守恒。守恒是指掌握概念的本质特征,所掌握的概念并不因某些非本质特征的改变而改变。前运算阶段的儿童认识不到在事物的表面特征发生某些改变时,其本质特征并不发生变化。不能守恒是前运算阶段儿童的重要特征。

3. 具体运算阶段(6、7 到 11 岁)

该阶段的儿童逻辑思维能力有所提高,出现一些新的能力,如:可逆性的思维活动、去自我中心的思维、问题解决不太具有自我中心倾向等。但还不能进行抽象思维,如不能形成概念、发现关系、解决问题等,即便有这些能力,也必须与他们熟悉的物体和场景有关。

这个阶段有四个特点:(1)内隐实质反应能力,能在各种不同意义的情境中看待事物;(2)序列化能力,能够按照一定的逻辑顺序排列事物,根据某一标准对物体进行排序或归类;(3)传递性能力,能够了解两个物体与第三个物体之间的关系,并据此推断两个物体之间的关系;(4)类包含能力,同时思考总类别和子类别的能力,不再局限于部分与部分之间关系的推理,而能够处理部分与整体之间的关系。

4. 形式运算阶段(11、12 岁到成人)

大约在青春期前期左右,儿童的思维发展到形式运算阶段,开始进行抽象思维,能够了解到其他各种可能性,而不受眼前具体情形的限制。具有三个特点:第一,可以进行抽象思维和纯符号思维,从现有的信息中生成抽象的关系,然后将抽象的关系与各种信息相比较,这时,形式与内容是相互独立的。第二,应对潜在或假设情景的能力出现,能够对没有经历过的场景和情形进行推理。甚至接受明显的与事实相反的情形。青少年并不受限于他们自身的实际经验,能够将逻辑推理应用于各种情形中。第三,能够运用系统化的实验来解决问题。处于具体运算阶段的儿童以一种较混乱的方式进行实验,同时变化多个因素,并固守于先前的观念,而进入形式运算阶段的儿童能够以非常系统的方式来操作实验,一次只改变一个因素。

三、埃里克森的人格发展阶段论

（一）基本主张

埃里克森提出了自己的发展观。首先,他认为儿童的发展是内在本能与外部文化和社会要求相互作用的结果。其次,他强调儿童是主动的探索者,能够适应环境并希望控制环境。只有了解现实世界,才能成功地适应,进而发展出健康的人格。第三,人格的发展是终其一生的,他提出了人格发展八阶段理论,每一阶段都由一对矛盾构成,它们是一个连续体中的两极。第四,他认为人类发展应追求的目标是健康的人格。

（二）人格发展阶段论

第一阶段:信任对不信任(0~1岁)。这一阶段婴儿的主要任务是发展对外界的信任感,信任的含义是感到他人是可靠的、可以依赖的。

第二阶段:自主行动对羞怯怀疑(1~3岁)。随着生理的成熟,儿童有了控制自己行为的愿望和能力,希望自主行动,学会照顾自己。当儿童认为自己在他人眼中不是一个好孩子时就会产生羞怯感,当他们认为自己受制于人时,就会对自己的能力产生怀疑。

第三阶段:自动自发对退缩愧疚(3~6岁)。这一时期的儿童精力旺盛,常常试着做一些超出自己能力的事,他们的目标或行为常和父母的要求发生冲突,令儿童感到内疚。

第四阶段:勤奋进取对自贬自卑(6~11岁)。这一时期正值小学教育阶段,是自我发展的最关键时期。儿童只有勤奋学习,努力进取,才能学会他应当掌握的知识和社会技能,体验到成功感。如果儿童在学习和交往中屡遭失败,就会产生自卑感。如果儿童体验到的成功多于失败,他就会养成勤奋进取的性格,会勇敢地面对学习和生活中的挑战。如果儿童体验到的是失败多于成功,就会形成自卑的性格,对新的学习任务产生畏惧感,可能会回避现实。

第五阶段:同一性对角色混乱(12~20岁)。青少年逐渐面临职业选择、交友、承担社会责任等问题。在对自我的探索过程中,如果能将自己在各方面将要承担的角色同一起来,就会顺利地度过青春期,否则就会感到迷惘、痛苦。

第六阶段:友爱亲密对孤独疏离(20~40岁)。这个阶段的主要任务是与他人建立亲密的感情关系,体验友谊和爱情。如果无法建立这种亲密的感情关系,就会感到孤独。

第七阶段:精力充沛对颓废迟滞(40~65岁)。这个阶段的主要任务是热心承担社会责任,关心家庭,养育后代。不愿或无力承担这种责任的人会变得颓废迟滞或自我中心。

第八阶段:完美无缺对悲观绝望(65岁以后)。在这个阶段,回首往事,觉得一生充实、有意义会产生完善感,对往事感到悔恨会产生悲观的情绪。

四、维果茨基的认知发展论

（一）基本观点

维果茨基是苏联著名心理学家,他提出儿童的认知发展既不是其内在成熟的结果,也不完全决定于儿童的自主探索。成熟与主动探索固然重要,但不能使儿童取得长足的进步。

要发展心智,儿童必须掌握文化提供给他们的智力工具——语言、文字、数学符号及科学概念等。文化所提供的这些符号系统对认知发展有重要影响,它们不仅是人与其他种系相区别的独特特征,也使纯抽象水平或理论层次上的推理等高级思维成为可能。由于社会文化因素具有很大的历史性和相对性,维果茨基的学说被称为文化—历史学派。

（二）最近发展区理论

维果茨基认为高级心理功能只有经过适当的教育才能获得。要决定儿童学习的潜能,我们需要了解儿童在得到适当的帮助后能够达到的水平。维果茨基把儿童独立所能达到的解决问题的水平与经他人指导帮助后所能达到的潜在发展水平之间的距离称为"最近发展区"。为此,维果茨基提出教育要走在发展的前面,教育必须面向未来,儿童今天通过他人的帮助才能解决问题,明天他将能够独立完成任务。

维果茨基提出的最近发展区的概念对于教育具有重要的启示,由于教学应着眼于儿童的潜能发展,教师就不应只给儿童提供一些他们能独立解决的作业,而应布置一些有一定难度,需要在得到他人的适当帮助下才能解决的任务。如此,教学不只刺激了已有的能力,而且向前推动了发展。

考题预测

论述题:

1. 最近发展区理论及对教学的启示。

2. 为什么说教育必须走在发展的前面?

五、态度、品德和品德发展论

（一）态度概述

1. 态度的内涵

态度是个体对待他人或事物的稳定的心理倾向,包括认知、情感、意向三个方面。对态度的理解可以从四个方面展开:首先,态度是一种内部状态。其次,态度是一种行为选择状态。第三,态度往往表现为对一些类型行为的趋向与回避、喜爱与厌恶、接受与排斥等。第四,态度是学习的结果。

2. 态度的结构

态度是一个复杂的心理活动体系,由认知、情感和意向三个因素构成,缺一不可。态度的认知成分指个体对态度对象所具有的带有评价意义的观念和信念。态度的情感成分强调伴随态度的认知成分的情绪和情感体验,是态度的核心成分。态度的意向成分则指准备对某对象做出某种反应的意向或意图。

（二）态度的分类

1. 与情绪、感情联系的态度

这是由一次情感反应(如欢快、恐惧、痛苦等)的经验构成对某些客体的态度,当遇到类似情境就会出现同样的体验。有时人在遇到某些物品时会产生莫名其妙的好感或反感,大多属于这一类态度。

2. 理智性或认知性的态度

这是指当人们依据他人的介绍或书本知识而产生对事物的态度,其中有明显的分析、联想、类比与评判,而无强烈的情感伴随。

3. 动作定向的态度

这是指由于某种需要的激活而产生对有关客体接近或回避的反应,其中认知成分很不明显。

4. 知情意均衡的态度

这是指既有认知与思考、伴有强烈的情感，还有行动意向，三者交融在一起或交替出现的态度，如我们对祖国的态度。

5. 自我防卫的态度

这是指由于情势不明、内心冲突或出于防卫的动机而产生某种疑惑、拘谨或暧昧不定的态度。

（三）态度的形成、改变和教育

1. 态度的形成

态度不是生来就有的，而是后天习得的，是个体在家庭、学校和社会生活中，通过交往接受别人的示范、指导、劝说而逐渐形成的。

大多数心理学家认为，从态度的习得方式来看，条件反射的学习是态度形成的基础。态度也能以社会赞许或不赞许的奖惩方式按照条件学习的原则形成。因此，儿童的某些态度有时是可以按照教育者的某些要求，或言语的暗示，经过条件学习而形成的。个人对没有直接经验和亲身感受的事物的态度，可以在观察别人情绪反应的基础上产生。

2. 态度改变的特点

态度是可以改变的。信誉高而又富有经验的人在改变别人的态度方面具有更大的成效；有相似性的影响者比没有相似性的说服力要大；对于开始倾向影响者观点的接受者，只提对影响者观点有利的论据，影响效果更好。而对于那些开始时反对影响者观点的接受者，双面说明则更为有效。激发接受者的情绪反应，也是促进态度改变的方法。

另外，影响态度改变的个人特点是自尊。在这方面，早期的研究表明，高自尊的人对自己的能力和态度有自信，被说服的可能较少；近期的研究则发现二者的关系是交错的，最易被说服者是中等自尊的人，高自尊和低自尊的人是最难说服的人。

3. 教师引导学生改变态度，形成良好态度的主要措施

第一，及时向学生提出明确具体的要求。

第二，引导学生通过相应的活动去改变原有的态度。

第三，教师持续的要求和及时表扬是学生改变旧的不良态度，形成新态度的前提。

第四，依靠集体改变学生的态度，其效果往往更好。

（四）品德概述

1. 品德的概念

品德，也称道德品质，指个人在遵循其所从属的社会道德规范而行动时表现出来的稳定的心理特征。

2. 品德的结构

品德是由道德认识、道德情感、道德意志和道德行为有机构成，简称为知、情、意、行的有机结合。

（1）道德认识，是人们根据自己所掌握的道德规范对社会现象的真假、美丑、善恶表现

> **考题预测**
>
> 简答题：
> 1. 简述态度的分类。
> 2. 简述态度及其形成过程。
> 3. 结合实际谈谈教师如何引导学生改变不良态度？
> 4. 简述品德及其结构。
> 5. 简述道德认识的概念。
> 6. 简述品德与道德的关系。

出的喜怒、哀乐、爱憎、好恶的判断与评价。道德认识是道德情感产生的前提和条件。(2)道德情感,是人的道德需要是否能够实现及其所引起的一种内心体验,是个体道德行为的内部动力之一,是激发道德动机和进行自我监督的内心力量。(3)道德意志,经常伴随道德行为而发生,是人们自觉确定目的,积极调节自己的活动,克服内外困难,坚决地执行由道德动机引起的道德行为决定的一系列的内部心理过程。(4)道德行为,是实现道德动机的手段,是道德认识和道德情感的外部标志和具体表现。

品德结构中的四种心理成分不是彼此孤立的,它们密切联系,相互配合,构成一个有机整体。当然这四种成分在品德的结构中又有不同的地位和作用。其中道德认识和道德行为在品德结构中具有支配地位和主导作用。这两者构成品德内部认识与行为、动机与效果等最基本的关系。

3.品德与道德的关系

品德与道德既有区别又有联系。联系:第一,品德的内容来自道德。第二,品德的形成是人社会化的结果。第三,道德是品德的集合物。区别:道德是社会现象,品德是个体现象。道德的内容是社会整体要求,品德的内容则是局部要求。第三,道德是一定社会生活的产物,而品德是社会道德在个体头脑中的反应。第四,道德是哲学观念,品德是教育学、心理学概念。

(五)品德发展论

1.皮亚杰的品德发展阶段论

皮亚杰根据儿童对规则的理解和使用,对过失和说谎的认识和对公正的认识的考察和研究,发现了儿童道德认知的总趋势是:儿童道德发展的经历是从他律到自律的转化过程。同时他把儿童道德认知发展划分为四个有序的阶段:

第一阶段:前道德阶段(自我中心阶段)(出生—3岁)。皮亚杰认为这一年龄时期的儿童正处于前运算思维时期,他们对问题的考虑都还是自我中心的。他们不顾规则,按照自己的想象去对待规则。他们并不真正理解规则的含义,分不清公正、义务和服从。他们的行为既不是道德的,也不是非道德的。

第二阶段:他律道德阶段或道德实在论阶段(3—7岁)。这是比较低级的道德思维阶段,具有以下几个特点:第一,单方面地尊重权威,有一种遵守成人标准和服从成人规则的义务感。把人们规定的规则,看作是固定的,不可变更的。第二,从行为的物质后果来判断一种行为的好坏,而不是根据主观动机来判断。第三,看待行为有绝对化的倾向。第四,赞成严厉的惩罚,并认为受惩罚的行为本身就说明是坏的,还把道德法则与自然规律相混淆,认为不对的行为会受到自然力量的惩罚。

考题预测

简答题:
简述品德的结构(要素)。

论述题:
皮亚杰的道德发展理论及对学生品德教育的启示。

第三阶段:自律或合作道德阶段(7—12岁)。皮亚杰认为儿童大约在7—12岁期间进入道德主观论阶段,这个阶段的道德具有以下几个特点:第一,儿童已认识到规则是由人们根据相互之间的协作而创造的,因而它是可以依照人们的愿望加以改变的。第二,判断行为时,不只是考虑行为的后果,还考虑行为的动机。第三,与权威和同伴处于相互尊重的关系,能较高地评价自己的观点和能力,并能较现实地判断他人。第四,能把自己置于别人的地位,判断不再绝对化,看到可能存在的几种观点。第五,提出的惩罚较温和,更为直接地针对所犯的错误,带有补偿性,而且把错误看作是对过失者的一种教训。

第四阶段:公正阶段(11—12岁以后)。这个阶段,儿童的道德观念开始倾向于公正。皮亚杰认为,当可逆的道德观念从利他主义角度去考虑时,就产生了关于公正的观念。公正观念不是一种判断是或非的单纯的规则关系,而是一种出于关心与同情的真正的道德关系。

2. 科尔伯格的道德发展阶段论

科尔伯格试图精炼、发展皮亚杰的理论。他用所谓的"道德两难论法"(即让儿童对道德价值上相互冲突的两难情境故事作出判断)让被试作出道德判断,并解释作出这种判断的理由,然后确定被试道德认识发展的水平。下面就是一个道德两难问题的实例:

海因茨的爱人患癌症,生命垂危。医生告诉他说:"服用某种新药可能还有效,此外别无他法。"这种新药是某药店老板新近发明的,要价两千美元,十倍于它的成本。海因茨尽力借钱,勉强凑了一千美元。他找到药店老板请求减价卖药或者分期付款。可老板说:"不行,我发明新药就是为了赚钱的。"海因茨很难过,为了救活爱人,当夜潜入药店,偷走了新药。

考题预测

1. 根据儿童对规则的理解和使用,对过失和说谎的认识和对公正的认识的考察和研究,发现了儿童道德认知的总趋势的心理学家是(A)。
A. 皮亚杰
B. 科尔伯格
C. 斯金纳
D. 埃里克森

2. 儿童的道德观念开始倾向于公正时期是皮亚杰道德发展阶段论的第(D)阶段。
A. 1　　B. 2
C. 3　　D. 4

故事讲完后,要求被试回答:海因茨偷药对不对,为什么? 海因茨倘若被捕,法官该不该给他判刑,为什么? 这样的道德两难问题,具有不同道德水平的人会作出不同的判断并提出作不同判断的理由。根据被试的回答,科尔伯格把道德认识划分为前世俗水平、世俗水平、后世俗水平三个不同的发展水平。每一水平又有两个不同的阶段,共有六个阶段。

第一个水平:前世俗水平。处于这一阶段的学生还没有内在的道德标准,他们用来作为道德判断的是行为的后果。这一水平包含两个阶段:(1)服从与避免惩罚的道德定向阶段:这时的学生服从父母、教师等权威人物,认为凡是不会受到惩罚的行为就是好的。他们说海因茨偷药合理,因为不偷药,妻子会病死,他要受到谴责。也有的说海因茨不该偷药,因为被抓住会坐牢、受罚的。(2)朴素的利己主义道德定向阶段:这时的学生判断是以能否满足自己的需要为依据的。能够满足需要的就是好的,不能满足需要的就是不好的。赞成偷药的行为者认为妻子过去替海因茨做饭,洗衣,现在病了,该去偷。也有的认为,药店老板发明药就是为了赚钱,所以老板是对的。

第二个水平:世俗水平。这个水平道德的判断及其标准是一般普通成人所具有的,因而称为世俗水平。它又分为两个阶段:(3)谋求允许的道德定向阶段:凡是得到别人允许的行为就是好的,而遭到别人反对的就是不好的。他们认为海因茨不该偷药,因为这种行为是违法的。这一阶段学生的道德判断是以本人的行为是否被允许为衡量标准,他们能理解别人,服从别人的规定。(4)尊重权威与维护社会秩序的道德定向阶段:由于情、法、理三者,有时难以兼顾。因此这一阶段的学生判断善恶常会出现相互矛盾的现象。对海因茨偷药的行为,从救治妻子疾病看,无可非议。但偷窃行为又为法律所禁止,因此偷药又是不应该的。这阶段的学生要求履行自己的义务,对权威表示尊敬,遵守不变的法则,并要求别人也去遵守。

第三个水平:后世俗水平。这一水平的道德判断超出世俗的法律与权威的标准,而是以普通的道德原则和良心为评价的基本原则。它也分为两个阶段:(5)履行准则与守法的道德定向阶段:他们认为自己对社会负有某种道义职责,对于社会上的其他成员也同样负有道义上的责任。在判断是非善恶时,认为只有兼顾他人权力与福利的行为才是道德的。他们对海因茨的行为表示同情,并愿出庭为其辩护,请求减刑。有的发问:法律允许老板不顾人的死活赚钱,对吗?他们把法律、道德准则看做是维护社会秩序的一种契约,并持较为灵活的态度。(6)以内在的道德理想、道德信念判断是非的道德定向阶段:判断善恶不仅要求与既存的道德标准一致,而且要和普通的道德原则,与自己的良心保持一致,他们以此判断是非,不受外在因果、法律和规则的限制。他们对海因茨的行为表示赞许,以为这是对允许药店老板牟取暴利的一种反抗、人的生命比财产更宝贵,为了救人危难,甘愿蒙受屈辱和惩罚的行为是高尚的。这种认识突破了既存的规章制度,不是从具体的道德准则,而是从道德的本质去进行道德判断。

科尔伯格根据自己的大量研究,得出结论:0—9岁儿童属前世俗水平;9—15岁,多属世俗水平;16岁以后,一部分人向后世俗水平发展,但达到的人数更少。科尔伯格认为,道德认识的发展是按照三个水平、六个阶段依次发展的,这种发展的顺序既不会超越,更不会逆转。学生的道德判断是通过道德推理的训练得以发展的,道德两难问题是道德推理训练的有效方法。一个人的智慧发展与其道德认识发展是密切相关的,但却不是同步的。所以他主张:必须使学生认知上的成熟达到能在原则上进行推理的水平。

（六）态度与品德的形成与培养

1. 态度与品德的形成过程

（1）依从,指表面上接受规范但缺乏内心的支持。

（2）认同,指在思想、情感、态度和行为上主动接受规范。

（3）内化,指在思想上与社会规范及其价值一致,构成一个完整的价值体系。

2. 态度与品德的培养方法

（1）有效说服。（2）树立良好的榜样。（3）利用群体的约定。（4）价值辨析。（5）给予适度的奖励和处罚。（6）角色扮演。（7）小组道德讨论法。

六、真题选析

（一）单选题

1. 埃里克森的心理发展阶段论中,学龄期的发展任务是（　　）。

A. 发展信任感,克服不信任感

B. 获得主动感,克服内疚感

C. 获得勤奋感,克服自卑感

D. 建立同一感,克服同一性混乱

考题预测

1. 处于这一阶段的学生还没有内在的道德标准,他们用来作为道德判断的是行为的后果。这一水平是（B）道德发展阶段论的第一个水平。

A. 皮亚杰

B. 科尔伯格

C. 斯金纳

D. 埃里克森

2. 根据科尔伯格的大量研究,9～15岁多属（A）。

A. 世俗水平

B. 后世俗水平

C. 前世俗水平

D. 好孩子水平

考题预测

简答题:

简述态度与品德的形成过程。

论述题:

从品德和态度的形成过程论述品德和态度的养成教育。

答案 C。解析：埃里克森把人格发展分为 8 个阶段：0—1 岁，基本信任对基本不信任；1—3 岁，自主对羞怯和疑虑；3—5 岁，主动对内疚；5—12 岁，勤奋对自卑；12—20 岁，同一性对角色混乱；20—24 岁，亲密对孤独；24—65 岁，繁殖对停滞；65 岁以后，自我整合对失望。学龄期是指 6—12 岁的儿童。

2. 埃里克森认为，大约 13—19 岁的青少年心理发展的主要任务是（　　）。

A. 学习信任　　　　　　　　　　　B. 建立自我同一性

C. 发展主动性　　　　　　　　　　D. 获得自主感

答案 B。解析：略。

3. 根据埃里克森的心理发展阶段理论，学前期的发展任务是（　　）。

A. 发展信任感，克服不信任感

B. 获得主动感，克服内疚感

C. 获得勤奋感，克服自卑感

D. 建立同一感，克服同一性混乱

答案 B。解析：见下表。

婴儿期（0—1.5 岁）	基本信任和不信任的心理冲突
儿童期（1.5—3 岁）	自主与害羞（或怀疑）的冲突
学龄初期（3—5 岁）	主动对内疚的冲突
学龄期（6—12 岁）	勤奋对自卑的冲突
青春期（12—18 岁）	自我同一性和角色混乱的冲突

4. 在科尔伯格道德发展阶段论中，儿童认为海因茨想挽救妻子的生命是可以理解的，但是偷窃总是错误的。如果人人都违法去偷东西，社会就会变得混乱，不管在什么情况下，个体都应该遵守规则。儿童这种道德发展水平属于（　　）。

A. 惩罚与服从定向阶段

B. 好孩子定向阶段

C. 相对功利主义定向阶段

D. 维护法律和社会秩序定向阶段

答案 D。解析：略。

5. 根据皮亚杰的认知发展阶段论，儿童具备守恒一般是在（　　）阶段。

A. 感知运动　　　　　　　　　　　B. 前运算

C. 具体运算　　　　　　　　　　　D. 形式运算

答案 C。解析：略。

（二）简答题

1. 简述皮亚杰关于儿童认知发展的四个阶段。

答：(1) 感知运动阶段（出生到 2 岁）；(2) 前运算阶段（2 到 7 岁）；(3) 具体运算阶段（7 到 11 岁）；(4) 形式运算阶段（11 岁到成人）。

2. 简述德育过程的基本规律。

答：(1) 学生的知、情、意、行诸因素统一发展的规律；(2) 学生在活动和交往中形成思想品德规律；(3) 学生思想矛盾内部转化规律；(4) 学生思想品德形成的长期性和反复性规律。

本章深度练习及解析

一、单项选择题

1. 弗洛伊德将人的一生的人格发展划分为五个阶段,其中"恋母情结"出现在(　　)阶段?

　　A. 口唇期　　　　　　B. 肛门期　　　　　　C. 性器期　　　　　　D. 潜伏期

答案 C。解析:弗洛伊德是个本能决定论者,他认为人格发展的基本动力是本能,尤其是性本能的驱动。弗洛伊德的"性"除了与生殖活动有关之外,还包括吸吮、大小便、皮肤触摸等一切能直接或间接引起机体快感的活动。

弗洛伊德按照里比多所处的位置把性心理发展分为五个阶段。(1) 口腔期(0—1 岁),性本能通过口腔活动得到满足,如咀嚼、吸吮或咬东西。(2) 肛门期(1—3 岁),随着括约肌的逐渐成熟,婴儿获得了依照自己的意愿大小便的能力。按自己的意志大小便是满足婴儿性本能的最主要的方式。(3) 性器期(3—6 岁),这一时期的儿童开始对自己的性器官产生兴趣,儿童常以抚摸性器官获得快感。弗洛伊德认为这一时期的儿童有所谓恋母情结或恋父情结。在正常发展的情况下,恋母情结或恋父情结会通过儿童对同性父母的认同,吸取他们的行为、态度和特质进而发展出相应的性别角色而获得解决。(4) 潜伏期(6—11 岁),这个阶段,儿童的性本能是相当安静的,有关性的和侵犯的幻想大部分都潜伏起来,埋藏在无意识当中。(5) 两性期(也称青春期),一般女孩于 11 岁开始,男孩于 13 岁开始。随着生殖系统逐渐成熟,性荷尔蒙分泌的增多,性本能复苏,其目的是经由两性关系实现生育。

2. 幼儿期儿童的主导活动是(　　)。

　　A. 游戏　　　　　　　B. 学习　　　　　　　C. 劳动　　　　　　　D. 生活活动

答案 A。解析:略。

3. 有机体发展过程中最容易习得某种行为的时期为该行为的(　　)。

　　A. 关键期或敏感期

　　C. 习得期

　　B. 行为学习期

　　D. 发展期

答案 A。解析:关键期或敏感期指有机体发展过程中最容易习得某种行为的时期。

4. 少年期的年龄一般在(　　)。

　　A. 6,7 岁—11,12 岁

　　C. 8,9 岁—16,17 岁

　　B. 11,12 岁—14,15 岁

　　D. 6,7 岁—14,15 岁

答案 B。解析:略。

5. (　　)岁之前是儿童自控形成和发展的重要时期。

　　A. 12　　　　　　　　B. 10　　　　　　　　C. 8　　　　　　　　D. 3

答案 D。解析:略。

6. 身体发育的第二个"高峰期"是指(　　)。

　　A. 幼儿期　　　　　　B. 童年期　　　　　　C. 少年期　　　　　　D. 成年期

答案 C。解析:略。

二、简答题

1. 简述个体发展的一般特征(规律)。

答:(1)连续性与阶段性;(2)定向性(方向性)与顺序性;(3)不平衡性;(4)普遍性与差异性;(5)互补性。

2. 简述影响个体心理发展的基本因素。

答:(1)遗传因素;(2)环境因素;(3)教育因素;(4)自我能动性。

3. 简述态度和品德的形成过程及培养方法。

答:形成过程是:(1)依从,指表面上接受规范但缺乏内心的支持。(2)认同,指在思想、情感、态度和行为上主动接受规范。(3)内化,指在思想上与社会规范及其价值一致,构成一个完整的价值体系。

培养方法是:(1)有效说服。(2)树立良好的榜样。(3)利用群体的约定。(4)价值辨析。(5)给予适度的奖励和处罚。(6)角色扮演。(7)小组道德讨论法。

三、论述题

1. 根据实际谈谈科尔伯格关于儿童道德发展的基本观点及其评价。

答:略。

2. 根据实际谈谈皮亚杰关于儿童认知发展的基本观点及其评价。

答:基本观点略。评价:系统地研究了儿童的心理发展,创造了儿童心理研究的新方法。但也存在着生物学化和逻辑中心主义的倾向,还存在论证不足和流于思辨等问题。

3. 根据实际谈谈埃里克森关于人格发展的基本观点及其评价。

答:基本观点略。评价:人格发展具有辩证观点,对人格发展理论做出了贡献。理论体系不够严密,思辨多于科学。他的理论还存在个人和社会发展的二次平行论。

第六章　学习理论

知识架构

学习理论
- 学习的概念和分类、学生的学习特征
- 经典条件作用、联结—试误说、操作性条件
- 班杜拉学习理论、完形—顿悟说、认知—发现说
- 有意义接受学习理论、信息加工学习、人本主义学习理论
- 建构主义学习理论

考纲要点

识记

1. 学习的概念；
2. 安德森、加涅、奥苏伯尔关于学习的划分；
3. 替代性强化的概念；
4. 发现学习、有意义言语学习；
5. 加涅的智慧技能；
6. 观察学习的过程；
7. 先行组织者的概念与作用。

理解

1. 桑代克与苛勒关于学习的过程、学习的实质；
2. 巴甫洛夫的经典性条件反射与斯金纳的操作性条件反射；
3. 华生的行为主义学习理论；
4. 布鲁纳的发现学习与奥苏伯尔接受学习的比较；
5. 罗杰斯的有意义学习与奥苏伯尔的有意义学习的区别；
6. 加涅的认知加工学习观及对教学心理学的贡献。

运用

1. 强化对学习的意义；
2. 斯金纳关于行为塑造、程序教学的意义；
3. 班杜拉的社会学习理论的意义；
4. 加涅关于学习结果的划分与学生的全面发展；
5. 罗杰斯的非指导性学习理论对新课程改革的意义。

第一节　学习概述

一、学习的内涵

(一)学习的概念

学习是个体在特定情境下通过练习或反复经验而产生的行为或行为潜能的相对持久的变化。

(二)学习的特点

第一,学习是人与动物共有的普遍现象。

第二,学习是由反复经验引起的。

第三,学习是有机体后天习得经验的过程。

第四,学习的过程可以是有意的,也可以是无意的。

第五,学习是相对持久的行为或行为潜能的变化。

(三)学生学习的特点

一是系统性。

二是指导性。

三是全面和谐性。

四是被动性与主动性结合。

(四)新课程改革所倡导的学习方式

第一,自主学习。

第二,探究学习。

第三,合作学习。

考题预测

名词解释：
　学习
　合作学习

简答题：
　简述学生学习的特点。

论述题：
　结合新课程改革谈谈学生学习方式的变革。

二、学习的分类

(一)加涅的学习分类

1. 按学习水平分类

(1)信号学习,即外界出现一个信号,然后做出一个反应,时间久了就会形成一个固定的反应。(2)刺激—反应学习(S-R 的学习)。(3)连锁学习,就是一系列的刺激—反应的联合。(4)语言联想学习,其实也是刺激反应,只不过这里的刺激是语言。(5)辨别学习,即能识别各种刺激特征的异同并做出相应反应的学习。(6)概念学习。(7)规则的学习也称原理学习,就是了解概念间的关系,学习概念间的联合的学习。(8)解决问题的学习。

2. 按学习结果分类

(1)言语信息的学习。言语信息的学习指学生掌握以言语信息传递的内容或者学生的学习结果是以言语信息表达出来的。这一类的学习通常是有组织的,学习者得到的不仅是个别的事实,而且是根据一定的教学目标给予许多意义的知识。(2)智慧技能的学习。智慧技能可被细分成辨别、概念、规则和高级规则。第一,辨别。辨别指一个物体与另一物体的区别特征。第二,概念。概念最简单的形式是具体概念,如关于物体的性质、事件等。还有定义概念,即必须用句子(或陈述)去确认一些东西。加涅认为,学习者如果能论证或使用这个定义,那么也就获得了一个定义概念。第三,规则。规则是一种学得能力,它能使个体去做某些运用符号(如语言符号和数学符号)的事情。当学习者在操作时"遵循规则",那么他就学到了这个规则。第四,高级规则(问题解决)。高级规则仍然是规则,是一些较简单的规则结合在一起形成的较复杂的规则。(3)认知策略的学习。认知策略是学习者用以支配他的注意、记忆和思维的有内在组织的才能,这种才能使得学习过程的执行控制成为可能。认知策略在教育系统的学习目标上具有重大作用,注意、编码、回收、迁移和问题解决等策略可用正规的教育手段学得和改进。(4)态度的学习。态度是通过学习获得的内部状态,这种状态影响着个人对某种事物、人物及事件所采取的行动。加涅提出了三类态度:一是儿童对家庭和社会关系的认识;二是对某种活动所伴随的积极情感;三是有关个人品德的某些方面。(5)运动技能的学习,也叫操作技能,就是运用身体具体操作的能力,如体操技能、写字技能等。

3. 加涅学习结果分类的意义

加涅的学习结果分类对教学设计和教学目标设定具有重要意义。这五种学习又分为三个领域:前三种学习结果属于认知领域(包括知识、技能和策略);第四种学习结果属于动作技能领域;第五种学习结果属于情感领域。把人类的学习结果分为认知、情感和动作技能三个领域几乎成了一切学习和教育心理学家的共识。加涅的五种学习结果分类已得到全世界的公认,成为学习分类权威。由于学校教学目标也就是预期的学生学习结果,因此这一学习结果分类对教师确定教学目标有直接的指导意义。教学设计实际上是设计各种策略实现目标的过程。因此,什么样的学习结果就应该有什么样的学习策略。如言语信息的学习策略就是强化、及时复习、理解和运用,而态度学习的策略就应该是鼓励等。

(二)奥苏伯尔的学习分类

1. 按学习的形式与性质分类

按此分类可以分为:机械学习和有意义学习、接受学习和发现学习。

(1)机械学习。机械学习是一种单纯依靠记忆学习材料,而避免去理解其复杂内部和主题推论的学习方法。平时多称为死记、死背或死记硬背。一般说来,学习材料本身缺乏逻辑意义、学生的认知结构中缺乏与新知识相联系的知识准备、学生缺乏有意义学习的心向、不求甚解等是造成机械学习的原因。

(2)有意义学习。有意义学习也叫理解的学习,是在用符号、文字代表的新知识与学习者原有的知识结构之间建立一种"实质性"和"非人为"的联系的学习。实质性的联系是指虽然可以用不同的符号来表达知识,但是它代表的意义是不变的。如等边三角形,可说成"三条边相等的三角形"、"等边三角形的三条边相等"、"三个角相等的三角形"等。而非人为的联系是内在的,而不是任意的联系。如掌握了边、角概念之后,再学会等边三角形概念,就会知道等边三角形的三个角是相等的。这种联系是必然的,不是人为的。

> **考题预测**
>
> **名词解释:**
> 内隐学习
> 行为规范学习
> 概念学习
>
> **简答题:**
> 1. 接受学习的特点。
> 2. 发现学习的特点。
>
> **论述题:**
> 奥苏伯尔学习分类及其对学习方式改革的意义。

（3）接受学习。接受学习指意义由老师或他人告知的，讲授者以定论的形式把学习的内容传授给学习者。学习者"被动"接受，把学习的内容内化为自身的知识，在适当的时候能够提取出来或应用。

（4）发现学习。发现学习也就是说材料的意义由自己发现，讲授者不直接把学习内容教给学生，学生在内化之前，要自己去发现这些内容。学生的主要任务是"主动"发现，然后将其内化为自己的知识。

（5）有意义接受学习的条件。第一，外部客观条件。学习材料要具有逻辑意义，并对学习者具有潜在意义。第二，内部主观条件。学习者要具有有意义学习的意向；学习者还必须采取积极主动的态度获取材料的心理意义。

（6）奥苏伯尔有意义接受学习的教学建议。

第一，要用"先行组织者"或通过预习（包括新课中的一般原理和大纲），或引导学生形成学习意向，作为起始课。

第二，简要地讲述学习目标，并提醒学生应当注意的新的或关键性的概念。

第三，应当采用学生容易接受的方法，按逻辑组织一小步一小步地呈现新材料，并使之程序化。

第四，要引导学生经常回答问题，以便促使他们积极主动地学习并掌握好转移到下一步之前的每一步。

第五，讲授结束时，要重述教材要点及一般综合性的概念，帮助学生复习。

第六，借机要向学生提出问题，或要求他们用自己的语言把所学新材料进行编码，并将所学知识应用或延伸到新的情境中，以促使他们继续学习。

2. 按学习的意识水平分类

按此分类可以分为：内隐学习和外显学习。

（1）内隐学习。内隐学习就是无意识获得刺激环境复杂知识的过程，指的是在不知不觉中获得某种知识，学习了某种规则。而这种学习的效果可以通过某种测试表现出来，但是意识层面却无法觉知这种规则，不能外显地把这种规则说出来。

（2）外显学习。外显学习类似于有意识的问题解决，是需要有目的、做出努力的、言语化的和清晰表达的学习。

（三）安德森的知识学习分类

1. 陈述性知识

陈述性知识是个体具有有意识的提取线索，能用语言陈述的知识，是用来描绘世界是什么的知识，又可称为记忆性知识。陈述性知识在人的头脑中是以命题和命题网络的形式贮存的。

陈述性知识的习得，安德森以陈述性知识的表征为基础，用激活论来加以解释，即命题网络中的命题有两种状态：静止的（长时记忆中）和激活的（工作记忆中）。一定的命题激活后，可以沿着已有的命题网络扩散，当新学习的命题与原有命题同处于激活状态（即同处于工作记忆中）时，新旧命题就可以相互联系，从而习得新命题或产生新命题。

2. 程序性知识

程序性知识是个体不具有有意识的提取线索，但可以通过其作业而间接推测出来的知识,是关于如何做的知识。包括智慧技能和动作技能(操作技能)。程序性知识则以产生式和产生式系统的方式贮存。

对程序性知识的习得,安德森主张用知识的编辑来解释,即程序性知识是由陈述性知识经过知识的编辑转化而来的。知识编辑就是将以命题网络表征的陈述性知识,经过合成与程序化两个子过程转变成以产生式表征的程序性知识的过程。

(四)我国心理学家的分类

(1)知识学习;(2)技能学习;(3)行为规范学习。

三、真题选析

(一)单选题

1. 下列心理学家与后面的理论匹配的是( )。

A. 布鲁纳—联结说

B. 奥苏伯尔—有意义言语学习理论

C. 加涅—顿悟说

D. 班杜拉—符号学习论

答案 B。解析:布鲁纳提出了发现学习和结构教学理论。加涅提出了学习结果分类理论,提出了认知学习说。联结说是桑代克提出的。顿悟说是格式塔学派科勒提出的。班杜拉提出了社会学习理论。符号学习论是托尔曼提出的。

2. 下列心理学家与后面的理论相匹配的是( )。

A. 桑代克—顿悟说   B. 柯勒—试误说

C. 斯金纳—发现学习理论   D. 奥苏伯尔—有意义言语学习理论

答案 D。解析:略。

3. 小学生在英语课上学习"书"的英语单词"book"。按奥苏伯尔的学习分类,这里的学习属于( )。

A. 表征学习   B. 概念学习   C. 命题学习   D. 发现学习

答案 A。解析:"书"的概念小学生早已习得,而且也在概念与表示概念的符号"书"之间建立了联系,现在只是学习"书"概念的另一种符号,因而属于符号表征学习。

4. 婴幼儿在与成人的交往中,学会区分"你"、"我",根据奥苏伯尔的学习分类,这里发生的学习实质上是( )。

A. 符号表征学习   B. 概念学习   C. 命题学习   D. 接受学习

答案 B。解析:能正确使用人称代词,说明儿童能对代词所指称的事物正确归类,即儿童以概念形式掌握了"你"、"我",属于奥苏伯尔的概念学习。

(二)论述题

1. 论述加涅关于学习结果划分与新课改三维目标的关系。(2013 中学)

答:加涅按照学习结果把学习分为五类:(1)言语信息;(2)智慧技能;(3)认知策略;(4)运动技能的学习;(5)态度。

新课程改革把目标定位在:(1)知识与技能;(2)过程与方法;(3)情感态度价值观三个维度。

加涅的五种学习结果分类和新课程的三维目标其实是一样的,两者相互联系。加涅的学习结果分类又分为三个领域:前三种学习结果属于认知领域(包括知识、技能和策略);第四种学习结果属于动作技能领域;

第五种学习结果属于情感领域。把人类的学习结果分为认知、情感和动作技能三个领域几乎成了一切学习和教育心理学家的共识。加涅的五种学习结果分类已得到全世界的公认，从此，他成了公认的学习分类权威。由于学校教学目标也就是预期的学生学习结果，因此这一学习结果分类对教师确定教学目标有直接的指导意义。

　　2. 论述加涅关于学习结果划分的教育意义。（2013 小学）

　　答：略。见上题。

　　3. 教师如何帮助学生有效地掌握概念？（2010 小学）

　　答：掌握概念其实就是概念学习，也就是把具有共同属性的事物集合在一起并冠以一个名称，把不具有此类属性的事物排除出去的过程。影响概念学习的因素主要有：概念的定义性特征；原型；讲授概念的方式；概念间的联系以及学生在年龄、性别、智力、动机、情绪、经验、民族、语言能力以及使用学习策略上的个体差异等自身的因素。

　　教师帮助学生掌握概念应该遵循如下原则：

　　第一，提供概念范例。提供范例的方法可以有两种：一种是例—规法；另一种是规—例法。

　　第二，利用概念间的联系构图。第三，消除错误概念。第四，在实践中运用概念。

第二节　一般学习理论

一、刺激—反应学习理论

　　刺激—反应学习理论是同英国的联想主义一脉相承的，其代表人物有桑代克、斯金纳等。

　　（一）桑代克的联结说

　　1. 联结说的基本观点

　　所谓联结，是指某种情境即刺激仅能引起某种反应，而不能引起其他反应。联结的公式是：S→R。他认为刺激与反应之间的联结是直接的，并不需要中介作用。他把这种联结看作是行为的基本单元。反应的联结有先天的和习得的两种，前者主要是本能，后者主要是习惯。由于他认为动物的学习是经过多次尝试不断减少错误的过程，后人称这种理论为尝试错误论，简称"试误论"。

　　2. 桑代克的学习定律

　　桑代克把学习定律分为主律和副律。主律有三条：准备律、练习律和效果律。副律也叫学习原则，共有五条：多重反应原则、心向制约原则、选择反应原则、类化原则和联想交替原则。

　　（二）斯金纳的强化学习理论

　　斯金纳是新行为主义的代表人物之一。他认为强化是学习的必要条件，"如果一个操作发生后，接着给予一个强化刺激，那么其程度就增加"。强化是斯金纳学习理论的基石和核心。他认为，学习的变化和行为的发生、变化都是强化的结果，要控制动物和人的行为，就必须控制强化。

　　斯金纳根据他的操作性条件反射学说和强化学习理论，提出了程序教学思想，并设计了

考题预测

单选题：

　　"如果一个操作发生后，接着给予一个强化刺激，那么其程度就增加"是（B）的学习理论。

　　A. 桑代克

　　B. 斯金纳

　　C. 布鲁纳

　　D. 奥苏伯尔

论述题：

　　1. 学习的联结说及其时代意义。

　　2. 程序教学思想及其当代意义。

程序教学。程序教学的基本要点是：把教材分为具有逻辑联系的"小步子"；对学生所做出的反应要给予及时的强化；学生在学习的过程中可根据自己的情况确定进度；力求使学生每次都做出正确的反应，把错误率降到最低限度。

二、认知学习理论

（一）布鲁纳的认知发现说

1. 学习的实质在于主动地形成认知结构

布鲁纳认为，认知结构是指在感知、理解客观事物的基础上，在头脑中形成的心理结构；认知结构的形成是学习和理解新知识的内部因素和基础；学习是学生积极主动的信息加工过程，而不是被动地形成刺激与反应的联结；学习的最好动机是对所学材料本身的兴趣。

2. 学习过程是复杂的认知过程

布鲁纳认为，学习过程包含着三个过程，即新知识的获得、转化和评价。新知识的获得过程是与已有的知识经验和认知结构发生联系的过程，是主动认识和理解的过程。通过"同化"和"顺应"把新知识纳入到已有的认知结构中去。知识的转化是对获得的知识进一步分析和概括，使之转化为另一种形式，目的在于更好地学习新知识。评价是对知识转化的一种检验，通过评价，可以核对处理知识的方法是否合适、分析概括是否得当、运算是否正确等。

3. 强调各门学科基本结构的学习

学科的基本结构是指某一学科的基本概念、原理及其体系。布鲁纳认为，掌握学科的基本结构有五个方面的作用：第一，有利于理解该学科的内容。第二，有利于对学习内容的记忆。第三，有利于学习迁移。第四，有利于激发学习动机和兴趣。第五，有助于发展学生的智力。

4. 提倡发现学习

布鲁纳认为，发现学习不限于那种寻求人生尚未知晓的事物的行为，还包括用自己的头脑亲自获得知识的一切形式或方法。他主张要让学生在学习中自己努力去探索、发现，提出解决的问题和设想，以达到掌握知识的目的。

（二）奥苏伯尔的认知同化说

奥苏伯尔按照学习的方式，把学习分为接受学习和发现学习。他认为，有意义学习既包括有意义的发现学习，也包括有意义的接受学习。学生的学习主要是意义学习，而多数的意义学习则是通过同化实现的。所谓同化就是把新信息纳入已有的认知结构的过程。

（三）加涅的信息加工说

加涅的学习理论是在联结主义和格式塔派心理学相结合的基础上，运用现代信息说的观点和方法，经过大量的研究，逐渐形成起来的。他认为，学习过程是信息的接受和使用的过程，学习是主体与环境相互作用的结果，学习者内部状况和外部条件是相互依存，不可分割的统一体。学习就是形成一个相互联系的越来越复杂的认知结构。

考题预测

单选题：

学习过程包含着三个过程，即新知识的获得、转化和评价是（ C ）理论。

A. 桑代克

B. 斯金纳

C. 布鲁纳

D. 奥苏伯尔

名词解释：

同化、顺应

论述题：

1. 布鲁纳的认知发现说及学习方式改革的意义。

2. 发现学习和接受学习的比较。

3. 试论布鲁纳的认知发现说理论。

　　学习加工理论的原理是：其一是来自环境的刺激物作用于学习者的感受器，然后到达感觉记录器，信息在这里经过初步选择处理，便进入短时记忆，经过编码之后，信息进入长时记忆。以后需要回忆时，信息从长时记忆中提取到短时记忆中，而后到达反应发生器，信息在这里经过加工转化为行动。其二是预期和执行，预期环节起定向作用，执行环节起调节控制作用，使学习活动得以实现。

　　（四）班杜拉的社会学习理论

　　所谓社会学习理论，班杜拉认为是探讨个人的认知、行为与环境因素三者及其交互作用对人类行为的影响。班杜拉认为，人的行为，特别是人的复杂行为主要是后天习得的。班杜拉的社会学习理论所强调的是这种观察学习或模仿学习。在观察学习的过程中，人们获得了示范活动的象征性表象，并引导适当的操作。

考题预测

名词解释：
　　信息加工
　　自我强化
　　模仿学习

论述题：
　　1.奥苏伯尔有意义学习理论及其意义。
　　2.班杜拉的社会学习理论及其意义。

　　观察学习的全过程由四个阶段（或四个子过程）构成：

　　（1）注意阶段。注意阶段是观察学习的起始环节，在注意过程中，示范者行动本身的特征、观察者本人的认知特征以及观察者和示范者之间的关系等诸多因素影响着学习的效果。

　　（2）保持阶段。在观察学习的保持阶段，示范者虽然不再出现，但他的行为仍给观察者以影响。要使示范行为在记忆中保持，需要把示范行为以符号的形式表象化。通过符号这一媒介，短暂的榜样示范就能够被保持在长时记忆中。

　　（3）再现阶段。观察学习的第三个阶段是把记忆中的符号和表象转换成适当的行为，即再现以前所观察到的示范行为。这一过程涉及运动再生的认知组织和根据信息反馈对行为的调整等一系列认知的和行为的操作。

　　（4）动机阶段。再现示范行为之后，观察学习者（或模仿者）是否能够经常表现出示范行为要受到行为结果因素的影响。行为结果包括外部强化、自我强化和替代性强化。班杜拉把这三种强化作用看成是学习者再现示范行为的动机力量。

三、人本主义学习理论

　　罗杰斯的《学习的自由》是代表作。人本主义学习理论强调人的学习与动物学习不同，人的学习是有意义的心理过程，是学习者内在潜能的发挥；强调学习内容应该是对学习者有用的经验。具体倡导以下三点：

　　第一，倡导有意义的自由学习观；

　　第二，倡导学生中心的教学观；

　　第三，强调非指导性教学。

四、建构主义学习理论

　　（一）知识观

　　（1）知识不是对现实的纯粹客观的反映。任何一种传载知识的符号系统也不是绝对真实的表征。它只不过是人们对客观世界的一种解释、假设或假说，它不是问题的最终答案，它必将随着人们认识程度的深入而不断地变革、升华和改写，出现新的解释和假设。

（2）知识并不能绝对准确无误地概括世界的法则，提供对任何活动或问题解决都适用的方法。

（3）知识不可能以实体的形式存在于个体之外。尽管通过语言赋予了知识一定的外在形式，并且获得了较为普通的认同，但这并不意味着学习者对这种知识有同样的理解。

（二）学习观

（1）学习不是由教师把知识简单地传递给学生，而是由学生自己建构知识的过程。学生不是简单被动地接收信息，而是主动地建构知识的意义，这种建构是无法由他人来代替的。学习过程同时包含两方面的建构：一方面是对新信息的意义的建构，同时又包含对原有经验的改造和重组。

（2）学习总要涉及学习者原有的认知结构。学习者总是以其自身的经验，包括正规学习前的非正规学习和科学概念学习前的日常概念，来理解和建构新的知识和信息。

（3）意义是学习者通过新旧知识经验间的反复的、双向的相互作用过程而建构成的。

（三）教学观

（1）教学要增进学生之间的合作，使学生看到那些与他不同的观点的基础。因此，合作学习受到建构主义者的广泛重视。这些思想是与维果斯基对于社会交往在儿童心理发展中的作用的重视的思想相一致的。学习者以自己的方式建构对于事物的理解，从而不同的人看到的是事物的不同的方面，不存在唯一的标准的理解，通过学习者的合作使理解更加丰富和全面。

（2）教学不能无视学习者的已有知识经验，简单强硬地从外部对学习者实施知识的"填灌"，而是应当把学习者原有的知识经验作为新知识的生长点，引导学习者从原有的知识经验中，生长新的知识经验。

（3）教师不单是知识的呈现者，不是知识权威的象征，而应该重视学生自己对各种现象的理解，倾听他们时下的看法，思考他们这些想法的由来，并以此为据，引导学生丰富或调整自己的解释。

五、真题选析

（一）单选题

1. 提出"替代性学习"与"替代性强化"概念的心理学家是（　　）。

A. 桑代克　　　　B. 苛勒　　　　C. 斯金纳　　　　D. 班杜拉

答案 D。解析：斯金纳在对学习问题进行了大量研究的基础上提出了强化理论，十分强调强化在学习中的重要性。强化就是通过强化物增强某种行为的过程，而强化物就是增加反应可能性的任何刺激。班杜拉则发展了强化理论，提出了替代性学习与替代性强化概念，发展了社会学习理论。

2. 提出顿悟学习理论的心理学家是（　　）。

A. 桑代克　　　　B. 苛勒　　　　C. 斯金纳　　　　D. 班杜拉

答案 B。解析：桑代克的试误说；苛勒的顿悟说；斯金纳的强化说；班杜拉的社会学习或观察学习说。

（二）名词解释

1. 图式

答：所谓图式，是人脑中已有的知识经验的网络。在皮亚杰的认知发展理论中，图式是指一个有组织、可重复的行为模式或心理结构，是一种认知结构的单元。

2. 替代性强化

答：替代性强化是由班杜拉提出，指学习者通过观察他人行为所带来的奖励性后果而受到强化。"身教重于言传"是替代性强化的作用在教育实践中的表现。

（三）论述题

联系实际说明机械识记的必要性和意义识记的优越性。

答：机械识记是指人根据材料的外在联系，在不理解其意义的情况下，采取机械重复的方法所进行的识记。我们生活在世界上，有许多东西都需要准确记忆，例如，记人名、地名、电话号码、外文生词、元素符号、历史年代，商品或仪器型号等。这些事物必须要准确记忆，因此，机械识记是必要的。机械识记的基本条件是多次重复、强化。它的优点是保证记忆的准确性。缺点是花费时间较多，消耗精力大，对材料很少进行加工。

意义识记是根据事物的内在联系，在反复领会、理解、弄清事物本身意义的基础上所进行的识记。意义识记的先决条件是理解。理解是通过思维进行的，只有领会材料本身的意义，把它同已有的知识经验联系起来，并纳入人的知识系统，才能保留在记忆中。这种识记保持时间长，也较容易提取，但不一定十分精确。

本章深度练习及解析

一、名词解释

1. 学习

答：学习是个体在特定情境下通过练习或反复经验而产生的行为或行为潜能的相对持久的变化。

2. 替代性强化

答：替代性强化是由班杜拉提出的，指学习者通过观察他人行为所带来的奖励性后果而受到强化。

3. 有意义学习

答：奥苏伯尔提出的学生提供理解，也就是同化所获得的行为改变。

4. 发现学习

答：布鲁纳提出，学生用自己的头脑亲自获得知识的一切形式或方法都可以是发现学习。

二、简答题

1. 简述新课程改革所倡导的学习方式。

答：(1) 自主学习。(2) 探究学习。(3) 合作学习。

2. 简述安德森关于学习的划分。

答:安德森的分类体系有两大维度,一是知识维度,一是认知过程的维度。前者分为事实性知识、概念性知识、程序性知识、反省认知四大类;后者分为记忆、理解、运用、分析、评价、创造。

3. 简述加涅关于学习的划分。

答:按学习水平分:(1)信号学习。(2)刺激—反应学习(S-R的学习)。(3)连锁学习。(4)语言联想学习。(5)辨别学习。(6)概念学习。(7)规则的学习。(8)解决问题的学习。

按学习结果分类:(1)言语信息的学习。(2)智慧技能的学习。(3)认知策略的学习。(4)态度的学习。(5)运动技能的学习。

4. 简述奥苏伯尔关于学习的划分。

答:按学习的形式与性质分:接受学习和发现学习、机械学习和有意义学习;按学习的意识水平分:内隐学习、外显学习。

5. 简述观察学习的过程。

答:班杜拉认为观察学习的全过程由四个阶段(或四个子过程)构成:(1)注意阶段。(2)保持阶段。(3)再现阶段。(4)动机阶段,行为结果包括外部强化、自我强化和替代性强化。班杜拉把这三种强化作用看成是学习者再现示范行为的动机力量。

第七章 知识的学习与迁移

考纲要点

识记

1. 知识的概念,陈述性知识,程序性知识,策略性知识;
2. 概念的学习,规则学习及其方式,问题解决学习;
3. 程序性知识学习的一般过程,策略的概念与种类;
4. 学习中的主要认知策略,学习中的主要监控策略;
5. 学习迁移的概念和种类。

理解

1. 知识学习的信息加工过程,规则学习的条件,问题解决的策略;
2. 陈述性知识的掌握方式,陈述性知识的教学策略;
3. 程序性知识的掌握方式,程序性知识的教学策略;
4. 迁移的共同要素说,概括化理论,关系理论,认知结构理论,产生式理论;
5. 影响学习迁移的因素。

运用

1. 如何帮助学生有效地掌握概念;
2. 如何帮助学生掌握陈述性知识;
3. 如何帮助学生掌握程序性知识;
4. 如何帮助学生学会学习;
5. 如何促进学生有效地迁移。

第一节　知识学习

一、知识学习概述

（一）知识的含义

1. 知识的概念

知识是指主体通过与环境相互作用而获得的信息及其组织。其实质是人脑对客观事物的特征与联系的反映，是客观事物的主观表征。

2. 安德森的知识分类

安德森的分类体系有两大维度：一是知识维度，二是认知过程的维度。

（1）知识维度。分为事实性知识、概念性知识、程序性知识、反省认知知识四大类。

第一，事实性知识：指学生通晓一门学科或解决其中的问题所必须知道的基本要素，包括术语知识和具体细节和要素的知识。

第二，概念性知识：指能使各成分共同作用的较大结构中的基本成分之间的关系，包括分类或类目的知识、原理和概念的知识、理论、模型和结构的知识。

第三，程序性知识：指如何做什么，研究方法和运用技能、算法、技术和方法的标准，包括具体学科的技能和算法知识、具体学科的技术和方法知识、决定何时运用适当程序的标准的知识。

第四，反省认知知识：指一般认知知识和有关自己的认知的意识和知识，包括策略性知识和包括情境性的和条件性的知识在内的关于认知任务的知识以及自我知识。

（2）认知过程维度。分为记忆、理解、运用、分析、评价、创造六大类。

3. 知识的表征

知识表征是指信息在人脑中存储和呈现的方式，它是个体知识学习的关键。一般说来，陈述性知识主要以命题和命题网络的形式进行表征，其中表象和图式也是重要形式。程序性知识则主要以产生式和产生式系统进行表征。

（二）知识学习的一般过程

1. 知识的理解

知识的理解是学生掌握知识的中心环节。学习材料的内容、形式，教师的讲解等都是影响学生知识理解的重要客观因素。学生自己的经验背景、学习能力、学习动机等也都会对学生理解知识具有重要的影响。

考题预测

单选题：
学生通晓一门学科或解决其中的问题所必须知道的基本要素，如概念、原理等是安德森知识分类中的（C）知识。
A. 概念性
B. 程序性
C. 事实性
D. 反省性

名词解释：
知识
知识表征

简答题：
1. 简述知识学习的一般过程。
2. 简述安德森的知识分类。

论述题：
安德森的知识分类及其学习意义。

2．知识的巩固

知识的巩固是知识的理解与应用的中间环节。知识的巩固指知识学习过程中对所学知识的持久记忆。

3．知识的应用

知识的应用就是学生运用所学知识去解决新的练习性课题或实际问题的过程。它主要包括运用已掌握的知识以言语的方式应用，以实际操作的方式应用，解决实际问题的应用。知识的应用就其智力活动来看主要是三个环节：一是审题；二是联想；三是解题。

（三）知识学习的类型

1．符号学习、概念学习和命题学习

（1）符号学习。学习单个符号或一组符号的意义，主要是词汇学习。

（2）概念学习。概念学习就是学习把具有共同属性的事物集合在一起并冠以一个名称，把不具有此类属性的事物排除出去的学习。

影响概念学习的因素主要有：概念的定义性特征；原型；讲授概念的方式；概念间的联系以及学生在年龄、性别、智力、动机、情绪、经验、民族、语言能力以及使用学习策略上的个体差异等自身的因素。

概念学习一般分为概念获得和运用两个环节。其一般教学程序是：

第一，提供概念范例。范例指能够代表概念的典型事例，提供适当范例有助于学习者掌握概念的主要特征。范例既可以有概念原型，以便告诉学习者这个概念是什么，也可以有反例，让学习者了解这个概念不是什么。一般来讲，最好的范例就是那些定义性特征很明显或学习者最熟悉的原型。当某一概念很容易与其他概念混淆时，反例非常重要。

> **考题预测**
>
> 名词解释：
> 　　例—规法
> 　　规—例法
> 　　概念学习
> 　　命题学习
>
> 简答题：
> 　　简答知识学习的类型。
>
> 论述题：
> 　　概念学习的一般教学程序及注意事项。

提供范例的方法可以有两种：一种是例—规法；另一种是规—例法。

第二，利用概念间的联系构图。概念之间是有联系的，利用学习者已有概念组成"概念地图"，把新概念置于其中，在这样的"地图"中，概念与概念间的上下级关系得以明确显露，概念被赋予了更多的含义，有利于学习者通过已知概念来掌握新概念。

第三，消除错误概念。学习者很容易由日常生活经验而形成不科学的错误概念，而且这种不科学的错误概念一旦形成，又难以消除或改变。对于这类问题，可以采用强调概念的定义性特征，直接指出学习者的错误所在。

第四，在实践中运用概念。学习者每使用一次概念或在新的丰富的情境中遇到同一概念，也就是概念的每一次具体化，都会使概念进一步丰富和深化，学习者对要领的理解就更完全、更深刻，尤其是模糊要领的教学更是如此。而运用概念于实际就是这种概念具体化的过程。

（3）命题学习。命题学习指学习由若干概念组成的句子的复合意义，即学习若干概念之间的关系。命题是在概念的基础上形成的。因此，学习命题必须先了解组成命题的有关概念意义，才能获得命题的意义。

2．上位学习、下位学习和并列结合学习

（1）上位学习。如果将要学习的新内容在包摄和概括水平上高于学习者原有认知结构中已有的相关内容，这时的学习就是上位学习或总括学习。

上位学习是在归纳推理的过程中进行的，或者是在当呈现的材料要以归纳方式组织或者涉及把构成的观念加以综合的时候进行的。如,学生原有认知结构中已经有了正方形、长方形、三角形的概念,在学习新概念轴对称图形时,发生的就是上位学习。再如,学生原有认知结构中已经有诸如胡萝卜、豌豆、甜菜和菠菜这些概念,再学习"蔬菜"这个总括性的概念时,进行的也是上位学习。

(2) 下位学习。如果将要学习的新内容在包摄和概括水平上低于学习者原有认知结构中已有的相关内容,这时的学习就是下位学习或类属学习。如,若学生在学习正方形、长方形、三角形时已形成了轴对称图形的概念(已有知识),在学习圆时,"圆也是轴对称图形"这一命题(新知识)的学习,就是下位学习。

(3) 并列结合学习。如果将要学习的新内容仅仅是由原有认知结构中已有的相关内容的合理组合构成的,因而仅仅能与认知结构中相关内容的一般背景相联系,而不能与认知结构中某些特定的内容构成下位关系(从属关系)或上位关系(总括关系),那么,这时的学习就是并列结合学习。在并列结合学习中,由于只能利用原有认知结构中一般的非特定的相关内容起固定作用,因此对于新内容的学习和记忆都比较困难。

3. 规则学习

规则学习就是原理学习,是对自然界中定律、定理的学习。一般说来,规则学习既可以通过接受式学习,也可以通过发现学习来实现。

二、陈述性知识与程序性知识学习

(一) 陈述性知识的学习

1. 一般过程

陈述性知识学习的一般过程包括获得知识、保持知识和提取知识三个阶段。

2. 陈述性知识的教学策略

第一,激发学习动机。第二,了解和补救学生已有知识。第三,有效运用注意规律。第四,对陈述性知识进行精细加工。第五,整理和综合知识材料,使知识系统化。

(二) 程序性知识的学习

1. 一般过程

第一,陈述性阶段。第二,程序性阶段(练习阶段)。第三,自动化阶段。

2. 程序性知识的教学策略

第一,建立学习目标序列。第二,注重示范和讲解。第三,分解程序的操作规程。第四,运用变式与比较。第五,大量练习与及时反馈。第六,明确程序性知识的使用条件。

三、真题选析

1. 教师如何帮助学生有效地掌握概念?
答:略。

2. 简答操作技能形成的阶段。
答:心理学家认为操作技能的形成可以分为操作定向、操作模仿、操作整合与操作熟练四个阶段。操作定向即了解操作活动的结构与要求,在头脑中建立起操作活动的定向映象的过程。操作模仿即实际再现出特定的动作方式或行为模式。操作整合即把模仿阶段习得的动作固定下来,并使各动作成分相互结合,成为定型的、一体化的动作。操作熟练指所形成的动作方式对各种变化的条件具有高度的适应性,动作的执行达到高度的完善化和自动化。

第二节　技能学习

一、技能概述

1. 技能的含义

技能是运用已有的知识经验,通过练习而形成的趋于完善化、自动化的智力活动方式和肢体动作方式的复杂系统。

2. 技能与知识的异同

技能与知识经验是相互联系的:一定的知识经验是形成某种技能的必要条件;技能一经形成又会促进知识的掌握。但是,二者还是有区别的:知识是在人脑中形成的经验系统,而技能则是在个体身上固定下来的动作系统。

3. 技能的特点

第一,技能是习得的。第二,技能是一种活动方式。第三,技能是合乎法则的活动方式。

4. 技能的分类

(1)动作技能(操作技能)。通过学习而获得的合乎法则的操作活动方式,具有动作客观性、肌肉外显性,结构展开性特点。

(2)智慧技能(心智技能)。通过学习而形成的合乎规则的心智活动,具有动作对象观念性、动作执行的内潜性、动作结构的简缩性特点。

> **考题预测**
>
> 单选题:
> 　　通过学习而形成的合乎规则的心智活动。具有动作对象观念性、动作执行的内潜性、动作结构的简缩性特点的是(　B　)。
> 　　A. 动作技能
> 　　B. 心智技能
> 　　C. 陈述性知识
> 　　D. 反省性认知
>
> 名词解释:
> 技能
>
> 简答题:
> 　　简述技能的特点。

二、动作技能

动作技能,又称之为运动技能或操作技能,是有机体借助于骨骼肌肉的运动实现的表现于外的完善化、自动化的动作方式。不论是在课堂上的顺利书写或绘画,还是在运动场上有效地跑、跳、投掷,都是在意识的调节支配下,以动作反馈信息为依据,由一系列自动化的外显动作所构成的动作技能。

(一)动作技能的分类

1. 连贯的动作技能和非连贯的动作技能

按其连贯与否,可以划分为连贯的动作技能和非连贯的动作技能。讲演、打字、游泳、艺术表演等一系列的外显动作系统,属于连贯的动作技能;厨师打鸡蛋、射击手射箭等外显动作,则属于非连贯的动作技能。

2. 封闭的动作技能和开放的动作技能

也可以根据动作过程中情境有无变化,把动作技能划分为封闭的动作技能和开放的动作技能。在外部情境相对不变的情况下,射箭、发扑克牌、举重等外显动作始终如一的技能,被称之为封闭的动作技能;在外部情境发生变化时,外显动作相应发生变化,譬如各种球类比赛,随机应变的技能,则被称之为开放的动作技能。

（二）动作技能的形成阶段

学生通过有目的、有计划的练习而掌握动作技能的过程,一般经历着四个相互联系的阶段,即掌握局部动作阶段、初步掌握完整动作阶段、动作协调和完善化阶段、动作的熟练阶段。

1. 掌握局部动作阶段（定向阶段）

本阶段的基本任务是对动作系统有初步的认识,在头脑中形成动作表象,并以此来调节活动,掌握一个接一个的分解动作。

2. 初步掌握完整动作阶段（模仿阶段）

通过尝试做出模仿动作,并通过不断练习使个别动作联系起来,构成一个完整的动作系统。这是学习动作技能由掌握局部动作向动作协调和完善发展的过渡阶段。在这个阶段中,动作信息的反馈,即动作内导,对于动作的联系和调节具有积极的促进作用。

3. 动作协调和完善化阶段（操作整合阶段）

动作的协调和完善是指形成巩固的动作联系系统,各个动作相互协调,能按照一定的程序自动地进行连锁反应的行为方式。这一阶段被称之为动作协调和完善化阶段。在这个阶段中,动觉控制的训练占据着重要地位。熟能生巧,绘画大师随心所欲地挥笔作画,钢琴家双手协调地精彩演奏,舞蹈家自由自在地翩翩起舞,都是动作高度协调和完善的表现。

4. 动作的熟练阶段（自动化阶段）

在动作的熟练阶段,由于练习,在头脑中建立了巩固的暂时神经联系系统,即动力定型。只要有一个启动的信息,就能自动产生一系列连锁反应,表现为完善化的复杂动作系统。在这种情况下,由于意识调节作用降到了最低限度,因而会扩大注意范围,消除多余动作和紧张情绪,并能根据情况的变化,适当地调整动作技能。

（三）动作技能形成的标志

动作准确、协调,构成完整而有效的动作系统,动作的速度快、自动化程度高,多余动作消失是动作技能形成的主要标志。

（四）教学中组织练习应该遵循的规律

第一,明确练习的目的,增强学习动机。第二,准确示范和讲解。第三,教给学生正确的练习方法。第四,克服练习的高原现象。练习高原现象指的是学生在练习一段时间后,练习水平停滞不前的现象。

三、智慧技能

（一）智慧技能的形成阶段

1. 加里培林的理论

(1) 活动的定向阶段。在活动的定向阶段中,要通过讲解使学生了解认知活动的任务和意义,熟悉活动的程序和方法,形成活动的表象,为具体智力活动做好准备。

(2)物质或物质化活动阶段。物质活动是指对具体的实物的运用,而物质化活动则是指运用实物的模象、图片、言语、模型、示意图等形式进行活动。通过具体实物或物质化活动以促进学生加深理解学习的内容,掌握智力活动的方式。

(3)有声的外部言语阶段。由物质化活动阶段过渡到有声的外部言语的阶段是智力技能形成中转入认知活动形式的开端。学生能摆脱实物的演示而借助于出声的外部言词进行智力活动,对动作的程序作正确的陈述,在表象的基础上实现分析和综合,进行比较,是智力活动形式的一次质的飞跃。

(4)无声的外部言语阶段。由外部的出声言语转化为无声的言语,学生能默不作声地进行智力活动,以默读代替朗读,向内部言语过渡,是以消除嘴唇的不断动作为特征的。在这个阶段,如果要学生突然停止嘴唇动觉,就会引起其不知所措,明显增多回视,降低阅读或计算的速度。

(5)内部言语阶段。内部言语阶段是智力技能形成的最后阶段。这个阶段的显著特点是高度的压缩、简化和自动化。学生在阅读中表现为视野的扩大,能根据上下文的意义,不待端详整个句子的结构,就可以迅速而有效地对课文进行正确的理解、识记和评价。在计算中表现为似乎不用意识到所需要应用的法则,就能在头脑中自如地运用法则,省略许多环节而得出正确的结论。

2. 信息加工理论

(1)原型定向。原型指那些被模拟的自然现象或工程。原型定向就是了解原型活动的结构,从而使主体明确活动的方向。这一阶段是主体掌握操作性知识的阶段,也是心智技能形成的准备阶段。

(2)原型操作。原型操作是依据智力技能的时间模式,把学生在头脑中已经建立起来的活动程序以外显的方式付诸实施,获得完备的动觉映像过程。

(3)原型内化。智力活动的实践模式向头脑内部转化,由物质的、外显的、展开的形式变成观念的、内潜的、减缩的形式的过程。

> **考题预测**
>
> 名词解释:
> 原型
> 智慧技能
>
> 论述题:
> 1. 加里培林的理论关于智慧技能形成阶段及其教学意义。
> 2. 结合实际谈谈如何培养学生的智慧技能。

(二)智慧技能的培养要求

第一,确立合理的智力活动原型。

第二,利用示范和讲解,并有效地进行分阶段练习。

第三,为学生提供相关知识。

第四,培养独立思考的能力。

四、真题选析

(一)单选题

1. 司机在看见黄灯后,马上放慢车速,这是(   )的调节作用。

A. 第一信号系统　　　　　　　　　B. 第二信号系统

C. 操作性条件反射　　　　　　　　D. 无条件反射

答案 A。解析：第一信号系统也称显示信号。直接作用于各种感觉器官的具体的条件刺激（如声、光、味等）是第一信号。第二信号系统是指人类所特有的言语和文字可以代替第一信号引起条件反射，所以言语和文字是"信号的信号"，称为第二信号。对言语、文字发生反应的大脑皮质机能系统是人类所特有的第二信号系统，是言语和思维的生理学基础。斯金纳的操作性条件反射是指强化生物的自发活动而形成的条件反射。无条件反应是无条件刺激引发的先天就有的反应。

2. 学生在练习一段时间后，练习水平停滞不前的现象是（　　　）。

A. 高原现象　　　　B. 中断现象

C. 无条件现象　　　D. 条件现象

答案 A。解析：练习高原现象指的是学生在技能学习过程中，在练习一段时间后，练习水平停滞不前的现象。

（二）名词解释

1. 问题

答：问题是个体不能用已有的知识经验直接加以处理并因此而感到疑难的情境。任何问题都有三个基本成分：一是初始状态，二是目标状态，三是存在的限制或障碍。

2. 知识表征

答：知识表征是指信息在人脑中存储和呈现的方式，它是个体知识学习的关键。

3. 命题学习

答：命题学习指学习由若干概念组成的句子的复合意义，即学习若干概念之间的关系。命题是在概念的基础上形成的。因此，学习命题，必须先了解组成命题的有关概念意义，才能获得命题的意义。

（三）简答题

1. 简答心智技能形成的阶段。

答：加里培林提出了心智动作按阶段形成的理论，将心智动作的形成分成五个阶段：一是动作的定向阶段；二是物质与物质化活动阶段；三是有声的外部言语阶段；四是无声的外部言语阶段；五是内部言语阶段。

我国教育心理学家提出了原型定向、原型操作、原型内化的心智技能形成三阶段论。

2. 简述陈述性学习的一般过程及其教学策略。

答：陈述性知识学习就是获得陈述性知识的过程，一般分为获得知识、保持知识和提取知识三个阶段。

陈述性知识的教学策略：第一，激发学习动机。第二，了解和补救学生已有知识。第三，有效运用注意规律。第四，对陈述性知识进行精细加工。第五，整理和综合知识材料，使知识系统化。

第三节　学习策略

一、学习策略概述

（一）学习策略的内涵

1. 学习策略的概念

所谓学习策略，就是学习者为了提高学习的效果和效率，有目的、有意识地制订有关学习计划、学习过程的规则、能力或技能及其调控方式的综合。

2. 学习策略的特点

（1）主动性与迁移性的有机统一。学习时，学习者先要分析学习任务和自己的特点，然后，根据这些条件制订适当的学习计划。对于较新的学习任务，学习者总是在有意识、有目的地思考着学习过程的计划。同时,学习时,人们还可以从某种学习情境中获得学习策略。

（2）有效性和程序性的统一。每一次学习都有相应的计划,每一次学习的学习策略也不同。但是,相对同一种类型的学习,存在着基本相同的计划,这些基本相同的计划就是我们常见的一些学习策略。

（3）外显性和内隐性的统一。有些学习策略是可以察觉的,也有许多借助内部言语进行的内部意向活动。

（二）学习策略与自我调节学习

自我调节学习是学生主动运用学习策略的学习过程。它强调学生能积极运用学习策略,并能根据学习内容自动调节学习策略,从而提高学习效率。

考题预测

名词解释:
　　学习策略
　　自我调节学习

简答题:
　　1. 简述精细加工策略。
　　2. 简述认知策略的种类。

论述题:
　　结合实际谈谈学生学习策略的培养。

二、学习策略的分类

（一）认知策略

认知策略是加工信息的一些方法和技术,有助于有效地从记忆中提取信息。一般而言,认知策略因所学知识的类型而有所不同,复述、精加工和组织策略主要是针对陈述性知识,针对程序性知识则有模式再认策略。

1. 复述策略

复述策略是在工作记忆中为了保持信息,运用内部语言在大脑中重现学习材料或刺激,以便将注意力维持在学习材料上的方法。

2. 精细加工策略

精细加工策略是一种将新学材料与头脑中已有知识联系起来从而增加新信息的意义的深层加工策略。

（1）记忆术,包括形象联想、谐音联想、首字母、位置记忆;（2）做笔记;（3）提问;（4）生成性学习,就是要训练学生对所阅读的东西产生一个类比或表象,以加强深层次理解;（5）运用背景知识,联系客观实际。

3. 组织策略

组织策略是整合所学新知识之间、新旧知识之间的内在联系,形成新的知识结构。包括（1）归类学习(分组);（2）纲要策略,通常包括主题纲要法和符号纲要法。

4. 模式再认策略

模式再认涉及对刺激的模式进行再认和分类的能力。模式再认的一个重要的例子是识别某个概念的一个新事例。

5. 动作系列学习策略

动作系列是把学习整体分一系列小步子来学习,学习者必须有意识地执行每一步,一次执行一步,直到过程完成。因为在学习某一个过程时,存在两个主要的障碍:第一个就是工作记忆存储量的限制。尤其在学习一个长而又复杂的过程时,困难更大,任何一个过程如果步子长达9步以上,超过短时记忆的容量(7±2),那么就很难被保持在工作记忆中。第二个潜存的问题就是学生缺少必备的知识。例如,学生还未学会一定的原理、定理,而要求他们解决几何证明题将是十分困难的。在教学某一过程时,教师不妨先进行一下任务分析,也就是要识别为了达到某一教学目标学生必须学会的次一级的知识和技能。通过任务分析,教师能了解学生在次级技能上的能力,如果有必要,可进行一定的补习。

（二）元认知策略

1. 元认知概念

元认知就是个体关于自己的认知过程的知识和调节这些过程的能力。元认知策略是一种典型的学习策略,指学生对自己整个学习过程的有效监视及控制的策略。

2. 元认知策略

概括起来,元认知策略大致可分为以下三种:

第一,计划策略。计划策略包括设置学习目标、浏览阅读材料、产生待回答的问题以及分析如何完成学习任务。

第二,监控策略。监控策略包括阅读时对注意加以跟踪、对材料进行自我提问、考试时监视自己的速度和时间。

这些策略使学习者警觉自己在注意和理解方面可能出现的问题,以便找出来,并加以修改。具体的监控策略主要有领会监控和集中注意。

（1）领会监控。一种具体的监控策略就是领会监控。比如熟练的读者在头脑里有一个领会的目标,诸如发现某个细节,找出要点等。于是,为了该目标而浏览课文。随着这一策略的执行,如果找出了这个重要细节,或抓住了课文的要点,熟练的读者会因达到目标而体验到一种满意感。但是,如果没有找到这个细节,或者不懂课文,则会产生一种挫折感。如果领会监控最终显示目标没有达到,就会采取补救措施,比如重新浏览材料,或者更仔细地阅读课文。

（2）集中注意。注意和金钱、能源一样,是一种有限的资源。在某时刻,只能注意有限的事物。

第三,调节策略。调节策略是指在学习过程中对认知活动进行计划、监视和自我调节的策略。

认知策略（如画线、口头复述等）是学习内容必不可少的工具,而元认知策略则监控和指导认知策略的运用。

三、学习策略的训练

1. 训练原则

（1）主体原则。（2）内化原则。（3）特定性原则。（4）生成性原则。（5）有效监控原则。（6）个人效能感原则。

2. 学习策略的训练与教学

（1）注重对元认知意识的训练。（2）有效运用教学反馈。（3）提供足够的教学时间。

考题预测
单选题:
阅读时对注意加以跟踪、对材料进行自我提问、考试时监视自己的速度和时间的策略属于（B）。
A. 认知策略
B. 元认知策略
C. 组织策略
D. 调节策略

名词解释:
元认知
精细加工策略
组织策略

论述题:
结合实际谈谈如何培养学生的动作系列学习策略?

考题预测
论述题:
结合学习策略的训练原则谈谈如何培养学生良好的学习策略。

第四节　学习迁移

一、学习迁移概述

（一）学习迁移的概念

学习迁移也称训练迁移，指一种学习对另一种学习的影响，或习得的经验对完成其他活动的影响，其实质是经验的整合。

（二）学习迁移的种类

学习迁移现象是多种多样的，不同的研究者从不同的角度对迁移进行分类，强调迁移的不同方面。下面对其中较典型的迁移类型加以论述。

1. 正迁移、负迁移和零迁移

这是根据迁移的性质不同，即迁移的影响效果不同而划分的三种类型。

正迁移指一种学习对另一种学习起到积极的促进作用。正迁移表现在个体对于新学习或解决某一问题具有积极的心理准备状态，从事某一活动所需的时间或练习次数减少，学习效率提高。

考题预测

名词解释：
　　迁移
　　零迁移

负迁移指两种学习之间的相互干扰、阻碍。负迁移经常表现为产生僵化的思维定势，缺乏灵活性、变通性，使某种学习难以顺利进行，学习效率低下。

零迁移指两种学习间不存在直接的相互影响，有时也称为中性迁移。

2. 水平迁移和垂直迁移

这是根据迁移内容的不同抽象和概括水平进行的划分。

水平迁移也称横向迁移、侧向迁移，是指处于同一抽象和概括水平的经验之间的相互影响。学习内容之间的逻辑关系是并列的，如直角、钝角、锐角、平角等概念之间的关系是并列的，都处于同一抽象和概括层次，各种概念的学习之间的相互影响即水平迁移。

垂直迁移又称纵向迁移，指处于不同抽象、概括水平的经验之间的相互影响。具体讲，是具有较高的抽象和概括水平的上位经验与具有较低的抽象与概括水平的下位经验之间的相互影响。垂直迁移表现在两个方面：一是自下而上的迁移，二是自上而下的迁移。前者指下位的较低层次的经验影响着上位的较高层次的经验的学习，如对具体事例的理解有助于相关概念和原理的掌握。

3. 顺向迁移和逆向迁移

这是根据迁移的时间顺序进行的划分。如果是前面的学习影响后面的学习，则称为顺向迁移。我们通常所谈论的大部分的迁移都属于此类迁移。逆向迁移指后面的学习影响前面学习所形成的经验结构，使原有的经验结构发生一定的变化，即得到充实、修正、重组或重构等。

4. 一般迁移和具体迁移

这是根据迁移内容的不同所进行的划分。一般迁移也称普遍迁移、非特殊迁移，是将一种学习中习得的一般原理、方法、策略和态度等迁移到另一种学习中去。具体迁移也称特殊迁移，指一种学习中习得的具体的、特殊的经验直接迁移到另一种学习中去，或经过某种要素的重新组合迁移到新情境中去。特殊迁移的范围往往不如一般迁移广，仅适用于非常有限的情境中，但这并不意味着特殊迁移是不重要的。

5. 自迁移、近迁移和远迁移

这是根据迁移范围的不同所进行的划分。如果个体所学的经验影响相同情境中的任务的操作，则属于自迁移。自迁移经常表现为原有经验在相同情境中的重复。如校内某些学科之间的迁移，或同一学科内的学习之间的迁移。如果个体能将所学的经验迁移到与原初的学习情境极不相似的其他情境中时，即产生了远迁移，如将校内学习的知识经验迁移到校外的实际生活中去。

二、学习迁移理论

（一）早期的迁移理论

1. 形式训练说

形式训练说以官能心理学为基础，认为身体固有的官能只有通过训练才得以发展，迁移就是心理官能得到训练而发展的结果。官能即注意、知觉、记忆、思维、想象等。对官能的训练就如同对肌肉的训练一样，注意、记忆等各种官能都可以通过多种不同形式的训练而得到增强，并自动地迁移到其他活动中去。形式训练说认为，迁移是无条件的、自动发生的。进行官能训练时，关键不在于训练的内容，而在于训练的形式，因为内容经常容易忘记，其作用是暂时的，但形式是永久的。

2. 相同要素说

桑代克认为，学习中训练某一官能未必能使它的所有方面都得到改善，而任何一种官能的改变也只限于一定的活动范围，训练某一官能并不能保证自动地迁移到其他方面，只有当两种情境中有相同要素时才能产生迁移。迁移是非常具体的、有限的，只存在于含有相同要素的领域。相同要素也即相同的刺激与反应联结。刺激相似且反应也相似时，两情境的迁移才能发生；相同联结越多，迁移越大。伍德沃斯后来将相同要素改为共同成分，认为两情境中有共同成分时可以产生迁移。

3. 经验类化理论（概括化说）

贾德认为，概括化的原理和经验是迁移得以产生的关键，对原理学习得越透彻，对新情境的适应性就越强，迁移就越好。但概括化的过程不是自动化的，与教学方法密切相关。贾德以水中打靶的实验说明了原理、概括化的经验在迁移中的作用。他训练小学五、六年级的学生射击置于水中的靶子，其中一组在练习射击之前学习折光原理，另一组则不学习该原理。先将靶子放在距离水面12英寸处，结果两组成绩基本相等。然后将靶子移至距离水面4英寸处，学过折光原理的那组能迅速适应新的情境，进步很快，在速度和准确度上都超过没学折光原理的那组。贾德认为，掌握了折光原理并不一定马上产生效果，还需要领会和实际的练习，即理论不能代替实际，所以两组的第一次的成绩并未因学习了折光原理而有所差异。但当有了实际经验后，概括化的原理就可以应用于不同的情境中，能随情境的变化而加以调整，即根据水下靶子的不同的深度进行调整。

4. 关系理论

格式塔心理学家从理解事物关系的角度对经验类化的迁移理论进行了重新解释,并通过实验证明迁移产生的实质是对事物间关系的理解。格式塔心理学家强调行为和经验的整体性,认为习得的经验能否迁移,并不取决于是否存在某些共同的要素,也不取决于对原理的孤立的掌握,而是取决于能否理解要素间形成的整体关系,能否理解原理与实际事物之间的关系。苛勒认为,个体越能发现事物间的关系,则越能加以概括、推广,迁移越普遍。而对关系的发现、理解又是通过顿悟实现的。对事物之间关系的顿悟是迁移产生的机制。

5. 分析—概括说

苏联心理学家鲁宾斯坦从迁移过程入手,探讨了迁移中所涉及的认知问题。他认为,概括是迁移的基础,概括本身是揭示本质联系的那种分析的结果。要使迁移得以实现,学习者必须首先把两个课题相互联系起来,使之包括在一个统一的分析与综合过程中。在这种相互联系中,通过概括活动,分析出课题的条件,揭示课题间本质上一般的共同的东西。概括是同排除一个课题中的非本质因素并参照另一课题使其具体化相联系的,概括过程的进行主要依赖于对课题分析到何种程度。简言之,迁移发生的内在机制是对两个课题的分析与概括。

(二) 当代的迁移理论

1. 符号性图式理论

以霍利约克、巴索克和吉克等人为代表,提出了符号性图式理论。该理论认为最初学习中包含了一种形成抽象的符号图式即抽象的结构特性的学习过程,这种图式是一种可被激活的数据结构,即当新的情境特征与该图式中的符号匹配时,则激活、提取和应用这种表征。简言之,当原有的表征(表征1)与新的表征(表征2)相同或相似时,即产生迁移,图式匹配或表征相同是迁移的决定因素。

2. 产生式理论

以安德森等人为代表,着重研究了认知技能的迁移问题,提出了迁移的产生式理论。产生式法则是认知的基本成分,一个产生式法则包括一种条件表征(IF)和一种动作表征(THEN),条件表征用于再认情境中的特征模式,动作表征用于形成一种符号性信息。个体在最初学习任务中所形成的表征(表征1)是产生式法则的集合,同样,在新的情境(迁移情境)中也形成产生式法则的集合的表征(表征2)。若两表征含有相同的产生式或者产生式的交叉与重叠,则可以产生迁移。产生式是决定迁移的一种共同要素。

3. 结构匹配理论

以金特纳等人为代表,提出了迁移的结构匹配理论。该理论假定迁移过程中存在着一个表征匹配的过程,表征包括事件的结构特征、内在关系与联系等,若两表征匹配,则可以产生迁移。其中,事件的结构特征或本质的关键特征的匹配在迁移过程中起决定作用,事件的表面与具体的特征对迁移的影响是微不足道的。抽象的表征是在迁移情境中构建的,这种构建仅部分依赖于最初学习情境中有关信息的提取。

4．情境性理论

以格林诺等为代表，提出了迁移的情境性理论。认为迁移问题主要是说明在一种情境中学习去参与某种活动将如何影响在不同情境中参与另一种活动的能力。学习是个体与环境中的事件的相互作用，是对情境中所具有的特征的一种适应。通过相互作用而形成的是动作图式。该图式是活动的组织原则，而不是符号性的认知表征。迁移就在于如何以不变的活动结构或动作图式来适应不同的情境。这种活动结构的建立既取决于最初的学习情境，又取决于后来的迁移情境。

5．认知结构迁移理论

奥苏伯尔认为，一切有意义的学习都是在原有认知结构的基础上产生的，不受原有认知结构影响的有意义学习是不存在的。一切有意义的学习必然包括迁移，迁移是以认知结构为中介进行的，先前学习所获得的新经验，通过影响原有认知结构的有关特征影响新学习。

布鲁纳认为，学习是类别及其编码系统的形成。迁移就是把习得的编码系统用于新的事例。正迁移就是把适当的编码系统应用于新的事例；负迁移则是把习得的编码系统错误地用于新事例。

认知结构迁移理论指出，学生学习新知识时，认知结构可利用性高、可辨别性大、稳定性强，就能促进对新知识学习的迁移。"为迁移而教"实际上是塑造学生良好认知结构的问题。在教学中，可以通过改革教材内容和教材呈现方式改进学生的原有认知结构变量以达到迁移的目的。

奥苏伯尔还通过设计组织者也称"先行组织者"来改变被试的认知结构变量，提高原有认知结构的可利用性、可辨别性和稳定性，促进新的学习和保持。所谓"组织者"就是在有意义的学习中，在呈现正式的学习材料之前，先用浅显、易懂的语言介绍的一些引导性材料。这些能充当新旧知识"认知桥梁"作用的材料，称之为"组织者"。因它呈现在新学习材料之前，故又称之为"先行组织者"。"先行组织者"有陈述性"组织者"和比较性"组织者"等。

6．我国心理学家冯忠良的宏观整合机制迁移理论

从宏观角度来看，学习迁移的过程是新旧经验的整合过程，也就是经验的有序化过程。整合可通过三条途径实现：同化、顺应和重组。

（1）同化性迁移。同化是指不改变原有的经验结构，直接将原有的经验应用到本质特征相同的一类事物中去，以揭示新事物的意义与作用，或者将新事物纳入原有经验结构中去。

（2）顺应性迁移。顺应指将原有经验应用于新情境中时所发生的一种适应性变化。当原有经验结构不能将新事物纳入其结构内时，需调整原有的经验或对新旧经验加以概括，形成一种能包容新旧经验的更高一级的经验结构，以适应外界的变化。

（3）重组性迁移。重组指重新组合原有经验系统中某些构成要素或成分，调整各成分间的关系或建立新的联系，从而应用于新情境。这种经验的整合过程即重组性迁移。

考题预测

名词解释：
先行组织者
同化性迁移
重组性迁移

单选题：
下面表述准确的是（ B ）。
A．奥苏伯尔的情景迁移理论
B．冯忠良的宏观整合机制迁移理论
C．安德森的认知迁移理论
D．格式塔的概括化迁移理论

（三）影响学习迁移的条件

1. 相似性

（1）学习材料的相似性；（2）学习目标与学习过程的相似性。

2. 原有认知结构

（1）原有经验的水平；（2）原有经验的组织性；（3）原有经验的可利用性。

3. 学习定势

定势指先于一定的活动而又指向该活动的一种动力准备状态，有时也称为心向。定势的形成往往是由于先前的反复经验，它发生于连续的活动中，前面的活动经验为后面的活动形成一种准备状态。定势使个体在认识方面和外显的行为方面以一种特定的方式进行反应，使个体在活动方向的选择方面有一定的倾向性。

> **考题预测**
>
> 简答题：
> 　影响学习迁移的因素有哪些？
>
> 论述题：
> 　如何利用迁移规律提高有效教学？

三、学习迁移规律在教学中的应用

第一，编排具有高结构化的教材；第二，提高知识的概括化水平；第三，加强基础知识和基本技能的训练；第四，传授学习方法，提高学习策略。

四、真题选析

（一）单选题

1. 从迁移的角度看，前摄抑制属于（　　）。（2010 年中学）

A. 顺向正迁移　　　B. 逆向正迁移　　　C. 顺向负迁移　　　D. 逆向负迁移

答案 C。解析：顺向迁移是指先前的学习对后来学习的影响；逆向迁移是指后来的学习对先前学习的影响。正迁移是指一种学习对另一种学习起到积极的促进作用；负迁移是指两种学习之间互相干扰、阻碍。而前摄干扰指之前学习过的材料对保持和回忆以后学习的材料的干扰作用。因此，本题的答案应该是 C。

2. 我们希望学生能举一反三，这是心理学上所说的迁移。如果学生掌握和理解了两种学习活动的共同原理，迁移就可能产生，持这种观点的是（　　）。

A. 共同要素说　　　B. 概括化理论　　　C. 关系理论　　　D. 认知结构迁移论

答案 B。解析：略。

3. 从迁移的角度讲，倒摄抑制属于（　　）。

A. 顺向正迁移　　　B. 逆向正迁移　　　C. 顺向负迁移　　　D. 逆向负迁移

答案 D。解析：略。

（二）名词解释

1. 陈述性知识

答：陈述性知识是关于事物及其关系的知识，或者说是关于"是什么"的知识，包括对事实，规则，事件等信息的表达。

2. 策略性知识

答：策略性知识是关于"如何学习、如何思维"的知识，是调节自己的注意、记忆、思维的能力的知识。

3. 概念

答：概念是反映对象的本质属性的思维形式。

4. 定势

答：定势通常指先于一定的活动而又指向该活动的一种动力准备状态，有时也称为心向。

5. 学习策略

答：学习策略就是学习者为了提高学习的效果和效率，有目的、有意识地制订的有关学习计划、学习过程的规则、能力或技能及其调控方式的综合。

（三）简答题

1. 简述迁移理论。

答：(1) 桑代克的共同要素说。(2) 贾德的概括化理论。(3) 格式塔的关系理论。(4) 奥苏伯尔、布鲁纳等的认知结构迁移理论。(5) 安德森等人的迁移的产生式理论。

2. 简述陈述性学习的一般过程及其教学策略。

答：陈述性知识学习就是获得陈述性知识的过程，一般分为获得知识、保持知识和提取知识三个阶段。陈述性知识的教学策略：第一，激发学习动机。第二，了解和补救学生已有知识。第三，有效运用注意规律。第四，对陈述性知识进行精细加工。第五，整理和综合知识材料，使知识系统化。

本章深度练习及解析

一、名词解释

1. 智慧技能

答：智慧技能是学生运用头脑中的知识对外办事的能力。

2. 原型操作

答：原型操作是依据智力技能的实践模式，把学生在头脑中已经建立起来的活动程序以外显的方式付诸实施，获得完备的动觉映象的过程。

二、简答题

1. 简述影响概念学习的因素及概念学习的策略。

答：影响概念学习的因素主要有：概念的定义性特征；原型；讲授概念的方式；概念间的联系以及学生在年龄、性别、智力、动机、情绪、经验、民族、语言能力以及使用学习策略上的个体差异等自身的因素。

概念学习一般分为概念获得和运用两个环节。其一般教学程序是：第一是提供概念范例。提供范例的方法可以有两种：一种是例—规法；另一种是规—例法。第二是利用概念间的联系构图。第三是消除错误概念。第四是在实践中运用概念。

2. 简述规则学习及其方式。

答：规则学习就是原理学习，是对自然界中定律、定理的学习。一般说来，规则学习既可以通过接受式学习，也可以通过发现学习来实现。

3. 简述动作技能及其学习过程。

答：动作技能，又称之为运动技能，或操作技能，是有机体借助于骨骼肌肉的运动实现的表现于外的完善化、自动化的动作方式。动作技能的学习是学生通过有目的、有计划练习而掌握动作技能的过程，一般经历着三个相互联系的阶段即掌握局部动作阶段，初步掌握完整动作阶段、动作协调和完善化阶段。

4. 简述智慧技能及其学习理论。

答：智慧技能是学生运用头脑中的知识对外办事的能力。关于智慧技能理论主要有：第一，加里培林的理论。(1) 活动的定向阶段；(2) 物质或物质化活动阶段；(3) 有声的外部言语阶段；(4) 无声的外部言语阶段；(5) 内部言语阶段。

第二，信息加工理论。(1) 原型定向；(2) 原型操作；(3) 原型内化。

5. 简述问题解决学习及其策略。

答：问题解决学习指以问题为中心，通过探究解决问题的学习。常用的问题解决策略包括算法式和启发式(手段—目的分析、爬山法等)。

6. 简述策略的种类。

答：第一，认知策略；第二，元认知策略：计划策略、监控策略(领会监控和集中注意)、调节策略。

7. 简述学习迁移的种类。

答：(1) 正迁移、负迁移和零迁移；(2) 水平迁移和垂直迁移；(3) 一般迁移和具体迁移；(4) 自迁移、近迁移和远迁移。

8. 简述影响学习迁移的因素。

答：第一，相似性(学习材料的相似性、学习目标与学习过程的相似性)。第二，原有认知结构(原有经验的水平、原有经验的组织性、原有经验的可利用性)。第三，学习的定势。

三、论述题

1. 根据迁移理论谈如何提高教学效率？

答：迁移有许多理论：第一，迁移的共同要素说。第二，概括化理论。第三，关系理论。第四，认知结构迁移理论。第五，迁移的产生式理论。

这些理论都对我国提高教学效率具有重要启示：第一，要重视学生原先的知识经验，做好复习巩固工作。因为，不论是迁移的共同要素说，还是产生式理论都是建立在学生原有知识经验基础上的。第二，要帮助学生形成良好的认知结构，帮助学生学会归纳和推理。因为概括化理论和认知结构迁移理论都强调学生的良好的思维能力，良好的认知结构水平。第三，要帮助学生从整体上认知事物的特点，把握事物的整体关系。

2. 根据认知策略及其种类谈谈如何提高学生的认知水平？

答：首先来看认知策略的种类：第一，复述策略。第二，精细加工策略。第三，组织策略。第四，模式再认策略。

其次，来看如何运用，提高学习效率。一般而言，认知策略因所学知识的类型而有所不同，复述、精加工和组织策略主要是针对陈述性知识，针对程序性知识则有模式再认识策略和动作系列学习策略。教学中，我们要指导学生针对不同的学习目的和学习水平运用不同的认知策略。如记忆水平的学习用复述策略；意义学习水平运用精细加工策略；综合学习则强调组织策略的运用；动作技能的学习则强调动作系列学习策略的运用。

第八章　学习动机

知识架构

学习动机
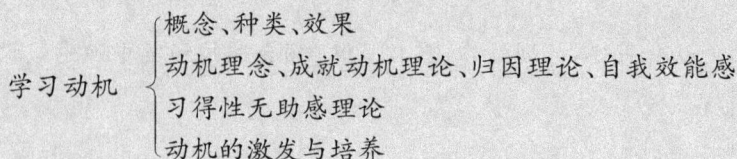
概念、种类、效果
动机理念、成就动机理论、归因理论、自我效能感
习得性无助感理论
动机的激发与培养

考纲要点

识记

学习动机的概念；自我效能感；耶克斯—多德森定律。

理解

1. 动机的种类，成就动机理论，归因理论；

2. 自我效能理论，学习动机对学习结果的影响。

运用

1. 教师如何帮助学生正确归因，提高学生的学习成绩；

2. 根据学习动机理论谈谈如何培养和激发学生的学习动机。

第一节　学习动机概述

一、学习动机的内涵

（一）概念

1. 动机的概念

动机是激发、维持并使行为指向特定目的的一种力量。动机对个体的行为和活动有引发、指引、激励功能。

2. 学习动机的概念

学习动机是指激发个体进行学习活动，维持已引发的学习活动，并使行为朝向一定学习目标的一种心理倾向或内部动力。

（二）学习动机的基本成分

学习动机有两个基本成分：一是学习需要，二是学习期待。两者相互作用，形成学习动机系统。

1. 学习需要与内驱力

需要是人体组织系统中的一种缺乏、不平衡状态。动机是在需要的基础上产生的，需要是激发人们进行各种活动的内部动力。学习需要就是个体在学习活动中感到有某种缺失而力求获得满足的心理状态，主要包括学习兴趣、爱好和学习信念等。学习兴趣是学习动机中最活跃的成分。内驱力也是一种需要。

2. 学习期待与诱因

学习期待是个体对学习活动所要达到的目标的主观估计。诱因是指能够激发有机体的定向行为，并能够满足某种需要的外部条件或刺激物。

3. 学习需要与学习期待的关系

学习需要在学习动机中占主导成分，学习需要是产生学习期待的前提，学习期待则指向学习需要的满足。

（三）学习动机的种类

1. 高尚的、正确的动机和低级的、错误的动机

根据学习动机内容的社会意义，可以分为高尚的与低级的动机或者正确的与错误的动机。高尚的、正确的学习动机的核心是利他主义，学生把当前的学习同国家和社会的利益联系在一起。

2. 近景的直接性动机和远景的间接性动机

根据学习动机的作用与学习活动的关系，可以分为近景的直接性动机和远景的间接性动机。近景的直接性动机是与学习活动直接相连的，来源于对学习内容或学习结果的兴趣。远景的间接性动机是与学习的社会意义和个人的前途相连的。

3. 内部学习动机和外部学习动机

根据学习动机的动力来源，可以分为内部学习动机和外部学习动机。内部动机又称内部动机作用，是指由个体内在的需要引起的动机。例如，学生的求知欲、学习兴趣、改善和提高自己能力的愿望等内部动机因素，会促使学生积极主动地学习。外部动机又称外部动机作用，是指个体由外部诱因所引起的动机。例如，某些学生为了得到教师或父母的奖励或避免受到教师或父母的惩罚而努力学习，他们从事学习活动的动机不在学习任务本身，而是在学习活动之外。

4. 认知内驱力、自我提高内驱力和附属内驱力

认知内驱力指要求了解、理解和掌握知识以及解决问题的需要。

自我提高内驱力指个体因自己的胜任能力或工作能力而赢得相应

考题预测

单选题：

附属内驱力指个体为了保持长者们的赞许或认可而表现出把工作做好的一种需要，属于（ A ）。

A. 外部动机
B. 内部动机
C. 长远动机
D. 错误动机

名词解释：

动机、学习动机、内驱力、诱因、内部动机、附属内驱力

简答题：

如何培养学生的内部动机？

考题预测

简答题：

简述内部动机和外部动机的特点和转化。

论述题：

如何利用学习动机规律提高教学效率？

答：学习动机是指激发个体进行学习活动，维持已引发的学习活动，并使行为朝向一定学习目标的一种心理倾向或内部动力。学习动机是学习需要、期待和诱因共同作用的结果。学生来到学校，由于需要和期待不同，会产生不同的学习动机。老师需要了解学生的动机需求，也要培养学生的动机需求，更要利用学生的认知内驱力、自我提高内驱力以及附属内驱力来培养学生的直接和间接动机，并激发学生的适度动机，达到提高教学效率的结果。

地位的需要。

附属内驱力指个体为了保持长者们的赞许或认可而表现出把工作做好的一种需要，属于外部动机。具体表现为学习者和长者在感情上具有依附性；学习者从长者方面博得的赞许或认可中将获得一种派生地位；享受到这种派生地位乐趣的人，会有意识地使自己的行为符合长者的标准和期望，借此获得并保持长者的赞许。

二、学习动机与学习效果的关系

美国心理学家耶克斯(Yerks)和多德森(Dodson)认为，中等程度的动机激起水平最有利于学习效果的提高。同时，他们还发现，最佳的动机激起水平与作业难度密切相关：任务较容易，最佳激起水平较高；任务难度中等，最佳动机激起水平也适中；任务越困难，最佳激起水平越低。这便是有名的耶克斯—多德森定律(简称倒"U"曲线)。

三、真题选析

（一）单选题

1. 在学习和生活中，我们常确定目标，但在目标实现的过程中会遇到各种障碍，这要求我们要通过自己的心理努力克服困难，有意识地把自己的行为调节和控制在与实现目标一致的方向上，这种心理过程是（　　）。

　　A. 动机　　　　　B. 情绪　　　　　C. 意志　　　　　D. 思维

答案 C。解析：意志指人们自觉地确定目的并支配其行动以实现预定目的的心理过程。动机是指由特定需要引起的，欲满足各种需要的特殊心理状态和意愿。情绪是对一系列主观认知经验的通称，是多种感觉、思想和行为综合产生的心理和生理状态。思维是人脑对客观现实概括的和间接的反映，它反映的是事物的本质和事物间规律性的联系。

2. 感知、记忆、思维是信息加工过程，也是我们获得和应用知识的基本过程，它们属于（　　）。

　　A. 认知过程　　　　　　　　　B. 情绪情感过程
　　C. 人格　　　　　　　　　　　D. 动机系统

答案 A。解析：认知过程主要包括感知、知觉、记忆、想象、思维等信息加工过程。情绪情感过程主要包括情绪和情感的发生发展过程。人格主要包括气质、性格、需要等。动机系统也是人格系统中的主要部分。

（二）简答题

简述动机的种类。

答：第一，内在动机和外在动机、主导性动机和辅助性动机、生理性动机和社会性动机、近景动机和远景动机。

第二，附属内驱力，指个体为了保持长者们的赞许或认可而表现出把工作做好的一种需要，属于外部动机。

第三，内部动机，又称内部动机作用，是指由个体内在的需要引起的动机。例如，学生的求知欲、学习兴趣、改善和提高自己能力的愿望等内部动机因素，会促使学生积极主动地学习。

第二节 学习动机理论及其培养

一、学习动机理论

1. 强化动机理论

现代的行为主义心理学家不仅用强化来解释操作学习的发生,而且也用强化来解释动机的引起;认为引起动机同习得行为并无两样,都可用强化来解释。人们为什么具有某种行为倾向,完全取决于先前这种行为和刺激因强化而建立的牢固联系。其代表人物是斯金纳。

2. 需要层次理论

马斯洛在解释动机时强调需要的作用,他认为所有的行为都是有意义的,都有其特殊的目标,这种目标来源于我们的需要。不同的人有不同的需要,而且这些需要会随着时间等因素而变化,这就是两个不同的人在相同的情境下会产生不同的行为,同一个人在不同的时间里产生不同行为的原因。需要影响着人们行为的方式和方向。

马斯洛把人的需要分为七种,分别为:生理需要、安全需要、归属与爱的需要、尊重的需要、认识与理解的需要、审美的需要和自我实现的需要。他将前四种需要定义为缺失需要,后三种需要是生长需要。较低级的需要至少必须部分满足之后才能出现对较高级需要的追求。

但一般说来,学校里最重要的缺失需要是爱和自尊,要使学生具有创造性,首先要使学生感到,教师是公正的、爱护并尊重自己的,不会因为自己出差错而遭到嘲笑和惩罚。

3. 成就动机理论

阿特金森和默里是成就动机理论的代表人物。成就动机涉及对成功的期望和对失败的担心两者之间的情绪冲突。

人们追求成功的倾向主要由以下三个因素决定:

第一,对成就的需要(成功的动机)。

第二,在该项任务上将会成功的可能性。

第三,成功的诱因值。

如果一个学生获取成就的动机大于避免失败的动机,他们为了要探索一个问题,在遇到一定量的失败之后,反而会提高他们去解决这一问题的愿望,而且如果获得成功太容易的话,反而会减低这些学生的动机。研究表明,这种学生最有可能选择成功概率约为 50% 的任务,因为这种选择能给他们提供最大的现实挑战。

麦克里兰的实验研究证实:追求成功的学生选择了距离目标适中的位置,然而避免失败的孩子却选择了要么距离目标非常近或者距离目标非常远的地方。

成就动机的水平与完成学业任务的质与量紧密相关。高成就动机

考题预测

单选题:

1. 根据麦克里兰的实验研究,避免失败的孩子选择了距离目标非常(A)或距离目标非常(A)的地方。

A. 近,远

B. 适中,近

C. 适中,适中

D. 近,适中

2. 认为自己可以控制周围的环境,无论成功还是失败,都是由于自己的能力或努力等内部因素造成的人属于(A)。

A. 内控型

B. 外控型

C. 外归因

D. 内动机

简答题:

1. 简述成就动机理论。

2. 简述成就动机水平和学生学业水平的关系。

论述题:

如何理解学生在学校中最缺失的需要是爱与自尊?

者在没有外力控制的环境下仍能保持好的表现,在经历失败的过程中,高成就动机者在任务的坚持性上比低成就动机者强。另外,追求成功者有很强的自信心,有高的成就动机水平和内归因。

4. 成败归因理论

最早提出归因理论的是海德(Heider,1958)。他认为,人们具有理解世界和控制环境这两种需要。行为的原因或者在于外部环境,或者在于个人内部。他人的影响、奖励、运气、工作难易等是外部环境原因;人格、动机、情绪、态度、能力、努力等是个人内部原因。此后,罗特(Rotter,1966)对归因理论进行了发展,提出了控制点的概念,并依据控制点把个体分为内控型和外控型。内控型的人认为自己可以控制周围的环境,无论成功还是失败,都是由于自己的能力或努力等内部因素造成的,他们乐于对自己的行为负责;外控型的人则感到自己无法控制周围的环境,无论成败都归因为他人的影响或运气等外在因素,他们往往对自己的行为不愿承担责任。

维纳在以上基础上对行为结果的归因进行了系统探讨,发现人们倾向于将活动成败的原因即行为责任归结为以下六个因素,即能力高低、努力程度、任务难易、运气(机遇)好坏、身心状态和外界环境。同时,维纳认为这六个因素可归为三个维度,即内部归因和外部归因、稳定性归因和非稳定性归因、可控归因和不可控归因。最后,将三维度和六因素结合起来,就组成了归因模式,见表1-8-1。

表1-8-1　常见原因知觉的维度分析

原因源	可控		不可控	
	稳定	不稳定	稳定	不稳定
内部	持久的努力	一时的努力	能力	心境、疲劳技能发挥
外部	他人的持久努力、他人的偏见	他人的一时努力、他人的帮助	他人的能力、任务难度	他人的心境运气、机遇

归因理论对教育教学具有重要意义:归因理论是从结果来阐述行为动机的,它有利于了解心理活动发生的因果关系,有助于根据学生的行为及其结果推断出学生的稳定心理特征和个性差异,有助于从特定的学习行为及其结果预测个体在某种情况下可能产生学习动机,对于改善其学习行为,培养其学习效果也会有一定的作用,此外,归因训练还有助于提高自我认识。教师要注意培养学生进行正确的归因,并对消极的归因进行辅导。

5. 成就目标理论

成就目标理论是以成就动机理论和成败归因理论为基础,在德韦克能力理论的基础上发展起来的一种学习动机理论。德韦克认为,人们对能力持有两种不同的内隐观念,即能力增长观和能力实体观。持能力增长观的认为,能力是可改变的,随着学习的进行是可以提高的;持能力实体观的则认为,能力是固定的,是不会随学习而改变的。

由于人们持有的能力内隐观念不同,因而导致他们的成就目标也就存在差异。持能力增长观的倾向于确立掌握目标,他们希望通过学习来提高自己的能力;而持能力实体观的倾向于确立表现目标,他们希望在学习过程中证明或表现自己的能力。研究表明,虽然这两类成就目标都可促进个体主动而有效地从事挑战性任务,但它们在更多的方面是不同的,具有不同的学习效果。

6. 自我价值理论

自我价值理论是美国教育心理学家卡文顿(Covington,1992)提出的。该理论以成就动机理论和成败归因理论为基础,从学习动机的负面着眼,试图探讨"有些学生为什么不肯努力学习"的问题。卡文顿研究发现,自我接受的需要是人类最高的需求,只有个体感觉到自己有价值,他才能接受自我。自我价值感是个体追求成功的内在动力。成功使人感到满足,使人提高自尊心,使人产生自我价值感;而成功的经验往往是在克服困难之后才能获得,困难的克服则需以能力为前提。因此,能力、成功和自我价值感三者之间就形成前因后果的连锁关系。也就是说,高能力的个体容易成功,成功的经验会使个体产生自我价值感。久而久之,对自我价值感的追求就成了个体追求成功的动力,并常常把自我能力与自我价值等同看待。

卡文顿提出,根据学生追求成功和避免失败的倾向,将学生分为四类:

(1)高趋低避者,又称成功定向者。这类学生的学习超越了对能力状况和失败状况的考虑。他们往往拥有无穷的好奇心,对学习有极高的自我卷入。

(2)低趋高避者,又称避免失败者。这类学生有很多保护自己胜任感的策略,使用各种自我防御术,从外部寻找个人无法控制的原因来解释失败。

(3)高趋高避者,又称过度努力者。他们兼具了成功定向者和避免失败者的特点。一方面对自我能力的评价较高,另一方面这一评价又不稳定,极易受到失败经历的动摇。他们往往有完美主义的倾向,给了自己太大压力,处在持续恐惧之中。

(4)低趋低避者,又称失败接受者。他们放弃了通过能力的获得来保持其身份和地位的努力。这些学生在面临学业挑战时表现出退缩,至少是被动地反应。他们用于学习的时间很少,焦虑水平也很低,对极少获得的成功不自豪,对失败也不感到羞耻。这一分类模型较为完整地揭示了学生的动机情况,是对成就动机理论的有益发展和补充。

7. 自我决定理论

自我决定理论由美国心理学家德西(Deci)和瑞恩(Ryan)提出,是一种较新的学习动机理论,与自主学习观点密切联系。它从人类的内在需要出发,很好地解决了动机产生的能量问题,同时也兼顾了动机行为的方向和目标。该理论指出,理解学生学习动机的关键是个体的三种基本心理需要:胜任需要、归属需要和自主需要。学习动机的能量和性质,取决于心理需要的满足程度。

胜任是指在个人与社会环境的交互作用中,感到自己是有效的,有机会去锻炼和表现自己的才能。

归属是指感觉到关心他人并被他人关心,有一种从属于其他个体和团体的安全感,与别人建立起安全和愉快的人际关系。

自主是指个体能感知到做出的行为是出于自己的意愿的,是由自我来决定的,即个体的行为应该是自愿的且能够自我调控的。

真题再现

简答题:

根据学生追求成功和避免失败的倾向,可以将学生分为哪四类?

论述题:

请你论述归因理论及其对教学实践的意义(2013 中学)。

考题预测

单选题:

下列理论和代表人物相匹配的是(B)。

A. 卡文顿—自我决定理论

B. 维纳—成败归因理论

C. 班杜拉—成就目标理论

D. 阿特金森—需要层次理论

简答题:

说出五种以上的动机理论。

8. 自我效能感理论

自我效能感指人们对自己是否能够成功地进行某一成就行为的主观判断。这一概念是班杜拉最早提出的。班杜拉认为行为的出现是由于人认识了行为与强化之间的依赖关系后对下一步强化的期望(效能期望)。

传统的期望概念指的只是结果的期望,而他认为结果期望指的是人对自己某种行为会导致某一结果的推测。效能期望指的则是人对自己能否进行某种行为的实施能力的推测或判断,即人对自己行为能力的推测。它意味着人是否确信自己能够成功地进行带来某一结果的行为。当人确信自己有能力进行某一活动,他就会产生高度的"自我效能感",并会去进行那一活动。

影响自我效能感形成的因素主要有:

第一,个人自身行为的成败经验。一般来说,成功经验会提高效能期望,反复的失败会降低效能期望。但成功经验对效能期望的影响还要受个体归因方式的左右。

第二,替代经验。关键是观察者与榜样的一致性。

第三,言语劝说。因其简便、有效而得到广泛应用,但缺乏经验基础的言语劝说的效果则是不巩固的。

第四,情绪唤醒。高水平的唤醒使成绩降低而影响自我效能,当人们不为厌恶刺激所困扰时更期望成功。

9. 习得性无助感理论

习得性无助是美国心理学家塞里格曼在 1976 年提出的关于无助感的创造性理论。他发现,不论是动物还是人,在持续的失败情景中容易"学习到"无助的感觉,即使到了新的情景中仍旧保持这种"无助"而不进行新的尝试。习得性无助是指个人经历了挫折与失败后,面临问题时产生的无能为力的心理状态与行为。

无助感的产生过程可以分为四个阶段:

第一,获得体验阶段。第二,进行认知阶段。第三,形成将来不可控的期待。第四,表现出动机、认知和情绪上的损害,影响后来的学习。

二、学习动机的培养和激发

(一)学习动机的培养

第一,了解学生的学习需要,促进学习动机的产生。

第二,确立学习目标,激发远大动机。

第三,帮助学生确立正确的自我概念,获得自我效能感。

第四,进行积极归因训练,培养学生正确的归因能力。

(二)学习动机的激发

第一,创设问题情境,实施启发式教学。

第二,根据作业难度,恰当控制动机水平。

考题预测

单选题:

根据(C)的理论,当人确信自己有能力进行某一活动,他就会产生高度的"自我效能感",并会去进行那一活动。

A. 塞里格曼

B. 维纳

C. 班杜拉

D. 马斯洛

名词解释:

自我效能感

习得性无助

论述题:

1. 根据教学和学生需要,如何避免学生获得习得性无助感?

2. 根据学习动机理论谈如何激发与培养学生的学习动机?

第三,充分利用反馈信息,给予恰当的评定。

第四,妥善进行奖惩,维护内部学习动机。

第五,合理设置课堂环境,妥善处理竞争和合作。

第六,适当进行归因训练,促使学生继续努力。

三、真题选析

（一）名词解释

1. 学习动机

答:学习动机是直接推动学生进行学习的一种内部动力,是激励和指引学生进行学习的一种需要。

2. 自我效能感

答:自我效能感指个体对自己是否有能力完成某一行为所进行的推测与判断。

3. 附属内驱力

答:附属内驱力指个体为了保持长者们的赞许或认可而表现出把工作做好的一种需要,属于外部动机。

4. 内部动机

答:内部动机又称内部动机作用,是指由个体内在的需要引起的动机。例如学生的求知欲、学习兴趣、改善和提高自己能力的愿望等内部动机因素,会促使学生积极主动地学习。

（二）简答题

1. 简述动机强度与工作效率之间的关系。

答:耶基斯和多德森研究表明,动机强度与工作效率之间的关系不是一种线性关系,而是倒 U 形曲线。中等强度的动机最有利于任务的完成。各种活动都存在一个最佳的动机水平。动机的最佳水平随任务性质的不同而不同。在难度较大的任务中,较低的动机水平有利于任务的完成。

2. 简述动机的功能及在教学中的运用。

答:一般说来动机具有:① 引发功能;② 指引功能;③ 激励功能。我们可从以下方面提高动机在教学中的应用水平:第一,明确活动目的,增强学习动机。第二,激发学生的求知欲,增强内部动机。第三,利用各种诱因激发学生动机。

3. 简述成就动机理论。

答:阿特金森和默里是成就动机理论的代表人物。成就动机涉及对成功的期望和对失败的担心两者之间的情绪冲突。人们追求成功的倾向主要由以下三个因素所决定:第一,对成就的需要（成功的动机）。第二,在该项任务上将会成功的可能性。第三,成功的诱因值。如果一个学生获取成就的动机大于避免失败的动机,他们为了要探索一个问题,在遇到一定量的失败之后,反而会提高他们去解决这一问题的愿望,而且如果获得成功太容易的话,反而会减低这些学生的动机。研究表明,这种学生最有可能选择成功概率约为 50% 的任务,因为这种选择能给他们提供最大的现实挑战。

4. 简述习得性无助理论。

答:美国心理学家塞里格曼在 1976 年提出了关于无助感的创造性理论。他发现,不论是动物还是人,在持续的失败情景中容易"学习到"无助的感觉,即使到了新的情景中仍旧保持这种"无助"而不进行新的尝试。习得性无助是指个人经历了挫折与失败后,面临问题时产生的无能为力的心理状态与行为。无助感的产生过程可以分为四个阶段:第一,获得体验阶段。第二,进行认知阶段。第三,形成将来不可控的期待。第四,表现出动机、认知和情绪上的损害,影响后来的学习。

5. 简述几种归因理论。

答：归因指个体对自己或他人的行为的原因加以解释和推测的过程。归因理论很多，主要有：海德的常识心理学、琼斯和戴维斯一致性推断理论、凯利的协变分析理论、罗特的控制源理论、贝姆的自我归因理论以及韦纳的成就归因理论。

（三）论述题

1. 请你论述成就归因理论及其对教学实践的意义。

答：维纳将成败归结为以下六个因素，即能力高低、努力程度、任务难易、运气（机遇）好坏、身心状态、外界环境等。同时把这六个因素分为三个维度，即内部归因和外部归因、稳定性归因和非稳定性归因、可控制归因和不可控归因。最后，将三维度和六因素结合起来，就组成了归因模式。

归因理论对教育教学具有重要意义：（1）有利于了解心理活动发生的因果关系，有助于根据学生的行为及其结果推断出学生的稳定心理特征和个性差异；（2）有助于从特定的学习行为及其结果预测个体在某种情况下可能产生学习动机，对于改善其学习行为，培养其学习效果也会有一定的作用；（3）可以比较科学地训练学生的积极归因。

2. 论述教学效能感及其培养策略。

答：教师的教学效能感，是指教师对自己影响学生学习行为和学习成绩能力的主观判断。这种判断，会影响教师对学生的期待、对学生的指导等行为，从而影响教师的工作效率。提高教师的教学效能感应该从以下方面进行：（1）从教师自身方面来说，要形成科学教育观。（2）向他人学习。（3）从社会方面说，必须树立尊师重教的良好作风。（4）在校内努力创立进修、培训等有利于教师发展，有利于教师实现其自身价值的条件。

本章深度练习及解析

1. 简述动机的种类。

答：（1）高尚的、正确的动机和低级的、错误的动机；（2）近景的直接性动机和远景的间接性动机；（3）内部学习动机和外部学习动机；（4）认知内驱力、自我提高内驱力和附属内驱力。

2. 简述成就动机理论。

答：略。

3. 简述归因理论。

答：略。

4. 简述自我效能理论。

答：略。

5. 简述习得性无助理论。

答：略。

第二编　教育学

第一章　教育与教育学概述

考纲要点

识记

1. "教育"的概念；
2. 教育的基本要素。

理解

1. 教育发展的历史、形态和特征；
2. 教育学学科发展的历史；
3. 教育学发展过程中著名教育思想家的主要思想观点；
4. 马克思主义教育思想。

运用

1. "教育"概念与其他概念的区别与联系；
2. 根据现代社会的特点以及现代教育的发展趋势对教育现象做出正确的评价。

第一节　教育概述

一、教育的产生

（一）教育的涵义

1. 教育的概念

教育是人类特有的一种活动,是有目的地培养人的一种社会活动,是传承文化、传递生产与社会生活经验的一种途径。

2. 教育的本质属性

教育是一种有目的地培养人的社会活动。

3. 教育的基本要素

（1）三要素说:教育者、受教育者和教育媒介。

（2）四要素说:教育者、受教育者、教育内容和教育手段。

4. 教育要素的基本矛盾

教育中的诸多矛盾中,受教育者与教育内容这一对矛盾才是教育中的基本的、决定性的矛盾。

（二）教育的起源

1. 教育的神话起源说

神话起源说认为,教育与其他事物一样,都是由人格化的神所创造的,教育的目的就是体现神的意志,使人皈依于神。

2. 教育的生物起源说

生物起源说认为,人类教育起源于动物界中各类动物的生存本能活动。

3. 教育的心理起源说

心理起源说认为,在原始社会中尚未有独立的教育活动,教育起源于儿童对成年人的"无意识的模仿"。美国教育家孟禄是其代表人物。

4. 教育的劳动起源说

劳动起源说是在批判生物起源说和心理起源说的基础上,在马克思主义唯物史观指导下形成的。劳动起源论者认为,教育起源于劳动,起源于劳动过程中社会生产需要和人的发展需要的辩证统一,其代表人物主要是苏联米丁斯基、凯洛夫等教育史学家和教育学家。

二、教育发展形态及历史和特征

（一）教育发展的历史及特征

从纵向看,教育发展经历了原始社会、古代社会和近现代社会。

考题预测

单选题:
　　教育起源于儿童对成年人的"无意识的模仿"属于教育的（C）起源说。
　　A. 神话
　　B. 生物
　　C. 心理
　　D. 劳动

名词解释:
　　教育
　　教育的本质属性

简答题:
　　1. 简述教育的起源说。
　　2. 简述当代教育的特征。

1. 原始社会的教育及特征

（1）教育的社会性和无产阶级性。（2）教育和社会生活、生产劳动结合在一起。（3）言传身教和模仿是主要的教育手段。

2. 古代社会的教育及特征

奴隶社会：（1）最早出现学校教育。（2）"学在官府，政教合一"，学校教育被奴隶主阶级所垄断，教育目的是培养巩固和维护奴隶社会统治的大小奴隶主。（3）教育内容为礼、乐、射、御、书、数。（4）鄙视和脱离生产劳动，"劳心者治人，劳力者治与人"被看作是天经地义的事。（著名教育体系：斯巴达教育和雅典教育）。

封建社会（中国）：（1）分官学和私学。学校教育被地主阶级所垄断，不仅具有鲜明的阶级性，而且官学还具有鲜明的等级性。（2）教育的目的是"学而优则仕。"

封建社会（欧洲）：僧侣教育和骑士教育都脱离生产劳动，都是为地主阶级统治服务的，具有鲜明的阶级性。

3. 近现代社会的教育及特征

资本主义社会：（1）改革教育目的，出现双重教育目的，既要培养资产阶级代理人，又要培养熟练的劳动力。（2）改革教育内容，增进许多自然科学内容，增设许多新的学科。（3）改革教学方法，引进实验法、演示法、实习法等新的教学方法。（4）改革教育组织形式，以班级授课制取代个别教学。（5）改革受教育权，第一次提出普及义务教育问题。

社会主义社会：（1）教育权为广大人民所掌握，教育为社会主义服务。（2）共产党统一领导，创办。（3）以马克思主义为指导，提倡唯物主义，反对封建迷信。（4）全社会实施平等的民族教育，反对民族压迫。（5）教育与生产劳动相结合，成为培养全面发展的人的有效途径，也是培养全面发展人的唯一途径。

（二）教育形态及分类

1. 教育形态的概念

教育形态是指教育的组织形式，是人类思维对教育现象的一种科学归纳。

2. 教育形态的分类

根据教育的实施机构和地点不同分为：家庭教育、社会教育、学校教育。

根据教育的正规程度分为：正规教育和非正规教育。

根据教育的形式化程度分为：非形式化（非制度化）教育和形式化教育（制度化）。

根据教育发展的历史分为：原始社会的教育、古代社会的教育和近现代社会的教育。

其中，学校教育具有职能的专门性、组织的严密性、作用的全面性、内容的系统性等特点。

> **考题预测**
>
> 名词解释：
> 　教育形态
> 　教育学
>
> 简答题：
> 　1. 如何划分教育形态？
> 　2. 学校教育的特点是什么？

三、几对概念辨析

1. 教育学不等于教育政策法规

区别：教育学是一种研究活动和科学理论，是客观的，是对客观规律的揭示。而教育政策是主观制定的，是一定的阶级、集团为了教育上的利益而制定的。两者可能一致，也可能不一致。所以两者是不能等同的。联系：教育方针政策的制定不仅要考虑一定阶级、集团的利益和价值取向，也要考虑教育学所阐述的教育科学理论，这样，方针政策的贯彻落实才是比较可行的。教育学也要围绕教育方针政策提出的问题、课题，开展科学的研究和探讨，提出可供参考的意见。

2. 教育学不等于教育实践经验

教育学源于实践经验，又高于教育实践经验。它是运用理性的思考对实践经验进行分析研究，找出成功经验和失败教训背后的客观规律，总结上升成科学理论的。教育实践经验是学习、研究、发展教育学的基础之一。

四、真题选析

（一）单选题

1. 大猫教小猫捕老鼠，大鸭子教小鸭子游泳都是教育的形式，人类产生之后继承了动物的教育形式，因而人与动物的教育在本质上无区别，这种观点属于（　　）。

A. 教育的神学起源说　　　　　　　　B. 教育的生物起源说

C. 教育的心里起源说　　　　　　　　D. 教育的劳动起源说

答案 B。解析：神学起源论者认为，教育和其他事物一样，都是由人格化的神所创造。所有宗教都持这种观点。

生物起源论者认为，人类教育起源于动物界中各类动物的生存本能活动，其主要代表人物有利托尔诺、斯宾塞、沛西·能等。法国社会学家利托尔诺在其著作《人类各种人种的教育演化》一书中认为，教育是一种在人类社会范围以外，远在人类出现之前就已产生的社会现象，大动物对小动物的爱护和照顾便是教育行为，昆虫界也有教师与学生，生存竞争和天性本能是教育的基础。动物正是基于生存与繁衍的天性本能才把"知识"与"技能"传授给幼小的动物，这种行为就是教育的最初形式与发端，后来的人类教育不过是继承动物界业已存在的教育形式，使其获得了新的性质而已。

心理起源论者认为，教育起源于儿童对成人的无意识的模仿，其主要代表人物是美国教育家孟禄。孟禄从心理学观点出发，根据原始社会没有学校、没有教师、没有教材的原始史实，判定教育起源于儿童对成人无意识的模仿。他在《教育史教科书》中写道，原始社会的教育"普遍采用的方式是简单的、无意识的模仿"，"原始社会只有最简单形式的教育，然而，在早期阶段中，教育过程却具备了教育最高发展阶段的所有基本特点"，即承认儿童对成人的无意识模仿便是最初的教育。

劳动起源论者认为，教育起源于劳动，起源于劳动过程中社会生产需要和人的发展需要的辩证统一，其代表人物主要是苏联米丁斯基、凯洛夫等教育史学家和教育学家。米丁斯基在其著作《世界教育史》中提出：只有从恩格斯的"劳动创造了人本身"这个著名的原则出发，才能了解教育的起源。教育起源于人类特有的生产劳动。

2. 教育的本质特征是（　　）。

A. 动物的本能活动　　　　　　　　　B. 儿童对成人的模仿

C. 培养人的社会活动　　　　　　　　D. 人类认识世界的活动

答案 C。解析：教育的本质属性即教育这种人类活动和其他人类活动的根本区别。有目的地培养人就是教育的根本属性。

（二）名词解释

教育

答：教育是人类有目的地培养人的一种社会活动，是传承文化、传递生产与社会生活经验的一种途径。

第二节 教育学及其产生与发展

一、教育学概述

（一）教育学的概念及价值

1. 教育学的概念

教育学是以"教育问题"为研究对象,归纳总结人类教育活动的科学理论与实践,探索解决教育活动产生、发展过程中遇到的种种问题,从而揭示出一般教育规律的一门社会科学。教育问题是推动教育发展的内在动力。

2. 教育学的价值

超越日常教育经验,科学解释教育问题,沟通教育理论与实践,树立正确的教育观,掌握教育教学规律,提高教育质量,有利于教师素质的提高。

（二）教育学的产生

1623 年,英国著名学者培根在《论科学的价值和发展》一文的科学分类中,首次将教育学作为一门独立的科学提出来,并将其阐释为"指导阅读"的科学,与其他科学并列,为教育学的独立做出了重要贡献。

1632 年,捷克教育学家夸美纽斯出版了近代第一本系统的教育学著作《大教学论》,为教育学的独立奠定了基础。

1693 年,英国哲学家洛克出版了《教育漫话》提出了完整的"绅士教育"理论,为教育学的发展做出了贡献。

1762 年,法国思想家卢梭出版了《爱弥尔》,深刻地表达了自然主义的教育思想。

1803 年,德国哲学家康德在《康德论教育》一书中明确提出了"教育的方法必须成为一种科学"和"教育实验"的主张,为教育学的科学化指出了道路。

1781—1787 年,瑞士教育家裴斯泰洛齐写作《林哈德和葛笃德》,提出"使人类教育心理学化"的主张,奠定了教育学的学科基础。

1806 年,德国心理学家和教育学家赫尔巴特出版《普通教育学》,被认为是第一本现代教育学著作,其本人也被认为是教育学的奠基人。教育学自此独立了。

二、教育学的发展

（一）教育学的萌芽

中国先秦时期的《学记》是中国乃至世界上最早的一部教育专著。

孔子教育思想观点的《论语》提出的"不愤不启,不悱不发"的启发教学,"学而不思则罔,思而不学则殆"的学思结合,"学而时习之"的学习结合等教育思想,对后世的教育都有很大影响。

柏拉图的《理想国》总结了当时的雅典和斯巴达的教育经验,提出了一个比较系统的教育制度,规定了不同阶级的人的不同的教育内

考题预测

名词解释:
教育学
教育问题
简答题:
1. 说说学记的主要思想。
2. 简述杜威的主要教育观点。

容。昆体良的《雄辩术原理》比较系统地论述了有关儿童教育的问题,被称为世界上第一本研究教学法的书。

(二)教育学的独立与科学发展

1. 独立形态教育学的建立

英国哲学家培根作为近代实验科学的鼻祖,提出归纳法,为教育学的发展奠定了方法论的基础,首次把教育学作为一门独立的学科提了出来;捷克教育家写的《大教学论》是教育学形成一门独立学科的标志。

这一时期重要教育学著作还有:英国洛克《教育漫话》;法国卢梭的《爱弥儿》;瑞士斐斯泰洛奇《林哈德与葛笃德》;德国赫尔巴特《普通教育学》;德国福禄贝尔《人的教育》;英国斯宾塞《教育论》;俄国乌申斯基《人是教育的对象》;美国杜威《民主主义与教育》。

2. 马克思主义教育学的建立——教育学的科学化阶段

苏联教育部长凯洛夫主编的《教育学》,对我国建国初期的教育产生了很大的影响。我国教育家杨贤江以李浩吾的化名写的《新教育大纲》是我国第一本马克思主义的教育学著作。

3. 教育学发展过程中著名教育思想家的主要思想观点

(1)夸美纽斯最主要的观点是:教育要适应自然,不能违背自然的规律,大自然是如何运转的,教育就应该怎样去做。他系统论述了班级授课制以及教学的原则、方法,还提出了"泛智"的思想,主张应该让一切人掌握一切知识,成为百科全书式的学者。为此他编写了很多教材,比如《世界图解》。他的教育学观点被称为"泛智论"。

(2)赫尔巴特最主要的观点是:教育的最高目的是道德和性格的完善。教育学要根据伦理学建立教育目的论,根据心理学建立教育方法论。教育要培养学生多方面的兴趣,发展学生多方面的潜能。教学可以按照明了、联想、系统、方法四步去进行,这就是所谓的"四段教学法"。他的学生后来又将其发展成"五段教学法",强调教师的权威作用。赫尔巴特的理论被称为传统教育理论。

(3)杜威最主要的观点是:教育即生长,教育即生活,教育即经验的改造。教育的目的应该来自教育过程之内,即从学生的实际情况出发制定教育的步骤,而不应该从教育的外部去寻找一个目的强加给教育。教育应从儿童的兴趣出发,以活动组织学习,在做中学,不断改造自己的经验。教育理论应该排除"非此即彼"的思维方式,把各种看似矛盾的二元论(比如工作与游戏、劳动与闲暇、普通科目与职业科目)有机统一起来。杜威的教育理论是现代教育理论的代表。

(三)教育学的繁荣

1. 教育哲学

教育哲学是用哲学的基本原理、观点和方法研究教育中的一些根本问题,以指导教育理论和实践的一门学科。美国布雷克特把德国教育家罗森克兰茨著的《教育学体系》一书译成英文,书名改为《教育哲学》。杜威于1916年出版的《民主主义与教育》一书的副标题即为"教育哲学导论",它是当时最为完整和系统的教育哲学著作。现代西方教育哲学流派众多,有实用主义、实证主义、存在主义、分析主义等。中国的教育哲学是以马克思主义哲学观点为主导来探讨、分析教育的

考题预测

名词解释:
四段教学法
教育哲学

单选题:
下列作者和著作正确对应的是(A)。
A. 赫尔巴特—《普通教育学》
B. 杜威—《大教学论》
C. 卢梭—《人是教育的对象》
D. 斯宾塞—《教育漫话》

根本问题,如教育的本质、目的、价值等,从中找出规律,为理论和实际工作服务。

2. 教育社会学

教育社会学是以社会学的研究方法研究教育的社会性质、社会功能以及教育制度、教育组织、教育发展规律的一门教育分支学科。美国的沃德于 1883 年在《动态社会学》中最早使用"教育社会学"一词。

3. 教育经济学

教育经济学是研究教育与经济的相互关系及教育领域中经济运动过程及其规律的科学。苏联学者斯特鲁米林于 1924 年发表了《国民教育的经济意义》一文,标志教育经济学研究的开始。1962 年,英国经济学家韦锥出版了《教育经济学》一书,标志着教育经济学的正式诞生。

4. 教育统计学

教育统计学是运用统计方法来研究教育问题的一门应用学科。它是用数理统计方法来处理和研究教育问题(包括掌握教育情况、探索教育规律、制订教育方案、检查教育效率等),可分为描述统计学和推断统计学两种。1904 年桑代克出版了《心理与社会的测量》一书,是有关教育统计学的最早著作。1917 年,拉格出版了《应用于教育问题的统计方法》。20 世纪20 年代,教育统计学开始发展成一门独立的学科。

5. 教育政治学

教育政治学是一门研究教育与政治的辩证关系及其运动发展规律的学科,着重探讨教育与政治的区别和联系及二者协调发展的客观规律。它酝酿于 20 世纪初到二战期间,英国学者 F. 克拉克于 1923 年出版了《教育政治学文集》。我国的杨贤江出版了《新教育大纲》。美国伊士顿于 1957 年发表了《政治系统中合法教育的功能》。

6. 教育评价学

教育评价学是根据一定的教育目标,系统收集资料,运用现代数学和管理科学的理论和方法,判断对象的系统状态与功能属性及其转化的一门学科。19 世纪末 20 世纪初形成于美国,泰勒的"八年研究"确立了现代教育评价学的理论和方法。现在研究的内容包括教育评价的理论依据、系列标准、原则、方法、手段等。

7. 教育人类学

教育人类学是用人类学特别是文化人类学和哲学人类学的概念、理论、观点和方法,描述、解释教育现象的应用性学科,旨在提示教育与人、教育与社会文化、社会文化与人之间的相互影响和作用。1867 年,乌申斯基出版《人是教育的对象》,其副标题即为"教育人类学初探",最早提出了这门学科。

8. 教育技术学

教育技术学是应用现代科技成果和系统科学的观点与方法,在既定的教育目标下探求提高教学效果的技术手段和教学过程、优化各种教学媒体(软件和硬件)及其理论、设计制作技术、开发应用。它是研究教学过程及其管理过程的理论、规律和方法的一门学科,又称教育工艺学。

9. 教育未来学

教育未来学是运用未来学的基本理论和方法研究教育发展趋势、预测教育发展未来,并在研究和预测过程中探索和发展适合于教育未来研究的理论、方法及其应用和评估的科学。

三、真题选析

（一）单选题

1. 科学教育学形成的标志是出版了（   ）。

A.《大教学论》　　　　B.《普通教育学》　　　　C.《理想国》　　　　D.《教育论》

答案 B。解析：一般认为夸美纽斯的《大教学论》是教育学独立的标志，然而科学教育学形成的标志是赫尔巴特的《普通教育学》，第一次提出把教育学建立在心理学和伦理学的基础之上。

2. 我国最早使用教育一词的是（   ）。

A. 孔子　　　　　　B. 许慎　　　　　　C. 朱熹　　　　　　D. 孟子

答案 D。解析：最早使用教育一词的是孟子，在他的《孟子·尽心上》说"君子有三乐，而王天下不与存焉。父母俱存，兄弟无故，一乐也；仰不愧于天，俯不怍于人，二乐也；得天下英才而教育之，三乐也"。

许慎著有《说文解字》和《五经异义》等。

朱熹提出"存天理，灭人欲"的客观唯心主义思想。在白鹿洞书院讲学，制定一整套学规。即"父子有亲、君臣有义、夫妇有别、长幼有序、朋友有信"的"五教之目"；"博学之，审问之，慎思之，明辨之，笃行之"的"为学之序"；"言忠信，行笃敬，惩忿窒欲，迁善改过"的"修身之要"；"政权其义不谋其利，明其道不计其功"的"处事之要"；"己所不欲，勿施于人，行有不得，反求诸己"的"接物之要"。他节选出"四书"：《大学》、《中庸》、《论语》、《孟子》，提出"朱子读书法"六条即循序渐进、熟读精思、虚心涵泳、切己体察、着紧用力、居敬持志。

3. 中国最早的教育学专著是（   ）。

A.《学记》　　　B.《论语》　　　C.《礼记》　　　D.《师说》

答案 A。解析：中国最早的一部教育专著是《学记》。据郭沫若考证，作者是孟子的学生乐正克。《学记》文字言简意赅，比喻生动，系统而全面地阐明了教育的作用和目的任务，教育和教学的制度、原则和方法，教师的地位和作用，在教育过程中的师生关系以及同学之间关系。《学记》主张课内与课外相结合，教与学相结合，提出"教学相长"的结论。《学记》重视启发式教学，重视教学的循序渐进，强调激发学生内在的学习动机，培养学生学习的自觉性。《学记》重视因材施教；主张由浅入深，从易到难，从简单到复杂的教学顺序，并且提出一条积极性的教育原则。《学记》赋予教师以崇高的地位，提出严师和尊师的思想。

4. 反映孔子教育思想的文献是哪一本（   ）。

A.《学记》　　　B.《论语》　　　C.《礼记》　　　D.《中庸》

答案 B。解析：《论语》是记载中国古代著名思想家孔子及其弟子言行的语录，一共二十卷，11705 个汉字，由孔子的弟子及其再传弟子编写，是我国古代儒家经典著作之一，是流传下来的语录体的汇编。

《礼记》是中国古代一部重要的典章制度书籍，儒家经典著作之一。该书编定是西汉戴圣对秦汉以前各种礼仪著作加以辑录、编纂而成，共 49 篇。《礼记》大约是战国末年或秦汉之际儒家学者托名孔子答问的著作。

《中庸》原是《小戴礼记》中的一篇。旧说《中庸》是子思所作，其实是秦汉时儒家的作品。它是中国儒家的经典之一，也是中国古代讨论教育理论的重要论著。

5. 下列哪一观点是亚里士多德的思想（   ）。

A. 美德是否可教　　　　　　　　B. 教学具有教育性

C. 人的和谐发展和年龄分期　　　D. 教育即生活

答案 C。解析：亚里士多德的和谐教育思想以灵魂论为基础、以培养优良的公民为目标、以德智体和谐发展为内容、以音乐陶冶为途径。其最早根据儿童身心发展的特点提出按年龄划分教育阶段的主张。

6. 1632 年出版的（   ）标志着教育学已经成为一门独立的学科。

A.《大教学论》　　　B.《普通教育学》　　　C.《教育学》　　　　　D.《新教育大纲》

答案 A。解析：1632 年夸美纽斯出版的《大教学论》标志着教育学已经成为一门独立的学科。

7. "教学相长"最早出现在我国的(　　)著作中。

A.《论语》　　　　　B.《师说》　　　　　C.《学记》　　　　　D.《劝学篇》

答案 C。解析：《学记》中有"是故学然后知不足，教然后知困……故曰教学相长也"。

（二）名词解释

1. 制度化教育

答：制度化教育指的是正规教育，即指具有层次结构的、按年龄分级的教育制度。

2.《学记》

答：《学记》是中国最早的一部教育专著，为孟子的学生乐正克著。《学记》文字言简意赅，比喻生动，系统而全面地阐明了教育的作用和目的任务，教育和教学的制度、原则和方法，教师的地位和作用，在教育过程中的师生关系以及同学之间关系。

本章深度练习及解析

一、单项选择题

1. 下列理论与教育家对应准确的一组是(　A　)。

A. 夸美纽斯——泛智教育论　　　　　B. 杜威——传统教育论

C. 伊士顿——马克思主义教育学　　　D. 赫尔巴特——现代教育论

2. 渗透在生产、生活过程中的口传身授生产、生活经验的现象，称之为(　A　)。

A. 自然形态的教育　B. 自我教育　　　C. 家庭教育　　　D. 社会教育

3. 人类社会最早诞生的教育学是以(　B　)作为自己的研究对象的。

A. 初等教育　　　　　　　　　B. 普通中小学教育

C. 中等教育　　　　　　　　　D. 一般教育现象

4. "学而不思则罔，思而不学则殆"的思想出自(　C　)。

A.《学记》　　　　　B.《大学》　　　　　C.《论语》　　　　D.《师说》

5. "教学相长"、"循序渐进"等教学原则最早出自(　A　)。

A.《学记》　　　　　B.《论语》　　　　　C.《尚书》　　　　D.《孟子》

6. 反映古希腊著名哲学家柏拉图教育思想的代表作品是(　C　)。

A.《教育论》　　　　B.《雄辩术原理》　　C.《理想国》　　　D.《巨人传》

7. 教育学作为一门独立形态的学科，形成于(　A　)。

A. 资本主义社会初期　　　　　B. 封建社会末期

C. 奴隶社会初期　　　　　　　D. 原始社会末期

8. 首先提出普及教育思想，并详细论证班级授课制的教育著作是(　C　)。

A. 杜威的《民主主义与教育》　　　B. 赫尔巴特的《普通教育学》

C. 夸美纽斯的《大教学论》　　　　D. 昆体良的《雄辩术原理》

9. 教育史上最早提出教学的教育性原则的教育家是(　B　)。

A. 裴斯泰洛奇　　B. 赫尔巴特　　　C. 夸美纽斯　　　D. 柏拉图

10. 教育史上两大对立学派：传统教育派与现代教育派的代表人物分别是（ C ）。

　　A. 凯洛夫和赫尔巴特　　　　　　B. 杜威和赫尔巴特

　　C. 赫尔巴特和杜威　　　　　　　D. 夸美纽斯和杜威

11. "教育即生活"、"学校即社会"、"从做中学"是（D）的重要主张。

　　A. 实践教育学派　　　　　　　　B. 实证教育学派

　　C. 传统教育学派　　　　　　　　D. 实用主义教育学派

12. 首次运用马克思主义观点探讨社会主义教育原理且在世界上有较大影响的教育学家是（ C ）。

　　A. 苏霍姆林斯基　　B. 杨贤江　　　C. 凯洛夫　　　D. 赞可夫

13. 强调学生的"一般发展"，要求"以最好的教学效果来达到学生最理想的发展水平"的苏联教育家是（ B ）。

　　A. 巴班斯基　　　B. 赞可夫　　　C. 加里宁　　　D. 凯洛夫

14. 1920年，教育家保罗·朗格朗在其出版的著作中提出了（ D ）思想。

　　A. 最优化教学　　B. 范例教学　　C. 发展教育　　D. 终身教育

15. 1956年出版《教育目标分类学》，将教育目标分为认知领域、情感领域和动作技能领域三个主要部分的美国教育家是（ A ）。

　　A. 布鲁姆　　　B. 布鲁纳　　　C. 瓦根舍因　　　D. 斯金纳

16. 1901年，由立花铣三朗讲述、王国维翻译的（ B ）刊载于《教育世界》上，是一部在我国流行面广、影响力较大的日本教育著作。

　　A.《教育论》　　B.《教育学》　　C.《大教育学》　　D.《教育原理》

17. 1919年，著名教育家（ C ）来华讲学，此后西方教育学说在我国广泛传播开来。

　　A. 桑代克　　　B. 盖顿　　　C. 杜威　　　D. 克伯屈

18. 解放初期，在我国流行最广、影响最大的苏联的教育学教材是（ A ）。

　　A. 凯洛夫的《教育学》　　　　　　B. 冈察洛夫的《教育学》

　　C. 巴拉诺夫的《教育学》　　　　　D. 巴班斯基的《教育学》

19. "不愤不启，不悱不发"的思想最早出自（ A ）。

　　A.《论语》　　B.《学记》　　C.《四书集注》　　D.《孟子》

20. 世界上最早的一篇专门论述教育教学问题的论著是（ C ）。

　　A.《论语》　　B.《师说》　　C.《学记》　　D.《孟子》

21. 最早提出教育要适应儿童的年龄阶段，进行德智体多方面和谐发展教育的教育思想家是（ B ）。

　　A. 柏拉图　　　B. 亚里士多德　　C. 昆体良　　　D. 苏格拉底

22. 被称为世界上第一部研究教学法的书是（ D ）。

　　A. 夸美纽斯的《大教学论》　　　　B. 柏拉图的《理想国》

　　C. 斯宾塞的《教育论》　　　　　　D. 昆体良的《雄辩术原理》

23. 首次在科学分类中将教育学作为一门独立的学科划分出来的是英国哲学家是（ B ）。

　　A. 卢梭　　　B. 培根　　　C. 拉伯雷　　　D. 洛克

24. 一般认为，教育学成为一门独立学科的标志是（ B ）。

A. 柏拉图的《理想国》 B. 夸美纽斯的《大教学论》

C. 昆体良的《雄辩术原理》 D. 斯宾塞的《教育论》

25. 教育学作为一门学科在大学里讲授,最早始自德国哲学家(C)。

　　A. 柏拉图 B. 赫尔巴特 C. 康德 D. 梅依曼

26. 以马克思主义的观点来阐述教育教学问题的著作是(B)。

　　A. 杜威的《民主主义与教育》 B. 凯洛夫的《教育学》

　　C. 赫尔巴特的《普通教育学》 D. 夸美纽斯的《大教学论》

27. 被毛泽东称为"学界泰斗,人世楷模"的近代民主革命家、教育家的是(B)。

　　A. 陶行知 B. 蔡元培 C. 杨贤江 D. 徐特立

28. 苏霍姆林斯基的教育思想的核心内容是(B)。

　　A. 认知结构的教育理论 B. 全面发展的教育理论

　　C. 范例教学的理论 D. 教学最优化的教育理论

29. 最早倡导教育实验并提出"实验教育法"这个名称的教育家是(C)。

　　A. 赫尔巴特 B. 裴斯泰洛齐 C. 梅依曼 D. 洛克

30. 最早提出"行动研究"这一概念的是(D)。

　　A. 梅依曼 B. 拉伊 C. 凯洛夫 D. 勒温

31. 最早提出"长善救失"教育主张的著作是(B)。

　　A.《论语》 B.《学记》 C.《大学》 D.《孟子》

32. 首先把"教"、"育"两个单字合作为一个词见于(C)。

　　A.《论语》 B.《学记》 C.《孟子》 D.《说文解字》

33. "建国君民,教学为先"、"化民成俗,其必由学"反映了教育与(B)的关系。

　　A. 经济 B. 政治 C. 文化 D. 人口

34. 提出"一两的遗传胜过一吨的教育"的学者是(A)。

　　A. 霍尔 B. 洛克 C. 高尔顿 D. 华庄

35. 教育要遵循个体身心发展的规律。《学记》中"当其可之谓时,时过然后学则勤苦而难成"这句话反映了人身心发展过程中存在的(A)现象。

　　A. 关键期 B. 依恋期 C. 混沌期 D. 最近发展期

36. 人是一个积极能动的主体,人与动物发展的显著区别之一就在于人是有意识的,具有主观能动性。这种主观性是通过人的(D)表现出来的。

　　A. 教育 B. 环境 C. 遗传 D. 活动

37. 杜威所主张的教育思想被称作是(C)。

　　A. 存在主义教育思想 B. 要素主义教育思想

　　C. 实用主义教育思想 D. 永恒主义教育思想

38. 在17世纪,对班级授课制给予了系统的理论描述和概括,从而奠定了它的理论基础的教育家是(B)。

　　A. 北欧的尼德兰 B. 捷克的夸美纽斯 C. 法国的斯图谟 D. 德国的福禄培尔

39. 下列说法不是杜威实用主义教育学的论点是(D)。

　　A. 教育即生活 B. 学校即社会 C. 做中学 D. 生活即教育

解析:生活即教育是陶行知的教育观点。

40. "君子欲化民成俗,其必由学乎"、"古之王者,建国君民,教学为先"体现了(B)的教育目的观。

A. 教育无目的论　　B. 社会本位论　　　C. 科学本位论　　　D. 个人本位论

解析:"君子欲化民成俗,其必由学乎"出自《礼记·学记》,意思是君子如果要教化人民,造成良好的风俗习惯,一定要从教育入手。表达了这样一种治学精神,即教育担负的最大责任不是传承知识,而是移风易俗。"古之王者,建国君民,教学为先"意为古代的君王建立国家,治理民众,都把教育当作首要的事情。其体现了社会本位论的教育观。

二、名词解释

1. 教育学

答:教育学是一门以教育现象、教育问题为研究对象,探索教育规律的科学。

2. 人的全面发展

答:所谓人的全面发展,就是人的社会关系的发展,就是人的社会交往的普遍性和人对社会关系的控制程度的发展,是人的自然素质、社会素质和心理素质的发展。人的发展不仅应当是全面的,而且应当是自由的。在整个社会不断发展的基础上逐渐实现人的全面发展。

3. 教育国家化

答:教育国家化指把教育纳入国家活动之中,用行政手段发展公立学校体制,用法律的手段确立义务性的国家教育制度。这样一种趋势,在教育学上称作教育的国家化。

三、简答题

1. 分别写出拉伊、杜威的代表性著作,并简单介绍其思想。

答:(1) 拉伊的《实验教育学》及其思想。拉伊的《实验教育学》完成了对实验教育学的系统论述。拉伊的实验教育学的理论基础是生物学,他认为每一种生物都是按照:"感受—整理—表现(或表达)"这一公式来活动的。他主张学生的学习,首先是通过观察,获得印象,构成知觉(感受);其次是把所获得的印象和知觉进行加工(整理);最后付诸行动(表现)。但是,实验教育学者把人和动物同等看待,把儿童的发展解释为纯生物学的过程,忽视了人的社会性,却是错误的。

(2) 杜威的《民主主义与教育》及其思想。杜威的《民主主义与教育》从实用主义出发,反对传统的教育以学科教材为中心和脱离实际生活;主张让学生在实际生活中学习,提出"教育即生活"、"教育即生长"、"学校即社会"和"从做中学"。他的这种学说以"经验"为基础,以行动为中心,带有狭隘经验主义的色彩。

2. 分别列举夸美纽斯、赫尔巴特的代表作,并论述其教育思想。

答:(1) 夸美纽斯的《大教学论》是近代最早的一部教育学著作。在这本著作中,他提出了普及初等教育,主张建立适应学生年龄特征的学校教育制度,论证了班级授课制度,规定了广泛的教学内容,提出了教学的便利性、彻底性、简明性与迅捷性的原则,高度评价了教师的职业,强调了教师的作用。(2) 赫尔巴特的《普通教育学》是一本自成体系的教育学著作,它标志着教育学已开始成为一门独立的学科。该书分为:绪论、教育的一般目的、兴趣之多方面(教学)、品格之道德力量(德育)四个部分。他从迎合德国反动贵族阶级利益的伦理学出发,提出"教育的最高目的是道德";他以心理学为基础,规定了教学步骤;还强调了教学的教育作用。

第二章　教育目的与功能

考纲要点

识记

1. 教育目的概念；
2. 国外发达国家和联合国教科文组织有关教育目的或学校教育目的的最新表述；
3. 我国教育目的以及小学阶段培养目标；
4. 马克思主义关于全面发展教育理论及其意义；
5. 教育功能及其类型，不同的教育功能观。

理解

1. 我国不同历史阶段教育宗旨变革；
2. 新中国教育目的和学校培养目标的历史演变；
3. 确定教育目的的依据；
4. 教育功能的演变。

运用

1. 能够根据自己对当前社会发展和个体发展面临问题的认识，就当前应该重点培养青少年学生的哪些关键素质提出自己的见解；
2. 能够识别不同的教育功能观和功能的类型。

第一节　教育目的概述

一、教育目的

1. 教育目的的概念

教育目的规定了把受教育者培养成什么样的人，是培养人的质量规格标准，是对受教育者的一个总的要求。

教育目的通常由两部分组成,一部分是人的社会角色,比如"劳动者"、"建设者"、"接班人"、"公民"等;另一部分是人的质量规格或总的素质要求,比如"全面发展"等。教育目的一般由国家或国家教育行政部门制定,指导一定时期各类各级教育工作。

2. 教育目的的层次性

教育目的的层次包括:国家的教育目的、各级各类学校的培养目标和教师的教学目标。

3. 教育目的的意义与作用

教育目的是教育工作的出发点和归宿。就受教育者而言,教育目的调控着年轻一代的发展,保证受教育者按照社会的要求健康地成长;就教育者而言,教育目的是组织和开展教育活动的前提和标准。教育目的对教育工作具有导向性,对贯彻教育方针具有激励作用,对教育效果具有评价作用。

二、确立教育目的的依据

1. 历史上的观点

第一,个人本位论,代表人物孟子、卢梭等。它强调确立教育目的的根据是人的本性,教育的目的是培养健全发展的人,重视人的价值。

第二,社会本位论,代表人物是荀子、赫尔巴特、涂尔干等。它主张教育目的应当根据社会的要求来确定,教育的目的是使受教育者成为社会需要的人。

第三,教育无目的论,这主要是美国教育思想家杜威的观点。杜威曾经指出,"教育的过程,在它自身以外没有目的;它就是自己的目的","我们探索教育目的时,并不是要到教育过程以外去寻找一个目的,使教育服从这个目的"。

第四,个人本位与社会本位的历史的、具体的统一。我国的教育目的就较好地体现了这个观点。

2. 确立教育目的的依据

第一,特定的社会政治、经济和文化背景。

第二,人的身心发展特点和需要。

第三,人们的教育理想。

考题预测

单选题:
强调确立教育目的的根据是社会的要求,个人的发展必须服从社会需要的观点是(C)。
A. 个人本位论
B. 无目的论
C. 社会本位论
D. 综合本位论

名词解释:
教育目的

简答题:
1. 确立教育目的的依据有哪些?
2. 联合国教科文组织四个学会是怎么表述的?

三、联合国教科文组织和国外发达国家有关教育目的的最新表述

1. 联合国教科文组织

使受教育者学会求知(learning to know);学会做事(learning to do);学会共处(learning to live together);学会做人(learning to be)。

2. 美国的教育目的

所有的美国儿童在进入小学以前都应受到必要的学前教育。

全国中学生的毕业率应提高到 90%。完成中、小学教育的学生应能证明他们在英语、数学、科学、历史和地理等学科领域具有相应的能力。

美国学生在数学和科学方面的成绩应当处于"世界的最前列"。

3. 日本的教育目的

培养宽广的胸怀与丰富的创造能力;培养自主、自律精神;培养在国际事务中能干的日本人。

4. 英国的教育目的

给儿童以良好的教育开端,为他们将来的学习打下更好的基础;使所有年轻人都能获得发展生活和工作中所需要的技能、知识和个人品质。

5. 俄罗斯的教育目的

造就和谐发展的、有社会积极性的、有创造力的个人。

四、真题选析

（一）名词解释

教育目的

答:教育目的是把受教育者培养成为一定社会需要的人的总要求,是根据一定社会的政治、经济、生产、文化科学技术发展的要求和受教育者身心发展的状况确定的。它反映了一定社会对受教育者的要求,是教育工作的出发点和最终目标。

（二）简答题

1. 简述联合国教科文组织有关教育目的或学校教育目的的最新表述。

答:联合国教科文组织在其报告《教育:财富蕴含其中》中写到:使受教育者学会求知;学会做事;学会共处;学会生存。

2. 简述确立教育目的的依据。

答:第一,特定的社会政治、经济和文化背景。第二,人的身心发展特点和需要。第三,人们的教育理想。

3. 简述教育目的的取向。

答:第一,个人本位论。代表人物孟子、卢梭等,强调确立教育目的的根据是人的本性,教育的目的是培养健全发展的人,重视人的价值。第二,社会本位论,代表人物是荀子、赫尔巴特、涂尔干等,强调确立教育目的的根据是社会的要求,个人的发展必须服从社会需要。第三,教育无目的论。这主要是美国教育思想家杜威的观点。杜威曾经指出:"教育的过程,在它自身以外没有目的;它就是自己的目的","我们探索教育目的时,并不是要到教育过程以外去寻找一个目的,使教育服从这个目的"。第四,个人本位与社会本位的历史的、具体的统一。我国的教育目的就较好地体现了这个观点。

第二节 我国教育目的及中小学阶段培养目标

一、我国的教育目的

我国的教育目的:(1)培养有理想、有道德、有文化、有纪律的劳动者,或者说培养社会主义事业的建设者和接班人。(2)使学生德、智、体等方面全面发展。

教育与生产劳动相结合,这是实现我国教育目的的根本途径。

二、马克思主义关于全面发展教育理论及其意义

1. 马克思主义关于全面发展教育理论

所谓"人的全面发展"指人的劳动能力,即智力和体力的全面、和谐、充分的发展,此外也包括人的道德和特性的充分发展。

2. 马克思主义关于全面发展教育理论的意义

全面发展教育理论是我国确立教育目的的理论基础。(旧式分工造成了人的片面发展;机器大工业生产提供了人的全面发展的基础和可能;社会主义制度是实现人的全面发展的社会条件)

3. 全面发展教育的构成及关系

全面发展教育是指德智体美劳全面发展。它们互为条件,相互促进,相辅相成,构成一个统一的整体。德育是方向的动力;智育是认识基础;体育是物质保证;美育和劳动技术是具体运用和实施。

考题预测

名词解释:
教育方针
简答题:
1. 简述全面发展的教育构成及其关系。
2. 简述我国当前的教育目的。
答:教育必须为社会主义现代化服务,为人民服务,必须与生产劳动相结合,与社会实践相结合,培养德、智、体等方面全面发展的社会主义建设者和接班人。

三、我国不同历史阶段教育宗旨变革(教育方针)

(1) 1959 年颁布的教育方针。坚持"教育要为工农服务,为生产服务"。

(2) 1957 年颁布的教育方针。毛泽东在《关于正确处理人民内部矛盾的问题》中指出:"我们的教育方针,是使受教育者在德育、智育、体育几方面得到发展,成为有社会主义觉悟的文化劳动者。"

(3) 1958 年颁布的教育方针。中共中央、国务院在《关于教育工作的指示》中规定"党的教育工作方针是教育必须为无产阶级政治服务,必须同生产劳动相结合"。

(4) 1981 年党的十一届六中全会通过的《中国共产党中央委员会关于建国以来党的若干历史问题的决议》中指出,我们必须"坚持德智体全面发展,又红又专,知识分子与工人农民相结合,脑力劳动与体力劳动相结合的教育方针"。

(5) 新时期的教育方针。教育必须为社会主义现代化服务,为人民服务,必须与生产劳动相结合,与社会实践相结合,培养德、智、体等方面全面发展的社会主义建设者和接班人。

四、真题选析

(一) 单选题

培养有理想、有道德、有文化、有纪律的劳动者,使学生德、智、体等方面全面发展是(   )的教育目的。

A. 中国当代　　　　　　　　B. 联合国教科文推荐给各国

C. 美国当代　　　　　　　　D. 日本当代

答案 A。解析:我国的教育目的是以马克思关于人的全面发展学说为基础,历经不同时期的变化,最终写入《中华人们共和国教育法》:教育必须为社会主义现代化服务,必须与生产劳动相结合,培养德、智、体等方面全面发展的社会主义建设者和接班人。

(二) 简答题

简述马克思关于人的全面发展理论。

答:所谓"人的全面发展"指人的劳动能力,即智力和体力的全面、和谐、充分的发展,此外也包括人的道德和特性的充分发展。意义:全面发展理论是我国确立教育目的的理论基础。全面发展教育的构成及关系:德智体美劳全面发展。它们互为条件,相互促进,相辅相成,构成一个统一的整体。德育是方向的动力;智育是认识基础;体育是物质保证;美育和劳动技术是具体运用和实施。

第三节 教育功能

一、教育功能概念与分类

1. 教育功能的概念

教育功能是教育活动和教育系统对个体发展和社会发展所产生的各种影响和作用。

2. 教育功能的类型

(1) 从作用的对象分,可分为教育的个体功能和社会功能。

(2) 从作用的方向分,可分为教育的正向功能(促进社会进步和个体发展)和负向功能(阻碍社会进步和个体发展)。

(3) 从作用的呈现形式分,可分为教育的显性功能(依照教育目的所表现出的结果)和隐性功能(伴随显性功能所出现的非预期的功能)。

二、教育两大功能概述

(一) 个体发展功能

个体发展功能是指教育活动和教育系统对个体发展所产生的各种影响和作用。而个体发展是个体从出生到死亡的身心变化过程。教育的个体发展功能包括:

(1) 促进个体生理发展的功能;(2)促进个体心理发展的功能;(3)促进个体社会化功能;(4) 促进个体个性化功能。

(二) 社会发展功能

社会发展功能是指教育活动和教育系统对社会发展所产生的各种影响和作用。而社会发展主要指社会的政治、经济、文化、科学、科技等的发展。

(1) 教育的政治功能:教育为社会培养各种人才;教育通过传播先进的思想,弘扬优良的道德促进社会政治的变革;教育可以促进社会政治民主化。

(2) 教育的经济功能:通过培养劳动力促进经济增长;通过科技促进经济发展。

(3) 教育的文化功能:传递与保存文化功能;活化文化的功能;交流融合文化的功能;选择文化的功能;更新与创造文化的功能。

三、教育功能的演变

古代教育:政治伦理功能;近代教育:强调个体发展功能;现代教育:强调教育的社会改

> **考题预测**
>
> 名词解释:
> 个体的身心发展
> 教育功能
>
> 简答题:
> 1. 简述教育的个体功能。
> 2. 简述教育的社会功能。
> 3. 简述教育的文化功能。

造功能；当代教育：强调促进社会的结构合理化、整合、稳定与和谐。

四、真题选析

（一）单选题

1. 以下不属于人力资本理论的是（　　）理论。

A. 筛选假设　　　　　　　　　　B. 劳动力市场划分

C. 社会化　　　　　　　　　　　D. 社会成层

答案 D。解析：筛选假设理论、劳动力市场划分理论和社会化理论，它们并称为第二代人力资本理论。筛选假设理论简称筛选理论，也叫做文凭理论，是 20 世纪 70 年代初美国经济学家提出的视教育为一种筛选装置，以帮助雇主识别不同能力的求职者，将他们安置到不同职业岗位上的理论，创始人是迈克尔·斯宾塞和罗伯特·索洛。劳动力市场分割理论认为与其他要素市场相比，劳动力市场具有较明显的非竞争性。传统劳动力市场理论无法很好地解释劳动者收入差距的不断扩大和劳动力市场中存在的各种歧视现象，而劳动力市场分割理论强调劳动力市场的分割属性、强调制度和社会性因素对劳动报酬和就业的重要影响，因而具有较强的现实解释能力。社会化理论强调个体按社会需要选择职业、掌握从事某种职业的知识和技能，以及从事某种职业后进行知识、技能更新的再训练的过程。

社会成层则是社会学和人类学的一个理论，认为社会在发展中，各阶层会出现相对稳定的现象。

2. "君子欲化民成俗，其必由学乎"、"古之王者，建国君民，教学为先"体现了（　　）的教育目的观。

A. 教育无目的论　　　　　　　　B. 社会本位论

C. 科学本位论　　　　　　　　　D. 个人本位论

答案 B。解析：略。

3. 杜威所主张的教育思想被称作是（　　）。

A. 存在主义教育思想　　　　　　B. 要素主义教育思想

C. 实用主义教育思想　　　　　　D. 永恒主义教育思想

答案 C。解析：存在主义教育是现代西方教育思想的一个流派。主要代表人物有德国的海德格尔、雅斯贝斯，法国的萨特和奥地利的市贝尔等。存在主义以"主观性"为"第一原理"，认为人的存在或者纯粹的自我意识"先于本质"，鼓吹周围世界和"自我"是对立的，因而每个人都是孤立的，充满着"死亡的恐惧"。由此出发，认为教育应以个人的"自我完成"为目标。

要素主义是现代西方教育思想的一个流派，又称传统主义教育、保守主义教育，与进步主义教育对立。主要代表人物是 W. C. 巴格莱等。强调"种族经验"或"文化遗产"的重要性。

实用主义教育主张教育即生活，教育即经验的不断改造，学校即社会。它强调儿童中心、重视儿童的经验、兴趣和需要，强调儿童发展的主动性、创造性，强调以儿童为主体的教学实践，即做中学。其代表人物是杜威。

永恒主义也称新古典主义教育。最主要的代表是美国教育家赫钦斯。强调理性是人性的基础。社会秩序的稳定，依赖于以永恒的真善美原则为基础的理性文化。漠视这些理性文化，社会就会因精神支柱的坍塌而立足不稳。

（二）简答题

1. 简述现代教育的发展趋势。

答：（1）加强学前教育并重视与小学教育的衔接。（2）强化普及义务教育并延长义务教育年限。（3）普通教育与职业教育朝着相互渗透的方向发展。（4）高等教育的类型日益多样化。（5）学历教育与非学历教育的界限逐渐淡化。(6)教育制度有利于国际交流。

2. 简述教育的两大功能。

答:(1)个体发展功能是指教育活动和教育系统对个体发展所产生的各种影响和作用。而个体发展是个体从出生到死亡的身心变化过程。① 促进个体生理发展的功能;② 促进个体心理发展的功能;③ 促进个体社会化功能;④ 促进个体个性化功能。

(2)社会发展功能是指教育活动和教育系统对社会发展所产生的各种影响和作用。而社会发展主要指社会的政治、经济、文化、科学、科技等的发展。① 教育的政治功能:教育为社会培养各种人才;教育通过传播先进的思想,弘扬优良的道德促进社会政治的变革;教育可以促进社会政治民主化。② 教育的经济功能:通过培养劳动力促进经济增长;通过科技促进经济发展。③ 教育的文化功能:传递与保存文化功能;活化文化的功能;交流融合文化的功能;选择文化的功能;更新与创造文化的功能。

(三)论述题

试述 20 世纪以后世界教育的特征。

答:(1)教育的终身化。终生教育是适应科学知识的加速增长和人的持续发展的要求而逐渐形成的一种教育思想和教育制度,它的本质在于现代人的一生应该是终身学习终身发展的一生。

(2)教育的全民化。全民教育是近 10 年来在世界范围内兴起的使所有人都能受到基本教育的运动,特别是使所有适龄儿童都进入小学并降低辍学率、使所有的中青年都脱除文盲的运动。

(3)教育的民主化。教育的民主化是对教育的等级化、特权化和专制化的否定。一方面它追求让所有人都受到同样的教育,另一方面,教育民主追求教育的自由化。

(4)教育的多元化。教育的多元化是对教育的单一性和统一性的否定,它是世界物质生活和精神生活多元化在教育上的反映。具体表现为培养目标的多元化、办学形式的多元化、管理模式的多元化、教学内容的多元化、评价标准的多元化等。

(5)教育技术的现代化。教育技术现代化是指现代科学技术在教育上的运用,并由此引起教育思想、教育观念的变化等。

本章深度练习及解析

一、单项选择题

1. 教育的经济功能受(   )的制约。

A. 社会经济制度　　　　　　　　　B. 社会生产力水平

C. 科学技术和文化背景　　　　　　D. 文化传统

答案 B。解析:教育的经济功能主要是通过社会生产力的发展来决定的,教育经济功能的发挥需要一定的物质条件,需要坚实的基础,而社会生产力的发展水平刚好能够提供良好的基础和物质条件。因此,正确答案选 B。

2. 决定教育领导权的是(   )。

A. 政治经济制度　　　　　　　　　B. 生产力水平

C. 科学技术　　　　　　　　　　　D. 文化传统

答案 A。解析:在人类社会中,谁掌握了生产资料的所有权就意味着掌握了国家政权,就有权利来控制学校教育的领导权,并通过教育方针、政策的颁布,教育目的的制定和教育经费的分配来实现对教育领导权的控制。因此,正确答案选 A。

3. 决定教育目的的是(　　)。

A. 家长　　　　　　B. 学校　　　　　　C. 政治经济制度　　D. 文化传统

答案 C。解析:略。

4. 提出普及初等教育的要求是在(　　)。

A. 第一次工业革命后　　　　　　　　B. 第二次工业革命后

C. 第三次工业革命后　　　　　　　　D. 信息革命后

答案 A。解析:略。

5. 首次提出"人力资本论"的是(　　)。

A. 赫尔巴特　　　　B. 杜威　　　　　　C. 舒尔茨　　　　　D. 洛克

答案 C。解析:首次提出"人力资本论"的是舒尔茨。

6. "金字塔形"的等级制教育制度属于(　　)。

A. 网络教育　　　B. 学校教育　　　C. 社会教育　　　D. 大众教育

答案 B。解析:"金字塔形"的等级制教育制度属于学校教育。学校教育从小学到大学形成了等级形态的金字塔形状。

7. "今天的教育是明天的经济,教育的消费是明显的消费潜在的生产,是有限的消费扩大的生产,是今日的消费明日的生产。"这一认识表明现代教育具有(　　)的特征。

A. 科学性　　　　B. 价值性　　　　C. 生产性　　　　D. 未来性

答案 C。解析:略。

8. 亚当·斯密在《国富论》中把学生在学校中学到的"有用才能"看成是一种固定资本,这说明他认定教育具有(　　)。

A. 政治功能　　　B. 育人功能　　　C. 文化功能　　　D. 经济功能

答案 D。解析:略。

9. 以下不属于我国教育目的的基本精神的是(　　)。

A. 社会主义是我国教育性质的根本所在,要培养社会主义事业的建设者和接班人

B. 使受教育者在德智、才智、体质等方面全面发展

C. 强调教育与生产相结合

D. 突出教育要为政治经济制度服务

答案 D。解析:略。

二、简答题

1. 马克思主义教育学的基本观点是什么?

答:马克思主义教育学兴起于 19 世纪末,直到今天仍然对教育产生着重要的影响,其基本观点主要包括以下几个方面:

(1) 教育与社会的关系。① 教育是与人类的生产联系在一起的,既取决于生产的物质条件也取决于生产关系;② 教育同时具有相对的独立性和继承性,受多重因素制约。

(2) 教育与社会生产的关系。社会生产对教育作用的变化是一个历史发展的过程,随着社会的发展,对教育的需求和作用都发生了变化。教育规模和发展速度、教育内容、方法和组织形式也发生了相应的变化,教育在社会生产体系中的地位和作用也越来越重要。教育是劳动力生产和再生产的重要手段,是科学知识转化为现实生产力的重要手段,学校是科

学知识再生产的重要场所。

（3）论人的本质和个性形成。马克思认为人的本质包括两方面：① 人的本质是劳动；② 人的本质在其现实性上，是一切社会关系的总和。在个性形成的问题上，马克思主义批判了遗传决定论和环境决定论，科学地解决了遗传、环境和教育在人的发展中的辩证关系。

（4）论人的全面发展与教育的关系。人的全面发展是马克思主义教育理论的核心。人的全面发展，即劳动者智力和体力两方面，以及智力的各方面和体力的各方面都得到发展，达到体力劳动和脑力劳动相结合，这是人的全面发展的基础。

（5）论教育与生产劳动相结合的重大意义。

第一，教育与生产劳动相结合不但是提高社会生产的一种方法，而且是造就全面发展的人的唯一方法，是改造现代社会最强有力的手段之一。

第二，大工业的发展客观上先是要求将生产劳动与教育结合起来，使工人尽可能受到适应劳动职能变更的教育，再是要求将教育与生产劳动相结合，以培养能多方面发展的劳动者。

第三，机器大工业生产是建立在现代科学技术基础上的，这就为通过科学这一中介，将教育与生产劳动有机结合提供了基础。

第四，综合技术教育，这不仅使儿童和少年了解生产各个过程的基本原理，同时使他们获得运用各种生产工具的技能，为教育与生产劳动相结合提供了重要的"纽带"。

2. 简述现代教育的特征。

答：现代教育是迄今为止教育发展的最高阶段，也是人类教育发展的一个十分重要的阶段，出现了许多新质、新特点。现代教育的特征主要包括以下几点：

① 现代教育的公共性；② 现代教育的生产性；③ 现代教育的科学性；④ 现代教育的未来性；⑤ 现代教育的国际性；⑥ 现代教育的终身性。

三、论述题

试述教育在提升人类地位中的作用。

答：教育可以提升人的地位，具体表现在以下四个方面：

（1）教育对人的价值的发现。人的价值是指人在世界中的地位得到肯定，人的作用得到发挥，人的尊严得到尊重。

（2）教育对人的潜能的发掘。人的潜能是人足以区别于动物的重要标志，是能够把人培养成为人的可能性或前提条件；而人的潜能的充分实现，必须通过教育、通过学习才有可能。

（3）教育对人的力量的发挥。人的力量包括人的身体力量和精神力量，而只有通过教育才能使人力即体力和心力得到应有的培养与发挥。

（4）教育对人的个性的发展。个性是指个体在社会实践活动中形成的独特性，个性化是指个体在社会活动中形成独特性、自主性和创造性的过程；而人的个性化的形成和实现依赖于教育的作用。教育具有促进人的个性化的功能，这主要体现在：教育可以促进人的主体意识的发展、可以促进人的个体特征的发展、可以促进人的个体价值的实现。

第三章　学校教育制度

知识架构

学校教育制度 {
教育制度与学校教育制度的内涵、类型、发展历史和趋势
教育行政体制与教育管理体制的内涵、类型
学校概念及其基本性质、校长负责制、校园文化
我国教育行政体制的历史和变革、改革趋向
教育功能的演变
}

考纲要点

识记

1. 教育制度与学校教育制度内涵、类型；

2. 教育行政体制与教育管理体制内涵、类型；

3. 校长负责制；

4. 学校概念及其基本性质；

5. 校园文化。

理解

1. 教育制度和学校教育制度的发展历史和趋势；

2. 学校在东西方文明社会产生、发展的历史；

3. 我国教育行政体制的历史和变革，中小学内部领导体制的演变、现状及未来改革的重要方向；

4. 我国学校现有的运行机制及其创新。

运用

1. 运用相关理论分析我国现行学校教育制度、教育管理体制的改革问题；

2. 能够根据校园文化特征和校园文化理论，为创建理想的学校组织文化提出基本思路；

3. 能够对进一步实施和完善校长负责制提出自己的看法和建议。

第一节 教育制度与学校教育制度

一、教育制度及发展

（一）教育制度的概念

教育制度是指一个国家或地区各级各类教育机构与组织的体系及其各项规定的总称。教育制度规定了各级、各类学校的性质、任务、目的、要求、入学条件、学制年限，分为广义的教育制度和狭义的教育制度。

1. 广义的教育制度

广义的教育制度是指一个国家的国民教育制度。是一个国家为实现其国民教育的目的，从组织系统上建立起来的一切教育设施和有关制度。

2. 狭义的教育制度

狭义的教育制度特指学校教育制度，简称学制，是一个国家各级各类学校的总体系，具体规定各级各类学校的性质、任务、目的、要求、入学条件、修业年限及他们之间的相互关系。学校教育制度是国民教育制度的核心与主体。

一般说来，学校教育制度由三个基本要素构成：学校类型、学校级别和学校的结构。学制类型包括单轨制、双轨制和分支型。

（二）教育行政体制与教育管理体制的内涵、类型

教育行政体制又称教育行政管理体制或教育管理体制，是国家管理教育事业的组织体系和相关制度的总称。它主要包括国家管理教育事业的各级教育行政机构的组织形式、国家教育行政权力结构及有关教育行政制度。

1. 教育行政体制的内涵

（1）教育行政体制的核心是国家教育行政权力结构。

（2）各级各类教育行政机构是国家教育行政体制的组织形态。国家教育行政权力结构隐含于各级各类教育行政机构之中。

（3）教育行政制度是维系教育行政机构正常运转、发挥职能的基本保证。它对教育行政机构的行政活动和行政职能具有重要的规范作用。

（4）教育行政体制的形成是国家经济体制、政治体制、文化传统和教育体制等综合作用的结果。

（5）教育行政体制作为一种社会事业管理体制，不是一成不变的。随着社会背景条件的变化或教育体制本身的发展，教育行政体制必须做出与之相适应的变革。

2. 教育行政体制的类型

国家教育行政机关行使国家教育行政权力。

第一，按中央和地方的教育行政权力分配关系，可以分为中央集权制（中国）、地方分权制（美国）和中央与地方合作制。

考题预测

名词解释：

个体的身心发展
教育功能
学制

简答题：

1. 简述学制的结构。

答：学校类型、学校级别、学校的结构。

2. 简述教育行政体制的类型。

答：中央集权制、地方分权制、中央与地方合作制；从属制和独立制。

第二，按教育行政机关与政府之间的权力结构关系，可分为从属制和独立制。

3. 教育管理体制的内涵

教育管理机构与一定的规范相结合就构成了教育管理体制。它包括了教育行政体制和学校管理体制。教育管理体制是整个教育体制得以构成和运行的保障，它对学校教育管理体制改革和发展的方向、速度、规模有着直接的影响。

（三）校长负责制

校长负责制是教学行政管理的一种制度，主要指校长负责处理学校的日常教学科研活动，完善学校的管理，全权代表学校并赋予校长决策权、指挥权、人事权和财务权，同时健全学校领导机构。校长负责制体现了校本管理思想的某些精神。

（四）教育制度的发展

1. 前制度化教育

教育主体确定、教育的对象相对稳定、形成系列文化传播活动、有相对稳定的场所和设施。

2. 制度化教育

制度化教育是具有层次结构的、按年龄分级的教育制度，也是正规教育。我国近代制度化教育兴起的标志是清朝末年的废科举、兴学校，以及颁布了全国统一的教育宗旨和近代学制。

一般说来，制度化教育具有整齐划一、封闭性、普及性、世俗性等特征。

3. 非制度化教育

非制度化教育指出了制度化教育的弊端，强调教育不应该再局限于学校的围墙之内。库姆斯等人的非正规教育、伊里奇的非学校化主张是非制度化教育的核心思想，提出构建学习型社会是非制度化教育的重要体现。

> **考题预测**
>
> 单选题：
> 　我国近代学校的诞生是以1862年（A）的设立为标志。
> 　A. 京师同文馆
> 　B. 京师大学堂
> 　C. 清华园
> 　D. 稷下学宫
>
> 名词解释：
> 　校长负责制
> 　制度化教育
>
> 简答题：
> 　1. 简述我国当前学制的改革趋势。
> 　2. 建立学制的依据是什么？

（五）现代教育制度的发展趋势

（1）加强学前教育，重视小学教育。

（2）强化普及义务教育，延长学制。（第一个实施义务教育的国家是德国）

（3）普通中等教育与职业中等教育渗透。

（4）高等教育普及与大众化。

（5）教育的国际交流加强。

（6）构建终身教育体系。

（7）非制度教育思潮回归。

二、学校教育制度

（一）建立学制的依据

（1）生产力发展水平和科学技术发展状况。（2）社会知识经济制度。（3）青少年身心发展规律。（4）人口发展状况。（5）本国学制的历史发展。（6）外国学制的影响。

（二）现代学校教育制度类型

（1）近代欧洲的双轨制学制。（2）近代美国的单轨制学制。（3）近代苏联的分支型学制。（4）当前学制朝向单轨制发展。

（三）我国的学校教育制度

1. 旧中国的学制

第一，《钦定学堂章程》（亦称壬寅学制）。清光绪二十八年（1902）颁布。该学制是中国现代学制之始，但未能实施。

第二，《奏定学堂章程》（亦称癸卯学制）。清光绪二十九年十一月二十六日（1904 年 1 月 13 日）颁布。以 19 世纪末日本学制为蓝本，以洋务派"中学为体，西学为用"的思想为指导，以读经尊孔为教育宗旨。该学制规定全部学校教育（除蒙养院、通儒院），分为 3 段 5 级。学生自 7 岁入学，28 岁大学毕业，共需学习 20—21 年，是第一个比较完整的实施的学制。但课程设置仍以讲经读经为重。

第三，壬子癸丑学制。1912—1913 年陆续颁布，规定全部学校教育年限为 18 年，分 3 段 4 级：① 初等教育段（7 年），分初等小学堂（4 年）和高等小学堂（3 年）2 级；各级同设补习科，均 2 年毕业；② 中等教育段（4 年），不分级，补习科为 3 年；③ 高等教育段（6 年或 7 年），废止高等学堂，分设预科和本科。大学院，不立年限。学生自 7 岁入学，25 岁大学毕业。该学制比癸卯学制进步之处在于：① 废除了科举制度的束缚。② 缩短了普通教育年限 3 年。③ 在实业教育外，增加了初等和中等补习教育。④ 开始承认女子受教育的权利。

第四，"新学制系统"（即壬戌学制）。1922 年中华民国政府教育部公布。该学制类似美国"6·3·3"学制。这个学制与壬子癸丑学制比较：① 高小由 3 年改为 2 年，中学由 4 年改为高、初中各 3 年。② 废止大学预科，高中毕业可直接升入大学。③ 不单设职业学校，初中附设职业科。④ 大学采用选科制。

我国近代学校的诞生以 1862 年京师同文馆的设立为标志。

我国目前的学制是"6·3·3"学制类型。

2. 我国当前学制改革的趋势

（1）加强基础教育，落实义务教育，发展学前教育，普及高中教育。

（2）调整中等教育，发展职业教育。

（3）稳步发展高等教育，走内涵式发展为主的道路。

（4）重视成人教育，发展终身教育。

（5）支持和完善特殊教育。

三、真题选析

（一）单选题

1. 在中国教育制度发展史上，中学阶段最早兼顾升学和就业双重需要的学制是（　）。

A. 癸卯学制　　　　B. 壬子癸丑学制　　C. 壬戌学制　　　　D. 壬寅学制

答案 C。解析：略。

2. 明确规定初等小学,可以男女同校的学制是(　　)。

A. 壬寅学制　　　B. 癸卯学制　　　C. 壬子癸丑学制　　D. 壬戌学制

答案 C。解析:略。

3. 新基础教育课程改革的三级课程管理,这三级指的是(　　)。

A. 国家—地方—学校　　　　　　B. 中央—省—市县

C. 省—市—县　　　　　　　　　D. 省—市—学校

答案 A。解析:课程改革纲要提出的课程管辖权,包括国家课程、地方课程和学校课程(也称校本课程)三级。

4. 我国近代第一个在全国推行的学制是(　　)。

A. 壬寅学制　　　B. 癸卯学制　　　C. 壬子癸丑学制　　D. 壬戌学制

答案 B。解析:略。

5. 中国近代学校走向制度化、法制化的标志是(　　)。

A. 京师同文馆的设立　　　　　　B. 京师大学堂的创设

C. 癸卯学制的颁布和实行　　　　D. 壬子学制的颁行

答案 C。解析:学制就是学校教育制度,是学校教育制度化、法制化的标志。1904 年,清政府公布了《奏定学堂章程》,又称其为"癸卯学制",是我国近代第一个比较完整的在全国颁布并加以切实落实的学制,成为中国近代教育走向制度化、法制化阶段的标志。京师同文馆的设立标志着我国近代学校的诞生。

6. 提出教育即生活,学校即社会的教育家是(　　)。

A. 裴斯泰洛奇　　　B. 涂尔干　　　C. 杜威　　　　D. 加里宁

答案 C。解析:约翰·杜威,美国早期机能主义心理学的重要代表,著名的实用主义哲学家、教育家和心理学家。其代表思想是教育即生活、学校即社会、做中学等。

裴斯泰洛奇主要思想主要通过著作《林哈德和葛笃德》反映出来。他提出了教育的目的在于全面、和谐地发展人的一切天赋力量和能力,创立要素教育理论;认为教育过程必须从一些最简单的因素开始,逐渐转到复杂的因素。

加里宁,苏联政治家、革命家、早期的国家领导人。他提出教师是人类灵魂的工程师的观点。

涂尔干,法国社会学家,社会学的三大奠基人之一,主要著作是《自杀论》及《社会分工论》,提出了教育目的是为了社会发展的主张。

7. 首先提出"普及教育"口号的是在(　　)时期。

A. 奴隶社会　　　B. 封建社会　　　C. 资本主义社会　　D. 社会主义社会

答案 C。解析:随着生产力的发展,科学技术和生产的结合越来越紧密,要求工人的文化程度越来越高,再加上第二次世界大战以后民主化运动的发展,资本主义提出了"普及教育"的口号。

8. 在我国当前课程管理的改革中,试行三级课程管理,其中新增的管理课程是(　　)。

A. 综合课程和分科课程　　　　　B. 学科课程和活动课程

C. 地方课程和学校课程　　　　　D. 显性课程和隐性课程

答案 C。解析:新增的课程管理权限是地方课程和学校课程。

(二)简答题

1. 简述制度化教育的特征。

答:(1)学校化;(2)制度化;(3)封闭化;(4)标准化;(5)划一性;(6)世俗化。

2. 简述教育和社会政治经济制度的关系。

答：总体来讲是辩证关系：首先，政治、经济制度决定教育在阶级社会中，在经济上占统治地位的阶级，在文化教育上也占统治地位。其次，教育给予政治、经济制度以巨大的影响和作用。政治、经济决定教育，教育又给予政治、经济以巨大的影响和作用，教育要为经济基础服务，为政治服务。最后，教育的性质随着政治、经济制度的发展而变化。

第二节　学校与校园文化

一、学校概述

（一）学校的概念及基本性质

在一定社会制度上所建构的、以专门促进个体的社会化和社会个性化为核心任务的社会组织和机构。具有如下性质：

（1）学校是一种社会组织。（2）学校是专门的教育机构。（3）学校具有民族性。（4）学校处于不断的变革之中。

（二）学校的产生与发展

1. 学校的起源

世界上最早的学校——泥版书屋。世界上最早的学校诞生在苏美尔，这就是"泥版书屋"。20世纪30年代，法国考古学家安德烈·帕罗特在两河流域上游的名城马里发掘出了一所房舍，被认为是现今发掘的世界上最早的学校。

在中国，我国的夏朝就出现了学校这种专门的教育场所。《孟子·滕文公上》记载："夏曰校，殷曰序，周曰庠"（也有文献说，"夏曰校，殷曰庠，周曰序"）。这里的"校、序、庠"就是学校的名称。孔子是我国私学的创始人。稷下学宫是我国最早的官办大学堂。

> **考题预测**
> 名词解释：
> 　学校
>
> 简答题：
> 　简述学校的性质。

2. 学校的发展

（1）考古学家所发掘的学校遗址，大致包括三种类型：一是王宫附近的学校，包括在拉尔萨、乌鲁克和马里等地发掘的学校遗址，这类学校可能由王宫设立；二是靠近神庙的学校，它们可能是由神庙建立的；三是临近书吏居住区的学校。（2）官办学校；（3）私人学校；（4）家庭学校；（5）网络学校。

二、校园文化

1. 校园文化的含义

校园文化就是学校全体员工在学习、工作和生活的过程中所共同拥有的价值观、信仰、态度、作风和行为准则。

校园文化指的是学校所具有的特定的精神环境和文化气氛，它包括校园建筑设计、校园景观、绿化美化这种物化形态的内容，也包括学校的传统、校风、学风、人际关系、集体舆论、心理氛围以及学校的各种规章制度和学校成员在共同活动交往中形成的非明文规范的行为准则。健康的校园文化可以陶冶学生的情操、启迪学生心智、促进学生的全面发展。

校园文化具有三个特点：

第一，互动性。第二，渗透性。第三，传承性。

2. 校园文化的层次

(1) 表层:学校的物质文化;

(2) 中层:学校的制度文化;

(3) 深层:学校的精神文化。

3. 校园文化的功能

(1) 导向功能;(2) 激励功能;(3) 凝聚功能;(4) 约束功能;
(5) 辐射功能。

4. 理想校园文化的创建策略

(1) 主题统揽;(2) 个性塑造;(3) 传统拓展;(4) 重点突破。

```
考题预测
名词解释:
  校园文化
简答题:
  简述校园文化的功能。
论述题:
  结合德育教育方法
谈谈如何创建理想的校
园文化?
```

三、真题解析

(一) 单选题

世界上最早的学校是(　　)。

A. 稷下学宫　　　　B. 泥版书屋　　　　C. 夏曰校　　　　D. 私塾

答案 B。解析:20 世纪 30 年代,法国考古学家安德烈·帕罗特在两河流域上游苏美尔地区的名城马里发掘出了一所房舍,里面有泥版和土凳,被称为"泥版书屋",被认为是现今发掘的世界上最早的学校。这所学校在神庙旁边,应该是寺庙学校。

(二) 名词解释

1. 教育制度

答:教育制度是指一个国家或地区各级各类教育机构与组织的体系及其各项规定的总称。

2. 学校

答:学校是在一定社会制度上所建构的、以专门促进个体的社会化和社会个性化为核心任务的社会组织和机构。

3. 校园文化

答:校园文化就是学校全体员工在学习、工作和生活的过程中所共同拥有的价值观、信仰、态度、作风和行为准则。

4. 校长负责制

答:校长负责制指"学校工作由校长全面负责"。

本章深度练习及解析

一、单项选择题

1. 制度化教育阶段开始于(　　)。

A. 古代　　　　B. 现代　　　　C. 近代　　　　D. 中世纪

答案 C。解析:制度化教育是指具有层次结构的、按年龄分级的教育制度,始于近代,指 17 世纪后资本主义国家近代学校教育系统。

2. (　　)是校园文化建设的核心。

A. 精神文化　　　　B. 物质文化　　　　C. 制度文化　　　　D. 外部文化

答案 A。解析:校园文化是人们为了保证学校中教育活动顺利进行而创立和形成的一种特有的文化形态,学校精神和观念文化对校园文化起着指导和引领方向的作用,是校园文化建设的核心。因此,正确答案选 A。

3. 学生文化的特征具有( )。

A. 过渡性、非正式性、多样性 B. 过渡性、非正式性、单一性

C. 直接性、非正式性、多样性 D. 过渡性、正式性、多样性

答案 A。解析:学生文化的特征主要有四个方面,分别为过渡性、非正式性、多样性、互补性,由此,可判断出正确答案选 A。

4. 1903,清政府颁布并首次在全国范围内实施的学制是( )。

A. 癸卯学制 B. 壬子癸丑学制

C. 壬寅学制 D. 壬戌学制

答案 A。解析:略。

5. 欧美现代学制最早出现在欧洲,主要有三种类型,前西德等学制属于( )。

A. 单轨制 B. 中间型学制 C. 双轨制 D. 分支型学制

答案 C。解析:略。

6. 对义务教育中"义务"的理解,以下说法中,不正确的是( )。

A. 国家有开办学校、任用教师、提供教材等便利儿童入学的义务

B. 儿童及少年在学龄期有入学接受教育的义务

C. 家长有让子女入学接受教育的义务

D. 学校有免费提供优质教育服务的义务

答案 D。解析:略。

二、简答题

1. 文化对教育的影响有哪些方面?

答:教育和文化之间有着十分密切的关系,任何文化特性或形态,如果没有教育就难以延续。教育和文化是相互依存、相互制约的关系。文化对教育的影响主要表现在以下几个方面:

第一,文化本身具有巨大的教育功能。第二,文化直接影响课程内容。第三,"校园"文化是潜在的、稳定的教育因素。

此外,人们的教育观念又与整个社会观念有关,而观念其实也是文化。总之,文化对教育的支配、影响是直接的、整体的,研究教育不可不重视文化对教育的影响。

2. 教育的文化功能有哪些?

答:教育的文化功能主要有以下几个方面:

第一,传递、保存文化的功能。第二,传播、交流文化的功能。第三,教育的文化分层功能。第四,教育的文化筛选和创造功能。

3. 简述科学技术对教育的影响。

答:科学技术对教育的影响表现在以下几个方面:

第一,科学技术能够改变教育者的观念。第二,科学技术能够影响受教育者的数量和教育质量。第三,科学技术可以影响教育的内容、方法和手段。

4. 简述教育对科学技术发展的作用。

答：科学技术对教育有着重要的影响，反过来，教育对科学技术的发展也有重要的作用，具体表现在以下方面：

第一，教育能完成科学知识的再生产；第二，教育推进科学的体制化；第三，教育具有科学研究的功能；第四，教育具有推进科学技术研究的功能。

5. 简述信息技术对教育的影响。

答：信息技术是人类现代文明和进步的一个重要标志。以多媒体和网络技术为核心的信息技术对教育产生了深刻的影响，具体表现在以下几个方面：

第一，信息技术改变着人们关于知识的观念。① 信息技术改变着知识的数量观念；② 信息技术改变着知识的质量观念。第二，信息技术改变着人们关于学习和教育的观念。第三，信息技术日益成熟和普及为实现教育的第三次飞跃提供了平台。① 信息技术的智能化，可以根据学习者的情况自动生成相应的教学进度，确定相应的针对个人的评价标准，实现教育的个性化，使因材施教的理想真正成为现实；② 信息技术实现了人机互动模式；③信息技术将促进师生关系的民主化。

6. 简述学校文化的特性。

答：学校文化是指学校全体成员习得且共同具有的思想观念和行为方式。其特性主要包括以下几个方面：

第一，学校文化是一种组织文化；第二，学校文化是一种整合性较强的文化；第三，学校文化以传递文化传统为己任；第四，校园文化是学校文化的缩影。

7. 简述学生文化的成因。

答：学生文化的形成受很多因素的影响，主要包括以下几个方面：

第一，学生个人的身心特征。第二，同伴群体的影响。第三，师生的交互作用。第四，家庭社会经济地位。第五，社区的影响。

8. 简述学生文化的特征。

答：学生文化的特征主要包括以下几个方面：

第一，学生文化具有过渡性。第二，学生文化具有非正式性。第三，学生文化具有多样性。第四，学生文化具有互补性。

9. 简述教育对文化发展的促进作用。

答：(1) 教育对社会文化的传承功能；(2) 教育对社会文化的选择功能；(3) 教育对社会文化的传播功能；(4) 教育具有创造文化的功能。

10. 简述确定教育目的的主客观依据。

答：(1) 确定教育目的的主观依据主要是受教育目的确定者的哲学观念、人性假设和理想人格等观念和价值取向的影响。在社会主义国家，马克思主义关于全面发展的人格理想是教育目的确定的重要依据。(2) 确定教育目的的客观依据是指教育目的的确定必须考虑到一定的社会历史条件，主要是指受生产力与科技发展以及社会经济、政治制度的制约，受历史发展进程的制约。此外，教育对象身心发展的一般规律也是教育目的的确定的重要制约因素。

三、案例分析题

有些教师说，他们没有学过教育学，但一样办了几十年教育，教了几十年课，培养出一代又一代的学生。还有些教师说,孔子没有学过教育学,但并不妨碍他成为万世师表。

你认为上述观点正确吗? 运用所学原理进行分析。

【分析】(1) 这些教师认为没有教育理论,一样可以有教育实践,他们都忽略了理论与实践之间的密切联系。历史经验告诉我们,没有实践依据的理论是空洞的理论,没有理论指导的实践是盲目的实践。教育工作者应该在正确理论的指导下进行实践,这样才能避免盲目摸索,避免走弯路,更有效率地实现教育目的。

(2) 教育理论对于每一个教育工作者的意义十分重大。从理论功能上讲,掌握教育原理有助于解释教育实践、指导教育实践、推动教育改革;从实践意义上讲,掌握教育原理有助于树立科学的教育观、提高教育质量、总结经验、探索规律,还可以为学习其他相关学科奠定坚实的理论基础。缺少理论的指导,教育实践就难以取得成效。

(3) 孔子是一位实践经验非常丰富的教师,他不仅拥有丰富的教育经验,而且还善于总结经验并上升到理论高度。孔子总结了很多教育理论,"不愤不启,不悱不发"、"学而时习"、"温故知新"、"学而不思则罔,思而不学则殆"等都是他总结教学经验以后提出来的教学理论。这些理论反过来直接指导了教育教学实践。因此,真正重视教育实践的人,是不应、也不会轻视教育理论的。

第四章 学生与教师

知识架构

学生与教师 {
 教师心理健康
 教师的职业角色、职业发展与特征、权利和义务、素质与发展
 校长的职责和素质要求
 学生在学校教育中的地位和作用、权利和义务、群体文化特征
 学生身心发展规律及中小学生的学习规律
 师生关系、教师专业发展的理论及教师发展规划
}

考纲要点

识记

1. 教师的职业角色、职业特征；

2. 教师的权利和义务；

3. 教师专业发展、阶段及其途径；

4. 校长的职责和素质要求；

5. 学生在学校教育中的地位和作用，学生群体文化的特征；

6. 学生的权利和义务；

7. 学生身心发展规律及中小学生的学习规律。

理解

1. 教师职业及中国教师职业的发展历史；

2. 教师和学生关系的变化；

2. 校长的地位和作用。

运用

1. 根据教师专业发展理论，明确自己专业发展目标，能够对自己的教师职业生涯进行规划；

2. 根据社会主义市场经济条件下学校发展的需要，能够准确定位中学校长的职责和作用；

3. 能够根据对教师学生地位的认识，确立自己对良好师生关系的认识。

第一节　学　生

一、学生概述

（一）学生的特点

1. 学生是教育的对象

学生具有可塑性、依赖性和向师性；教师是教育过程的领导者和组织者。

2. 学生是自我教育和发展的主体

学生具有主观能动性包括自觉性、独立性和创造性。

3. 学生是发展中的人

学生的身心不成熟；具有发展潜力；具有发展需要。

（二）当代的儿童发展观

（1）个体的生物遗传素质为儿童发展提供的可能。

（2）儿童的发展蕴含于儿童主体的活动之中。

（3）实现发展是儿童的权利。

（4）教育在儿童发展中起主导作用。

（三）学生身心发展的规律

（1）身心发展的顺序性；（2）阶段性；（3）不平衡性；（4）互补性；（5）个别差异性。

二、学生在学校教育中的地位与作用

（一）现代学生观

1. 学生是发展中的人

要用发展的观点认识学生。学生的身心发展是有规律的；学生具有发展的巨大潜能；学生是处于发展过程中的人；学生的发展是全面发展。

> **考题预测**
> 简答题：
> 　1. 简述学生的一般特点。
> 　2. 简述现代学生观。

2. 学生是独特的人

学生是完整的人；学生是独特的人；学生之间存在巨大差异。

3. 学生是具有独立意义的人

学生是客观存在；学生是学习主体；学生是责权主体。

（二）学生的地位与作用

学生是学校的主人；学生既是认识的客体，也是认识的主体。

三、学生的权利和义务

（一）学生的权利

（1）参加教育教学计划安排的各种活动，使用教育教学设备、图书资料。

（2）获得各种奖学金、助学金等。

（3）获得公正评价权。

（4）具有合法的申诉权。

（5）法律规定的其他权利。

（二）学生的义务

（1）遵守法律法规。（2）遵守行为规范，尊敬师长，养成良好的思想品德和行为。（3）努力学习，完成规定的学习任务。（4）遵守学校的管理制度。

四、学生群体文化的特征

（一）学生的正式群体与非正式群体文化

1. 正式群体

正式群体是经过学校或班级组织批准的群体，如班委会、班级兴趣小组等。这类群体带有明显的组织性。

2. 非正式群体

非正式群体也称自然群体，是相对于班委会、团小组等一类正式群体而言的，是无正式规定下学生自发自然而形成的群体。这类群体的成员间带有明显的情绪色彩，完全是以个人间的好感、喜爱为基础。

（1）非正式群体分类：积极型非正式群体，与正式学生群体的目标一致，如外人不知道的学习兴趣小组、自学小组等。消极型非正式群体，其活动往往影响学与教活动的正常开展，但并未超出法律允许的范围。中间型非正式群体，介于上述两种类型之间，没有明显的积极和消极作用。例如：经常一起游玩、娱乐的学生小团伙等。破坏型非正式群体，也叫"团伙"，往往有严重的违反学校纪律甚至违法犯罪行为。

（2）非正式学生群体的特点：群体内的一致性、情感依赖性、有突出的领袖人物。

（3）非正式群体教育与转化：第一，要巩固和发展"积极型"群体。要从时空上给他们多接触的机会，帮他们解决交往中出现的矛盾，鼓励他们共同进步，表扬和宣传他们的积极作用，使之不断巩固和扩大。第二，要引导"中间型"向"积极型"过渡。要多接触和关心他们，帮他们树立群体目标，引导他们向先进的同学学习。第三，对"消极型"的非正式群体，如跨越班级的后进生小团体和失学的老同学，旧伙伴密切交往而形成的校外联合体等，不能歧视和简单禁止，要做好转化工作，从建立感情入手，摸清症结，对症下药。还要发挥正式群体——学校、班级、团队组织的作用，以集体的力量去感化和温暖其中的成员。第四，对"破坏型"的非正式群体应通过组织纪律或法律手段使之分化瓦解。

（二）学生群体的主流文化与亚文化

学生的主流文化即学校学生正式群体的文化。学生的亚文化是指由于他们生活、学习或者是家庭环境的不同而形成的不同于主流文化的一类文化，是中学生总体文化中的一部分，是中学生主导文化的补充。

（三）学生群体文化的特征

1. 学生文化的生成性

学生文化是一种在吸收成人文化过程中不断生成和发展的动态的生活方式，学生文化体现了学生不断濡化和涵化的历程。它不断受到学生自身及其同辈群体、学校教育、家长和社会等方面的影响,不断吸收着成人世界的内容,在接受和排斥主流文化的各种要求中发展着。可以说,学生文化是在学生接受社会主流文化的过程中形成的,是个人接受社会规范、行为准则、价值观念等文化传统的社会化过程,也是文化从一代人传到另一代人的潜移默化过程。

2. 学生文化的调适性

学生文化是从童年文化向成人文化演变的产物,但又由于学生发展的未来文化并不是现在成人文化的复制品,因此学生文化又成了社会理想和社会现实之间的冲突点,需要不断地调整和适应。

3. 学生文化的过渡性

学生文化是一种介于儿童世界和成人世界之间的文化现象,是学生群体从儿童迈向成年的一种过渡性、阶段性的产物。

4. 学生文化的时代性

学生文化部分代表着新时代的文化要求,带有社会、时代和地域色彩,也强烈地反映出社会未来发展大方向的趋求,并最终要在实践和融入社会先进的主流文化中得到指引和壮大。

5. 学生文化的社会感

学生文化中蕴涵着年轻一代强烈的社会责任感。

6. 学生文化的主题发展性

学生文化的主题会随活动和时代变化而变化。不同年龄阶段的学生、同一年龄阶段的不同学生群、不同地域和学校的学生、不同时代和国家的学生,其文化有许多共同之处,也有一定差别。

7. 学生文化的情境性差异

无论是形式还是内容上,学生文化都会随时代的变化而差别,例如偶像崇拜现象。

(四)学生群体文化的成因

(1)身心发展特征。(2)同辈交往影响。(3)师生关系的作用。(4)家庭及社会影响。(5)校内外文化作用。

五、真题选析

(一)单选题

1. 学生的"向师性"和"模仿性"的心理特征决定了教师的劳动具有(　　)。

A. 示范性　　　　　B. 复杂性　　　　　C. 主体性　　　　　D. 长期性

答案 A。解析:教师劳动具有:(1)复杂性。(2)创造性。(3)师范性(示范性)。(4)长期性。(5)不确定性等特点。"向师性"和"模仿性"强调了儿童对成人教师的崇拜和愿意模仿教师的言行。

2. 学校全体成员或部分成员习得且共同具有的思想观念和行为方式称为(　　)。

A. 学校精神　　　　B. 学校制度　　　　C. 学校文化　　　　D. 学校传统

答案 C。解析:略。

3. 新课程改革积极倡导的学生观是(　　)。

① 学生是发展的人　② 学生是独特的人　③ 学生是单纯抽象的学习者　④ 学生是

具有独立意义的人

  A. ①②③   B. ②③④   C. ①③④   D. ①②④

  答案D。解析:新课程改革倡导的学生观有:学生是发展的人、学生是独特的人、学生是具有独立意义的人。

（二）名词解释

学生主体性

  答:对于学生主体性这个根本概念,不同的教育学者有不同的看法,有的学者从结构出发,认为主体性是人所具有的本质特性之一,它是人对外界刺激的选择性反应;有的学者则从认识论的角度出发,认为主体性是人认识外界事物的基础,只有发挥主体性,外界刺激才能转化为主体自身认识结构的一部分;从主体性的结构上看,一般认为,主体性具有以下几个基本结构:自主性、主动性和创造性。

（三）简答题

  1. 简述学生的权利。

  答:《教育法》第四十二条对学生享有的权利做了如下规定:

  （1）参加教育教学计划安排的各种活动,使用教育教学设备、图书资料。该权利可简称为"参加教育教学活动权"。（2）按照国家有关规定获得奖学金、贷学金、助学金。该权利可简称为"获得学金权"。（3）在学业成绩和品行上获得公正评价,完成规定的学业后获得相应的学业证书、学位证书。该权利可简称为"获得公正评价权"。（4）对学校给予的处分不服,向有关部门提出申诉,对学校、教师侵犯其人身权、财产权等合法权益,提出申诉或者依法提起诉讼。该权利可简称为"申诉或诉讼权"。（5）法律法规规定的其他权利。

  2. 简述学生的特点。

  答:（1）学生是教育的对象。学生具有可塑性、依赖性和向师性;教师是教育过程的领导者和组织者。（2）学生是自我教育和发展的主体。学生具有主观能动性包括自觉性、独立性和创造性。（3）学生是发展中的人。学生的身心不成熟;具有发展潜力;具有发展需要。

第二节　教师及其职业发展

一、教师及其职业角色

  1. 教师的内涵

  从广义说,教师与教育者是同一概念。自教育系统特别是学校系统独立于社会其他系统之后,教师成为一个专门名词,专指教育活动的主要承担者。

  一般认为,教师是履行教育教学职责的专业人员,承担教书育人、培养社会建设者、提高民族素质的使命。其中,教书育人是教师的根本任务。

  2. 教师职业角色概述

  （1）角色。角色是指个体在社会群体中的特定身份和与之相联系的行为模式。教师作为一种社会角色,意味着社会赋予其相应的身份和职责。

  （2）角色期待。角色期待是社会对每一种社会角色所规定的行为规范和要求。

  3. 教师职业角色的形成

  第一,教师角色的认知。第二,教师角色的认同。第三,教师角色的信念形成。

  4. 教师的职业特点

  （1）教师职业是一种专门性职业。

（2）教师职业是以教书育人为职责的创造性职业。

5．教师职业角色

（1）传道者角色。（2）授业者角色。（3）示范者。（4）组织者和管理者。（5）家长的代理人，学生的朋友。（6）研究者和学习者角色。总之，教师职业是一个多角色的特点。

6．新课程要求的新角色

教师的新角色有：学生学习的促进者；教育教学的研究者；课程的开发者和建设者；社区教育的参加者。

7．教师劳动的特点

教师劳动具有复杂性、创造性、师范性、长期性、不确定性等特点。

（1）复杂性。教师的劳动属于专业性工作，教师为专业人员，从职业性质上认定它是从事精神财富生产的脑力劳动者，具有复杂性。教师的任务是教书育人，包含多方面的要求和较为复杂的内容。

（2）创造性。教师的劳动对象是人，特别是中小学教师，他们的教育对象是正在成长的少年儿童。这就要求，教师的劳动不仅要遵循教育规律，讲科学性，同时还要讲艺术性，像艺术家那样进行创造性的劳动，教育工作是对人的改造与塑造的统一。

（3）师范性。教师劳动手段的特殊性，决定了教师的示范作用。在教育过程中教育的基本手段与教育者融为一体。教师是学生学习的直接榜样，他的思想行为、求知精神、科学态度、思维方法等都对学生起示范作用。少年儿童最富有模仿性，也最信赖他们的老师，把教师看作知识的化身，高尚人格的代表，是他们天然的学习榜样。自觉地接受学生最严格的监督，以身作则，为人师表，用自身的榜样教育学生是教师劳动的重要特点。

（4）长期性。培养人才是长期的系统工程。教师劳动的根本意义是实现教育目的，培养学生成长，达到这一目的必须是长期的。认识教师劳动长期性的特点，有助于树立素质教育思想。

（5）不确定性。教师劳动，特别是教师的劳动成果受到多种因素的制约，教师的努力、外界的环境等都对教师劳动具有影响。

（6）系统性。教育工作的系统性决定了教师劳动的系统性，决定了教师劳动必须要有高度的协调性。

（7）学习性。为了适应现代社会的挑战和学生的未来发展，教师要不断接受新的知识，转变教育思想和观念，学习新的教育理论和方法、技术。

考题预测

名词解释：

　教师

简答题：

　1．简述教师职业发展的三个阶段。

　答：专门阶段；职业化阶段；专业化阶段。

　2．简述教师劳动的特点。

　答：复杂性、创造性、师范性、长期性、不确定性。

论述题：

　为什么说教师劳动具有示范性（师范性）特点？

二、教师的人格特征

教师的人格特征包括许多方面，主要有教师的职业信念、性格特点、教师的理解能力等。其中教师的热情和同情心以及教师富于激励的想象的倾向性是教师人格中很重要的成分。

（一）教师的职业信念

教师的职业信念就是教师在教育教学活动中所坚守的教育理念，其核心是教育观。可以从教学效能感、教学归因等方面体现。

1. 教学效能感

心理学上，把人对自己进行某一活动能力的主观判断称为效能感，效能感的高低往往会影响一个人的认知和行为。

所谓教师的教学效能感，是指教师对自己影响学生学习行为和学习成绩能力的主观判断。这种判断会影响教师对学生的期待、指导等行为，从而影响教师的工作效率。

可以把教师的教学效能感分为一般教育效能感和个人教学效能感两个方面：

一般教育效能感指教师对教育在学生发展中的作用等问题的一般看法与判断，即教师是否相信教育能够克服社会、家庭及学生自身素质对学生的消极影响，有效地促进学生的发展。它与班杜拉理论中的结果预期相一致。

教师的个人教学效能感指教师认为自己能够有效地指导学生，相信自己具有教好学生的能力。它与班杜拉理论中的效能预期相一致。教师的教学效能感是解释教师动机的关键因素。

提高教师的教学效能感应该从以下方面进行：

第一，从教师自身方面来说，要形成科学教育观，这需要教师不断地学习和掌握教育学与心理学的知识，在教学实践中运用这些知识，通过自身的教育实践验证并发展这些知识。

第二，向他人学习，如观摩优秀教师教学、学习其他教师的好经验，增强教师的自信心；教师要注意对自己的教学进行总结和反思，不断改进自己的教学。

第三，从社会方面来说，必须树立尊师重教的良好作风。

第四，从学校方面来说，必须建立一套完整、合理的管理制度和规则并严格加以执行，以及努力创立进修、培训等有利于教师发展、实现其自身价值的条件。良好的校风建设、提高福利待遇等措施也会对教师的教学效能感产生积极的影响。

2. 教学归因

教学归因是指教师对学生学习结果的原因的解释和推测。倾向于将原因归于外部因素的教师，往往会更多地将学生的学习结果归咎于学生自己的能力、教学条件等因素。反之，则归于自己的努力程度。

> **考题预测**
>
> 名词解释：
>
> 　教学归因
>
> 论述题：
>
> 　结合实际谈谈如何提高教师的教学效能感？

可以从如下途径提高教师的教学归因水平：

第一，成败比较法。教学归因中的成败比较法，就是将自己在不同时间、不同地点、不同情况下教学成败的异同点进行比较，从而找到成败原因的方法。

第二，客观分析法。客观分析法就是抓住教和学的主要因素，根据归因的取向或积极模式，及时地、实事求是地分析成败原因的方法。

第三，学生反馈法。

第四，教学后记法。

（二）良好的教师职业性格

第一，善于理解学生。第二，善于与学生相处。第三，善于了解自己。

三、教师良好的行为特征

教师良好的行为特征主要有:第一,行为的明确性。第二,教学方法的多样性。第三,任务取向的行为。第四,富有启发性。第五,参与性。第六,及时评估和反馈。第七,富于期待。

其中,教师的期待是学生学习的主要动力。皮格马利翁效应(罗森塔尔效应)强调:你期望什么,你就会得到什么,你得到的不是你想要的,而是你期待的。只要充满自信地期待,只要真的相信事情会顺利进行,事情一定会顺利进行,相反地说,如果你相信事情不断地受到阻力,这些阻力就会产生,成功的人都会培养出充满自信的态度,相信好的事情一定会发生的。

"皮格马利翁效应"留给我们这样一个启示:赞美、信任和期待具有一种能量,它能改变人的行为,当一个人获得另一个人的信任、赞美时,他便感觉获得了社会支持,从而增强了自我价值,变得自信、自尊,获得一种积极向上的动力,并尽力达到对方的期待,以避免对方失望,从而维持这种社会支持的连续性。

四、教师的权利与义务

(一)教师的权利

(1)进行教育教学活动,开展教育教学改革和实验;(教育教学权)(2)从事科学研究、学术交流,参加专业的学术团体,在学术活动中充分发表意见;(科学研究权)(3)指导学生的学习和发展,评定学生的品行和学业成绩;(指导评价权)(4)按时获取工资报酬,享受国家规定的福利待遇以及寒暑假期的带薪休假;(报酬福利权)(5)对学校教育教学、管理工作和教育行政部门的工作提出意见和建议,通过教职工代表大会或其他形式,参与学校的民主管理;(民主管理权)(6)参加进修或者其他方式的培训。(培训进修权)

(二)教师的义务

(1)遵守宪法、法律和职业道德,为人师表;(2)贯彻国家的教育方针,遵守规章制度,执行学校的教学计划,履行教师聘约,完成教育教学工作任务;(3)对学生进行宪法所确定的基本原则的教育和爱国主义、民族团结的教育,法制教育以及思想品德、文化、科学技术教育,组织、带领学生开展有益的社会活动;(4)关心、爱护全体学生,尊重学生人格,促进学生在品德、智力、体质等方面全面发展;(5)制止有害于学生的行为或者其他侵犯学生合法权益的行为,批评和抵制有害于学生健康成长的现象;(6)不断提高思想政治觉悟和教育教学业务水平。

(三)教师资格的取得

根据中华人民共和国教育部发布的《教师资格条例》实施办法,教师资格的取得必须符合一些法定要件:

第一,国籍要件。必须具备中华人民共和国公民资格。

第二,学历资格。(1)申请幼儿园教师资格,应具备幼儿师范学校毕业及其以上的学历;(2)申请小学教师资格,应具备中等师范学校毕业及其以上学历;(3)申请初级中学教师资格,应具备大学专科毕业及其以上学历;(4)申请高级中学、中等职业学校教师资格,应具备大学本科毕业及其以上学历;(5)申请中等职业学校实习指导教师资格,应具备中等职业学校毕业及其以上学历,并具有相当于助理工程师以上专业技术职务或者中级以上工人技术等级;(6)申请认定高等学校教师资格,应具备研究生或者大学本科毕业学历。

第三,人品要件。申请认定教师资格者应当遵守宪法和法律,热爱教育事业,履行《教师法》规定的义务,遵守教师职业道德。

第四,能力要件。申请认定教师资格者的教育教学能力应当符合下列要求:(1)具备承担教育教学工作所必须的基本素质和能力。具体测试办法和标准由省级教育行政部门制定。(2)普通话水平应当达到国家语言文字工作委员会颁布的《普通话水平测试等级标准》二级乙等以上标准。少数方言复杂地区的普通话水平应当达到三级甲等以上标准;使用汉语和当地民族语言教学的少数民族自治地区的普通话水平,由省级人民政府教育行政部门规定标准。(3)具有良好的身体素质和心理素质,无传染性疾病,无精神病史,适应教育教学工作的需要,在教师资格认定机构指定的县级以上医院体检合格。

第五,程序要件。(1)国务院教育行政部门负责全国教师资格制度的组织实施和协调监督工作;县级以上(包括县级,下同)地方人民政府教育行政部门根据《教师资格条例》规定权限负责本地教师资格认定和管理的组织、指导、监督和实施工作。(2)依法受理教师资格认定申请的县级以上地方人民政府教育行政部门,为教师资格认定机构。(3)申请认定教师资格者,应当在受理申请期限内向相应的教师资格认定机构或者依法接受委托的高等学校提出申请,领取有关资料和表格。(4)申请认定教师资格者应当在规定时间向教师资格认定机构或者依法接受委托的高等学校提交下列基本材料,包括由本人填写的《教师资格认定申请表》一式两份;身份证原件和复印件;学历证书原件和复印件;由教师资格认定机构指定的县级以上医院出具的体格检查合格证明;普通话水平测试等级证书原件和复印件;思想品德情况的鉴定或者证明材料。(5)教师资格认定机构或者依法接受委托的高等学校应当及时根据申请人提供的材料进行初步审查。(6)教师资格认定机构根据教师资格专家审查委员会的审查意见,在受理申请期限终止之日起30个法定工作日内作出是否认定教师资格的结论,并将认定结果通知申请人。符合法定的认定条件者,颁发相应的《教师资格证书》。

五、教师职业素养与发展

1. 教师的职业道德素养

(1)对待事业:忠于人民的教育事业;(2)对待学生:热爱学生;(3)对待集体:团结协作;(4)对待自己:为人师表。

2. 教师的知识素养

(1)政治理论素养;(2)学科专业知识;(3)科学文化知识;(4)教育科学知识;(5)实践知识。

3. 教师的能力素养

(1)语言表达;(2)组织管理;(3)组织教育教学能力;(4)自我调控和自我反思能力。

4. 教师的心理健康素养

(1) 高尚的师德;(2) 愉悦的情感;(3) 良好的人际关系;(4) 健康的人格。

六、教师专业发展

(一) 教师专业发展的概念

教师个体的专业发展是教师从专业思想到专业知识、专业能力、专业心理品质等方面由不成熟到比较成熟的发展过程,即由一个专业新手发展成为专家型教师或教育家型教师的过程。

(二) 教师专业发展的路径

从时间上可以分为:职前教育(师范)、入职教育、在职教育、自我教育。或者非职业(专门)化阶段—职业化阶段—专业化阶段。

从横向上分为:(1) 教师教育一体化;(2) 构建专业发展共同体;(3) 教师专业发展学校;(4) 教学实践反思。或者,新手教师—熟手教师—专家教师。

(三) 教师专业发展的内容

(1) 专业理想的建立;(2) 专业人格的完善;(3) 专业知识的拓展和深化;(4) 专业能力的提高。

(四) 教师专业发展的阶段

1. 傅乐的教师关注阶段论(Fuller,1969)

(1) 教学前关注;(2) 早期生存关注;(3) 教学情境关注;(4) 关注学生。

2. 卡茨的教师发展时期论(Katz,1972)

(1) 求生存时期;(2) 巩固时期;(3) 更新时期;(4) 成熟时期。

3. 伯顿的教师发展阶段论(Burden,1979)

(1) 求生存阶段;(2) 调整阶段;(3) 成熟阶段。

4. 费斯勒的教师生涯循环论(Fessler,1985)

(1) 职前教育阶段;(2) 引导阶段;(3) 能力建立阶段;(4) 热心和成长阶段;(5) 生涯挫折阶段;(6) 稳定和停滞阶段;(7) 生涯低落阶段;(8) 生涯退出阶段。

5. 司德菲的教师生涯发展模式(Steffy,1989)

(1) 预备生涯阶段;(2) 专家生涯阶段;(3) 更新生涯阶段;(4) 退出生涯阶段。

(五) 新手教师与专家教师

1. 新手教师的特点

新手教师就是新参加工作的教师。重视课前准备,重视成绩目标,关注教学本身是新手教师的主要特征。

2. 新手教师与专家教师的比较

(1) 课时计划的差异。对教师课时计划的分析表明,与新教师相比,专家教师的课时计

考题预测

名词解释:
教师专业发展

简答题:
1. 简述教师职业的道德素养。
2. 简述教师专业发展的内容。

论述题:
结合卡茨的教师发展时期论谈谈你的教师职业规划。

考题预测

简答题:
说出五种教师专业发展阶段理论。
答:傅乐的教师关注阶段论;卡茨的教师发展时期论;伯顿的教师发展阶段论;费斯勒的教师生涯循环论;司德菲的教师生涯发展模式。

划简洁、灵活、以学生为中心并具有预见性。专家教师的课时计划只是突出了课的主要步骤和教学内容,并未涉及一些细节。相反,新教师却把大量时间用在课时计划的一些细节上,并在临上课之前针对课时计划做演练。另外,专家教师在制订课时计划时,能根据学生的先前知识来安排教学进度。在备课时,专家教师表现出一定的预见性,他们会在头脑中形成包括教学目标在内的课堂教学表象和心理特征,并且能预测执行计划时的情况。而新教师则认为自己不能预测计划执行时的情况,因为他们往往更多地想到自己做什么,而不知道学生将要做些什么。

考题预测

简答题:
1. 简述新手教师的特点。
2. 简述新手教师与专家教师的比较特点。
论述题:
从新手教师与专家教师的比较特点谈新手教师的成长重点。

(2) 课堂教学过程的差异。专家教师制订的课堂规划明确,并能坚持执行,而新教师的课堂规划较为含糊,不能坚持下去;专家教师有一套完善的维持学生注意的方法,新教师则相对缺乏这些方法;专家教师在教学时注重回顾先前知识,并能根据教学内容选择适当的教学方法,新教师则不能;专家教师将练习看作检查学生学习的手段,新教师仅仅把它当作必经步骤;专家教师具有一套检查学生家庭作业的规范化、自动化的常规程序;专家教师具有丰富的教学策略,并能灵活应用。新教师或者缺乏或者不会运用教学策略。

(3) 课后评价的差异。在课后评价时,专家教师和新教师关注的焦点不同。研究发现,新教师的课后评价要比专家教师更多地关注课堂中发生的细节。而专家教师则多谈论学生对新材料的理解情况和他认为课堂中值得注意的活动,很少谈论课堂管理问题和自己的教学是否成功的问题。专家教师多关心那些他们认为对达到目标有影响的活动。而新教师对课的评价却不相同:有的说了课的许多特点;有的对课的成功做了大致的评估;还有的集中关注于自己上课的有效性。

七、真题解析

(一) 单选题

1. 下列研究者和所提出理论匹配正确的是(   )。
   A. 傅乐的教师关注阶段论   B. 伯顿的教师发展时期论
   C. 司德菲的教师发展阶段论   D. 卡茨的教师生涯循环论
   答案 A。解析:略。

2. 把教师发展分为教学前关注、早期生存关注、教学情境关注、关注学生的研究者是(   )。
   A. 傅乐   B. 伯顿   C. 司德菲   D. 卡茨
   答案 A。解析:略。

3. 忠于人民的教育事业、热爱学生、团结协作、为人师表是教师的(   )。
   A. 知识素养   B. 职业道德素养   C. 能力素养   D. 心理健康素养
   答案 B。解析:略。

4. 教师法定的基本权利是(   )。
   A. 惩罚学生权   B. 学习权   C. 写作权   D. 教育教学权
   答案 D。解析:略。

5. 根据教师资格条例,品行不良、侮辱学生、影响恶劣的,其教师资格将依法(   )。
   A. 撤销   B. 注销   C. 吊销   D. 取消

答案 A。解析:《教师资格条例》第十九条规定:"有下列情形之一的,由县级以上人民政府教育行政部门撤销其教师资格:……品行不良、侮辱学生,影响恶劣的。被撤销教师资格的,自撤销之日起 5 年内不得重新申请认定教师资格,其教师资格证书由县级以上人民政府教育行政部门收缴。"

注销是取消登记在册的事项。

撤销是组织针对资质、资格的取消行为,即某自然人、法人持有的资质资格由于过期或者不再符合资质、资格要求,由资质发放管理方采取的一种取消行为。

吊销是指收回并注销,即吊销是指由有管辖权力的部门停止原来准许进行的某项活动并收回准许文本的执行过程,一般带有强制性。

"取消"亦作"取销",使原有的制度、规章、资格、权利等失去效力。

6. 教师具有指导学生的学习、评定学生的品行和成绩的权利,这是教师享有的(　　)。

A. 教育教学权　　　B. 民主管理权　　　C. 指导评价权　　　D. 科学研究权

答案 C。解析:略

7. 我国《教师法》将教师身份界定为(　　)。

A. 准公务员　　　B. 公务人员　　　C. 事业人员　　　D. 专业人员

答案 D。解析:我国《教师法》第三条:教师是履行教育教学职责的专业人员,承担教书育人,培养社会主义事业建设者和接班人、提高民族素质的使命。教师应当忠诚于人民的教育事业。

(二)简答题

1. 我国《教育法》规定学生享有哪些权利?

答:《教育法》第四十二条对学生享有的权利做了如下规定:

(1) 参加教育教学计划安排的各种活动,使用教育教学设备、图书资料;(2) 获得各种奖学金、助学金等;(3) 获得公正评价权;(4) 具有合法的申诉权;(5) 法律规定的其他权利。

2. 教师资格被撤销、丧失的法定情形分别有哪些?

答:《教师法》第十四条规定,受到剥夺政治权利或者故意犯罪受到有期徒刑以上刑事处罚的,不能取得教师资格;已经取得教师资格的,丧失教师资格。《教师资格条例》第十八条规定,丧失教师资格的,不能重新取得教师资格,其教师资格证书由县级以上人民政府教育行政部门收缴。

《教师资格条例》第十九条规定,有下列情形之一的,由县级以上人民政府教育行政部门撤销其教师资格:(1) 弄虚作假、骗取教师资格的;(2) 品行不良、侮辱学生,影响恶劣的。

被撤销教师资格的,自撤销之日起 5 年内不得重新申请认定教师资格,其教师资格证书由县级以上人民政府教育行政部门收缴。

第三节　教师的心理健康

一、心理健康的概念和标准

1. 心理健康的概念

心理健康是个体心理活动在自身及环境条件下所能达到的最佳功能状态。

2. 心理健康的标准

(1) 有适量的安全感,有自尊心,对自我的成就有价值感。

(2) 适度的自我批评,不过分夸耀自己也不过分苛责自己。

(3) 在日常生活中,具有适度的主动性,不为环境所左右。

(4) 理智、现实、客观、与现实有良好的接触,能容忍生活中挫折和打击,无过度的幻想。

（5）适度地接受个人的需要，并具有满足此种需要的能力。

（6）有自知之明，了解自己的动机和目的，能对自己的能力作客观的估计。

（7）能保持人格的完整和和谐，个人的价值观能适应社会的标准，对自己的工作能集中注意力。

（8）有切合实际的生活目标。

（9）具有从经验中学习的能力，能适应环境的需要改变自己。

（10）有良好的人际关系，有爱人的能力和被爱的能力。

（11）在不违背社会标准的前提下，能保持自己的个性，既不过分阿谀，也不过分寻求。

二、教师的心理健康

1. 教师心理健康标准

（1）愉快地接受自己的职业角色。（2）积极乐观的情绪状态。（3）独创性地开展教育教学活动。（4）良好的人际关系。（5）积极适应和改造教育环境。（6）防止教师心理枯竭。（7）注意心理调适。（8）克服非理性信念。

2. 教师心理健康的维护

（1）提高自我修养。

（2）建立社会支持系统。

（3）优化校园心理环境。

（4）心理咨询与辅导

> **考题预测**
> 名词解释：
> 　心理健康
> 简答题：
> 　如何促进教师的心理健康？

三、教师的压力、职业倦怠与应对

（一）教师压力的来源

1. 职业压力

教师的职业特点具有应激性和发挥性，需要教师投入极大的耐性、不断保持极高的工作热情。另外，教师工作超负荷、工作时间长导致教师身心疲惫，造成极大的心理压力。

2. 提高教师自身素质的压力

社会对教师的学历要求较高，而且不断提高教师学历是一种趋势。教师要通过教研、培训、读研等途径不断更新知识。这些提高教师素质的各种学习活动都对教师产生了不小的压力。

3. 教师个人生活和工作冲突的压力

教师也是普通人，也要处理生活琐事。另外，教师的收入普遍偏低，又面临着切实的经济问题。而职业和社会又要求教师不断付出，不断提高教育教学效果。因而，教师个人生活和工作冲突的压力也显得尤为明显。

4. 角色冲突和角色混淆压力

角色冲突是指个人经常要扮演对于他们价值系统不一致的角色，或同时扮演两种以上相互冲突的角色。

角色混淆是指教师个人无法获得明确清晰的角色期望，或因为无法形成完整统一的角色知觉而产生的混乱。

角色冲突和角色混淆都会给教师带来压力。

（二）职业倦怠

职业倦怠是一种由工作单调机械、无新意引发的心理枯竭现象。教师是职业倦怠症的高发群体。教师职业倦怠的典型症状是工作满意度低、工作热情和兴趣的丧失以及情感的疏离和冷漠。教师职业倦怠可以划分为心理、生理和行为三个方面：

1. 职业倦怠症心理表现

害怕或者故意避免参与竞争，没有竞争热情；逐渐失去工作乐趣，对办公场所有强烈排斥感甚至恐惧感；长期处于挫折、焦虑、沮丧状态，情绪波动很大，逆境下容易焦躁；对工作任务产生本能的厌倦，对业务指标缺乏动力；工作过程中极易产生疲累感，对工作的新异事物敏感度降低。

2. 职业倦怠症生理表现

身体长期处于"亚健康状态"，食欲不振、睡眠质量下降、活动力缺乏等，严重的还会出现嗜睡或者失眠、吃不下饭甚至是呕吐的情况；已经出现一些慢性疾病或者疾病征兆；工作效率降低，行动迟缓、注意力分散、记忆力下降、精神恍惚，甚至出现机能性工作障碍；经常产生疲劳感，失眠、食欲不振、喉咙嘶哑、背痛、头晕，以致全身酸疼，内分泌功能紊乱、血压升高等多种生理现象出现，女教师还会出现生理紊乱、月经失调等；在认知方面，感到工作没有意义，没有价值，将其看作是枯燥的机械重复的琐碎事务，觉得前途暗淡，没有希望；在情感方面，对工作失去兴趣，厌倦，情绪波动大，经常感觉抑郁、焦虑和烦恼等；在意志方面，在工作中碰到困难就躲，不愿钻研。

3. 职业倦怠症行为表现

心理上的转变直接在行为上有所反映，表现为对工作敷衍了事，情绪波动大。由于经常感到压抑、焦虑，普遍对工作缺乏进取心，纯粹是为了工资而来上班。

（三）教师对压力、职业倦怠的应对

第一，正确认识。第二，坚持正确的信念和职业理想。第三，自我反省，建立合理的专业期望。第四，丰富生活，学会放松自己。第五，寻求社会支持。第六，自我调节策略。

四、真题选析

（一）单选题

1. 由工作单调机械、无新意引发的心理枯竭现象叫（   ）。

  A. 职业倦怠　　　　B. 职业冷漠　　　　C. 职业应对　　　　D. 职业压力

答案 A。解析：略。

2. 个人经常要扮演对于他们价值系统不一致的角色，或同时扮演两种以上相互冲突的角色叫（   ）。

  A. 职业冲突　　　　B. 角色混淆　　　　C. 职业压力　　　　D. 职业倦怠

答案 A。解析：略。

考题预测

名词解释：

职业压力
职业倦怠
角色冲突
角色混淆

简答题：

教师职业倦怠的典型特征有哪些？

答：职业倦怠是一种由工作单调机械无新意引发的心理枯竭现象。其典型特征表现在心理、生理和行为方面。主要有：无进取心；无工作乐趣；无成就感；无工作动力；易疲劳；易焦躁；易抑郁。

（二）名词解释

1. 教师职业生涯规划

答：教师职业生涯规划就是对教师职业进行有目的地促进发展的计划。

2. 教师

答：教师专指教育活动的主要承担者。一般认为，教师是履行教育教学职责的专业人员，承担教书育人、培养社会建设者、提高民族素质的使命。教书育人是教师的根本任务。

3. 教师个体专业发展

答：教师个体的专业发展是教师从专业思想到专业知识、专业能力、专业心理品质等方面由不成熟到比较成熟的发展过程，即由一个专业新手发展成为专家型教师或教育家型教师的过程。

4. 角色

答：角色指演员扮演的剧中人物，也比喻生活中某种类型的人物和戏曲演员专业分工的类别。

5. 皮格马利翁效应

答：皮格马利翁效应（教师期望效应）又称罗森塔尔效应。皮格马利翁是古希腊神话里的一位雕刻师。他用象牙精心雕刻了一位美丽的姑娘，并倾注了全部心血和感情，希望雕像能够成活。上帝感其所诚，使象牙姑娘获得了生命，成了他梦寐以求的情侣。心理学家罗森塔尔做了一个有趣的实验：他在某小学随机抽了二十名同学，这二十名同学的学习成绩都差不多，他谎称他已经为他们测了智商，测出其中十名同学的智商很高，非常聪明；另十名同学智商一般，是普通人。然后告诉了他们的老师，一年过后，他又来到了这个学校，发现那些"智商高"的同学的成绩普遍明显高于智商一般的同学。这是因为人对自己或是别人对他有一个希望就会按照那个标准去要求他，把他按照那种人来对待，就会激发他的潜能最后真的成为了大家希望的那样。有一句著名的话：如果你想飞，你就要相信自己能飞。

6. 职业倦怠

答：职业倦怠是一种由工作单调机械、无新意引发的心理枯竭现象。

7. 角色混淆

答：角色混淆指教师个人无法获得明确清晰的角色期望，或因无法形成完整统一的角色知觉而产生的混乱。

8. 教学归因

答：教学归因指教师对学生学习结果的原因的解释和推测。

（三）简答题

1. 如何根据自我防御机制培养教师自己的健康心态？

答：自我防御机制有很多，可进行不同的分类，如成熟性防御和不成熟性防御、积极防御和消极防御等等。但常见的防御机制如下：

第一，否认，是指对某种痛苦的现实无意识地加以否定。第二，压抑，是指把意识所不能接受的观念、情感或冲动抑制到无意识中去。第三，合理化，又称文饰作用，指无意识地用一种通过似乎有理的解释或实际上站不住脚的理由来为其难以接受的情感、行为或动机辩护以使其可以接受。第四，移置，是无意识地将指向某一对象的情绪、意图或幻想转移到另一个对象或替代的象征物上，以减轻精神负担取得心理安宁。第五，投射，是指自我将不能接受的冲动、欲望或观念归因（投射）于客观或别人。第六，反向形成，是指对内心的一种难以接受的观念或情感以相反的态度与行为表现出来。第七，过度代偿，又称过度补偿，是指一个真正的或幻想的躯体或心理缺陷可通过代偿而得到超乎寻常的纠正。第八，抵消，是指一个不能接受的行为象征性地而且反复地用相反的行为加以显示，以图解除焦虑。第九，升华，是指一种最积极的富有建设性的防御机制。第十，幽默，是指对于困境以幽默的方式处理。第十一，认同，是指无意识中取他人（一般是自己敬爱和尊崇的人）之长归为己有，作为自己行为的一部分去表达，借以排解焦虑与适应的一种防御手段。

教师在遇到挫折时,要善于利用各种积极防御机制,如升华、幽默、认同等,也要合理解释自己的挫折。

2. 简述教师的教学效能感及其培养策略。

答:教师的教学效能感,是指教师对自己影响学生学习行为和学习成绩能力的主观判断。这种判断会影响教师对学生的期待、对学生的指导等行为,从而影响教师的工作效率。提高教师的教学效能感应该从以下方面进行:(1)从教师自身方面来说,要形成科学教育观。(2)向他人学习。(3)从社会方面说,必须树立尊师重教的良好作风。(4)从学校方面说,努力创立进修、培训等有利于教师发展、实现其自身价值的条件。

(四)材料分析题

自古以来,对教师的角色有很多比喻。如教师是一个辛勤的园丁,培育美丽的花朵;教师是蜡烛,燃烧自己照亮别人;教师是人类灵魂的工程师,塑造着学生的精神世界等。

请任选一种教师角色的隐喻,分析其蕴含的意义。

[参考答案]教师是蜡烛,燃烧自己照亮别人是我们从道德角度对教师提出的要求。同时也可能是教师一生的写照。对此比喻,我认为,从道德高度上要求老师是正确的。教师就是要无私地奉献教育事业,对学生要有无私的爱。但是,教师一生不应该是像蜡烛一样的人生。教师应该既要照亮别人,也要照亮自己,既要促进学生的发展,也要坚守自己的发展。从而使教师职业真正成为太阳底下最光辉的事业。

第四节 校长及其职业发展

一、校长的地位和职责

(一)校长负责制和校长职责

1. 校长负责制

1985 年 3 月颁布实施的《中共中央关于教育体制改革的决定》规定我国中小学现行的校长负责制。校长负责制即"学校工作由校长全面负责"。

当前关于校长负责制的概念有两种观点:一种是单一性概念,强调学校工作由校长统一领导和全面负责;另一种是结构性概念,强调校长负责制的要素包括:校长全面负责;党组织的政治作用;教代会的民主参与管理;校务委员会的咨询审议作用。

2. 校长职责

第一,全面贯彻党的教育方针,认真执行国家和上级教育行政部门的政策、法规、指示。

第二,认真执行党和国家的知识分子政策和干部政策,调节、依靠教职工。

第三,全面主持学校工作。领导和组织德育、课程与教学、体育、卫生、美育、劳动教育以及课外活动等工作;领导和组织总务工作;配合党支部开展工作。

(二)校长的地位

校长是学校的法人代表,是支持和执行学校管理职能的行政领导。校长的地位主要体现在政治、文化、环境和管理方面。

(1)政治方面:主要是协调权限、创造舆论以及调节冲突。

(2)文化方面:校长在学校文化方面的最根本作用是价值领导,主要体现在:理解学校文化、承扬学校文化、创新学校文化。

(3) 环境方面:领导学校规划、发展、整合和优化环境、争取资源。

(4) 管理方面:对人、财、物、信息、空间和时间等资源进行组织和协调。

(5) 课程与教学方面:贯彻国家的教育目的,执行国家课程与教学计划,组织、评价、研究和开发课程与教学。

二、校长的素质要求

1. 基本的政治素养

(1) 坚持正确的政治方面。(2) 具有较高的马克思主义理论修养。(3) 热爱教育事业。(4) 具有民主作风。

2. 岗位知识素养

(1) 管理素养。(2) 教育教学素养。(3) 政策法规素养。

3. 岗位能力素养

(1) 制订发展规划能力。

(2) 教育教学及评价能力。

(3) 思想教育能力。

(4) 教育教学研究能力。

(5) 学校管理能力。

> **考题预测**
>
> 简答题:
> 校长的基本素质要求有哪些?

三、校长的职业发展

(1) 岗前培养。(2) 上岗培训。(3) 岗位进修。(4) 自我学习。

四、真题选析

根据校长负责制在实施中出现的问题谈谈如何改进校长负责制?

答:出现的问题:① 一言堂家长制;② 承担的责任重;③ 权责利不清。

改进的措施:① 扩大教师的管理参与权;② 强调党组织的监督权;③ 发挥校务委员会的咨询审议作用;④ 吸收社区家长参与管理。

第五节 师生关系

一、师生关系概述

(一) 师生关系的内涵

师生关系是指教师和学生在教育、教学过程中结成的相互关系,包括彼此所处的地位、作用和相互对待的态度等。师生关系既受教育活动规律的制约,又是一定历史阶段社会关系的反映。主要包括以下三种关系:

1. 教育关系

师生之间的教育关系是师生关系中最基本的表现形式,也是师生关系的核心。师生教育关系是为完成一定的教育任务而产生的。一般来说,在教育活动中,教师是促进者、组织者和研究者,而学生一般是参与者、学习者,同时又是学习的主人和自我教育的主体。

2. 心理关系

师生之间的心理关系是指师生在教育教学活动中因情感的交往和交流而形成的心理关系。师生心理关系是伴随着教学活动的开展而自然形成的,是教学活动中一种客观而基本的师生关系。师生心理关系对教学活动具有重要影响,是教学活动得以展开的心理背景,并制约着教学的最终结果。良好的教学过程和教学结果,会促进师生情感关系更加融洽和谐,所以加强师生之间的相互理解和沟通,直接关系到学生的学和教师的教,甚至会对学生世界观、价值观的形成产生很大的影响。

3. 伦理关系

师生之间的伦理关系是指在教育教学活动中,教师与学生构成一个特殊的道德共同体,各自承担一定的伦理责任,履行一定的伦理义务。这种关系处于师生关系体系中的最高层次,对其他关系形式具有约束和规范作用。学生的道德观念有很大部分是从教师那里直接获得的,教师会潜移默化地对学生施以道德方面的影响。

(二)历史上两种对立的师生观

(1)教师中心论,代表人物是赫尔巴特,强调教师权威。

(2)儿童中心论,代表人物是杜威,强调儿童的独立和主体地位。

二、师生关系的内容

(1)在教育教学过程中结成授受关系。

(2)在人格上结成平等关系。

(3)在社会道德上结成相互促进的关系。

三、师生关系的基本类型

(1)专制型。这一类型的师生关系模式是以命令、权威、疏远为其心态和行为特征的。教师在教室内采取专制的作风,并担负全部的责任,计划班级的学习活动,安排学习的情境,指导学习的方法,控制自己的行为;学生没有自由,只是听从教师的命令,对教师往往之敬而远之。

(2)放任型。这一类型的师生关系模式是以无序、随意、放纵为其心态和行为特征的。在教学中,以这种师生关系模式为主的教师采取放任的作风,却不负任何实际责任,给予学生充分的自由,要他们学习自己所高兴的东西。教师不控制学生的行为,也不指示学习的方法,一切活动由学生自己进行。

(3)民主型。这一类型的师生关系模式是以开放、平等、互助为其主要心态和行为特征的。教师在教室内,以民主的方式教学,重视集体的作用,与学生共同计划,共同讨论,帮助学生设立目标,指引学生对着目标进行学习。

大量事实表明,在民主型师生关系模式下,师生关系民主、平等、融洽,而在专制型师生关系模式下,师生关系对立。新课程的推进要致力于建立一种充分体现尊重、民主和发展精神的新型师生伦理关系,跟上时代的步伐,尊重学生的人身基本权利,给学生更多的人文关

考题预测

简答题:
1. 简述师生关系的内涵。
2. 简述师生关系的内容。
3. 简述师生关系的基本类型。
4. 简述我国良好师生关系的特点(要求)。

怀。应该说,建立民主型的师生关系既是新课程实施与教学改革的内容和任务,也是落实深化改革,与时俱进的体现。

四、我国新型师生关系的特点

(1)尊师爱生。(2)民主平等。(3)教学相长。(4)心理相容。

五、影响师生关系的因素

(1)教师方面:教师对学生的态度、教师的领导方式(专制型、放任型、民主型)、教师的智慧、教师的人格因素。

(2)学生方面:学生的兴趣、学生的个性、学生的修养。

(3)环境方面:人际环境、心理环境、物理环境。

六、良好师生关系的建立途径与方法

1. 教师方面

(1)研究和了解学生。(2)树立正确的学生观。(3)热爱、尊重学生,公平对待学生。(4)提高自身修养。(5)发扬教育民主。(6)积极主动与学生沟通,善于与学生交往。(7)正确处理师生矛盾。

2. 学生方面

(1)正确认识自己。(2)正确认识老师。

3. 环境方面

(1)加强学校文化环境建设。(2)加强校风、学风建设。

七、真题选析

(一)单选题

1. 学生品德差、学习差,几乎没有合作行为,而且不知道该做什么。导致学生这种行为的教师领导方式最可能是( )。

A. 民主合作型　　　　B. 放任自流型　　　　C. 仁慈专断型　　　　D. 强硬专断型

答案 B。解析:1939 年李皮特等人进行了领导方式的经典研究。研究中,成人分别以民主的、专断的和放任自流的三种领导方式与 11 岁组的儿童相处,要求每组儿童都经历三种不同的领导方式。后来,李皮特等人又将专断型领导方式分成强硬专断型和仁慈专断型两种,把研究对象扩大为四组。研究结果表明:

在民主型的领导方式下,学生喜欢学习,喜欢与同伴尤其是与教师一起工作,工作的质和量都很高,他们互相鼓励、独自承担某些责任,不论教师在不在课堂,都能自觉学习。

在专断型的领导方式下,学生会产生较高水平的挫折,小组气氛是紧张的、沉闷的,并对领导产生一定程度的反感:领导在场,纪律较好,活动性较强;领导不在场,纪律涣散,学习气氛低落,学习效率明显下降。

在放任自流的领导方式下,学生学习不稳定,纪律松弛,没有合作,推卸责任,谁也不知道该做什么、应该怎样做,在集体内产生较多的攻击性行为,工作效率极低,小组气氛表现出无组织、无纪律、无目的的特点。

2. 在课堂上,教师让学生自主学习,学生各行其道,教师能够解答学生的问题,但不能给予及时的正确指导,不认真检查学习结果,这种师生关系的形态属于( )。

A. 对立型　　　　B. 民主型　　　　C. 依赖型　　　　D. 放任型

答案 D。解析:略。

（二）名词解释

1. 师生关系

答:师生关系是指学生和教师在教育教学活动中结成的相互关系,包括彼此所处的地位、作用和相互对待的态度。

2. 教师角色

答:教师角色是社会对于充当教师的人如何行动所寄予的一种期待和赋予的规定。

3. 教师的人格特征

答:教师的人格特征是指教师的个性、情绪、健康以及处理人际关系的品质等。

（三）简答题

1. 简述优秀教师应具备的基本素质。

答:(1) 良好的思想政治素质。(2) 高尚的职业道德素质。(3) 较高的科学文化素质。(4) 深刻的教育理论素养。(5) 多方面的教育工作能力。(6) 优良的身心素质。

2. 简答良好师生关系构建的基本策略。

答:(1) 了解和研究学生。(2) 热爱和尊重学生。(3) 树立正确的学生观。(4) 作移情性理解。(5) 努力提高自我修养。

3. 简述师生在教育中的关系。

答:师生关系是教学活动的先决条件,是影响教育教学质量的关键因素。良好的师生关系有利于学生的学和教师的教。

本章深度练习及解析

一、单项选择题

1. 以下不属于教师专业自我发展的具体途径和策略的是（A）。

A. 接受进修培训班　　　　　　　B. 日常教学反思

C. 阅读和反思性写作　　　　　　D. 交流合作

2. 教师劳动的创造性主要是由（D）的特点所决定的。

A. 劳动内容　　　B. 劳动方式　　　C. 劳动手段　　　D. 劳动对象

3. 教师劳动手段的特殊性,决定了教师劳动具有（A）特点。

A. 示范性　　　B. 长期性　　　C. 复杂性　　　D. 创造性

4. 《儿童权利公约》的核心精神是维护少年儿童的（C）。

A. 社会权利的客体独立地位　　　　B. 社会权利的主体非独立地位

C. 社会权利的主体独立地位　　　　D. 社会权利的客体非独立地位

5. 校园文化的核心是学校的（A）文化。

A. 精神或观念　　　B. 物质环境　　　C. 建筑与设计　　　D. 自然生态

6. 学生所享有的受他人尊重、保持良好形象及尊严的权利指学生的（D）。

A. 名誉权　　　B. 荣誉权　　　C. 隐私权　　　D. 人格尊严权

7. 一般来说,教师所扮演的职业角色不包括(D)。

A. 朋友角色　　　　B. 示范者角色　　　C. 研究者角色　　　D. 服务者角色

8. "教学相长"、"循序渐进"等教学原则最早出自(A)。

A.《学记》　　　　B.《论语》　　　　　C.《尚书》　　　　D.《孟子》

9. 学校产生后,教师便已成为(B)。

A. 独立的经过专门训练的社会职业

B. 独立的社会职业

C. 非独立的社会职业

D. 非独立的经过专门训练的社会职业

10. 教师的根本任务是(A),全面实现教育目的。

A. 教书育人　　　B. 关心学生健康　　　C. 班主任工作　　　D. 教学

11. 教师职业的最大特点是职业角色的（ C ）。

A. 合理化　　　　B. 示范化　　　　　C. 多样化　　　　　D. 个别化

二、名词解释

1. 教师

答:教师是履行教育教学职责的专业人员,承担教书育人,培养社会主义事业建设者和接班人,提高民族素质的使命。

2. 学生

答:学生是指在各级各类学校或其他教育机构学习的人。

3. 人力资本

答:人力资本是指人所拥有的诸如知识、技能及其他类似的可以影响从事生产性工作的能力。

4. 教师的人格特征

答:教师的人格特征是指教师的个性、情绪、健康以及处理人际关系的品质等。

5. 师生关系

答:师生关系是指学生和教师在教育教学活动中结成的相互关系,包括彼此所处的地位、作用和相互对待的态度。

三、简答题

1. 简述独生子女的特征及教育策略。

答:独生子女的特殊性在于,他是家庭中新一代的唯一成员,因而处于优越地位。在其成长过程中有明显的特点:第一,身体发育普遍较好。第二,智力发展较早。第三,品德行为习惯上的缺欠较为突出。

对独生子女的教育策略:第一,扬长补短,树立科学全面的教育思想。要克服只重视智力开发,忽视思想品德和行为习惯培养的倾向。第二,特别重视家庭教育。第三,学校要加强集体主义和劳动教育,引导独生子女与同伴处好关系,学会关心照顾别人,积极参加集体活动。同时,引导他们参加力所能及的劳动,培养劳动习惯和热爱劳动的情感。

2. 简述学生在教育教学过程中的地位。

答:学生在教育过程中的地位主要体现在两个方面:

第一,学生是教育的对象,是教育的承受者,学校教育的成果表现在学生身上,这是由学校的使命和教育过程中教师与学生的关系所决定的。

第二,学生又是学习的主体。教育过程的基本特点是从事精神生产,教育生产的产品是人才,是人在品德、智力、体质方面的发展,这种精神生产的过程,也就是对人的培养过程;是学生在教师的组织、引导、启发下,经过自身的努力才能实现的,也就是说学生是学习的主体。完整地认识学生在教育过程中的地位,一方面要肯定学生是教育对象,要接受教育,学校和教师不可懈怠教育的职责,发挥其育人的主导作用;另一方面,必须强调学生是学习与发展的主体,要充分发挥学生的主观能动性。

3. 简述教师的权利。

答:教育教学权;学术研究权;评价学生权;工资福利权;参与管理权;进修培训权。

4. 简述学生的权利(我国《教育法》规定学生享有哪些权利?)

答:《教育法》第四十二条对学生享有的权利做了如下规定:

① "参加教育教学活动权"。② "获得学金权"。③ "获得公正评价权"。④ "申诉或诉讼权"。⑤ 其他法律规定的权利。

四、论述题

1. 结合实际论述教育中三种典型的师生关系模式对学生的影响。

答:略。

2. 试论教师职业的特点。

答:任何职业都有其自身特点。认识教师劳动的特点,是认识教师职业的起点。概括起来,教师劳动具有如下基本特点:

(1) 示范性。教师劳动之所以具有示范性,首先是因为教师劳动的工具具有主体性;其次是因为向师性和模仿性是作为教师劳动对象的青少年学生学习的特点和重要学习方式之一。

(2) 创造性。① 教师劳动的创造性体现在因材施教上;② 体现在教育教学的原则、方法、手段、内容的运用、选择和处理上;③ 体现在教育机智上;④ 体现在教育智慧上。

(3) 系统性。教育工作的系统性决定了教师劳动的系统性,决定了教师劳动必须要有高度的协调性。

(4) 学习性。为了适应现代社会的挑战和学生的未来发展,教师要不断接受新的知识,转变教育思想和观念,学习新的教育理论和方法、技术。

(5) 复杂性。① 教师劳动的对象是复杂的;② 教师劳动的任务是复杂、多样的;③ 教师的劳动过程是复杂的;④ 教师的劳动手段是复杂的。

(6) 合作性。① 在师生双边的共同活动中体现出合作性;② 在教师之间的分工中体现出合作性。

(7) 长期性。

五、案例分析题

1. 黄老师教了八年的书,一天,刚上课她就很兴奋地宣布:"我想告诉你们,咱们班出了个诗人,小于写了一首很美的诗,我想读给大家听。"黄老师朗读了这首诗,它的确很美。然而,黄老师注意到小于的脸红了,看上去非常不安,班上有些同学在窃窃私语。后来,黄老师问小于是否愿意再写一首诗去参加全市的诗歌比赛,他说他再也不想写了,因为他真的觉得自己在这方面并不擅长,并且也没时间写。

黄老师听后不知道如何是好,请你帮助黄老师解决此问题。

【分析】此案例中的黄老师没有征求学生的建议,就朗读了孩子的作品,这在黄老师看来是好事情,但是对于这位学生来说就不一定了。所以有些事情需要跟学生商量后再做决定,特别是一些性格比较内向的学生,老师更需要注意,以免在不知不觉中伤害到了学生。

根据国家实行的新课程改革,在教育教学中,教师要充分发挥学生的主体能动性,使学生自身得到更好更快的发展。学生是独特的成长中的人,所以教师在对学生进行教育的同时,要善于倾听学生的意见,培养良好的师生关系,以便教育活动在课堂中、在学生集体中更好的实施。

2. 下课铃声响了,其他班级的同学纷纷走出教室,男女学生笑语喧哗,做着各种运动和游戏,充分享受这课间休息的轻松与快乐。然而在某一教室里,一位教师似乎没有听到下课铃声的鸣响,依然口若悬河地说个不停。眼看这课间 10 分钟就要过去了,坐在教室里的学生都有抱怨的行为表现。

请从心理学的角度,分析这位教师讲课压堂所造成的危害和不良影响。

【分析】教师课堂压堂对于教师自己、学生都是一件无益的事。

首先,压堂会造成学生的厌学心理。据科学统计,人的注意力有无意注意和有意注意之分,而有意注意只能在一段时间内保持集中。学生这样的未成年人更加容易疲劳,更应重视劳逸结合。课堂的四十五分钟已经让学生精神疲惫,适当的课间休息有助于放松,以便于更好地上下一节课。而教师的压堂不但不会让学生更好地学习,反而会让他们倦怠,心生厌恶,进而有可能讨厌教学的老师,讨厌这位老师的学科。教师想要多传授知识的目的不但没有达到,反而得不偿失。

其次,压堂无助于教师教学。儿童容易受到暗示的影响,其形象与状态容易影响心态。面对别的班学生的快乐学习,再想想自己,有可能造成学生的注意力分散,进而影响学习效果。另外,没有时间上厕所也会影响下一堂课的授课,造成不必要的教学冲突。最后,当堂事当堂毕,是一个优秀教师应具备的素质。下课仍然在口若悬河会让人误会因上课拖沓所致。如果真是没有授完课,长期这样也会给自己养成一种依赖心理。

3. 我原来在小学是个很爱提问的人,可是每次提问都被否定了。记得有一次,甲老师在教古诗《春晓》时,我觉得有疑问,就问:"老师说诗人春天好睡觉,连天亮都不晓得,那他夜里怎么能听见风雨声呢?"甲老师很不以为然地说:"这有什么奇怪的?早上起床到外面一看不就知道了吗?"我还想再问,老师挥手让我坐下,环视一下全班同学,多少带点嘲笑口吻说道:"大家说说看,是他对还是老师对?"同学们毫不犹豫地回答:"老师对!"当时我感到很尴尬,竟然对自己的判断产生了无端的怀疑。我上了中学以后,就很少提问了。

下面是阅读课《灰姑娘》的一个片断。在课堂上,乙老师提出了一系列的问题请大家独立思考回答。她所提的最后一个问题是:"这个故事里有一处错误,谁能把它找出来?"大家纷纷打开课本,开始认真地阅读,过了一会,一个孩子高高举起手说:"老师,我发现了错误。明明说等到午夜十二点的时候,一切东西都变回原来的样子,可灰姑娘的水晶鞋却没有变,这就是错误。""太棒了!"老师示意他坐下后,对全班同学说:"孩子们,你们看,伟大的作家也会犯错误。我敢肯定,将来你们中间如果有人成为作家,一定比他还要棒,我期待着那一天的到来。"同学们频频点头。

请运用教育原理分析甲、乙两位老师不同的学生观。

【分析】此案例中的甲、乙两位教师代表着两种不同的教学观、学生观、教师观及师生观。首先,案例中的甲老师是传统教学模式的代表。他在整个课堂中,都是以自己为中心,对于学生的提问不以为然,并且在课堂中没有尊重这位提问的学生,让这位学生在整个课堂中很尴尬,更不用说好好学习了。甲老师的这种做法只会使他与学生之间的关系更加紧张,以自我为中心的思想会使甲老师看不清学生的本质,使自己的教学之路越走越狭窄。

另外,案例中的乙老师则与甲老师完全不一样,是现代教学模式的代表。在他的整个课堂中,把学生作为了课堂的主体,充分发掘学生的个性特征及潜能,培养学生多种智能的发展。课堂中乙老师充分鼓励学生质疑,并让学生独自找到答案,同时配有德育的进行,对全班的学生进行了理想教育。可以看出,乙老师给予了学生充分的尊重与信心,他和学生之间将会是朋友、共同学习的伙伴和谐关系,这点也是现代教学观所提倡的。

由此可见,乙老师的教学方法高于甲老师,而乙老师的教学方法同样也是值得我们年轻教师学习的。

4. 刚从师范学校分配来的张红老师担任了初中二年级二班的班主任。同一办公室的赵老师出于关心,以"过来人"的身份劝告张老师:"这个班的学生非常调皮,真所谓'三天不打,上房揭瓦',体罚学生固然不好,但对处于这个年龄段的学生,只有对他们凶一点,严格控制他们的言行,才能树立你的威信。否则,这个班就没法带了。"张老师似有所悟……

运用相关的教育理论对赵老师的劝告进行分析。

【分析】现代教学观中认为学生是发展中的带有未完成性的独特的个人,教师要以发展的眼光去看学生,善于发现学生的闪光点,使每个学生的个性及智能都得到充分的发展。此案例中,赵老师对张红老师的劝告并没有错,想要管住这么一个调皮的班级,张红老师就要在给予学生充分的尊重与关爱的同时严格要求他们。但是,张老师和赵老师要明白,《中华人民共和国教师法》中规定教师不得对学生进行体罚,为了使学生得到更好更全面的发展,两位老师可以运用惩戒,使学生们养成良好的行为习惯,但是体罚是不可取的。

第五章　课　程

考纲要点

识记

1. 课程的概念；
2. 国家课程、地方课程与校本课程；
3. 教学计划、教学大纲、教科书；
4. 活动课程论、要素课程论、结构课程论；
5. 制约课程的主要因素；
6. 义务教育的教学计划的特征。

理解

1. 课程内涵的发展；
2. 课程与教学的关系；
3. 三级课程管理；
4. 校本课程开发；
5. 课程资源开发。

运用

1. 有效实施课程的条件；
2. 课程资源利用与教学效率的关系；
3. 活动课程与结构课程比较；
4. 校本课程开发实践。

第一节　课程概述

一、课程内涵

（一）课程的概念

广义的课程是指为了实现教育目的而规定的学生应该学习的所有学科与应该从事的所有活动的总和及其有计划的进程。

狭义的课程是指学生在学校应该学习的学科、应该从事的活动内容及其有计划的进程。

（二）课程内涵的发展

课程就是教科书；课程就是学习经验；课程就是预期的学习结果；课程是有计划的教学活动；课程是活动或活动进展。

二、课程类型

（一）国家课程、地方课程与校本课程

从课程的管理属性分为：国家课程、地方课程及校本课程。

1. 国家课程

国家课程亦称"国家统一课程"，它是自上而下由中央政府负责编制、实施和评价的课程。负责国家课程的课程编制中心一般具有如下特征：（1）权威性。课程编制中心的权威性来自政府赋予它们的职责以及法律赋予它们的合法性。（2）强制性。在绝大多数国家，课程编制中心负责编制的课程是强制执行的，其中包括课程标准、教材、教师用书、习题集等。

2. 地方课程

地方课程又称地方本位课程，是指地方各级教育主管部门根据国家课程政策，以国家课程标准为基础，在一定的教育思想和课程观念的指导下，根据地方经济、政治、文化的发展水平及其对学生发展的特殊需要，充分利用地方课程资源而开发、设计、实施的课程。

3. 校本课程

校本课程是由学生所在学校的教师编制、实施和评价的课程，也称为学校课程。

（二）学科课程、活动课程与综合课程

从课程的结构形式分为：学科课程、活动课程及综合课程。

1. 学科课程

学科课程也叫分科课程或文化课程，是一种主张以学科为中心来编定的课程。它主张课程要分科设置，分别从相应科学领域中选取知识，根据教育教学需要分科编排课程，进行教学。

20 世纪 60 年代以来关于学科课程的理论主要有：美国教育心理学家布鲁纳的结构主义课程论、德国教育学家瓦根舍因的范例方式课程论、苏联教育家赞科夫的发展主义课程论。

2. 活动课程

活动课程与分科课程相对,它是指打破学科逻辑组织的界限,以学生的兴趣、需要和能力为基础,通过学生自己组织的一系列活动而实施的课程,它也常常被称之为"儿童中心课程"、"经验课程"等。杜威是其代表人物。

3. 综合课程

综合课程是指打破分科课程的知识领域,组合两门以上的学科领域而构成的一门课程。其表现形式有相关课程(即把相邻的学科组成一门课程),如艺术、体育与健康等;融合课程,如社会;核心课程等。

(三)显性课程与隐性课程

从课程的表现形式分为:显性课程和隐性课程。

1. 显性课程

显性课程是学校情境中以直接的、明显的方式呈现的课程,是教育者直接地表现出来的,如课程表中的学科。

2. 隐性课程

隐性课程包括一切有利于学生发展的资源、环境、学校的文化建设、家校社会一体化等。

3. 区别

隐性课程与显性课程有三方面的区别:一是在学生学习的结果上,学生在隐性课程中得到的主要是非学术性知识,而在显性课程中获得的主要是学术性知识;二是在计划性上,隐性课程是无计划的学习活动,学生在学习过程中大多是无意接受隐含于其中的经验的,而显性课程则是有计划、有组织的学习活动,学生有意参与的成分很大;三是在学习环境上,隐性课程是通过学校的自然环境和社会环境进行的,而显性课程则主要是通过课堂教学来进行的。

(四)必修课程与选修课程

从课程学习的性质分为:必修课程和选修课程。

1. 必修课程

必修课程指学生在学校课程计划中必须学习的课程。

2. 选修课程

选修课程指学生根据课程计划,可以根据自己的兴趣自主学习的课程。

三、主要的课程理论

1. 活动课程论(经验课程论)

活动课程论指以经验为中心的课程理论,代表人物是杜威。他认为"学校科目相互关系的真正中心,不是科学,不是文学,不是历史,不是地理,而是儿童本身的社会活动"。他主张编制课程应与学生的生活经验发展顺序相一致,使学生掌握解决实际问题的知识;提倡学生"在

> **考题预测**
> 名词解释:
> 校本课程
> 活动课程
> 学科课程
> 隐性课程
>
> 简答题:
> 简答现代三大课程理论。
> 答:布鲁纳(J. S. Bruner)的结构主义课程论、德国教育学家瓦根舍因(M. Wagenschein)的范例方式课程论、苏联教育家赞科夫(J. B. Bahkob)的发展主义课程论。

> **考题预测**
> 简答题:
> 简述活动课程的主要观点。
> 答:活动课程论指以经验为中心的课程理论,代表人物是杜威;强调儿童经验的重要性;主张编制课程应与学生的生活经验发展顺序相一致;提倡学生"在做中学"。

做中学"。他认为传统的学科课程论不能照顾学生的需要、兴趣和个性,提出在活动中学习,通过活动获得经验,培养兴趣,解决问题,培养科学的思想、态度和思维方法。

2. 要素课程论

要素主义课程论是在批判杜威的活动课程论的基础上产生的,代表人物是巴格莱。该理论认为,儿童中心的课程难以保证学生获得基本的知识技能,而教育和课程应当将人类文化要素传授给下一代。因此,要素主义课程论重视系统知识的传授,重视传统的学科课程。其主要观点是:① 教学内容应以课程目标为主要依据;② 课程内容应主张选择共同、不变的文化要素;③ 强调接受教学,认为教学即心智的训练,教师是教育的中心,学生要服从教师的指导。

3. 结构课程论

布鲁纳是结构主义课程论的创始人,代表作是《教育过程》。其基本思想是:教学必须让学生掌握科学知识的基本结构,即基本原理或基本概念体系;强调得到的概念越基本,概念对新问题的适用面就越广;断言在结构主义课程前提下,任何学科都能够有效地教给任何发展阶段的任何儿童;强调不仅要教出成绩良好的学生,而且还要帮助每个学生获得智力上的发展,为此就要抛弃传统的复现法,代之以有利于开发智力的发现法。

四、制约课程的主要因素

1. 社会因素
第一,一定历史时期的社会发展要求。第二,时代精神。第三,课程理论。

2. 知识因素
第一,知识的发展。第二,科技、文化发展水平。

3. 学生因素
第一,学生观的发展。第二,对学生身心规律的认识。

五、课程与教学的关系

1. 理论研究的观点
(1) 大教学论,即教学包含课程,课程是教学的内容。
(2) 大课程论,即教学是课程实施。
(3) 独立论,即相对独立,各是各的。
(4) 整合论,即相互整合,构成一门新学科——课程与教学论。

2. 实践中的观点
(1) 相互关联,不可分割。
(2) 各有侧重,相互作用。

六、真题选析

(一)单选题

1. 新基础教育课程改革的三级课程管理,这三级指的是(　　　)。

A. 国家—地方—学校　　　　　　　B. 中央—省—市县

C. 省—市—县　　　　　　　　　　D. 省—市—学校

答案 A。解析:课程改革纲要提出的课程管辖权,包括国家课程、地方课程和学校课程(也称校本课程)三级。

2. 发展教学论的代表人物是（　　）。

A. 赞可夫和布鲁纳　　　　　　　B. 布鲁姆和巴班斯基

C. 克拉夫基和瓦根舍因　　　　　D. 罗杰斯和马斯洛

答案 A。解析：赞可夫，苏联著名教育家、心理学家。他的主要著作有：《教学与发展》、《教学论与生活》、《和教师的谈话》、《论教学论研究的对象与方法》、《论小学教学》等。赞可夫一生从事教育教学工作，把毕生精力献给了"教学与发展问题"的实验研究。布鲁纳，美国心理学家、教育学家，对认知过程进行过大量研究，在词语学习、概念形成和思维方面有诸多著述，对认知心理理论的系统化和科学化做出一定贡献。布鲁纳非常注意教育在儿童心理发展上的巨大作用，他认为：要让儿童学习学科知识的基本结构；教育应促进儿童认知能力的发展；注重儿童的早期教育；"发现法"是儿童的主要学习方法。

布鲁姆的主要贡献在于对教育目标的分类上。巴班斯基则强调教育教学过程的最优化问题。

克拉夫基是联邦德国马尔堡大学教授。他提出的"范畴教育"理论在英、美、日、法、意、苏联等国得到介绍与评价，颇有影响。瓦根舍因也是德国人，是范例教学论的开创者。

罗杰斯和马斯洛都是人本主义心理学的代表人物。罗杰斯提出了非指导性教学理论。

3. 范例教学论的代表人物是（　　）。

A. 巴班斯基　　　　　　　　　　B. 布鲁姆

C. 赞可夫和布鲁纳　　　　　　　D. 克拉夫基和瓦根舍因

答案 D。解析：略。

（二）名词解释

1. 课程

答：课程是指学校学生所应学习的学科总和及其进程与安排。广义的课程是指学校为实现培养目标而选择的教育内容及其进程的总和，它包括学校老师所教授的各门学科和有目的、有计划的教育活动。狭义的课程是指某一门学科。

2. 国家课程

答：国家课程是由中央教育行政机构编制和审定的课程，其管理权属中央级教育机关，是一级课程。

3. 课程整合

答：课程整合是指超越不同知识体系而以关注共同要素的方式来安排学习的课程开发活动。

第二节　课程目标

一、课程目标的内涵

1. 广义的课程目标

广义上的课程目标的涵义定位于教育与社会的关系，是一个比较大的视角，涵盖面是全层次的。它即是教育意图，包含了"教育方针"、"教育目的"、"培养目标"、"课程教学目的"和"教学目标"，而教学目标又包含年级教学目标、单元教学目标和课时教学目标。

2. 狭义的课程目标

狭义上的课程目标的涵义定位于教育内部的教育与学生的关系，是一个相对狭窄而具体化的视角，它的涵盖面是特定的，主要指"教育目标"。在狭义上，课程目标不包含"教育方针"，只包含"教育目的"、"培养目标"、"课程教学目的"和"教学目标"。

3. 课程目标的特点

课程目标具有整体性、阶段性、持续性、层次性和递进性的特点。

二、课程目标的分类

1. 行为取向性目标

行为取向的课程目标是期待的学生的学习结果，它具有导向功能、控制功能、激励功能与评价功能。

行为目标具体、明确，便于操作、评价，对于学习以训练知识、技能为主的课程内容较为适合。行为目标取向的课程目标理论主要有泰勒的课程目标理论和布鲁姆的教育目标分类。

泰勒的课程目标理论。泰勒提出四个课程问题：学校应力求达到何种教育目标、如何选择有助于实现这些教育目标的学习经验、如何为有效的教学组织学习经验、如何评价学习经验的有效性。他认为课程目标的来源是：对学习者本身的研究、对当代校外生活的研究、学科专家对目标的建议、利用哲学选择目标、利用学习心理学选择目标。

布鲁姆的教育目标分类：认知领域、情感领域、动作技能领域。

2. 生成性课程目标

生成性目标不是由外部事先规定的目标，而是在教育情境之中随着教育过程的展开而自然生成的目标，它关注的是学习活动的过程，而不是像行为目标那样重视结果。它考虑学生的兴趣、能力差异，强调目标的适应性、生成性。

3. 表现性课程目标

表现性目标指在教育情境的种种遭遇中每一个学生个性化的创造性表现。它关注学生的创造精神、批判思维，适合以学生活动为主的课程安排。

4. 普遍性目标取向

根据一定的哲学或伦理观、意识形态、社会的政治需要，对课程进行总括性和原则性规范与指导的目标。

考题预测

简答题：
1. 简述课程目标的特点。
2. 简述生成性课程目标的特点。
3. 简述师生关系的基本类型。
4. 简述课程目标设定的四种取向。
答：行为目标；生成性目标；表现性目标；普遍性目标。

三、我国新课程改革具体目标及表述

1. 我国新课程改革目标转向

（1）改变课程过于注重知识传授的倾向，强调形成积极主动的学习态度，使学生获得基础知识与基本技能的同时学会学习和形成正确价值观。

（2）改变课程结构过于强调学科本位、科目过多和缺乏整合的现状，整体设置九年一贯的课程门类和课时比例，并设置综合课程，以适应不同地区和学生发展的需求，体现课程结构的均衡性、综合性和选择性。

（3）改变课程内容"难、繁杂、偏、旧"和过于注重书本知识的现状，加强课程内容与学生生活以及现代社会和科技发展的联系，关注学生的学习兴趣和经验，精选终身学习必备的基础知识和技能。

（4）改变课程事实过于强调接受学习、死记硬背、机械训练的现状，倡导学生主动参与、乐于探究、勤于动手，培养学生搜集和处理信息的能力、获取新知识的能力、分析和解决问题的能力以及交流与合作的能力。

（5）改变课程评价过分强调甄别与选拔的功能，发挥评价促进学生发展、教师提高和改进教学实践的功能。

（6）改变课程管理过于集中的状况，实行国家、地方、学校三级管理的课程，增强课程对地方、学校及学生的适应性。

2. 新课程目标的表述方式（三维目标）

（1）知识与技能。

（2）过程与方法。

（3）情感态度与价值观。

三维目标是一个整体，三个维度相互支持，相互联系，融为一体。

> **考题预测**
>
> 简答题：
> 　　简述新课程三维目标及其关系。
> 　　答：知识与技能；过程与方法；情感态度与价值观。
> 　　三维目标是一个整体，三个维度相互支持，相互联系，融为一体。

四、真题选析

（一）名词解释

泰勒原理

答：在泰勒的《课程与教学的基本原理》一书中，他开宗明义地指出，开发任何课程和教学计划都必须回答四个基本问题：

第一，学校应该试图达到什么教育目标。第二，提供什么教育经验最有可能达到这些目标。第三，怎样有效组织这些教育经验。第四，我们如何确定这些目标正在得以实现。这四个基本问题——确定教育目标、选择教育经验（学习经验）、组织教育经验、评价教育经验，构成了著名的"泰勒原理"。

（二）简答题

1. 写出课程设计的三种模式。

答：（1）泰勒的目标模式。（2）英国学者斯腾豪斯过程模式。（3）斯基贝尔克的情境模式。（4）施瓦布的实践与折中模式。（5）近年来的评判模式。

2. 简述校本课程开发的条件。

答：校长要有明确的教育哲学和办学宗旨；教师要有科学的课程意识和课程知识；学校要有民主的管理机制；要形成社区、教师、学生共享的课程平台；学校要有体现校本课程开发的评价机制。

第三节　课程内容与资源

课程是学校教育的核心，目前我国中小学课程主要由教学计划（课程计划）、课程标准和教科书三部分组成，它们是课程的具体表现形式。

一、课程计划

（一）课程计划的内涵

1. 课程计划的概念

课程计划是根据教育目的和不同类型学校的教育任务，由国家教育主管部门制定的有关教学和教育工作的指导性文件。

2. 课程计划的组成部分

（1）课程设置。（它是课程计划的首要问题，是根据教育目的、学校的具体任务和修业年限制订的）

（2）课程开设顺序。

（3）教学时数。

（4）学年编制和学周安排。

3. 我国义务教育课程计划的特点

我国义务教育课程计划具有强制性、普遍性、免费性、基础性的特点。

（二）制订课程计划的原则

（1）教学为主，全面安排。（2）互相衔接，相对完整。（3）突出重点，注意联系。（4）统一性、稳定性和灵活性相结合。

二、学科课程标准与教材

（一）学科课程标准

学科课程标准是根据课程计划以纲要形式编订的有关课程教学内容的指导性文件，它规定课程的知识范围、深度、体系、教学进度和教学法的要求。

完整的课程标准包括：前言、课程目标、内容标准、实施建议、附录五部分。

（二）教材

1. 教材的概念

教材是根据学科课程标准系统阐述学科内容的教学用书，它是知识授受活动中的主要信用媒介，是课程标准的进一步展开和具体化。教材是学生获取系统知识的重要工具，也是教师进行教学的主要依据。

2. 编写课程标准和教材应遵循的原则

（1）思想性和科学性统一。

（2）理论与实际相统一。第一，学科课程标准和教材的编写不仅要有利于学生掌握科学的、系统的基础知识，还要有利于培养学生运用知识的能力。第二，学科课程标准和教材还必须规定一定数量的实验、实习、习题和练习，提高学生分析和解决实际问题的能力。第三，为了更好地为本地区的经济服务，还可以因地制宜地编写一些乡土教材。

（3）稳定性和时代性相结合。

（4）系统性和可接受性相统一。

3. 教材编写的内容和形式特征

（1）内容特征：从儿童经验出发；利于儿童建构知识；利于儿童产生问题；把知识、能力与情感培养相结合；利于师生互动；体现范例性原则。

（2）形式特征：考虑文体要求；形式活泼；图文并茂；结构合理；利于学习。

考题预测

名词解释：
　课程计划
　课程标准
　教材

简答题：
　1. 简述制订课程计划的原则。
　2. 简述我国义务教育课程计划的特点。

三、课程资源

1. 课程资源的含义

课程资源是课程建设的基础,包括教材以及学生家庭、学校和社会生活中一切有助于学生发展的资源。其中教材是课程资源的核心和主要组成部分。

广义的课程资源指形成课程的直接要素来源和实施课程的必要而直接的条件。狭义的课程资源指形成课程的直接要素来源。

2. 课程资源的分类

(1) 有形资源和无形资源。有形资源包括教材、教具、仪器设备等有形的物质资源;无形资源的范围更广,可以包括学生已有的知识和经验、家长的支持态度和能力等。

(2) 素材性资源和条件性资源。素材性课程资源包括知识、技能、经验、活动方式与办法、情感态度和价值观以及培养目标等方面的因素;条件性资源包括直接决定课程实施范围和水平的人力、物力和财力,如时间、场地、媒介、设备、设施和环境等因素。

(3) 校内资源、校外资源和网络化资源。校内资源主要包括本校教师、学生、学校图书馆、实验室、专用教室、标本、教学挂图、模型、影片,以及其他各类教学设施和实践基地等;校外资源主要指公共图书馆、博物馆、展览馆、科技馆、家长、校外学科专家、社区组织、电视、广播、报纸杂志等广泛的社会资源及丰富的自然资源;网络化资源主要指多媒体化、网络化、交互化的以网络技术为载体开发的校内外资源。

3. 课程资源的特点

(1) 广泛多样性。(2) 多质性。(3) 客观性。

4. 课程资源开发策略与路径

(1) 挖掘教材,沟通知识与生活的联系。

(2) 变换改编,使教材内容接近学生的认识水平。

(3) 捕捉课堂生成性资源。

(4) 引导学生阅读相关的知识,丰富教材内容。

(5) 建立课程资源库。

(6) 利用当地文化资源。

5. 课程资源利用与教学效率的关系

(1) 课程资源的开发与教学效率互为保障。

(2) 教师是课程资源利用与教学实施的主导。

> **考题预测**
>
> 名词解释:
> 　　课程资源
> 　　教科书
>
> 简答题:
> 　　1. 简述教材编写应该遵循的原则。
> 　　2. 简述课程资源的开发路径。
> 　　3. 简述课程资源利用与教学效率的关系。

四、校本课程的开发与实践

1. 校本课程的内涵

校本课程(school-based curriculum)即以学校为本位、由学校自己确定的课程,它与国家课程、地方课程相对应。

2. 校本课程的开发理念

(1) 学生为本。(2) 决策分享。(3) 全员参与。(4) 个性化。

3. 校本课程的开发程序

(1) 需要评估。需要评估是设计校本课程时首先必须要做的研究性工作,主要涉及明确学校的培养目标,评估学校的发展需要,评价学校及社区发展的需求,分析学校与社区的课程资源等。

(2)确定目标。确定目标是学校对校本课程所做出的价值定位。它是在分析与研究需要评估的基础上,通过学校课程审议委员会的审议,确定校本课程的总体目标,制订校本课程的大致结构等。

(3)组织与实施。组织与实施是学校为实现校本课程目标开展的一系列活动。根据校本课程的总体目标与课程结构,制订校本《课程开发指南》。对教师进行培训,让教师申报课程。学校课程审议委员会根据校本课程的总体目标与教师的课程开发能力,对教师申报的课程进行审议。审议通过后,编入《学生选修课目录与课程介绍》。学生根据自己的志愿选课,选课人数达到一定的数量后,才准许开课。在此基础上,学校形成一份完整的《校本课程开发方案》。

(4)评价。评价是指校本课程开发过程中的一系列价值判断活动,它包括对《课程纲要》的评价、对学生学业成绩的评定、对教师课程实施过程的评定以及《校本课程开发方案》的评价与改进建议等。评价的结果向有关人员或社会公布。

4. 校本课程的开发途径

(1)合作开发。

(2)课题研究与实验。

(3)开设选修课、开展兴趣小组活动。

5. 校本课程开发的功能(意义)

(1)提升教学水平。

(2)提升教师发展水平。

(3)展现学校独特发展价值。

(4)服务学生全面发展。

> **考题预测**
>
> **名词解释:**
>   校本课程
>
> **简答题:**
>   1. 简述校本课程的开发程序。
>   2. 简述校本课程的开发途径。
>   3. 简述校本课程开发的意义。

五、综合实践活动

(一)综合实践活动的内涵

1. 综合实践活动的概念

综合实践活动是基于学生的直接经验,密切联系学生自身生活和社会生活,体现对知识的综合运用的课程形态。

2. 综合实践活动的内容

综合实践活动包括信息技术教育、研究性学习、劳动与技术教育、社区服务与社会实践四部分。从性质上讲,综合实践活动课程属于国家规定的中小学必须开设的"必修课程"。

信息技术教育主要是培养学生利用信息技术的意识和能力,了解必要的通用技术和职业分工,形成初步技术能力。

研究性学习以学生的自主性、探索性学习为基础,从学生生活和社会生活中选择和确定研究专题,主要以个人或小组合作的方式进行。通过亲身实践获取直接经验,养成科学精神和科学态度,掌握基本的科学方法,提高综合运用所学知识解决实际问题的能力。

劳动与技术教育主要对学生进行劳动观念和一般劳动技术能力的教育,进行现代职业意识、职业技能的培养和就业选择的指导。

社区服务与社会实践是指学生走出教室,参与社区和社会实践活动,以获得直接经验,发展实践能力,增强社会责任感。社区服务主要通过学生在本社区以集体或个人形式参加各种公益活动,进行社会责任意识、助人为乐精神的教育,为社区的建设和发展服务。社会实践主要通过军训和工农业生产劳动对学生进行国防教育、生产劳动教育,培养组织纪律性、集体观念和吃苦耐劳精神。学校可以结合实际,为学生走出学校,深入社会创造条件。

3. 综合实践活动的特点

(1) 综合性。对任何主题的探究都必须体现个人、社会、自然的内在整合,体现科学、艺术、道德的内在整合。

(2) 实践性。综合实践活动课程的展开往往以各种活动为载体,强调学生通过活动或亲身体验来进行学习,它要让学生在"活动"中学习、通过"行动"来学习。但不是为"活动"而"活动"。"活动只是一种教学的手段与方法",它本身不是目的。

(3) 开放性。综合实践活动课程面向学生整个的生活世界,其内容与学生个人的生活或现实社会有着紧密的联系,往往表现为一个没有固定答案的开放性问题,要解决这样的开放性问题,学生不可能到书本上去找现成的答案,只能通过自己的努力去探索、去发现,才能找到可能的答案。

(4) 生成性。综合实践活动课程的展开很少从预定的课程目标入手,它常常围绕某个开放性的主题或问题来展开。随着活动的不断展开,新的目标、新的问题、新的主题不断生成,学生的认识和体验不断加深,创造性的火花不断迸发,这便是综合实践活动课程具有"生成性"的集中体现。

(5) 自主性。综合实践活动课程的实施十分注重从学生现有的兴趣与经验出发,强调学生的自主选择与探究。学生不仅可以选择学习的内容、进度与方式,还可以自己对自己的学习过程或结果进行评价与反思。

(二) 综合实践活动内容的选择和组织

综合实践活动内容的选择和组织要围绕以下四条线索进行:

(1) 学习者与自然的关系。
(2) 学习者与他人和社会的关系。
(3) 学习者与文化的关系。
(4) 学习者与自我的关系。

六、真题选析

(一) 名词解释

1. 研究性学习

答:研究性学习是指学生在教师指导下,从学习生活和社会生活中选择和确定研究专题,用类似科学研究的方式主动地获取知识、应用知识、解决问题的学习活动。

2. 教科书

答：教科书，就是狭义的教材。教科书是一个课程的核心教学材料，是按照教学大纲的要求编写的教学用书，又称课本、教材。

（二）简答题

1. 简述校本课程开发的条件。

答：校长要有明确的教育哲学和办学宗旨；教师要有科学的课程意识和课程知识；学校要有民主的管理机制；要形成社区、教师、学生共享的课程平台；学校要有体现校本课程开发的评价机制。

2. 简述校本课程开发的类型。

答：校本课程主要分为两类：一是使国家课程和地方课程校本化、个性化，即学校和教师通过选择、改编、整合、补充、拓展等方式，对国家课程和地方课程进行再加工、再创造，使之更符合学生、学校的特点和需要；二是学校设计开发新的课程，即学校在对本校学生的需求进行科学的评估，并充分考虑当地社区和学校课程资源的基础上，以学校和教师为主体，开发旨在发展学生个性特长的、多样的、可供学生选择的课程。从活动角度划分：综合实践活动、社会调查、课外实践等。

第四节　课程研制、设计与实施

一、课程研制

（一）课程研制的内涵

课程研制是为了学习者的学习活动进行计划、实施和总结反馈的过程。它包括课程设计、课程实施和课程评价三个基本阶段。

（二）课程研制（开发）的主要模式

1. 目标模式

泰勒提出的课程设计模式以目标为开端，被称为目标模式。泰勒认为，要设计课程必须要围绕下面四个问题展开。

第一，学校试图达到什么样的教育目标？

第二，提供什么样的教育经验才能实现这些目标？

第三，怎样有效地组织这些经验？

第四，我们怎样确定这些目标正在被实现？

泰勒重点阐释了教育目标的三个来源：

（1）学习者作为教育目标的第一个来源。

（2）当前社会生活作为教育目标的第二个来源。

（3）学科作为教育目标的第三个来源。

> **考题预测**
>
> 名词解释：
>
> 　课程研制
>
> 简答题：
>
> 　1. 简述课程研制（开发）的主要模式。
>
> 　2. 简述斯滕豪斯过程模式的主要观点。

在制订教育目标时可以使用两个过滤器：① 哲学过滤器。泰勒并不要求所有学校都应信奉某一种哲学，但任何一个教师都必须明确其教育所蕴含的社会哲学观念，使学校受制约于这种哲学，并用这种哲学观念修正、过滤教育目标，剔除那些与教师所赞同的不一致的目标；② 心理学过滤器。他认为课程设计人员有效地运用心理过滤器，在教育目标的筛选过程中具有重要的意义。

2. 过程模式

过程模式由斯滕豪斯提出,强调必须将目标当作程序原则而不能当作终极目标。程序原则主要指向于课程研制方式上的指导及课程实施过程方法及原则上的规范,而非着眼于具体内容及后果的预设及控制。由此,课程设计应该关注过程而不是目的,不是关注事先确定好的、由仔细分解的一般目的而得出的目标系统作为课程设计的依据,而是关注整个过程(包括教学)展开的基本规范,使之与宽泛的目的保持一致。过程模式的目的在于编写一种课程说明,阐明存在哪些可能的学习结果,并把这些结果与它们的起因联系起来。

3. 情境模式

以斯基尔贝克为代表的情境模式反对在脱离社会现实及学校具体氛围与情境的"真空"中研制课程方案,强调课程研究方法的跨学科性质,并认为只有在文化分析的基础上,才能准确地揭示课程的本质。这一模式由五个具体阶段构成:① 分析情境;② 确定目标;③ 设计方案;④ 解释与实施;⑤ 检查、评价、反馈与重建。

4. 实践与折中模式

施瓦布的实践与折中模式主要解决课程探究的具体方法。在这种模式中,审议作为一种方式,构成了实践与折中课程研制思想的重要内容。在审议主体构成上,施瓦布阐明了一种"集体审议"的思想,即由学科专家、教师、学生、校长、心理学家、社会学家、社区代表等人组成课程审议小组,共同评议、确定课程方案,以避免课程方案脱离实践情境,确保其平衡性。

考题预测

简答题:
　　简述批判模式的三个问题。

单选题:
　　下列准确对应的一组是(A)。
　　A. 施瓦布—实践与折中模式
　　B. 斯基尔贝克—过程模式
　　C. 斯滕豪斯—情境模式
　　D. 泰勒—解放模式

5. 批判模式

批判模式是西方 20 世纪 60 年代出现的一个重要的课程构建模式。该取向的课程论者认真探究三个问题:

第一,知识是如何通过学校来生产的;

第二,学生在学校里获得的知识来源于何处;

第三,学科要求学生养成的世界观和技能是为谁的利益服务的。

由于批判模式批判有余而重建不足,使得课程设计陷入深深的困惑与迷茫之中。

二、课程设计

(一)课程设计的定义

课程设计(curriculum design)也叫课程编制,就是对课程的各个方面作出规划和安排。它常常涉及课程目的、课程内容、课程管理和领导、教科书开发等各个范畴,在每一个范畴都提出具体的观点、主张,以及实现这些观点和主张的程序和方法,并且经常形成特定的教学模式。

(二)课程设计的层次

根据课程设计所承担的任务和产生的结果,大致可以分出宏观、中观、微观三个设计层次。

宏观层次的课程设计通常表现为关于课程宗旨、课程性质、课程内容的主要范围或选择内容的主要指导原则等,如我国义务教育、普通高中的课程结构设计等就是这个层次的课程设计。

中观层次的课程设计以宏观的课程设计为前提和基础,是在具体的课程门类基础上进行的,多以教科书或其他形式的教材为物质载体表现,具体化为各门课程的大纲或标准。

微观层次的课程设计是教师根据各种相关因素的具体状况而进行的再设计。

（三）课程设计的策略

一般认为,课程设计的策略有如下六种:

1. 课程选择

课程选择是指从众多可能的课程项目中决定学校付诸实施的课程计划的过程。课程选择至少需要满足两个条件,即教师要有选择的权力,同时还要有可供选择的空间。课程选择有多种层次和方法。其中,最综合的选择形式是课程计划中的科目选择。

2. 课程改编

课程改编是指针对与原有课程准备对象不同的群体进行的学程上的修改,主要是指教师对正式课程的目标和内容加以修改以适应他们具体的课堂情境。此外,它也包括某些学校对国外引进课程的翻译和本土化改造。

3. 课程整合

课程整合是指超越不同知识体系而以关注共同要素的方式来安排学习的课程开发活动。其目的是减少知识的分割和学科间的隔离,把受教育者所需要的不同的知识体系统一联结起来,传授对人类和环境的连贯一致的看法。课程整合的常用方法有开发关联课程和跨学科课程两种。

4. 课程补充

课程补充是指以提高国定课程的教学成效而进行的课程材料开发活动。课程补充材料可以是矫正性和补救性练习、报纸和期刊剪报、声像材料、教学片和电影短剧、图画、模型、图表、游戏和电脑光盘。这些材料有助于实现内在于正规课程中的课程目标。在学校这一级,教师既可以在市面上挑选补充材料,或者与同事一道合作开发,也可以独自进行开发。

5. 课程拓展

课程拓展是指以拓宽课程的范围为目的而进行的课程开发活动。课程拓展材料的目标是拓宽正规课程,为学生提供获取知识、内化价值观和掌握技能的机会。这些材料与学生所学课程专题有关,但却超出了正规课程所覆盖的广度和深度。课程拓展材料划分为两类,即正规课程的延伸和个别化拓宽。

6. 课程新编

课程新编指可以开发全新的课程板块和课程单元,比如突出学校特点的"特色课程"、地方性专题课程都属于此类课程。

三、课程实施

（一）课程实施的内涵

（1）课程实施是将编制好的课程计划付诸实践的过程,是实现预期的课程理想,达到预期的课程目的,实现预期教育结果的手段。

(2) 课程实施是通过教学活动将编制好的课程付诸实践。

(3) 课程实践的焦点是实践中发生改革的程度和影响课程实施的那些因素。

（二）课程实施的取向

1. 忠实取向

忠实取向即视课程实施为忠实地执行课程方案的过程。这种观点强调课程设计的优先性与重要性,强调事前规划的课程方案具有示范作用,教师应当不折不扣地执行。忠实取向强调课程专家在课程变革中的重要地位,把课程变革看成实施预定课程计划的机械、线性的过程,对课程实施者的主动性认识不足。

2. 相互调适取向

相互调适取向即把课程实施视为课程设计人员与课程实施者双方同意进行修正调整,采用最有效的方法以确保课程实施之成效的过程。相互调适取向强调课程实施不是单向的传递、接受,而是双向的互动与改变。课程方案有必要根据学校教育的实际情境而加以弹性调整。

3. 课程创生取向

课程创生取向即把课程实施视为师生在具体的课堂情境中共同合作、创造新的教育经验的过程。课程实施本质上是在具体的课堂情境中"创生"新的教育经验的过程。

（三）课程实施的过程结构

(1) 安排课程表;(2) 分析教学任务;(3) 研究学生的学习特点;(4) 选择并确定教学模式;(5) 规划教学单元和课;(6) 组织教学活动;(7) 评价教学活动的过程与结果。

（四）有效实施课程的条件

(1) 课程计划本身的特点即合理性、和谐性、明确性、可传播性。

(2) 学校社区的特征即传统、支持、人员水平。

(3) 学校的特征即校长的作用、教师的影响、校外环境。

四、真题选析

超越不同知识体系而以关注共同要素的方式来安排学习的课程开发活动属于(　　)。

A. 课程改编　　　　B. 课程整合　　　　C. 课程拓展　　　　D. 课程新编

答案 B。解析:课程改编主要是指教师对正式课程的目标和内容加以修改以适应他们具体的课堂情境。此外,它也包括某些学校对国外引进课程的翻译和本土化改造。

课程整合是指超越不同知识体系而以关注共同要素的方式来安排学习的课程开发活动。课程整合的目的是减少知识的分割和学科间的隔离,把受教育者所需要的不同的知识体系一一联结起来,传授对人类和环境的连贯一致的看法。课程整合的一个重要理由就是必须减少因知识剧增对课程数量的影响,防止学生过重的课业负担。

课程拓展是指以拓宽课程的范围为目的而进行的课程开发活动。课程拓展材料的目标是拓宽正规课程,为学生提供获取知识、内化价值观和掌握技能的机会。这些材料与学生所学课程专题有关,但却超出了正规课程所覆盖的广度和深度。

课程新编指开发全新的课程板块和课程单元,突出学校特点的"特色课程"、地方性专题课程即我们所说的"乡土教材"以及时事专题课程,就可以归为这一类型。此外,学校还可以开发新兴的专题或学科领域,以适应飞速发展的社会变革和科技进步。这也属于课程新编活动。这种课程新编活动大大提高了课程与实际生活的联系。

此外,还有课程补充。它是指以提高国定课程的教学成效而进行的课程材料开发活动。课程补充材料可以是矫正性和补救性练习、报纸和期刊剪报、声像材料、教学片和电影短剧、图画、模型、图表、游戏和电脑光盘。

课程选择是校本课程开发中最普遍的活动,是指从众多可能的课程项目中决定学校付诸实施的课程计划的过程。选择活动使教师能够在决定教什么的问题上发挥积极的作用。

第五节 课程评价与管理

一、课程评价

(一)课程评价的内涵

课程评价是指依据一定的评价标准,通过系统地收集有关信息,采用各种定性、定量的方法,对课程的计划、实施、结果等有关问题作出价值判断并寻求改进途径的一种活动。

(1)课程评价是一个价值判断的过程。价值判断要求在事实描述的基础上,体现评价者的价值观念和主观愿望。不同的评价主体因其自身的需要和观念的不同对同一事物或活动会产生不同的判断。

(2)课程评价的方式是多样的。它既可以是定量的方法也可以是定性的方法,教育测试或测量只是其中的一种方法,并不代表课程评价的全部。

(3)课程评价的对象包括"课程的计划、实施、结果等"诸种课程要素。也就是说,课程评价对象的范围很广,它既包括课程计划本身,也包括参与课程实施的教师、学生、学校,还包括课程活动的结果,即学生和教师的发展。

(二)课程评价的类型

(1)根据评价对象的不同,可将广义的课程评价分为学生评价、教师评价、学校评价、狭义的课程评价等。

(2)根据评价主体的不同,可把课程评价分为自我评价和外来评价。

(3)根据评价的目的不同,可把课程评价分为诊断性评价、形成性评价和总结性评价。

(4)根据评价的参照标准或评价反馈策略的不同,可把课程评价分为绝对评价、相对评价和个体内差异评价。

(5)根据评价手段的不同,可把评价分为量性评价和质性评价。

(三)课程评价的主要模式

1. 目标评价模式

目标评价模式开启了课程评价的先河,泰勒也被尊称为课程评价之父。目标(objective)评价模式是在泰勒的"评价原理"和"课程原理"的基础上形成的。其"评价原理"可概括为七个步骤:确定教育计划的目标;根据行为和内容来解说每一个目标;确定使用目标的情境;设计呈现情境的方式;设计获取记录的方式;确定评定时使用的计分单位;设计获取代表性样本的手段。目标评价模式的实质是要确定预期课程目标与实际结果相吻合的程度。

2. 目的游离评价模式

目的游离（goal-free）评价是斯克里文针对目标评价模式的弊端而提出来的。他认为，评价者应该注意的是课程计划的实际效应，而不是其预期效应。他把评价的重点从"课程计划预期的结果"转向"课程计划实际的结果"上来。评价者不应受预期的课程目标的影响。因为评价者要收集有关课程计划实际结果的各种信息，不管这些结果是预期的还是非预期的，也不管这些结果是积极的还是消极的。只有这样才能对课程计划作出准确的判断。

3. CIPP 评价模式

CIPP 是由背景评价（context evaluation）、输入评价（input evaluation）、过程评价（process evaluation）、成果评价（product evaluation）这四种评价名称的英文第一个字母组成的缩略词。斯塔弗尔比姆认为，评价不应局限在评定目标达到的程度上，而应该是为课程决策提供有用信息的过程，因而他强调，重要的是为课程决策提供评价材料。

考题预测

名词解释：
　　CIPP 评价模式

简答题：
　　简述差距评价模式。

一是背景评价，即要确定课程计划实施机构的背景，明确评价对象及其需要，明确满足需要的机会，诊断需要的基本问题，判断目标是否已反映了这些需要。

二是输入评价，主要是为了帮助决策者选择达到目标的最佳手段，而对各种可供选择的课程计划进行评价。

三是过程评价，主要是通过描述实际过程来确定或预测课程计划本身或实施过程中存在的问题，需要对计划实施情况不断加以检查。

四是成果评价，即要测量、解释和评判课程计划的成绩。它要收集与结果有关的各种描述与判断，把他们与目标以及背景、输入和过程方面的信息联系起来，并对它们的价值和优点作出解释。

4. 外观评价模式

外观（countenance）评价模式是由斯塔克提出的。他认为，评价应该从三方面收集有关课程的材料：前提条件、相互作用、结果。前提条件是指教学之前已存在的、可能与结果有因果关系的各种条件；相互作用是指教学过程，主要是指师生之间和学生之间的关系。结果是指实施课程计划的效果。对于这三个方面的材料都需要从两个维度——描述与评判，作出评价。描述包括课程计划打算实现的内容和实际观察到的情况这两方面的材料；评判也包括根据既定标准的评判和根据实际情况的评判两种。

5. 差距评价模式

差距（discrepancy）评价模式是由普罗佛斯提出的。他指出，一些评价模式只重视几种课程计划之间的比较，没有注意该计划本身所包含的成分。而事实上，一些自称在实施某种课程计划的学校，并没有按照该课程计划来运作，所以，这类计划之间的比较并没有什么意义。差距模式旨在揭示计划的标准与实际的表现之间的差距，以此作为改进课程计划的依据。差距评价模式包括五个阶段：

设计阶段，即要界定课程计划的标准，以此作为评价依据。

装置阶段,即要了解所装置的课程计划与原先打算相吻合的程度,所以必须收集已经装置的课程计划有关方面(包括预期目标、前提条件和教学过程)的材料。

过程阶段,或称过程评价,即要了解导向最终目的的中间目标是否达成,并借此进一步了解前提条件、教学过程、学习结果的关系,以便对这些因素作出调整。

产出阶段,或称结果评价,即要评价所实施的课程计划的最终目标是否达成。

成本效益分析阶段,或称为计划比较阶段,目的在于表明哪种计划最经济有效。这需要对所实施的计划与其他各种计划作出比较。

二、课程管理

(一)课程管理的内涵

课程管理是指以课程为对象所施加的决策、规划、开发、组织、协调、实施等管理活动和管理行为的总称。

(二)我国的课程管理体系

2001 年《基础教育课程改革纲要(试行)》明确规定实行国家、地方和学校三级课程管理体制。

(1)国家课程。国家主要是负责制订国家课程计划、国家课程的课程标准,并对依据这一标准编写的教科书进行审定;制订国家课程实施的指导性意见,以及地方一级和学校一级课程管理的基本规范;确定课程评价制度,监控国家基础教育课程整体运行质量。

(2)地方课程。地方的主要权责是制订本地实施国家课程计划的方案,以及制订地方课程计划,开发地方课程,指导校本课程开发,并对中小学的课程实施进行指导、监控和评估。

(3)校本课程。学校是所有课程得以真正实施的地方,其课程管理的权责可概括为国家课程和地方课程的有效实施,以及校本课程的合理开发两层基本含义,包括课程计划管理、教学管理、教材选用和开发管理、课程评价管理、校本课程开发的管理以及课程管理的保障等内容。

> **考题预测**
> 名词解释:
> 　课程管理
> 　校本课程
> 　三级课程管理
>
> 简答题:
> 　简述三级课程管理的优点。
> 　答:上下兼顾,保证质量,形成特色,有利督导。

三、真题选析

课程评价

答:课程评价是指检查课程的目标、编订和实施是否实现了教育目的,实现的程度如何,以判定课程设计的效果,并据此做出改进课程的决策。

本章深度练习及解析

一、单项选择题

1. 中国古代学校教育的主要内容是六艺,它包括(D)。

A. 礼、乐、射、辞、书、数

B. 文法、修辞、辩证法、礼乐、书数、射御

C. 算术、几何、文法、辩证法、天文、书数

D. 礼、乐、射、御、书、数

2. 马克思主义关于人的全面发展的内涵是指（ D ）。

A. 个人在脑力上的自由发展

B. 德、智、体和谐发展

C. 个人知识和智力充分、自由地发展

D. 个人智力和体力尽可能多方面地、充分地、自由地发展,并在此基础上实现脑力劳动与体力劳动相结合

3. 根据课程制定者的不同,课程可分为国家课程、地方课程和(D)。

A. 省级课程　　　　　　 B. 地级课程　　　　　　 C. 县级课程　　　　　　 D. 学校课程

4. 课程结构的编制是指（ C ）。

A. 课程计划　　　　　　 B. 课时分配　　　　　　 C. 课程设计　　　　　　 D. 课程改革

分析:课程设计即课程结构的编制。课程设计就是对课程的各个方面作出规划和安排。

5. 文化发展对学校课程产生的影响主要体现在(C)。

A. 内容的丰富　　　　　　　　　　　　　 B. 增强国家对课程改革控制权

C. 课程结构的更新　　　　　　　　　　　 D. 为课程改革提供物质基础

6. 教育改革的核心是(C)。

A. 内容改革　　　　　　 B. 方法改革　　　　　　 C. 课程改革　　　　　　 D. 途径改革

二、名词解释

1. 国家课程

答:国家课程是由中央教育行政机构编制和审定的课程,其管理权属中央级教育机关,是一级课程。

2. 课程评价

答:课程评价是指检查课程的目标、编订和实施是否实现了教育目的,实现的程度如何,以判定课程设计的效果,并据此做出改进课程的决策。

三、简答题

1. 简述制订课程目标的依据。

答:依据主要有三个方面:

第一,对学生的研究。第二,对社会的研究。第三,对学科的研究。

2. 简述教科书编写时的注意事项。

答:第一,教科书的编排形式要有利于学生的学习,符合卫生学、教育学、心理学和美学的要求。第二,教科书的内容阐述要层次分明;文字表述要简练、精确、生动、流畅;篇幅要详略得当。第三,标题和结论要用不同的字体或符号标出,使之鲜明、醒目;封面、图表、插图等,要力求清晰、美观。第四,字体大小要适宜,装订要坚固,规格大小、厚薄要合适,便于携带。

3. 简述课程标准的内涵和意义。

答:课程标准,也叫教学大纲,是根据课程计划以纲要形式编订的有关课程教学内容的

指导性文件,它规定课程的知识范围、深度、体系、教学进度和教学法的要求。课程标准是编制教科书的依据,是衡量教师教学和学生学习的标准,是国家领导和监督学校教学工作的依据。教师必须全面透彻地掌握课程标准的内容、体系和精神实质。

4. 简述课程目标的分类。

答:行为取向性目标、生成性课程目标、表现性课程目标、普遍性目标取向。

5. 简述课程标准的内部结构。

答:完整的课程标准包括前言、课程目标、内容标准、实施建议、附录五部分。

6. 简述课程实施的主要取向。

答:课程实施是通过教学活动将编制好的课程付诸实践的过程。(1) 忠实取向。(2) 相互调适取向。(3) 课程创生取向。

7. 简述制约课程的主要因素。

答:社会、知识和学生是制约学校课程的三大因素。

8. 简述义务教育的教学计划的特征。

答:强制性、普遍性、免费性、基础性特点。

四、论述题

试论述当代国外课程改革的发展趋势。

答:当代世界各国的课程改革,尽管各有特色,但都存在着一些共同的发展趋势:① 重视课程内容的现代化、综合化;② 重视基础学科知识的结构化;③ 重视能力的培养;④ 重视个别差异。

五、案例分析

谢老师在地理课上,展示多媒体课件画面:人类共同的家园——聚落。(课前已要求学生进行了资料的收集、筛选和整理)要求学生积极参与"七嘴八舌话聚落"的游戏。

游戏规则:尽可能多地说出你所了解的关于聚落的知识或问题,为使更多的同学有机会参与游戏,请不要说重复的知识或问题。

课堂上学生们兴趣盎然、七嘴八舌、踊跃发言,叙述了许多列入中外世界文化遗产的聚落,提出了有关聚落的种种疑问。师生互动、共同解决学生的质疑。最后,谢老师展示辩论赛题:正方——聚落应该发展;反方——聚落应该保护。要求学生自行组成两大组进行辩论。在这过程中,正反方唇枪舌剑展开辩论,谢老师担任主持并适时进行点评和表扬。

请你阐述该案例中所体现的新课程思想? 结合你的教学实践,谈谈你是怎样实施这一课程理念的?

【分析】该案例体现了新课程所倡导的设计好的教学情境这一理念,这位教师有效地激发了学生的学习兴趣,引导学生积极参与教学过程,充分体现了新课程基本教学理念。

在教学过程中,这位谢老师注重学生的思维活动,激发学生的兴趣,鼓励学生在课堂及生活中进行质疑和对教师的超越,赞赏学生独特性和富有个性化的理解和表达。在学生自学的基础上,通过相互合作、交流、辩论,最终形成学生自己对知识的理解。所有的情境设计,都体现了"以学生为主体的教学"和"主体性学习"的理念,体现了新课程的预设性和生成性的理念。谢老师的这种教学方法是值得我们新一代教师学习的。

第六章 教　学

教学
- 教学的概念、意义、任务、过程的基本特点与结构
- 中小学常用的教学原则与方法
- 课的类型与一般结构、备课、教学组织
- 教学与学生个性发展的关系、教学的教育性、有效教学
- 范例教学论、最优化教学理论在教学中的运用

考纲要点

识记

1. 教学、教学工作的意义和任务；

2. 教学过程的基本特点与结构；

3. 我国中小学常用的教学原则（直观性原则、启发性原则、巩固性原则、循序渐进原则、因材施教原则、理论联系实际原则）；

4. 中小学常用的教学方法：讲授法、谈话法、讨论法、演示法、练习法、实验法；

5. 课的类型与一般结构；

6. 教学理论。

理解

1. 教学与学生个性发展的关系；

2. 学生学习间接经验要以直接经验为基础；

3. 掌握知识与发展智力相统一；

4. 教学的教育性；

5. 教师主导作用与学生能动性相结合规律；

6. 有效教学的原则及理解。

运用

1. 教师应如何备课；

2. 如何组织学生复习；

3. 范例教学论、最优化教学理论在教学中的运用；

4. 提高教学效率的策略。

第一节 教学概述

一、教学内涵

（一）教学的概念

教学是指教师在一定社会的教育目标的指导下有目的且系统地以课程为中介指导学生学习、促进学生身心发展的教育活动。

（二）教学的内涵

第一，教学是教师教学生认识客观世界和自身世界的活动，这是教学概念的基本内涵。教学是师生双方共同参与的活动，即教师教和学生学相统一的过程。教师专门教学生系统学习人类文化知识并掌握生存技能，提高道德修养，这是教学活动区别于其他教育活动的主要特点。

第二，教学是追求和促进学生发展的活动，这是教学的基本价值规定性。教学的立足点和归宿是培养人，即丰富人的知识和技能，拓展人的能力，提升人的品格，促进学生的身心发展。人的发展始终是教学的价值追求，教学始终为人的发展服务。

第三，教学是教育的基本形式，是一种特殊的教育活动。教育有各种各样的形式，如游戏、社会实践、问题活动等，而最基本的、最主要的形式就是教学。也就是说，通过文化知识的授受进而把人类文化内化为个人的思想和能力。教学是培养人的基本途径，也是学校教育最主要的途径和中心工作。

第四，教学是教师的教和学生的学所组成的一种人类特有的传递和掌握社会经验的双边活动。

第五，教学的具体形态是变化发展和丰富多样的。

（三）教学的意义、作用和地位

1. 教学的意义

教学是贯彻教育方针，实施全面发展教育，实现教育目的的基本途径。教学对传承文化、促进青少年学生的个性发挥具有重大价值。

2. 教学的作用

教学的作用主要体现在三个方面：

一是对社会发展的促进作用；二是对个人全面发展的作用；三是教学在教育活动中的作用。其中，第一方面的作用是通过第二方面实现的。

3. 教学的地位

教学是学校的中心工作，学校工作必须坚持"教学为主、全面安排"的原则。

二、教学的基本任务及其教育性

（一）教学的基本任务

第一，使学生掌握系统的现代科学文化基础知识，形成基本技能、技巧。

第二,发展学生智力,培养学生能力(思维力是智力的核心,观察力是智力的基础)。

第三,发展学生体力,提高学生的身心健康水平。

第四,培养学生的审美情趣和能力。

第五,发展学生积极的情感、态度和价值观,形成良好品德和个性心理品质。

（二）教学的教育性

教学本身具有教育性,它具体体现在以下三个方面:第一,教学内容具有丰富的德育素材;第二,教学组织形式和教学基本环节中有丰富的德育因素;第三,教师在教学中能起到榜样示范作用。

考题预测
名词解释:
　　教学
　　教学的教育性
简答题:
　　1.简述教学的基本任务。
　　2.简述教学和学生个性发展的关系。

三、教学与学生个性发展的关系

（1）教学通过协调学生知识、智力、情感、意志、性格等方面的因素,促进学生个性的发展。

（2）学生个性的发展能促进教学的效能。

四、真题选析

（一）单选题

1. 世界上最早的一篇专门论述教育教学问题的论著是（　　）。

A.《论语》　　　　　B.《师说》　　　　　C.《学记》　　　　　D.《孟子》

答案C。解析:略。

2. 被称为世界上第一部研究教学法的书是（　　）。

A. 夸美纽斯的《大教学论》　　　　　B. 柏拉图的《理想国》

C. 斯宾塞的《教育论》　　　　　　　D. 昆体良的《雄辩术原理》

答案D。解析:略。

3. 提出"范例教学"理论的教育家是（　　）。

A. 瓦根舍因　　　B. 布鲁纳　　　C. 巴班斯基　　　D. 赞科夫

答案A。解析:略。

4. 教师为了有效实现预定教学目标而采取一系列措施来协调课堂人际关系以及创造良好学习环境的过程称为（　　）。

A. 课堂凝聚力　　　B. 课堂控制　　　C. 课堂管理　　　D. 课堂气氛

答案C。解析:课堂管理是指教师为有效利用时间、创造愉快的和富有建设性的学习环境以及减少问题行为,而采取的组织教学、设计学习环境、处理课堂行为等一系列活动与措施。

（二）简答题

简述教学的任务。

答:第一,使学生系统地掌握科学基础知识,训练学生形成基本技能、技巧,发展学生的能力;使学生系统地掌握科学基础知识,是教学的基本任务,是教学的中心和基础。在此基础上,还要使学生形成相应的技能、技巧,增长他们的智慧和才能。

第二,培养学生具有坚定正确的政治方向、科学的世界观和良好的道德品质。教育性是教学的重要特点。通过教学可以使受教育者明确应为谁服务,在掌握科学文化知识基础上形成辩证唯物主义世界观,培养共产主义道德品质。

第三，发展受教育者身体，增强体质，使其健康发展。通过教学，使学生掌握锻炼身体的科学知识与正确方法，培养锻炼身体的习惯，促进身体的正常发育和机能的健康发展。

第四，增强学生心理健康，提高心理素质。教学任务之一是保持和增进学生心理健康，培养学生健康的心理品质，预防和治疗心理异常与心理障碍，正确认识自我，完善个人人格。

总之，教学作为一种途径，它体现着德育、智育、体育、美育和劳动技术教育等各项教育的任务。

第二节　教学过程与教学原则

一、教学过程

（一）教学过程的内涵

教学过程是教师根据一定的社会要求和学生身心发展的特点，指导学生有目的、有计划地掌握系统的文化科学基础知识和基本技能，同时身心获得发展，形成一定的思想品德的过程。

（二）教学过程的本质

1. 教学过程是一种特殊的认识过程

教学是一种特殊的认识活动，它除了受普遍性的规律制约之外，还有自身的特殊性。

（1）知识的间接性，即学习的内容是已知的，是他人的认识成果。

（2）教师的传授性，即学生的认识始终是在教师的传授、指导下进行的。

（3）途径的有效性，即学生在教学中的认识是采用了科学的方法，走了认识捷径而实现的。

（4）认识的教育性，即教学中学生的认识既是目的，也是发展的手段，学生是在认识中追求与实现着德、智、体等方面的发展。

> **考题预测**
>
> 名词解释：
>
> 　教学过程
>
> 简答题：
>
> 　1. 简述教学过程的结构或基本阶段。
>
> 　2. 为什么说教学过程是一种特殊的认识过程？

2. 教学过程是以认识过程为基础，促进学生发展的过程

（1）教学过程不等于发展过程，它是实现学生发展的基本途径和手段。

（2）教学过程是以认识为基础，全面促进学生的发展。

（三）教学过程的结构（基本阶段）

（1）激发学习动机。（2）领会知识。（3）巩固知识。（4）运用知识。（5）检查知识。

另一种说法：（1）激发学习动机。（2）感知教材。（3）理解教材。（4）巩固知识。（5）运用知识。

二、教学过程的基本规律

1. 间接经验与直接经验相结合的规律

（1）以简洁经验为主导是教学的主要特点。

（2）学生学习间接经验要以直接经验为基础。

（3）正确处理直接经验和间接经验的关系。

2．教师主导作用与学生主体作用相统一的规律

（1）充分发挥教师的主导作用。

（2）充分发挥学生的学习主体作用。

（3）正确处理主体与主导之间的关系。

3．掌握知识和发展智力相统一的规律

（1）智力和知识相互联系也互有区别。

（2）传授知识和发展智力是相互促进的。

（3）掌握知识是促进智力形成的条件。

4．传授知识与思想品德教育相统一的规律（教学的教育性规律）

（1）知识是思想品德的基础。

（2）思想品德的提高为学生积极地学习知识提供动力。

（3）要切实形成相互联系的学习过程。

考题预测

简答题：

1．简述教学过程的基本规律。

2．如何贯彻掌握知识与发展智力相统一的教学规律？

3．如何贯彻教师主导作用与学生主体作用相统一的教学规律？

三、新的教学观

第一，教学是师生交往、积极互动、共同发展的过程；第二，教学是预设和生成的过程；第三，教学是课程创生和开发的过程；第四，教学既要重视结论也要重视过程；第五，教学要更加关注学生的生命发展。

四、教学原则

（一）教学原则的内涵

教学原则是教师根据对一定的教学目标和教学过程规律的认识而制定的指导教学工作的基本准则。

（二）我国常用的教学原则及贯彻要求

1．科学性与教育性相结合原则（体现我国教学的根本方向和特点的教学原则）

贯彻此原则的要求：

（1）教师要保证教学的科学性。

（2）教师要结合教学内容的特点进行思想品德教育。

（3）教师要通过教学活动的各个环节对学生进行思想品德教育。

（4）教师要不断提高自己的业务能力和思想水平。

2．理论联系实际原则

贯彻此原则的要求：

（1）重视书本知识的教学，使学生获得系统的文化科学知识（抓好基础知识的教学）。

（2）在传授知识的过程中注重联系实际。

（3）加强教学的实践环节。

3．直观性原则

直观手段的种类：第一，实物直观；第二，模象直观；第三，言语直观。

贯彻此原则的要求：

（1）要正确选择直观教具和教学手段。

（2）直观教具的演示要与语言讲解结合起来。

（3）要重视运用言语直观。

4．启发性原则

贯彻此原则的要求：

（1）加强学生的目的性教育，调动学生学习的主动性。

（2）教师的讲授应抓重点、难点和关键，"少而精"起到"点"和"拨"的作用。

（3）设置问题情境，启发学生积极思维。（要求：① 教师要吃透学科课程标准和教材，掌握知识结构，了解新旧知识的内在联系和学生的实际水平。② 教师要能够运用不同方法去启发学生思维，使课堂出现令人兴奋、紧张、有趣的生动局面。）

（4）培养学生良好的思维方法。

5．循序渐进原则

贯彻此原则的要求：

（1）教师的教学要有系统性。

（2）教师要引导学生善于将知识系统化、结构化。

（3）按照学生的认识顺序，由浅入深，由易到难地进行教学。

6．巩固性原则

贯彻此原则的要求：

（1）要引导学生在理解的基础上记忆。

（2）要在教学的全过程中加强知识的巩固。

（3）组织好学生的复习工作。

（4）教会学生记忆的方法。

7．因材施教原则

贯彻此原则的要求：

（1）要坚持课程计划和学科课程标准的统一要求。

（2）了解学生，从实际出发进行教学。

（3）正视个别差异，注意培养学生的特长。

考题预测

名词解释：
　　教学原则
　　直观教学

简答题：
　　1. 简述我国常用的教学原则。
　　答：科学性与教育性相结合原则；理论联系实际原则；直观性原则；启发性原则；循序渐进原则；巩固性原则；因材施教原则。

　　2. 如何贯彻教学的启发性原则？

五、真题选析

（一）简答题

1．简述应用启发性原则的要求。

答：贯彻此原则的要求：（1）加强学生的目的性教育，调动学生学习的主动性。（2）教师的讲授应抓重点、难点和关键，"少而精"起到"点"和"拨"的作用。（3）设置问题情境，启发学生积极思维。（要求：① 教师要吃透学科课程标准和教材，掌握知识结构，了解新旧知识的内在联系和学生的实际水平。② 教师要能够运用不同方法去启发学生思维，使课堂出现令人兴奋、紧张、有趣的生动局面。）（4）培养学生良好的思维方法。

　　2．请写出至少五条以上的教学原则。

答：（1）启发式原则；（2）循序渐进原则；（3）因材施教原则；（4）教学相长原则；（5）量力性原则；（6）理论联系实际原则；（7）直观性原则；（8）巩固性原则；（9）教育性与科学性统一的原则。

（二）论述题

1. 论述掌握知识与发展智力相统一的规律。

答：掌握知识和发展智力相互依存、相互促进。掌握知识是发展智力的基础，发展智力又是掌握知识的必要条件，两者相互联系，辩证统一。（1）掌握知识是发展智力的基础，不能脱离知识的传授和掌握凭空发展智力。（2）智力的发展是学生进一步掌握知识的条件和工具；智力发展水平的高低直接制约着学生掌握知识的深度、广度和速度。（3）知识多少和智力水平高低不一定成正比。我们要求在教学过程中向学生传授知识的同时，有计划、有目的、自觉地发展学生智力。

2. 结合实际谈谈如何贯彻在教育过程中以教师为主导，以学生为主体的思想？

答：首先，发挥教师主导作用，把教师主导作用与学生主体地位统一起来。教师主导作用是指教师负责组织，引导学生沿着正确的方向，采用科学的方法，获得良好的发展。而这里所说的科学方法首先就是指使学生成为主体，充分发挥其积极主动精神的方法。

其次，树立教是为了学的观念。教师教完全是为了学生学，所以，教育过程要处处为学生着想，使学生打好基础，学会学习，有能力继续学习和提高，走上健康发展的道路。

第三，重视学生主体因素，从学生实际出发。学生是具有独立性的个体，既有一定年龄阶段的共同特征又有个别差异。学生是学习与发展的主体，教育要促进学生的发展，就必须从学生的实际出发。每个学生在接受系统的学校教育之前都有兴趣、爱好、性格特点，这些主体因素是学生进一步学习与发展的基础，教育内容的确定，教育要求的提出，教育方法的选择，都要从学生实际出发。

第四，尊重学生的主动精神，让学生在活动中受到锻炼、得到发展。学习是一种主动的认识过程，掌握知识由感知、理解到巩固、应用，都离不开学生的主观努力，需要参与实践活动。

第三节　教学组织与教学方法

一、教学组织

（一）教学组织的概念

广义的教学组织是指有关教学内容应该按照何种方式组织、次序应该如何排列以及具体教学活动应该如何安排的策略形式。

狭义的教学组织就是根据一定的教学思想、教学目的和教学内容以及教学主客观条件组织安排教学活动的方式。

（二）教学组织的特点

（1）教学组织形式是指为完成特定的教学任务，教师和学生按一定要求组合起来进行活动的结构。

（2）教学组织形式不是固定不变的东西。随着社会政治经济和科学文化的发展及其对培养人才要求的不断提高，教学组织形式也不断发展和改进。

（3）在教学史上先后出现的影响较大的教学组织形式有个别教学制、班级授课制、分组教学制、道尔顿制和文纳特卡制等。

（三）教学组织的类型

1. 个别教学

个别教学就是教师在同一时间以特定内容面向一个或几个学生进行教学。这种教学组织形式办学规模小、速度慢、效率低,但却能较好地适应个别差异。

2. 班级授课

17世纪捷克教育家夸美纽斯在其《大教学论》中提出了班级授课制。班级授课制是指把一定数量的学生按年龄和知识程度编成固定的班级,根据周课表和作息时间表安排教师有计划地向全班学生集体进行教学的制度。19世纪中期,班级授课制成为西方学校主要的教学组织形式。我国最早采用班级授课制在1862年创办的京师同文馆,并在1904年的癸卯学制中以法令的形式确定下来。

(1)班级授课制的特点:第一,以班级为单位集体授课。学生人数固定。第二,按课教学。课是教学活动的基本单元。一般分为单一课和综合课。第三,按时授课。

(2)班级授课制的优点:第一,它可以大规模地向全体学生进行教学。第二,它以"课"为教学活动单元,能保证学习活动循序渐进,并使学生获得系统的科学知识,扎实而又完整。第三,由教师设计、组织并上"课",以教师的系统讲授为主兼用其他方法,能保证教师发挥主导作用。第四,固定的班级人数和统一的时间单位,有利于学校合理安排各科教学的内容和进度并加强教学管理,从而赢得教学的高速度。第五,在班集体中学习,学生彼此之间由于共同目的和共同活动集结在一起,可以互相观摩、启发、切磋、砥砺;学生可与教师及同学进行多向交流,互相影响,从而增加信息来源或教育影响源。第六,它在实现教学任务上比较全面,从而有利于学生多方面的发展。

(3)班级授课制的局限:第一,教学活动多由教师做主,学生学习的主动性和独立性受到一定程度的限制。第二,学生主要接受现成的知识成果,其探索性、创造性不易发挥。第三,学生动手机会较少,教学的实践性不强,不利于培养学生的实际操作能力。第四,它的时间、内容和进程都固定化、形式化,不能够容纳和适应更多的教学内容和方法。第五,它以"课"为活动单元,而"课"又有时间限制,因而往往将某些完整的教学内容和教学活动人为地分割以适应"课"的要求。第六,它强调的是统一,齐步走,难以照顾学生的个别差异。第七,它缺乏真正的集体性。教师虽然向许多学生同样施教,而每个学生各以自己独特的方式去掌握,每个学生分别对教师负责,独自完成自己的学习任务,学生与学生之间没有分工合作,无必然的依存关系。第八,不利于因材施教。

3. 导生制

18世纪末至19世纪初还出现过英国的贝尔—兰开斯特制,也称"导生制"。教师选年龄大些、成绩好些的学生为"导生",先给他们讲授教材,再由他们转教其他学生,这种教学组织形式难以保证教学质量,所以它并未持续很久。

4. 分组教学

分组教学是按照学生的能力或学习成绩以及学习任务把他们分为不同的组织进行教学的形式。分组教学有以下两种分组方式:① 能力分组,即学生学习的课程相同,学习的年限不同。② 作业分组,即学生的学习年限相同,学习的程度不同。分组教学属于改革班级上课制,进行个别教学的为温内特卡制、道尔顿制。

考题预测

名词解释:

教学组织

导生制

简答题:

简述教学组织的类型。

答:个别教学;班级授课;导生制;分组教学;开放教学;协作教学;复式教学;现场教学;设计教学法。

考题预测

名词解释:

分组教学

道尔顿制

开放教学

论述题:

论述班级教学的优缺点。

5. 开放教学

开放教学强调尊重儿童的天性、兴趣和需要,强调儿童的自然发展,不拘于传统教学的结构,没有固定教学计划、教材和教室,不同年龄、不同程度的儿童聚集在一起,根据各自的爱好选择各种学习活动。

6. 协作教学

协作教学指由教师、实验教学人员、视听教学人员和图书资料人员组成教学小组,共同研究拟订教学计划,然后分工合作,协力完成教学计划。协作教学试图能同时发挥教师的集体力量和个人专长,并能充分利用图书、仪器等教学设备。

7. 现场教学

现场教学指教师把学生带到事物发生、发展的现场进行教学活动的形式。它能给学生提供丰富的直接经验,有助于理解和掌握理论知识;并通过实际操作,能培养学生运用知识于实践的能力。

8. 复式教学

复式教学指教师在同一教室里,用不同的教材分别对两个或两个以上年级的学生进行的教学。教师给一个年级的学生讲课,同时组织其他年级的学生自学或做作业,使各项活动有计划地交替进行。

9. 设计教学法

设计教学法就是主张废除班级授课制和教科书,打破传统的学科界限,在教师的指导下,由学生自己决定学习目的和内容,在自己设计、自己负责的单元活动中获得有关的知识和能力。这是一种实用主义的教学制度,由杜威的学生克伯屈所创。它强调教学的任务在于利用环境引起学生的学习动机,帮助学生选择活动所需要的教材等。由于教学目的的不同,设计活动包括创作、问题研究、技能训练等,其一般程序为:决定目的、制订计划、实行、评价。

二、教学方法

(一)教学方法的内涵

教学方法是教师和学生为了实现共同的教学目标,完成共同的教学任务,在教学过程中运用的方式与手段的总称。它包含了教师的教法和学生的学法。

我国中小学常用的教学方法有讲授法、谈话法、讨论法、演示法、练习法、实验法。

(二)教学方法的分类

1. 以语言传递为主的教学方法

包括:(1)讲授法;(2)谈话法;(3)讨论法;(4)读书指导法。

2. 以直观感知为主的教学方法

含义:教师通过实物或直观教具的演示,组织教学性的参观,使学生形成正确认识的方法。

优点:形象性、具体性、直接性和真实性。

缺点:只能直接给人以形象,不易教学生直接掌握概念。

包括:(1)演示法;(2)参观法。

3．以实际训练为主的教学方法

包括：(1)练习法；(2)实验法；(3)实习作业法；(4)实践活动法。

4．以探究活动为主的教学方法

含义：又称发现法，它是指在教师指导下，教师提出课题和提供一定的材料，引导学生自己分析、综合、抽象和概括，得出原理。

特点：关心学习过程甚于关心学习结果，要求学生主动参加到知识形成的过程中去。

优点：第一，提高智慧潜力；第二，使外部动机向内部动机转移；第三，学会发现的试探法；第四，有助于记忆。

5．以情感陶冶(体验)为主的教学方法

包括：(1)欣赏教学法；(2)情境教学法。

(三)我国中小学常见的教学方法

1．讲授法

讲授法是教师通过简明、生动的口头语言向学生传授知识、发展学生智力的方法。它是通过叙述、描绘、解释、推论来传递信息、传授知识、阐明概念、论证定律和公式，引导学生分析和认识问题。

运用讲授法的基本要求是：

(1)讲授既要重视内容的科学性和思想性，同时又应尽可能地与学生的认知基础发生联系。

(2)讲授应注意培养学生的学科思维。

(3)讲授应具有启发性。

(4)讲授要讲究语言艺术。语言要生动形象、富有感染力，清晰、准确、简练，条理清楚、通俗易懂，尽可能音量、语速要适度，语调要抑扬顿挫，适应学生的心理节奏。

讲授法的优点是教师容易控制教学进程，能够使学生在较短时间内获得大量系统的科学知识。但如果运用不好，学生学习的主动性、积极性不易发挥，就会出现教师满堂灌、学生被动听的局面。

2．讨论法

讨论法是在教师的指导下，学生以全班或小组为单位，围绕教材的中心问题，各抒己见，通过讨论或辩论活动，获得知识或巩固知识的一种教学方法。优点在于，由于全体学生都参加活动，可以培养合作精神，激发学生的学习兴趣，提高学生学习的独立性。一般在高年级学生或成人教学中采用。

运用讨论法的基本要求是：

(1)讨论的问题要具有吸引力。讨论前教师应提出讨论题和讨论的具体要求，指导学生收集阅读有关资料或进行调查研究，认真写好发言提纲。

(2)讨论时，要善于启发引导学生自由发表意见。讨论要围绕中心，联系实际，让每个学生都有发言机会。

(3)讨论结束时，教师应进行小结，概括讨论的情况，使学生获得正确的观点和系统的知识。

3．直观演示法

演示法是教师在课堂上通过展示各种实物、直观教具或进行示范性实验，让学生通过观察获得感性认识的教学方法。它是一种辅助性教学方法,要和讲授法、谈话法等教学方法结合使用。

运用演示法的基本要求是:

第一,目的要明确;第二,现象要明显且容易观察;第三,尽量排除次要因素或减小次要因素的影响。

4. 练习法

练习法是学生在教师的指导下巩固知识、运用知识、形成技能技巧的方法。在教学中,练习法被各科教学广泛采用。练习一般可分为以下几种:

其一,语言的练习,包括口头语言和书面语言的练习,旨在培养学生的表达能力。其二,解答问题的练习,包括口头和书面解答问题的练习,旨在培养学生运用知识解决问题的能力。其三,实际操作的练习,旨在形成操作技能,在技术性学科中占重要地位。

5. 读书指导法

读书指导法是教师指导学生通过阅读教科书或参考书,以获得知识、巩固知识、培养学生自学能力的一种方法。

6. 任务驱动法

任务驱动法指教师给学生布置探究性的学习任务,学生查阅资料,对知识体系进行整理,再选出代表进行讲解,最后由教师进行总结。任务驱动教学法可以以小组为单位进行,也可以以个人为单位组织进行,它要求教师布置任务要具体,其他学生要积极提问,以达到共同学习的目的。

7. 参观教学法

参观教学法指组织或指导学生进行实地观察、调查、研究和学习,从而获得新知识或巩固已学知识的教学方法。参观教学法一般由校外实训教师指导和讲解,要求学生围绕参观内容收集有关资料,质疑问难,做好记录,参观结束后,整理参观笔记,写出书面参观报告,将感性认识升华为理性知识。

8. 现场教学法

现场教学法是以现场为中心,以现场实物为对象,以学生活动为主体的教学方法。现场教学在校内外实训基地进行。

9. 自主学习法

自主学习法主要应用于课程拓展内容的教学,如项目教学、研究性学习等。

> **考题预测**
>
> 名词解释:
>   讲授法
>   讨论法
>   任务驱动法
>
> 简答题:
>   简述我国中小学常见的教学方法。
>
> 论述题:
>   论述以探究活动为主的教学方法的优缺点。

三、真题选析

(一)单选题

1. 下列哪种教学组织形式自夸美纽斯确立后,几个世纪一直为各国所采用( )。

A. 小组教学　　　　B. 道尔顿制　　　　C. 个别教学　　　　D. 班级授课制

答案 D。解析:自夸美纽斯首先提出了班级授课制,然后风靡世界。

小组合作学习是在班级授课制背景上的一种教学方式,即在承认课堂教学为基本教学组织形式的前提下,教师以学生学习小组为重要的教学组织手段,通过指导小组成员展开合作,形成"组内成员合作,组间成员竞争"的学习模式,发挥群体的积极功能,提高个体的学习动力和能力,达到完成特定的教学任务的目的。

道尔顿制,又称"契约式教育",是一种彻底地适应个性化教学的一种组织形式和方法。它主张废除班级授课制,指导每个学生各自学习不同的教材,以发展其个性。由美国 H. H. 帕克赫斯特于 1920 年在马萨诸塞州道尔顿中学所创行。此制在 20 世纪 20 年代后在上海、北京、南京、开封等地曾试行。

个别教学与班级教学(或集体教学)相对,指教师分别对个别学生进行教学的组织形式。

2. 试图以心理学的"统觉理论"来说明教学过程的是(　　)。

A. 夸美纽斯 　　　　　B. 昆体良 　　　　　C. 赫尔巴特 　　　　　D. 杜威

答案 C。解析:赫尔巴特试图以心理学的"统觉理论"来说明教学过程。

3. 正式提出"班级"一词的是文艺复兴时期的著名教育家(　　)。

A. 埃拉斯莫斯 　　　　B. 夸美纽斯 　　　　C. 马卡连柯 　　　　D. 杜威

答案 A。解析:埃拉斯莫斯正式提出"班级"一词。

4. 教学活动中,师生为完成特定的教学任务而组合起来进行活动的结构称为(　　)。

A. 教学组织形式 　　　B. 教学模式 　　　　C. 教学方法 　　　　D. 教学策略

答案 A。解析:教学组织形式是指为完成特定的教学任务教师和学生按一定要求组合起来进行活动的结构。

5. 外部分组按照学生的(　　)来编班。

A. 年龄 　　　　　　　　　　　　　B. 发展水平

C. 知识经验 　　　　　　　　　　　D. 学习能力或学习兴趣

答案 D。解析:外部分组打破按年龄分班的传统,按学生的学习能力或学习兴趣来编班。

6. 帕克赫斯特创立的教学组织形式是(　　)。

A. 班级授课 　　　　　B. 设计教学法 　　　C. 道尔顿制 　　　　D. 分组教学

答案 C。解析:帕克赫斯特创立的教学组织形式是道尔顿制。

7. 在下列教学组织形式中,有利于高效率、大面积培养学生的是(　　)。

A. 个别教学 　　　　　B. 班级授课 　　　　C. 分组教学 　　　　D. 道尔顿制

答案 B。解析:略。

（二）名词解释

1. 讲授法

答:讲授法是教师通过口头语言系统连贯地向学生传授文化科学知识的方法。它主要包括讲解、讲读、讲练、讲演、讲述等。其特点是易于教师发挥主导作用,逻辑性强,信息量大,灵活。

2. 导生制

答:19 世纪初,英国学校中出现了"导生制"。它是根据儿童的年龄和发展水平划分等级,对进度相同的儿童系统性开设科目,编制班级,实施同步教学;并且除教师之外,还配备"导生",他们在教师的指导下对低年级的学生进行教学和管理。

第四节　教学工作的基本环节

教学工作的基本环节是备课、上课、作业布置与批改、课外辅导以及学业成绩的检查和评定。

一、备课（教学设计）

1. 备课的意义

备好课是上好课的前提,可以加强教学的计划性,有利于教师充分发挥主导作用。

2. 备课的要求

(1) 钻研教材、了解学生、设计教法。

(2) 教师要在完成上述三项工作的基础上制订出三种计划,即学年(或学期)教学进度计划、单元(或课题)计划、课时计划(教案)。

3. 教案撰写的主要环节

教案撰写的主要环节包括:学情分析、教材分析、重点难点、教学目标、教学方法、教学准备、教学过程、作业练习、板书设计。

4. 教案的类型

教案的类型包括:讲义式教案、提纲式教案、程序式教案。

二、上课

上课是全部教学工作的中心环节。

(一)课的类型

根据教学任务分为新授课、巩固课、技能课、检查课。

根据一节课完成的任务分为单一课和综合课。

根据使用的教学方法分为:讲授课、演示课、练习课、实验课、复习课等。

(二)课的结构

课的结构指的是课的基本组成部分及各部分进行的顺序、时限和相互关系。一般说来,综合课的结构包括:

(1) 组织教学;(2) 检查复习;(3) 讲授新教材;(4) 巩固新教材;(5) 布置课外作用。

(三)上好课的基本要求

(1) 教学目标清晰(教学目标的表述应具外显性、可操作性、可测性特点);(2) 教学内容正确;(3) 教学结构合理;(4) 教学方法得当;(5) 讲究教学艺术;(6) 板书媒体运用恰当;(7) 学生主体性发挥充分;(8) 教师指导性发挥适当。

(四)课堂导入的类型与基本要求

1. 课堂导入的类型

课堂导入包括:温故导入、直观导入、问题导入、实例导入、情境导入、故事导入等。

2. 课堂导入的基本要求

课堂导入的基本要求:导入要有针对性;导入要有启发性、趣味性;要恰当把握导入的"度"。

(五)课堂提问的类型

课堂提问包括:回忆提问、理解提问、应用提问、分析提问、综合提问、评价提问。

(六)板书的类型

文字板书:提纲式板书、词语式板书、表格式板书、线索式板书、演算式板书;图画板书:示意图板书、简笔画板书。

考题预测

名词解释:

　　备课(教学设计)

　　课的结构

简答题:

　　1. 简述教学工作的基本环节。

　　2. 简述综合课的结构。

论述题:

　　为什么说上课是全部教学工作的中心环节?

（七）教师口语的特点与分类

1. 教师口语的特点

教师口语具有教育性、针对性、规范性、口头性、科学性、启发性、可接受性的特点。

2. 教师口语的分类

说明性语言；叙述性语言；描述式语言；论证式语言；抒情式语言；评价性语言；演示性语言；概述性语言。

三、作业的布置与批改

1. 作业的形式

（1）阅读作业。（2）口头作业。（3）书面作业。（4）实践练习。

2. 布置作业的要求

（1）基础性。（2）适当性。（3）差异性。（4）层次性。（5）创新性。

3. 作业批改的要求

第一，批改作业要及时，不积压。第二，批改作业要认真细致，要写好批改标记，写出适宜的批改评语。第三，批语要有启发性、针对性和激励性，能够指导学生学习，能够激励学生学习兴趣和热情。第四，批改作业要广泛使用批改符号。符号醒目，使学生清楚地知道教师的批改意图，有利于学生吸取经验教训，有利于改正错误。第五，批改作业要有记录，要及时反馈。

四、课外辅导

辅导是课堂教学的辅助形式，是教学工作不可缺少的环节之一。

第一，辅导要有针对性。辅导内容应是教材的重点内容和学生不容易理解和掌握的内容。第二，辅导要有层次性。要认真分析学生的学习情况，针对不同层次的学生，确定不同的辅导内容，采取不同的辅导方式，因材施教。第三，辅导要有启发性。要积极调动学生思维，指导学生掌握解决问题的方法和规律。第四，辅导要注意及时性。辅导要及时，一定阶段教学结束后，或作业、考查批改完后，发现学生学习上存在的问题，要及时进行辅导；注意辅导时间要短，内容要精。

> **考题预测**
>
> 名词解释：
>
> 　　课外辅导
>
> 　　学业成绩测评
>
> 简答题：
>
> 　　1. 简述布置作业的基本要求。
>
> 　　2. 简述作业批改的基本要求。
>
> 　　3. 简述课外辅导要注意的事项。
>
> 论述题：
>
> 　　论述一堂好课的基本要求。

五、学业成绩的测评

测评是指检查和评定学生的学业成绩，是学校教学工作的重要组成部分，它是对教学过程进行调节控制，取得反馈信息，促进教与学的重要手段。测评的基本要求是：

第一，测评目的要求明确。或者要获取反馈信息，了解学生的学习情况，测评学习效果，以改进教学；或者要查明学生的学习准备状况及影响学生成绩的原因，确定学生教学目标的达成度。第二，测评的内容科学、全面。试题要依据教学大纲和教材，围绕教学目标。要能正确反映学生的学习程度，难易适中，分量适宜，要有梯度。一般比例是，基础题：较灵活的题：综合题＝6：3：1。第三，测评的标准要客观、公正。试题的答案要具体、明确，评分标准要准确、统一。第四，测评的方式方法要灵活多样。要使形成性测评、诊断性测评和总结性测评相结合;口试、笔试和操作实践考核相结合;教师评定成绩和学生自我评定成绩相结合。第五,测评的次数要适当。严格控制考试次数,注重平时考查(也就是形成性测评);要树立正确的质量观,减轻学生的课业负担。第六,测评的结果要及时总结。测评结束后要进行质量分析,找出教学得失的原因,及时改进教学。

六、真题选析

(一)名词解释

1. 课

答:课是在时间和结构上构成的教学活动。时间上一般为40分钟,结构一般为:(1)组织教学;(2)检查复习;(3)讲授新教材;(4)巩固新教材;(5)布置课外作用。

2. 设计教学法

答:设计教学法主张废除班级授课制和教科书,打破传统的学科界限,在教师指导下,由学生自己决定学习目的和内容,在自己设计、自己负责的单元活动中获得有关的知识和能力。

3. 教学策略

答:教学策略是为达到某种预期效果所采取的多种教学行动的综合方案,是在教学目标确定以后,根据已定的教学任务和学生的特征,有针对性地选择与组合有关的教学内容、教学组织形式、教学方法与技术,以便形成具有效率的活动方案。

(二)简答题

1. 简述教学方法的分类。

答:(1)以语言传递为主的教学方法,包括讲授法、谈话法、讨论法、读书指导法。(2)以直观感知为主的教学方法,包括演示法、参观法。(3)以实际训练为主的教学方法,包括练习法、实验法、实习作业法、实践活动法。(4)以探究活动为主的教学方法。(5)以情感陶冶(体验)为主的教学方法,包括欣赏教学法、情境教学法。

2. 简述以探究活动为主的教学方法的特点。

答:以探究活动为主的教学方法又称发现法,它是指在教师指导下,教师提出课题和提供一定的材料,引导学生自己分析、综合、抽象和概括,得出原理。特点:关心学习过程甚于关心学习结果,要求学生主动参加到知识形成的过程中去。优点:第一,提高智慧潜力;第二,使外部动机向内部动机转移;第三,学会发现的试探法;第四,有助于记忆。

3. 简述教学工作的基本环节。

答:备课、上课、作业布置与批改、课外辅导以及学业成绩的检查和评定。

4. 简述课的类型。

答:根据教学任务分为新授课、巩固课、技能课、检查课;根据一节课完成的任务分为单一课和综合课;根据使用的教学方法分为:讲授课、演示课、练习课、实验课、复习课等。

5. 简述课的基本结构。

答:课的结构指的是课的基本组成部分及各部分进行的顺序、时限和相互关系。一般说来,综合课的结构包括:(1)组织教学;(2)检查复习;(3)讲授新教材;(4)巩固新教材;(5)布置课外作业。

6. 试述对"教学过程是一种特殊的认识过程"的理解。

答:教学过程作为一种特殊的认识过程,其特殊性表现在:(1)认识对象的间接性与概括性;(2)认识方式的简捷性与高效性;(3)教师的引导性、指导性与传授性;(4)认识的交往性与实践性;(5)认识的教育性与发展性。

第五节 教学理论

教学理论是教育学的一个重要分支。它既是一门理论科学,也是一门应用科学;它既要研究教学的现象、问题,揭示教学的一般规律,也要研究利用和遵循规律解决教学实际问题的方法策略和技术。它既是描述性的理论,也是一种处方性和规范性的理论。

一、布鲁姆的掌握学习理论

(一)掌握学习的基本思想

掌握学习是有关教与学的乐观主义的教学理论,是一种群体教学与个别教学相结合的有效教学形式。布鲁姆是其代表人物。

(二)掌握学习的特点

第一,为掌握而教;第二,能帮助学生树立信心;第三,使人人都能学好。布鲁姆的掌握学习策略是以能力优劣不等的学生为前提条件,以集体学习的教学方式为手段,使每一个学生都能达到一定的学习水平,寻求一种既能保持班级教学的优越性,又能解决传统班级教学一筹莫展的"差生"问题的一种新的教学策略。

(三)掌握学习的基本教学程序

第一,准备阶段。首先,对掌握抱有信心。其次,确定所教学科的内容、目标和测量手段,包括确定学习内容、明确掌握目标和准备终结性测验。再次,制订计划,包括设计教学单元、为每一个单元确定具体的掌握目标、根据单元的教学目标编制单元形成性测验、设计备用的教学材料和矫正手段,以供学生在学习中遇到困难和问题时选择使用。最后,在掌握教学实施前,一般要进行诊断性评定。

第二,教学实施阶段。一般分为三个步骤:一是,为掌握定向,即向学生介绍掌握学习的一般程序,使学生适应这种学习方法。二是,为掌握而教,即进行系统的教学。其具体步骤是:集体授课、形成性测验、分析测试结果并根据掌握学习情况进行补充学习、再进行一次平行性形成测验到大部分学生都掌握单元知识或转入下一单元的学习,循环往复,直到学完全部教材。三是,为掌握分等,即在学完全部教材的各个单元或对全班学生进行总结性测验,作为学习结束的全面评定。特别强调一点,这种评定分为"掌握"和"未掌握",而不是看他在班级中所处的名次。

考题预测

名词解释:
教学理论
掌握学习

简答题:
写出几种典型的教学理论。

论述题:
结合实际谈谈布鲁姆的掌握学习理论。

二、布鲁纳的认知教学理论(结构教学理论)

(一)认知教学理论的基本思想

认知教学理论的代表人物是布鲁纳,他强调教学的目标应该是发展学生的智力。在他的代表著作《教育过程》中,他强调教育不仅要培养成绩优异的学生,而且还要帮助每个学生获得最好的理智发展。教育主要是"培养学生的操作技能、观察技能、想象技能以及符号运算技能"。为了培养学生的智力就需要鼓励学生的发现,因此,他强调发现教学法,认为培养学生的智力实际上是发展学生头脑中的认知结构。因此,可以概括地说,认知教学论的主要思想就是:第一,发展智力目标观;第二,认知结构发展观;第三,发现教学方法观。

（二）认知教学过程观

1. 理智发展的教学目标

（1）鼓励学生发现自己猜想的价值和可修正性,以实现试图得出假设的激活效应;（2）培养学生运用心智解决问题能力的信心;（3）培养学生的自我促进;（4）培养学生"经济地运用心智";（5）培养理智的诚实。

2. 动机—结构—序列—强化原则

布鲁纳提出了相应的四条教学原则:

第一,动机原则。学习取决于学生对学习的准备状态和心理倾向。儿童对学习都具有天然的好奇心和学习的愿望,问题在于教师如何利用儿童的这种自然倾向,激发学生参与探究活动,从而促进儿童智慧的发展。

第二,结构原则。即要选择适当的知识结构,并选择适合于学生认知结构的方式,才能促进学习。这意味着教师应该认识到教学内容与学生已有知识之间的关系,知识结构应与学生的认知结构相匹配。

考题预测
简答题:
1. 简述布鲁纳的四条教学原则。
2. 简述布鲁纳关系学习基本结构的四个好处。

第三,序列原则。即要按最佳顺序呈现教学内容。由于学生的发展水平、动机状态、知识背景都可能会影响教学序列的作用,因此,如果发现教学效果不理想,教师就需要随时准备修正或改变教学序列。

第四,强化原则。即要让学生适时地知道自己学习的结果。但需要注意的是,教师不应提供太多的强化,以免学生过于依赖教师的指点。另外,要逐渐从强调外部奖励转向内部奖励。

3. 学科知识结构

布鲁纳认为,任何学科知识都是一种结构性存在,知识结构本身具有理智发展的效力。他认为学习基本结构有四个好处:第一,如果学生知道了一门学科的基本结构或它的逻辑组织,就能理解这门学科;第二,如果学生了解了基本概念和基本原理,有助于学生把学习内容迁移到其他情景中去;第三,如果把教材组织成结构的形式,有助于学生记忆具体细节的知识;第四,如果给予学生适当的学习经验和对结构的合理陈述,即便是年幼儿童也能学习高级的知识,从而缩小高级知识与初级知识之间的差距。

4. 发现教学方法

布鲁纳认为,学生的认知发展主要是遵循其特有的认识程序。学生不是被动的知识接受者,而是积极的信息加工者。教师的角色在于创设可让学生自己学习的环境,而不是提供预先准备齐全的知识。因此,他极力倡导使用发现法,强调学习过程,强调直觉思维,强调内在动机,强调信息提取。

三、罗杰斯的非指导性教学理论（情感教学理论）

（一）非指导性教学理论的基本思想

人本主义作为心理学的第三势力崛起,力陈认知心理学的不足在于把人当做"冷血动物",即没有感情的人,主张心理学要想真正成为关于人的科学,应该探讨完整的人,而不是把人分割成行为、认知等从属方面。美国人本主义心理学家罗杰斯的非指导性教学就是这一流派的代表,其基本主张是:在教学目标上强调自我发挥、自我发展和自我实现;在教学过程中强调非指导性;在师生关系上强调教师的促进者角色;在学习方法上强调意义学习和非指导学习。

（二）非指导性教学理论的具体思想

1. 非指导性教学目标

罗杰斯认为,最好的教育目标应该是"充分发挥作用的人、自我发展的人和形成自我实现的人"。

2. 非指导性教学过程

这种教学过程以解决学生的情感问题为目标,包括五个阶段:

（1）确定帮助的情景,即教师要鼓励学生自由地表达自己的情感;（2）探索问题,即鼓励学生自己来界定问题,教师要接受学生的感情,必要时加以澄清;（3）形成见识,即让学生讨论问题,自由地发表看法,教师给学生提供帮助;（4）计划和抉择,即由学生计划初步的决定,教师帮助学生澄清这些决定;（5）整合,即学生获得较深刻的见识,并做出较为积极的行动,教师对此要予以支持。

3. 非指导性教学方法

非指导性理论强调意义学习与非指导性学习。罗杰斯按照某种意义的连续,把学习分成无意义学习和意义学习。

无意义学习（如记忆无意义的音节）,它是发生在"颈部以上"的学习,没有情感或个人的意义参与。意义学习不是那种仅仅涉及事实累积的学习,而是一种使个体的行为、态度、个性以及在未来选择行动方式时发生重大变化的学习。这不仅仅是一种增长知识的学习,而且是一种与每个人各部分经验都融合在一起的学习。

这种意义学习主要包括四个要素:

第一,学习具有个人参与的性质;第二,学习是自我发起的,即使有推动力或刺激来自外界,但要求发现、获得、掌握和领会的感觉是来自内部的;第三,学习是渗透性的;第四,学习是由学生自我评价的。

这种意义学习实际上就是一种非指导性学习。非指导性学习既是一种理论,又是一种实践,它是一种教学模式。

4. 师生关系的品质

罗杰斯认为,教师作为"促进者"在教学过程中的作用表现为四个方面:

第一,帮助学生澄清自己想要学什么;第二,帮助学生安排适宜的学习活动与材料;第三,帮助学生发现他们所学东西的个人意义;第四,维持某种滋育学习过程的心理气氛。

罗杰斯认为,发挥促进者的作用,关键不在于课程设置、教师知识水平及视听教具,而在于"促进者和学习者之间的人际关系的某

考题预测

名词解释:
罗杰斯的意义学习

简答题:
简述罗杰斯意义学习的四个要素。

论述题:
根据罗杰斯的教学理论谈谈如何成为学生学习的促进者?
答:第一,使学生的学习成为有意义的学习。第二,真诚、接受、理解学生。第三,注重非指导性学习过程。

些态度品质"。这种态度品质包括三个方面:真诚、接受、理解。他认为,真诚是第一要素,是基本的。所谓接受,有时也称信任、奖赏,要求教师能够完全接受学生碰到某一问题时表露出来的畏惧和犹豫,并且接受学生达到目的时的那种惬意。所谓理解,罗杰斯常用"移情性的理解"一词,它是指教师要设身处地站在学生的立场上考察或认识学生的所思、所言、所为,而不是用教师的标准及主观的臆断来"框套"学生。

四、赞可夫的发展性教学理论

(一) 发展性教学理论的基础

赞可夫的"教学与发展"理论运用了他的导师、苏联著名心理学家维果茨基最近发展区学说。维果茨基认为:"教学应该创造最近发展区,然后使最近发展区转化为现有发展水平;教育学不应当以儿童发展的昨天、而应当以儿童发展的明天作为方向。"只有当教学走在发展的前面的时候,教学才有好的结果。

(二) 发展性教学原则

通过长期广泛的教学实验,赞可夫提出了五条教学原则:

1. 以高难度进行教学的原则

这一原则要求教学要有一定的难度。赞可夫认为:这个概念的涵义之一是指克服障碍,另一个涵义是指学生的努力。

2. 以高速度进行教学的原则

赞可夫认为教学进度太慢,大量的时间花在单调的重复讲授和练习上,阻碍了学生的发展。他主张从减少教材和教学过程的重复中求得教学速度,从加快教学速度中求得知识的广度,从扩大知识广度中求得知识的深度。

3. 理论知识起指导作用的原则

他认为孩子"知识的获得、技巧的形成是在一般发展的基础上,在尽可能深刻理解有关概念、法则及其之间的依存性的基础上实现的"。掌握理论知识能加深对于事实材料和技能的规律的理解,使知识结构化、整体化,方便记忆;理论知识可以揭示事物内在联系,孩子掌握理论知识后能够把握事物规律,然后展开思想,实现知识迁移,调动思维积极性,促进一般发展。

4. 使学生理解学习过程的原则

这一原则要求学生在理解知识本身的同时,也理解知识是怎样学到的,也就是教材和教学过程都要着眼于学习活动的"内在"机制,教学生学会怎样学习。

5. 使全体学生都得到一般发展的原则

这一原则要求教学要面向全体学生,特别是要促进差生的发展,教材必须适合大多数学生的学习水平;教学要以实验为基础,多做实验,增强学生的感性认识,发展学生的观察能力;用知识本身来吸引学生使他们感到学习是一种乐趣,体会到克服学习困难后得到精神上的满足和喜悦,以此增强学生学习的内部诱因;教学中要注意设计好教与学的思路,重视知识的前后联系,融会贯通;启发思考,适时练习,及时反馈、矫正等。

考题预测
名词解释:
  教学最近发展区
简答题:
  简述赞可夫的教学原则。

考题预测
简答题:
  1. 写出五个当代的教学理论名称。
  2. 比较皮亚杰和赞可夫发展理论的异同。

五、建构主义教学理论

(一)建构主义教学理论的特点

建构主义是许多心理学家和教育学家共同努力的结果。建构主义强调知识的不确定性、学习主体的能动性特点,认为教学具有如下特点:

1. 切身性

建构主义教学理论认为,学生在学习过程中要充分发挥主动性,要能体现出首创精神,这就要求学生对教学活动产生强烈需要,有着强烈的目标达成的切身感,并被教师导引的生动活泼的教学过程所吸引,有可能达到目标的切身感。

2. 参与性

建构性学习要求学生有多种机会在不同的情景下建构知识、应用知识,使学生成为教学活动的主人,对自己学习的成败承担责任,从而积极参与。

3. 情景性

建构主义认为学习总是与一定的社会文化背景相关联,在一定的教学情境下、一种"亲、助、乐"人际关系中学习。教师应与儿童共同创设"以情启思,以思促知"的生动而丰富的教学情境。

4. 自主性

建构主义认为,要建构一种学习环境,教师需提供各种工具和信息资源(课本和相关参考材料、音像资料、CAI 与多媒体课件以及 Internet 上的信息等);围绕课题,学生有自主选择学习材料、自主提出问题、选择学习内容和运用方法的机会,留给学生自学、思考问题的时间,以达到学习目标。

5. 框架性

建构主义认为,教学的任务在于将教科书中合理的知识结构,经过教师科学"编码"、学生"译码"形成头脑里的认知结构。在认知结构中必有一些起支撑作用的重点知识作为结构框架的支点,在支点之间建立相关联系,形成"脚手"框架,让学生主动攀登。

6. 问题性

建构主义认为,影响教学质量的一个重要因素是教学内容的呈现。教师需要设计一定的教学情境,选出与当前学习主题密切相关的事件或问题,遵循维果茨基的"最近发展区"理论,建立一个相关的认知结构框架,用问题探究、研究性学习的方式,通过认知框架把学生从现有水平引导到潜在水平的发挥。

7. 随机性

斯皮罗等人认为:传统教学混淆了初级学习(学习的低级阶段,教师只要求学生知道一些重要概念和事实,测验时只要求能再现出来)与高级学习(教师要求学生以对知识的理解为基础,学习者要解决具体领域的情境性问题)之间的界限,把初级学习阶段的教学策略不适当地推及到高级学习中,如将事物从复杂的背景中隔离出来进行孤立地学习,忽视具体情境下条件的应用,忽视部分与部分之间的联系等。据此,在教学过程要对同一重要概念、原理,可设置不同的情景,从不同角度、不同侧面,多次进行或呈现,斯皮罗称之为随机通达教学,这不是传统教学的简单重复,而是在多样化的现实情境与实例中,对概念、知识形成以新的理解,从而有利于学习者针对具体情境,建构用于指引问题解决的图式。

8. 合作性

建构性合作学习要求围绕教学活动主题,组织学习者之间的交流、争议、意见综合等,以助于学习者建构起新的更深层次的理解;学习者在交流过程中,他们的想法、解决问题的思路都明确化和外显化了,从而使学习者对自己的理解和思维过程进行监控;学习者为解决问题进行交流,以达到对问题的共同理解,建立起更完整的意义建构的表征。

9. 体验性

维果茨基把学习者的体验称为"自下而上的知识",而学习课本知识称为"自上而下的知识","自下而上的知识"只有与"自上而下的知识"相联系,才能成为系统;而"自上而下的知识"只有与"自下而上的知识"相联系,才能获得发展的基础。因此,建构性教学要帮助学习者获得对教学内容的感性体验、学习策略、学习方法的体验以及认知的体验。

考题预测

简答题:

1. 简述建构主义教学的特点。

2. 简述建构主义常用的三种教学模式。

3. 巴班斯基的最优化教学理论如何在教学中应用?

答:作为一种方法论应用;作为一种教学策略应用;在实践中根据实际应用。

(二)建构主义主要教学模式

(1)随机通达(进入)教学(Random Access Instruction)。

(2)支架式教学。

(3)抛锚式教学。

六、巴班斯基的最优化教学理论

(一)教学过程最优化的基本思想

教学过程最优化是巴班斯基教育思想的核心。他指出:"教学过程最优化是在全面考虑教学规律、原则、现代教学的形式和方法、该教学系统的特征以及内外部条件的基础上,为了使过程从既定标准看来发挥最有效的(即最优的)作用而组织的控制。"教学过程最优化不是具体的教学方法或教学手段,而是一种教学的方法论、教学策略。将其运用于教学实践,可在不同程度上提高教学质量,花费最少的时间和精力,取得最佳的教学效果。它作为一种教学上的优选法,最优化并不是最理想的,其结果应根据具体的条件和实际的可能性来评价。因此,最优化的概念是相对的,并非固定的模式或标准,每个教师都可致力于自己的最优化。

(二)最优化教学过程

1. 课堂教学顺序

巴班斯基认为,应按下列顺序安排课堂教学:

提问→讲解→巩固→检查新知识的掌握情况→复习已学过的知识→概括这些知识并使之系统化。

2. 十大教学原则

他从整体性的观点出发,视教学原则为一系统,它所包含的成分即每条原则。十大原则在实际运用时,必须相互联系作为一个整体才能发挥最优作用。

3. 六项实施方法

(1)综合考虑任务,注意全面发展;(2)深入了解学生,具体落实任务;(3)依据教学大纲,分清内容重点;(4)根据具体情况,选择合理方法;(5)采取合理形式,实行区别教学;(6)确定最优进度,节省师生时间。

4. 具体实施程序步骤

(1) 教学任务的具体化;(2) 选择一定条件下最优组织教学过程的标准;(3) 制订一整套该条件下的最优手段;(4) 尽最大可能改善教学条件,以实施选定的教学方案;(5) 实施规定的教学计划;(6) 根据选择的最优化标准,分析教学过程的结果。

七、德国瓦根舍因与克拉夫基的范例教学理论

该理论兴盛于 20 世纪五六十年代,与苏联赞可夫的发展教育理论和美国布鲁纳的结构主义教学理论并称为教学理论界的三大教学理论。

(一) 范例教学的内涵

所谓范例,就是那些在日常生活素材中隐含着本质因素、根本因素、基础因素的典型事例。范例教学就是通过基本性、基础性和范例性知识教学,培养学生独立的判断能力和创造能力。

(二) 范例教学的原则

范例教学提出了多种教学原则,其中基本性、基础性、范例性原则是最基本的三条原则。

(三) 范例教学的实施

1. 备课准备

实施范例教学,要求教师在备课时,应对教学内容进行五个方面的分析:(1) 基本原理分析。(2) 智力作用分析。(3) 未来意义分析。(4) 内容结构分析。(5) 内容特点分析。

2. 目标设计

范例教学强调教学目标的四个统一即教学与训育的统一、问题解决学习和系统学习的统一、掌握知识和培养能力的统一、主体和客体的统一。

3. 教学过程

范例教学强调教学过程的四个阶段:

第一阶段:范例性地阐明"个"的阶段。第二阶段:范例性地阐明"类"的阶段。第三阶段:范例性地理解规律的阶段。第四阶段:范例性地掌握关于生活和世界的经验的阶段。

> **考题预测**
> 简答题:
> 1. 简述范例教学的内涵。
> 2. 简述范例教学的原则。
> 3. 简述范例教学过程的四个阶段。

八、有效教学理论

(一) 有效教学的概念

有效教学指教师遵循教学活动的客观规律,以尽少的时间、精力和物力投入,实现教学目标和学生的个性培养与全面发展,取得尽可能多的教学效果。

教学的有效性包括如下三重意蕴:

(1) 有效果,指教学活动结果与预期教学目标的吻合程度。

(2) 有效率,即以少量的投入换得较多的回报,教学效率＝有效教学时间/实际教学时间。

> **考题预测**
> 简答题:
> 简述有效教学的特点。

(3) 有效益,指教学活动的收益、教学活动价值的实现,具体是指教学目标与特定社会和个人的教育需求是否吻合及吻合的程度。

（二）有效教学的基本特征

1. 关注全体学生

每位教师要树立"双全"意识，既要确立"为了学生发展"的思想，又要树立"全人"的理念。学生的发展是全人的发展，而不是某一方面或某一学科的发展，所以教师不要过高地估计自己所教学科的价值，要把学科价值定位在一个完整的人的全面发展上。

2. 关注教学效益

教学效益不同于生产效益，它不取决于教师花最少的时间教最多的内容，而取决于在单位时间内学生的学习结果与学习过程的进展情况。有效教学旗帜鲜明地反对缺乏效益的"奉献"，因为这种意义上的"奉献"其实是在耽误学生的进步与发展。

3. 关注可测性或量化

每节课的教学目标要尽可能明确与具体，只有目标具体，措施才具有针对性，也便于检验教师的教学效益。有效教学主张科学地将定量与定性、过程与结果结合起来，全面地评价学生的学习成绩和老师的工作实绩。

4. 实施反思教学

有效教学迫切地需要老师自觉养成反思与总结的好习惯，做到天天反思、堂堂反思，不断地追问"自己的教学有效吗？""有没有比我更有效的教学？"因此，没有反思性教学就没有有效教学。

（三）有效教学的核心

学生积极参与教学过程是有效教学的核心。学生参与包括行为参与、认知参与和情感参与三个方面。学生的情感参与和认知参与成正比。

由于学生的广泛参与使得其自身在学习过程中不断得到启发、激励，从而优化知识结构，乃至有所发现、有所创造。

（四）有效教学的策略

（1）转变教学理念。

（2）做好教学准备：课程开发、教学策划与设计、了解学生和与学生沟通。

（3）注重课前预习和课后复习。

（4）精心组织教学，帮助和指导学生进行意义构建。

（5）提高教师职业素养。

（五）有效教学的三条定律

第一条定律："先学后教"——以学定教。

第二条定律："先教后学"——以教导学。

第三条定律："温故知新"——学会了才有兴趣。

九、真题选析

（一）单选题

1. 范例教学论的代表人物是（　　　）。

A. 巴班斯基　　　　　　　　　　　　　　　　B. 布鲁姆

C. 赞可夫和布鲁纳　　　　　　　　　　　　　　D. 克拉夫基和瓦根舍因

答案 D。解析:巴班斯基是教学过程最优化理论的代表。布鲁姆是掌握学习理论的代表。赞可夫是发展教学理论的代表。布鲁纳是认知结构教学理论的代表。德国瓦根舍因与克拉夫基是范例教学理论的代表。

2. 与美国布鲁纳的结构主义教学理论、德国克拉夫基和瓦根舍因范例教学理论并称为教学理论界的三大教学理论的是(　　　)。

A. 苏联赞可夫的发展教育理论

B. 布鲁姆的掌握教学理论

C. 当代的建构教学理论

D. 巴班斯基的教育教学过程最优化理论

答案 A。解析:略。

（二）名词解释

1. 有效教学

答:有效教学指教师遵循教学活动的客观规律,以尽少的时间、精力和物力投入,实现教学目标和学生的个性培养与全面发展,取得尽可能多的教学效果。

2. 教学理论

答:教学理论是在研究教学的现象、问题,揭示教学的一般规律的基础上,提出解决教学实际问题的方法策略和技术的学说。

（三）简答题

1. 简述认知教学理论。

答:布鲁纳是代表人物:① 理智发展的教学目标;② 动机—结构—序列—强化原则;③ 学科知识结构;④ 发现教学方法。

2. 简述情感教学理论。

答:罗杰斯是代表人物:① 教学目标为"充分发挥作用的人、自我发展的人和形成自我实现的人";② 非指导性教学过程;③ 意义学习与非指导性学习;④ 教师作为"促进者"。

3. 简述发展性教学理论。

答:赞可夫是代表人物,提出了教学五大原则:① 以高难度进行教学的原则;② 以高速度进行教学的原则;③ 理论知识起指导作用的原则;④ 使学生理解学习过程的原则;⑤ 使全体学生都得到一般发展的原则。

（四）论述题

1. 结合实际分析有效教学目标的制订策略。

答案要点:第一,研读课程标准。第二,分析学情。第三,分析文本。第四,整体把握。

2. 比较罗杰斯的意义和奥苏伯尔的意义学习。

答案要点:罗杰斯的意义强调学生的主体需要与自我实现;奥苏伯尔的意义强调学生的认知意义,即学习材料能被学生理解。

本章深度练习及解析

一、单项选择题

1. 强调抓住知识的主干部分,构建简明知识体系的是( )。
A. 结构化策略　　B. 问题化策略　　C. 方法型策略　　D. 综合型策略
答案 A。解析:结构化策略强调抓住知识的主干部分,构建简明的知识体系。

2. 教师教学和学生获得知识的基本材料是( )。
A. 教学大纲　　B. 课程计划　　C. 教科书　　D. 教学指导书
答案 C。解析:教师教学和学生获得知识的基本材料是教科书。

3. 学校课外活动的组织形式有个人活动、小组活动和( )。
A. 班级活动　　B. 文学艺术活动　　C. 群众性活动　　D. 社会公益活动
答案 C。解析:略。

4. 综合实践活动体现了( )管理制度的特征和功能,是最能体现学校特色的满足学校个性差异的发展性课程。
A. 一级课程　　B. 二级课程　　C. 三级课程　　D. 国家课程
答案 C。解析:略。

5. 第斯多惠说:"坏老师奉送真理,好老师教导真理。"这体现了教学的( )原则。
A. 巩固　　B. 启发　　C. 循序　　D. 系统
答案 B。解析:略。

6. 渗透在生产、生活过程中的口传身授生产、生活经验的现象,称之为( )。
A. 自然形态的教育　B. 自我教育　　C. 家庭教育　　D. 社会教育
答案 A。解析:略。

7. 1920 年,教育家保罗·朗格朗在其出版的著作中提出了( )思想。
A. 最优化教学　　B. 范例教学　　C. 发展教育　　D. 终身教育
答案 D。解析:略。

8. 属于意义识记的行为是( )。
A. 小明通过阅读成语故事记住了大量成语
B. 小明利用课间时间记住了圆周率小数点后 9 位数字
C. 小明采用历史的先后顺序记住了许多历史事件的年月日
D. 小明通过诵读法记忆并掌握英语单词
答案 A。解析:通过阅读成语故事,了解成语的真正意思,是意义识记的行为。

9. 下列不属于说课内容的是( )。
A. 说教材　　B. 说学情　　C. 说教学策略　　D. 说重、难点
答案 C。解析:说课的内容有说教材、说目标、说学情、说教法、说教学程序。D 选项属于说教学程序的内容。

10.《学记》中提出的"道而弗牵,强而弗抑,开而弗达",是要求教学中贯彻( )。
A. 启发性原则　　　　　　B. 循序渐进原则
C. 直观性原则　　　　　　D. 因材施教原则

答案 A。解析:《学记》中提出的"道而弗牵,强而弗抑,开而弗达"体现了启发性原则。

11. 教学中"拔苗助长"、"陵节而施"违背了(　　)。

A. 个体身心发展的阶段性规律

B. 个体身心发展的顺序性规律

C. 个体身心发展的不均衡性

D. 个体身心发展的差异性

答案 B。解析:略。

12. 在人类教育史上首次提出"教育遵循自然"学说的教育思想家是古希腊的(　　)。

A. 苏格拉底　　　　B. 柏拉图　　　　C. 赫拉克利特　　　D. 亚里士多德

答案 D。解析:古希腊的亚里士多德在人类教育史上首次推出"教育遵循自然"学说。

13. 孔子要求"学而时习之"、"温故而知新",是说在教学中要贯彻(　　)。

A. 理论联系实际原则　　　　　　　B. 循序渐进原则

C. 启发性原则　　　　　　　　　　D. 巩固性原则

答案 D。解析:孔子要求"学而时习之"、"温故而知新",体现了教学中的巩固性原则。

14. 《学记》中要求"学不躐等",是说在教学中要贯彻(　　)。

A. 循序渐进原则　　　　　　　　　B. 因材施教原则

C. 巩固性原则　　　　　　　　　　D. 理论联系实际原则

答案 A。解析:《学记》中要求"学不躐等",是说在教学中要贯彻循序渐进原则。

15. 设计教学法的提出者是(　　)。

A. 杜威　　　　　B. 华虚朋　　　　C. 柏克赫斯特　　　D. 克伯屈

答案 D。解析:设计教学法是由克伯屈首先提出的。

16. 为达到某种预测效果所采取的多种教学行动的综合方案称为(　　)。

A. 教学模式　　　B. 教学策略　　　C. 教学方法　　　D. 教学手段

答案 B。解析:为达到某种预测效果所采取的多种教学行动的综合方案称为教学策略。

17. 教师向学生提出问题,并通过问答的形式来引导学生获取或巩固知识的方法称为(　　)。

A. 讨论法　　　　B. 谈话法　　　　C. 讲授法　　　　D. 练习法

答案 B。解析:谈话法是教师向学生提出问题并通过回答问题的形式来引导学生获取或巩固知识的方法。

18. 学校实现教育目的即培养人的基本途径是(　　)。

A. 政治思想品德教育　　　　　　　B. 教学

C. 课外活动　　　　　　　　　　　D. 学校管理

答案 B。解析:教学是学校实现培养人这一教育目的的基本途径。

19. 取得教学成功的内因是(　　)。

A. 教师的主导作用　　　　　　　　B. 学校的管理作用

C. 教材的媒体作用　　　　　　　　D. 学生的主体作用

答案 D。解析:取得教学成功的内因是学生发挥主体作用。

20. "不愤不启,不悱不发"体现了(　　)教学原则。

A. 循序渐进　　　B. 启发性　　　　C. 因材施教　　　D. 巩固性

答案 B。解析:"不愤不启,不悱不发"体现了启发性教学的原则。

21. 因材施教原则适用于( )。

A. 对教学内容"吃不饱"的学生   B. 有特殊才能的学生

C. 一切学生   D. 差生

答案 C。解析:因材施教原则适用于一切学生。

22. 学科标准是指课程计划中每门学科以纲要的形式编写有关学科教学内容的指导性文件,也称( )。

A. 教学目的   B. 教学计划   C. 教学课程   D. 教学大纲

答案 D。解析:学科标准是有关学科教学内容的指导性文件,也称教学大纲。

23. 教学认识的主要方式是间接知识和( )。

A. 直接经验   B. 科学实验   C. 社会实践   D. 间接经验

答案 D。解析:教学认识的主要方式是间接知识和间接经验。

24. 杜威的课程设计教学模式的结构是( )。

A. 诱导学习动机→领会新教材→巩固知识→检查

B. 设置问题情境→确定问题或课题→拟定解决课题方案→执行计划→总结与评价

C. 明确结构、课题和资料→建立假说、推测答案→验证→得出结论

D. 个别解释→种类解释→掌握规律→获得理解

答案 B。解析:略。

25. 纲要信号图式教学法的突出作用在于( )。

A. 简明扼要地表现知识

B. 直观性很强

C. 提高了教学效率

D. 使教学有效地贯彻了理论知识起主导作用的原则

答案 D。解析:纲要信号图式教学法是苏联教师沙塔洛夫在自己 30 年的教学实践基础上创立的。所谓纲要信号图式是一种由字母、单词、数字或其他信号组成的直观性很强的图表,是教学辅助工具。纲要信号图式法的突出作用,是在教学中贯彻理论知识起主导作用的原则,为发挥学生各方面的潜能提供了可能性。

26. 为了解决名词、术语脱离事物,抽象概念脱离具体形象,理解脱离感知等矛盾,教师在教学时必须注意贯彻( )。

A. 理论联系实际原则   B. 直观性原则

C. 巩固性原则   D. 启发性原则

答案 B。解析:直观性原则是指在教学中,通过学生观察所学事物或教师语言的形象描述,引导学生形成所学事物、过程的清晰表象,丰富他们的感性知识,从而使他们能够正确理解书本知识和发展认识能力。题干所给出的学习问题,可以通过贯彻直观性原则来解决。

27. 讲述是教师主要的教学手段,一般可以分( )三个阶段进行。

A. 导入、详述和汇总   B. 导入、分析和汇总

C. 分析、详述和总结   D. 分析、质疑和总结

答案 A。解析:讲述的三个阶段分别是导入、详述和汇总。

28. 结构化策略和问题化策略属于教学策略中的( )。

A. 内容型策略　　　B. 形式型策略　　　C. 方法型策略　　　D. 综合型策略

答案 A。解析：内容型策略有强调知识结构和追求知识发生过程两个类比,也就是说可以有两条途径:结构化策略和问题化策略。

29. 最古老、应用最广、最普遍的教学方法是( )。

A. 讨论法　　　　B. 谈话法　　　　C. 讲授法　　　　D. 实践法

答案 C。解析:讲授法是以某种主题为中心,有组织、有系统的口头讲授。讲授法包括讲解、讲述、讲演等不同的讲授形式,讲授法是使用最广泛的教学法,同时又是最古老的教学方法.

30. 与启发性原则在教学中贯彻要求不符的是( )。

A. 激发学生积极思维　　　　　　　B. 确立学生的主体地位

C. 严格遵守职业道德　　　　　　　D. 建立民主平等师生关系

答案 C。解析:启发式教学要求在教学过程中激发学生的积极思维,以学生为主体,建立师生平等的民主关系。

二、名词解释

1. 教学组织形式

答:教学组织形式是指为完成特定的教学任务,教师和学生按一定要求组合起来进行活动的结构。

2. 班级授课制

答:班级授课制是一种集体教学形式,它把一定数量的学生按年龄与知识程度编成固定的班级,根据周课表和作息时间表,安排教师有计划地向全班学生集体上课。

三、简答题

1. 简述教学策略的分类。

答:按构成要素,教学策略可分为:内容型、形式型、方法型、综合型四类。

2. 简述建构主义学习的共同点。

答:(1)强调复杂学习环境和真实的学习任务。(2)强调社会协商和相互作用。(3)强调学生用多种方式表征教学内容。(4)强调以学生为中心的教学。

四、论述题

1. 联系实际论述怎样有效地培养与激发学生的学习动机。

答:学习动机的激发是指调动学生学习的积极性,主要是通过教学过程进行的。激发学习动机一般采取下列有效的方式和措施:第一,激发兴趣,维持好奇心。第二,设置合适的目标。当目标是自己设定的时候,个体通常会付出更多的努力。第三,培养恰当的自我效能感。第四,进行归因训练。第五,表达明确的期望,合理运用外部奖赏。

2. 试述美育的功能。

答:美育能促进教育目的的实现,促进学生德智体全面发展。具体表现为:(1)美育可以促进学生共产主义道德品质的形成,它对于培养学生高尚的道德情操,陶冶心灵,树立正确的世界观具有特殊的功效。(2)美育能促进学生智力发展,扩大和加深他们对客观现实的认识。（3）美育具有怡情健身作用,可以增进身心健康,促进体育。

3. 你是怎样理解范例教学法的?

答:范例教学法是指教师在教学中选择真正基础的本质的知识作为教学内容,通过"范例"内容的讲授,使学生达到举一反三掌握同一类知识的规律的方法。它源于20世纪50年代出现的一种影响颇大的教学理论流派——范例教学,倡导者为德国教育家瓦根舍因和克拉夫基。运用此法的目的在于促使学生独立学习,而不是要学生复述式地掌握知识,要使学生所学的知识迁移到其他方面,进一步发展所学的知识,以改变学生的思维方法和行动的能力。

第七章　学校德育

知识架构

学校德育
- 德育与思想品德
- 中学德育的意义、德育目标、内容
- 德育过程、规律、原则
- 德育组织形式、德育方法、德育工作新形势
- 当前我国中小学德育中存在的问题及改革趋势

考纲要点

识记

1. 德育的意义、目标和内容；
2. 德育过程本质、结构与基本矛盾；
3. 德育原则概念、德育的途径与方法。

理解

1. 德育的目标确定依据、我国初级阶段中学的德育目标；
2. 德育过程的基本规律，思想品德的基本因素，思想品德形成基础；
3. 德育的基本原则：导向性原则，疏导原则，尊重学生与严格要求学生相结合原则，教育的一致性与连贯性原则，因材施教原则；
4. 德育的组织形式：教学，团队、学生会及其活动特点、内容和形式，课外活动和校外活动特点、内容和形式，社会实践活动特点、内容和形式。

运用

1. 通过案例分析和理解德育的基本原则和基本规律；
2. 运用德育基本理论分析新时期德育中的新问题、新方法。

第一节　德育概述

一、德育与思想品德

（一）德育的含义

德育即思想品德教育，是教育者按照一定社会的要求，有目的、有计划地对受教育者施

加系统的影响,把一定社会的思想观点、政治准则转化为个体思想品质教育。

广义的德育指所有有目的、有计划地对社会成员在政治、思想与道德等方面施加影响的活动,包括社会德育、社区德育、学校德育和家庭德育等方面。

狭义的德育专指学校德育。学校德育是指教育者按照一定的社会或阶级要求,有目的、有计划、有系统地对受教育者施加思想、政治和道德等方面的影响,并通过受教育者积极的认识、体验与践行,以使其形成一定社会与阶级所需要的品德的教育活动,即教育者有目的地培养受教育者品德的活动。

（二）思想品德的含义和基本因素

1.思想品德的含义

品德亦称思想品德,它是个人依据一定的道德规范采取道德方面的态度、言论和行动时经常表现出来的比较稳定的倾向与特征。它是一个人个性心理中具有社会评价意义的层面。例如,勤奋学习、遵守纪律、热爱劳动、助人为乐、艰苦奋斗等等。

2.思想品德的基本因素

品德的基本因素主要是由道德认识、道德情感、道德意志和道德行为四种心理成分构成的,简称知情意行。其中知是基础,行是关键。道德认识和道德情感可以唤起人的道德动机,从而推动人们产生道德意志和相应的道德行为。

3.思想品德的形成基础

一是个人特质。个人特质包括个人的生理特质和心理特质,是影响人们思想品德的内在因素。

二是家庭影响。家庭影响主要包括父母及其家庭成员的影响以及家庭的整体影响。

三是教育。思想品德是一个不断社会化的过程,思想品德的社会化主要是在学校进行的。

四是惩罚与奖励。五是校风。六是大众传媒和舆论。

考题预测

名词解释:
　德育
　道德
　品德

简答题:
　1.简述思想品德的基本因素(结构)。
　2.简述影响品德形成的因素。
　3.简述中小学生品德发展的特点。

（三）学校德育的意义

第一,德育是社会主义现代化建设的重要条件和保证。第二,德育是青少年健康成长的条件和保证。第三,德育是实现教育目的的条件和保证。

二、小学生品德发展特点

（一）小学生品德认识发展的特点

第一,在品德认知上,从比较直观的、肤浅的认识逐步过渡到比较抽象、比较本质的认识。低年级孩子初步掌握了一些抽象的道德知识,但具体性强、概括性低,而且不精确、不全面。例如,他常把"勇敢"和"冒险"、"小心"和"胆小"混同起来。

第二,在品德评价上,从只注意行为的效果,逐步过渡到全面地考虑动机和效果的统一。孩子在低中年级时,在评价品德行为时,往往依赖成人,易受暗示,即使独立评价,也主要是根据行为效果,具有很大的片面性。例如,孩子在评价某个同学时,除了依赖老师、家长的指令外,往往只看同学的某一次行为的效果,比如某天没完成作业,某天上课说话等。当孩子到了高年级时,对道德行为的评价才能把动机和效果结合起来考虑。

第三,初步形成了道德信念。实践表明,孩子在小学一二年级时,实际上并没有道德信念,只形成道德信念的某些因素。他能按时到校学习,还不是出于对不迟到的意义及社会行为规范的了解而自己督促自己,而是由于老师的要求,迟到了要受批评。孩子到三四年级时,有了初步的道德信念,已具有完成作业和遵守纪律的良好愿望。从五年级开始,孩子能开始理解争取好成绩和遵守纪律在学习及生活中的重要性。

（二）小学生道德情感发展的特点

道德情感是随着人的道德认识的发展而发展和丰富起来的,它是推动人们完成道德行为的巨大力量。小学生在道德情感的推动下,能发挥平时没有体力和能力去克服的各种困难,从而完成道德行为。小学生的道德情感只是处于初步发展的阶段,主要有以下两个特点:

第一,小学生的道德情感是由狭隘的、模糊的态度发展到初步深刻和比较稳定的态度。例如,孩子在低年级时,对英雄人物只是从具体人物开始认识,即使对爱国主义的情感也是很肤浅的。到了中高年级后,由于智力的发展和知识经验的丰富,高级的情感才能初步形成,而且变得初步深刻和稳定。

考题预测

论述题:
根据小学生品德发展的特点谈谈小学生品德教育的策略。

第二,小学生对不同的道德情感的体验有着不同的水平。越是具体形象的,越是易受感染。例如,小学生对自己所在的学校、家乡容易产生情感,而对爱国主义的情感却较疏远、陌生。

（三）小学生道德行为发展的特点

第一,由外部调节向内在调节发展。孩子在低、中年级时,他的道德行为主要是在成人的要求下实现的。到了高年级时,成人的要求逐渐转化为孩子自己的内部的力量,行为自觉性日益明显。

第二,低年级孩子的行为动机和目的常常是具体的、眼前的、狭隘的,行为是简单的,并且逐步向复杂方面发展,由不稳定、不巩固向稳定、巩固方面发展。孩子身上经常存在着良好行为习惯和不良行为习惯的矛盾。

三、中学生品德发展的基本特征

（一）伦理道德发展具有自律性,言行一致

在整个中学阶段,学生的品德迅速发展,处于伦理形成时期。伦理是人与人之间的关系以及必须遵守的行为准则,它是道德关系的概括。

1. 形成道德信念与道德理想

中学阶段是道德信念和道德理想形成、并以此指导行动的时期。中学生逐渐掌握伦理道德,并服从它,表现为独立、自觉地依据道德信念、价值标准等去行动,使学生的道德行为更有原则性、自觉性。道德信念的形成是一个漫长的过程,表现出阶段性:

第一阶段,道德信念的准备期(2岁前);第二阶段,道德信念的萌发期(10—15岁);第三阶段,道德信念的确定期(15岁以后)。

2. 自我意识增强

在品德发展的过程中，中学生更加关注自我道德修养，并努力加以提高。

3. 道德行为习惯逐步巩固

由于不断地实践、练习，加之较为稳定的道德信念的指导，中学生逐渐形成了与道德伦理相一致的、较为定型的道德行为习惯。

4. 品德结构更为完善

中学生的道德认识、道德情感与道德行为三者相互协调，形成一个较为完善的动态结构，使他们不仅按照自己的道德准则去行动，而且也逐渐成为稳定的个性心理结构的一部分。

（二）品德发展由动荡向成熟过渡

1. 初中阶段品德发展具有动荡性

从总体上看，初中即少年期的品德虽然具有伦理道德的特性，但仍旧不成熟、不稳定，具有动荡性，表现在道德观念的原则性、概括性不断增强，但还带有一定程度的具体经验特点；道德情感表现丰富、强烈，但又好冲动；道德行为有一定的目的性，渴望独立自主行动，但愿望与行动经常有距离。

初中阶段既是人生观开始形成的时期，又是容易发生品德两极分化的时期。品德不良、违法犯罪多发生在这个时期。根据研究，初二年级是品德发展的关键期。

2. 高中阶段品德发展趋向成熟

高中阶段或青年初期的品德发展进入了以自律为主要形式、应用道德信念来调节道德行为的成熟时期。表现在能自觉地应用一定的道德观点、信念来调节行为，并初步形成人生观和世界观。

四、中小学生品德发展的基本特征对教学的启示

教育者应以学生态度与品德发展的基本特征为德育工作的出发点。在德育的内容、形式、评价标准等方面都应该遵循发展规律，重视发展过程中的关键期，采取合理的教育措施，有的放矢，因材施教。

五、德育目标

（一）德育目标的概念

德育目标是通过德育活动在受教育者品德形成发展上所要达到的总体规格要求，亦即德育活动所要达到的预期目的或结果的质量标准。德育目标是德育工作的出发点，它不仅决定了德育的内容、形式和方法，而且制约着德育工作的基本过程。

（二）德育目标确立的依据

（1）青少年思想品德形成、发展的规律及心理特征。

（2）国家的教育方针和教育目的。

（3）民族文化及道德传统。

（4）时代与社会的发展需要。

> **考题预测**
>
> 名词解释：
>   德育目标
>
> 简答题：
>   确立德育目标的依据是什么？

六、真题选析

（一）单选题

1. 根据科尔伯格的道德认知发展阶段论，道德推理上以好孩子为定向的学生，其道德的发展处于（　　）。

　　A. 前道德水平　　　B. 前习俗水平　　　C. 习俗水平　　　D. 后习俗水平

答案 C。解析：科尔伯格认为，一切文化中儿童的道德发展都经历三个水平、六个阶段的固有顺序。（1）前习俗水平，包括：第一阶段，惩罚与服从的道德定向阶段；第二阶段，相对功利的道德定向阶段（快乐的相对主义）。（2）习俗水平，包括：第三阶段，寻求认可的道德定向阶段（好孩子定向）；第四阶段，尊重权威与维护社会秩序的道德定向阶段。（3）后习俗水平，包括：第五阶段，社会契约定向阶段；第六阶段，普遍伦理的道德定向阶段。

2. 教师以表美、道美、风格美作为教育的方式，这种德育方式属于（　　）。

　　A. 欣赏性德育模式　　　　　　　　B. 对话式德育模式
　　C. 社会行动模式　　　　　　　　　D. 体谅模式

答案 A。解析：略。

3. 德育个体性功能的最高境界是（　　）。

　　A. 德育的政治功能　　　　　　　　B. 德育的生存功能
　　C. 德育的发展功能　　　　　　　　D. 德育的享用性功能

答案 D。解析：德育的个体性功能是指德育对德育对象个体发展能够产生的实际影响，包含着德育对个体生存、发展、享用发生影响的三个方面，其中享用性功能是德育个体性功能的最高境界。

（二）简答题

简述德育过程中知情意行的相互关系。

答：德育过程是培养学生品德的过程，而学生的品德又由知情意行等四个因素构成，所以德育过程也就是培养学生知情意行的过程。品德结构中的知、情、意、行等因素，各有自己的特点与作用，四者相互联系、相互制约、相互促进，推动品德的发展。知，即道德认识。一定的品德总是以一定的道德认识为必要条件，所以道德认识是基础。情，即道德情感。道德情感是一种巨大的力量，它能推动道德认识转化为道德行为，发展为道德信念。意，即道德意志。道德意志是一种巨大的精神力量，能排除各种干扰和障碍，使决定采取的道德行为顽强地坚持下去。所以，情、意是关键。行，即道德行为。道德行为是人的品德的一个重要的外部表现，一个人的道德只有通过道德行为才能表明，因而道德行为是衡量人们道德修养水平的重要标志。行，是结果。

第二节　中小学德育内容

一、小学阶段的德育内容及实施方法

（一）小学阶段的德育内容

小学德育主要是向学生进行以"爱祖国、爱人民、爱劳动、爱科学、爱社会主义"为基本内容的社会公德教育和有关的社会常识教育（包括必要的生活常识、浅显的政治常识以及同小

学生有关的法律常识),着重培养和训练学生良好的道德品质和文明行为习惯,教育学生心中有他人,心中有集体,心中有人民,心中有祖国。

主要有如下九项内容:

(1) 热爱祖国的教育;(2) 热爱中国共产党的教育;(3) 热爱人民的教育;(4) 热爱集体的教育;(5) 热爱劳动、艰苦奋斗的教育;(6) 努力学习、热爱科学的教育;(7) 文明礼貌、遵守纪律的教育;(8) 良好的意志、品格教育;(9) 辩证唯物主义观点的启蒙教育。

(二) 小学阶段的德育实施方法(途径)

学校实施德育必须充分发挥校内外各教育途径的作用,互相配合,形成合力,创造良好的教育环境,共同完成德育任务。其主要途径是:

(1) 各科教学;(2) 校级、班级教育和各种教育活动;(3) 少先队教育;(4) 家庭教育和校外教育。

二、中学阶段的德育内容及实施方法

(一) 初中阶段德育内容要点

(1) 爱国主义教育;(2) 集体主义教育;(3) 社会主义教育;(4) 理想教育;(5) 道德教育;(6) 劳动教育;(7) 社会主义民主和遵纪守法教育;(8) 良好的个性心理品质教育。

(二) 高中阶段德育内容要点

(1) 爱国主义教育;(2) 集体主义教育;(3) 马克思主义常识和社会主义教育;(4) 理想教育;(5) 道德教育;(6) 劳动和社会实践教育;(7) 社会主义民主观念和遵纪守法的教育;(8) 良好个性心理品质的教育。

(三) 中学阶段的德育实施方法

德育实施的主要途径有:思想政治课教学和时事课;其他各学科教学;班主任工作;共青团、少先队、学生会工作;劳动与社会实践;活动课程与课外活动;校外教育;心理咨询和职业指导;校园环境建设;家庭;社会。

三、真题选析

(一) 名词解释

1. 德育

答:德育即思想品德教育,是教育者按照一定社会的要求,有目的、有计划地对受教育者施加系统的影响,把一定社会的思想观点、政治准则转化为个体思想品质教育。

2. 德育过程及本质

答:德育过程是教育者根据一定社会的要求及受教育者思想品德形成规律,对受教育者有目的地施加影响,通过受教育者能动地认识、体验和实践,从而使其养成教育者所期望的思想品德的教育活动过程。德育过程的本质是个体社会化与社会规范个体化的统一过程。

(二) 简答题

1. 简述德育的组织形式。

答:第一,教学。教学具有教育性,是学校有目的、有计划、系统地对学生进行德育的基本途径。第二,课外和校外活动。第三,社会实践活动。第四,共青团和学生会活动。第五,校会、班会、周会和晨会。第六,班主任工作。

　　2. 简述德育基本方法。

　　答:德育方法是为了达到德育目标,在德育过程中采用的教育者和受教育者相互作用的活动方式的总和。

　　常用的德育方法有:(1) 说理教育法。(2) 榜样示范法。(3) 陶冶教育法。(4) 实际锻炼法。(5) 品德修养指导。(6) 品德评价法。(7) 角色扮演法。(8) 合作学习法。

　　(三) 论述题

　　结合实际谈谈中小学德育存在的问题、改革的主要趋势及面临的新形势。

　　答:存在的问题:第一,中小学重智育、轻德育的现象依旧存在,德育为先的办学思想没有得到落实。第二,德育目标脱离实际。第三,德育内容与学生的发展需要和实际脱节。第四,德育中的知行分离。第五,德育方法简单粗放。

　　改革的主要趋势和新形势:第一,学校德育观念的人性化、生活化。第二,学校德育模式的个性化。第三,学校德育目标的全面化。第四,学校德育方式的开放性和互动性。德育工作的新形势:第一,开展社区教育。第二,开展心理健康教育。第三,建立德育基础。第四,创办业余党校。

第三节　中小学德育过程、德育原则及德育方法

一、德育过程的内涵

　　1. 德育过程的内涵

　　德育过程是教育者根据一定社会的要求及受教育者思想品德形成规律,对受教育者有目的地施加影响,通过受教育者能动地认识、体验和实践,从而使其养成教育者所期望的思想品德的教育活动过程。

　　德育过程的本质是个体社会化与社会规范个体化的统一过程。

　　2. 德育过程的构成要素

　　(1) 教育者;(2) 受教育者;(3) 德育内容;(4) 德育方法。

　　3. 德育过程的矛盾

　　(1) 概念。德育过程的矛盾是指德育过程中各要素、各部分之间和各要素、各部分内部各方面之间的对立统一关系。

　　(2) 基本矛盾。德育过程的基本矛盾是教育者提出的德育要求与受教育者已有品德水平之间的矛盾。

二、德育过程的基本规律

　　(1) 学生的知、情、意、行诸因素统一发展的规律。

　　(2) 学生在活动和交往中形成思想品德规律。

　　(3) 学生思想矛盾内部转化规律。

　　(4) 学生思想品德形成的长期性和反复性规律。

考题预测

名词解释:
德育过程
德育过程的矛盾
德育模式

简答题:
1. 简述德育过程的构成要素。
2. 简述德育过程的基本规律。
3. 简述德育基本原则。

三、中小学德育的基本原则

（一）小学德育的基本原则

（1）坚持正确的政治方向；（2）热爱学生、了解学生；（3）加强针对性；（4）坚持正面教育；（5）提高道德认识和行为训练相结合；（6）集体教育与个别教育相结合；（7）言传身教，为人师表；（8）保持教育的连续性和一致性。

（二）中学德育的基本原则

（1）导向性原则；（2）疏导原则；（3）尊重学生与严格要求学生相结合原则；（4）教育的一致性与连贯性原则；（5）因材施教原则；（6）知行统一原则；（7）集体教育和个别教育相结合的原则；（8）正面教育与纪律约束相结合的原则；（9）依靠积极因素，克服消极因素的原则。

（三）我国常用的德育基本原则

（1）导向性原则；（2）疏导原则；（3）尊重学生与严格要求学生相结合原则；（4）教育的一致性与连贯性原则；（5）因材施教原则。

四、德育的组织形式

第一，教学。教学具有教育性，是学校有目的、有计划、系统地对学生进行德育的基本途径。

第二，课外和校外活动。

第三，社会实践活动。

第四，共青团和学生会活动。

第五，校会、班会、周会和晨会。

第六，班主任工作。

五、德育模式

（一）德育模式的概念

德育模式是在一定的德育理论指导下，经长期德育实践而定型的德育活动结构、程序及相应的策略与方法，也就是德育活动的范型或操作样式。它实际上是在德育实验过程中道德与德育理论、内容、手段、方法、途径的某种组合方式。

（二）常用的德育模式

1. 认知性道德发展模式

认知性道德发展模式的代表人物是科尔伯格和皮亚杰。该模式强调认知的作用。

2. 体谅或学会关心的道德教育模式

该模式由英国学校德育学家彼得·麦克费尔和他的同事所创，风靡于英国和北美。与认知性道德发展模式强调道德认知发展不同，体谅模式把道德情感的培养置于中心地位。其理论假设是：（1）与人友好相处是人类的基本需要，帮助学生满足这种需要是教育的职责。（2）道德教育重在提高学生的人际意识和社会意识，引导学生学会关心，学会体谅。

（3）鼓励青少年试验各种不同的角色和身份。（4）教育即学会关心，教师引导学生学会关心的最佳办法就是教师自己去学会关心。

3. 社会学习（行动）模式

社会学习模式主要是美国的班杜拉创立的。该模式强调观察学习是行为获得的基本学习方法，通过观察、模仿，再经认知过程进而形成人的复杂行为；注重强化的学习意义，利用外部直接强化、替代性强化和自我内在强化的交互作用，使学生提高学习效果；强调建立起有利于学习的道德环境和心理调节机制。教师应引导学生建立良好的自信心、道德品质和健全的情感等促进自我期望的发展，形成良好的人生心态。

4. 欣赏型德育模式

欣赏型德育模式的基本假设是：道德教育的内容与形式如果可以处理成一幅美丽的画、一曲动听的歌，那么与这幅画、这首歌相遇的人就会在"欣赏"中自由地接纳这幅画、这首歌及其内涵的价值。在德育过程中存在可以被学生欣赏的审美对象即"德育美"，这是欣赏型德育的前提。德育过程诸要素的审美化是这一模式建构的关键。因而，必须进行道德教育活动的形式美、作品美和师表美的创造和欣赏。

5. 对话性德育模式

对话性德育模式的践行中，有一些基本策略：第一，营造自由的交往情景；第二，鼓励学生的自我表达；第三，培养学生的质询意识；第四，建构开放的话语模式。

6. 活动道德教育模式

活动道德教育模式中的"活动"是指具有道德教育意义或功能的个人外部活动，或影响个人道德意识、道德行为、调节人际关系的外部活动，它至少包括学生主动参与的游戏、劳动、学生之间的外部协作和其他集体性活动等。此外，"活动"具有其道德发展和道德教育意义，主要体现在两个方面：第一，活动是个体道德形成、发展的根源与动力；第二，活动是学生自我教育的真正基础。

> **考题预测**
>
> 简答题：
> 1. 简述欣赏型德育模式的主要观点。
>
> 2. 简述活动德育模式的主要特点。

7. 生活型德育模式

生活型德育与以往的运动式德育和塑造型德育有着本质性的区别，主要表现为：第一，生活型德育是以现时的、自然的、真实的生活为基本途径对学生实施的德育；第二，生活型德育主张学校德育是对"人"的教育，必须尊重学生的人格，尊重学生的主体性；第三，生活型德育注重转变和深化学生的品德"情感"。实施生活型德育必须坚持三个根本性原则，即主体性原则、主导性原则和创新性原则。

8. 主体德育模式

可以从以下四个方面深刻理解主体德育模式：第一，主体德育模式以师生互动为基础，由此所建构的师生关系具有平等性、目的性特征。第二，主体德育模式以主体性原则为基本原则，在德育过程中，应发挥师生双方的主体性。第三，主体德育模式以培养学生的道德能力为目的。第四，主体德育模式以培育和优化学生道德接受机制为核心。

近年来，具有主体德育模式类型特质的具体模式还有：自主构建型德育模式、"自主－选择－养成"德育模式、"自我教育"德育模式、"激励参与"德育模式等。

六、德育方法

德育方法是为了达到德育目标,在德育过程中采用的教育者和受教育者相互作用的活动方式的总和。

（一）常用的德育方法

1. 说服教育法

（1）概念。说服教育法是指通过摆事实、讲道理,使中学生提高认识、明辨是非、形成正确观点的一种工作方法。说服教育法的特点有二:其一是强调正面教育,提高认识,教育时注意讲明道理、以理服人。其二是注意启发自觉,既注意对中学生的疏通和引导,要让中学生有充分发表自己的意见和看法的机会,做到畅所欲言;又要帮助学生对具体问题做认真分析,对于不正确的看法要帮助学生把认识引导到正确的方向上来。

（2）说服教育法的方式。第一类,运用语言文字进行说服教育的方式,主要包括讲述或讲解、报告或讲演、谈话、讨论或辩论、指导阅读等。第二类,运用事实进行说服教育的方式,主要包括参观、访问、调查等。

（3）运用说服教育法的要求。第一,说服教育要有针对性。第二,说服教育要有感染性。第三,说服教育要讲究科学性和艺术性。

2. 榜样示范法

（1）概念。榜样示范法是教育者以他人的高尚思想、模范行为和卓越成就影响学生,促使其形成优良品德的方法。这种方法的特点是把抽象的道德规范和高深的政治思想原理具体化、人格化,以生动具体的典型形象影响学生心理,使教育有很强的吸引力、说服力和感染力。

（2）榜样的种类。第一是典范人物:历史伟人、民族英雄、革命前辈、思想家、科学家和其他各方面的杰出人物。他们是民族的代表、人类的精英,是中小学生最崇敬的榜样。第二是教师的示范。教师肩负着培养青少年的重任,其言行、举止、仪态、作风、为人处世和各方面的表现,都对学生起着示范作用,产生潜移默化的深远影响。而学生又具有向师性的特点,很自然地将自己的老师作为效法的楷模。第三是学生的样板。

（3）运用榜样示范法的要求。第一,榜样必须真实可信。第二,要帮助中学生缩短角色距离。第三,要促使榜样成为中学生自律的力量。

3. 陶冶教育法（情感陶冶法）

（1）概念。陶冶教育法指教育者有目的有计划地设置和利用各种情感和环境因素,让受教育者受到潜移默化、耳濡目染的影响、感化和熏陶的教育方法。

（2）陶冶教育法的基本要求。第一,创设良好的情景。第二,与启发说服相结合。第三,引导学生参与情景的创设。

4. 实际锻炼法

（1）概念。实际锻炼法是教育者组织学生按照一定的要求,参与各种实际活动,在活动中形成良好的思想品德和行为习惯的方法。通过实际锻炼,可以加深道德认识,锻炼道德意志,形成道德行为习惯,使优良的思想品德日益巩固起来。

（2）实际锻炼法的要求。第一,执行制度,严格要求。第二,委托任务,培养责任。第三,组织活动,实际锻炼。

5．品德修养法（自我教育法）

（1）概念。品德修养法（也叫自我教育法）是在教育者指导下,受教育者在自我意识基础上产生积极进取心,为形成良好的思想品德而向自己提出任务,进行自觉的思想转化和行为控制的方法。

（2）注意事项。第一,激起学生自我教育的愿望。激发学生自我教育的愿望可从以下两点出发:其一是帮助学生明确意识社会、家庭、学校对自己提出的道德要求;其二是引导学生从自己仰慕的英雄人物中,找到自己学习的榜样。第二,帮助学生制订修养的标准与自我教育的计划。第三,指导学生监控和评价自己的道德表现。道德修养过程实际上是一个意志锻炼的过程。应当鼓励学生在道德实践中不断反思自己,自我监控、自我评价、自我激励,更准确、恰当地认识自我,形成道德修养的连续动力,形成自我教育习惯。第四,引导学生在社会实践中进行自我修养。教育者要让学生积极参加各种社会实践活动,实际交往,帮助学生在道德实践中实现和欣赏自己在情感体验、意志磨炼及行为策略上的提升。

6．品德评价法

（1）概念。品德评价法主要指通过评价的方法激励、指导学生品德的形成。

（2）主要形式。第一,奖励,是对学生思想品德给予肯定评价的一种鼓励方法,有赞许、表扬和奖赏三种形式。第二,惩罚,是对学生不良思想行为的否定评价,其教育意义在于使学生认识某些思想品德的不当,促使其克服、纠正和彻底根除这些思想和行为,包括批评、谴责和处分三种。第三,操行评定,包括写评语和等级评定两种形式,是在一定时期内对学生思想品德所做的比较全面的评价,是以对学生品德方面的要求为指导思想,以“学生守则”为基本内容来考查学生平时在课内外对待学习、社会生活、劳动以及对待集体和同学等各方面的表现,作出概括性总结。

（3）注意点。一是要有明确目的。二是要客观慎重,实事求是。三是要充分发扬民主。四是要注意对象的个别差异。

7．角色扮演法

（1）概念。角色扮演法是指通过在情景模拟中扮演一些角色,通过对角色的体验来提升品德的方法。角色扮演理论是以米德的角色理论和班杜拉的社会学习理论为基础发展起来的。

（2）注意事项。第一,要作好周密的计划,每个细节都要设计好,不要忙中出错,或乱中出错。第二,要助手事先训练好,讲什么话,作什么反映,都要规范化,在每个角色扮演者面前要做到基本统一。第三,要认真帮助扮演者体会角色并进行反思。

8．合作学习法

（1）概念。合作学习是指学生为了完成共同的任务,有明确的责任分工的互助性学习。合作学习鼓励学生为集体的利益和个人的利益而一起工作,在完成共同任务的过程中实现自己的理想,从而提高自己的品德。

（2）功能。合作学习法主要有培养合作精神、培养交往能力、培养创新精神、培养竞争意识、培养平等意识、培养承受能力等功能。

（3）注意事项。第一,要有明确的合作任务和分工。第二,要真正贯彻合作意图,实现好带差,先进带后进。第三,要进行集体评价。

（二）选择德育方法的依据

第一，根据德育目标。

第二，根据德育内容。

第三，根据学生的年龄特点和个性差异。

七、真题选析

（一）单选题

1. 在德育方法中，下列属于说服教育的是（　　）。

A. 操行评定指导　　B. 讨论与参观　　　C. 表扬与奖励　　　D. 艺术陶冶

答案 B。解析：说服教育法是指通过摆事实、讲道理，使中学生提高认识、明辨是非、形成正确观点的一种工作方法。说服教育法的方式可以分为两大类：第一类，运用语言文字进行说服教育的方式。比如讲述或讲解、报告或讲演、谈话、讨论或辩论、指导阅读等。第二类，运用事实进行说服教育的方式，主要包括：参观、访问、调查。

2. "其身正，不令而行，其身不正，虽令不行"体现了哪一种德育方法（　　）？

A. 陶冶教育法　　　B. 榜样示范法　　　C. 品德评价法　　　D. 实际锻炼法

答案 B。解析：陶冶教育法也叫情感陶冶法，指教育者有目的有计划地设置和利用各种情感和环境因素，让受教育者受到潜移默化、耳濡目染的影响、感化和熏陶的教育方法。陶冶教育法的基本要求：① 创设良好的情景；② 与启发说服相结合；③ 引导学生参与情景的创设。

榜样示范法是教育者以榜样人物的高尚思想、模范行为和卓越成就影响学生，促使其形成优良品德的方法。历史伟人、民族英雄、革命前辈、思想家、科学家和其他各方面的杰出人物对中小学生影响较大。

品德评价法，即班主任依据学生守则、中小学德育大纲等要求对学生的思想和言行作出评判，以促进良好品德形成和巩固，纠正不良品德进而促进中小学生的全面发展，实现班主任工作目标的方法。品德评价的类型和方式很多，根据不同的分类标准，可以区分出不同的品德评价方式：

从评价形式看，品德评价法包括口头评价和书面评价，如口头表扬、书面评定等。从评价的性质看，品德评价法包括肯定性评价和否定性评价，如奖励、惩罚等。从评价时间看，有即时性评价和阶段性评价，如课前课余的表扬批评与学期学年的操行评定等。从评价程度看，品德评价法又可分为不同的等级，肯定的评定有赞许、表扬、奖励等，否定的评定有批评、警告、记过、留校察看、开除学籍等。

实际锻炼法是教育者组织学生按照一定的要求，参与各种实际活动，在活动中形成良好的思想品德和行为习惯的方法。

3. 根据科尔伯格的道德认知发展阶段论，道德推理上以好孩子为定向的学生，其道德的发展处于（　　）。

A. 前道德水平　　　B. 前习俗水平　　　C. 习俗水平　　　　D. 后习俗水平

答案 C。解析：略。

4. 马克思主义认为，造就全面发展的人的途径和方法是（　　）。

A. 教育与生产劳动相结合　　　　　B. 加强现代科学教育

C. 开展网络教育　　　　　　　　　D. 高等学校扩招

答案 A。解析：略。

（二）简答题

1. 简述小学德育的基本原则。

答：① 坚持正确的政治方向；② 热爱学生、了解学生；③ 加强针对性；④ 坚持正面教育；⑤ 提高道德认识和行为训练相结合；⑥集体教育与个别教育相结合；⑦言传身教，为人师表；⑧保持教育的连续性和一致性。

2．简述中学德育的基本原则。

答：①导向性原则；②疏导原则；③尊重学生与严格要求学生相结合的原则；④教育的一致性与连贯性原则；⑤因材施教原则；⑥知行统一原则；⑦集体教育和个别教育相结合的原则；⑧正面教育与纪律约束相结合的原则；⑨依靠积极因素，克服消极因素的原则。

（三）论述题

论述德育过程的基本规律。

答：①学生的知、情、意、行诸因素统一发展的规律；②学生在活动和交往中形成思想品德规律；③学生思想矛盾内部转化规律；④学生思想品德形成的长期性和反复性规律。

第四节　当前我国中小学德育过程中存在的问题及改革

一、中小学德育过程中存在的问题

第一，中小学重智育、轻德育的现象依旧存在，德育为先的办学思想没有得到落实。

第二，德育目标脱离实际。

第三，德育内容与学生的发展需要和实际脱节。

第四，德育中的知行分离。

第五，德育方法简单粗放。

二、中小学德育改革的主要趋势

第一，学校德育观念的人性化、生活化。第二，学校德育模式的个性化。第三，学校德育目标的全面化。第四，学校德育方式的开放性和互动性。

三、德育工作的新形势

第一，开展社区教育。第二，开展心理健康教育。第三，建立德育基础。第四，创办业余党校。

四、真题选析

（一）案例分析

某初中三年级一女生把一男同学向其表达"爱慕之意"的情书交给了班主任，班主任认为要严肃处理，"杀一儆百"，于是在班会上把这封"情书"公之于众，结果导致了该男生的休学。

请用所学的德育规律、德育原则分析该案例。

【分析】这一案例中的班主任违背了学生思想内部矛盾转化规律，违背了尊重学生与严格要求学生相结合的原则。（1）学生思想内部矛盾转化规律：①德育过程既是社会道德内化为个体的思想品德的过程，又是个体品德外化为社会道德行为的过程；②要实现矛盾向教育者期望的方向转化，教育者既要给受教育者创造良好的外因,又要了解受教育者的心理矛盾,促使其积极接受外界的教育影响,有效地形成新的道德品质;③ 德育过程也是教育和自我教育的统一过程,教育者要注重提高受教育者自我教育的能力。(2) 德育过程要坚持尊重学生与严格要求学生相结合的原则:① 尊重学生与严格要求学生相结合原则的含义是指进行德育要把对学生个人的尊重和信赖与对他们的思想和行为的严格要求结合起来,使教育者对学生的影响与要求易于转化为学生的品德;② 贯彻这一原则的基本要求是:爱护、尊重和信赖学生;教育者对学生提出的要求,要做到合理正确、明确具体和严宽适度;教育者对学生提出的要求,要认真执行、及时检查、坚持不懈,督促学生切实做到。

本章深度练习及解析

一、单项选择题

1. 在知、情、意、行四个德育环节中,( )是基础,( )是关键。

A. 知、情　　　　　B. 知、行　　　　　C. 意、行　　　　　D. 知、意

答案B。解析:在知、情、意、行四个德育环节中。知是基础,行是关键。

2. 中学德育的基本途径是( )。

A. 课外活动　　　　　　　　　　B. 班主任工作

C. 政治课与其他学科教学　　　　D. 劳动

答案C。解析:中学德育的基本途径是政治课与其他学科教学。

3. 美育最高层次的任务,在能力方面表现为( )。

A. 感受美　　　　B. 鉴赏美　　　　C. 欣赏美　　　　D. 创造美

答案D。解析:美育的最高层次在于培养创造美的能力。

4. 德育在人的全面发展教育中起着( )作用。

A. 导向和动力　　B. 关键　　　　C. 基础　　　　D. 物质基础

答案:A。解析:德育在人的全面发展教育中起着导向和动力作用。

5. 根据一定的要求和标准,对学生的思想言行做出判断的德育方法是( ),它是对品德发展的( )手段。

A. 说服教育法　促进　　　　　　B. 榜样示范法　推动

C. 陶冶教育法　强化　　　　　　D. 品德评价法　强化

答案D。解析:品德评价法是指根据一定的要求和标准,对学生的思想言行做出判断的德育方法。

6. 文明行为习惯的教育属于( )。

A. 政治素质教育　　　　　　　　B. 身体素质教育

C. 道德素质教育　　　　　　　　D. 思想素质教育

答案C。解析:文明行为习惯与一个人的道德有关,故属于道德素质教育。

7. 为达到德育目的采用的教育者和受教育者相互作用的活动方式的总称是( )。

A. 德育原则　　　B. 德育途径　　　C. 德育方法　　　D. 德育模式

答案C。解析:为达到德育目的采用的教育者和受教育者相互作用的活动方式的总称是德育方法。

8. 思想教育对学生进行的是（　　）。

A. 道德行为习惯教育　　　　　　B. 政治态度和立场教育

C. 心理健康教育　　　　　　　　D. 正确的人生观和科学的世界观教育

答案 D。解析：思想教育对学生进行的是正确的人生观和科学的世界观教育。

9. 通过创设良好的情境，潜移默化地培养学生品德的方法是（　　）。

A. 说服法　　　　B. 陶冶法　　　　C. 实际锻炼法　　　　D. 榜样示范法

答案 B。解析：通过创设良好的情境，潜移默化地培养学生品德的方法是陶冶法。

10. 德育过程的基本矛盾是（　　）之间的矛盾。

A. 教育者与德育内容

B. 教育者与德育方法

C. 教育者提出的德育要求与受教育者已有品德水平

D. 受教育者与教育者

答案 C。解析：德育过程的基本矛盾是教育者提出的德育要求与受教育者已有品德水平之间的矛盾。

11. 小学德育教育的基本内容是（　　）。

A. 革命理想和传统教育　　　　　B. 民主和法制观念的启蒙教育

C. 辩证唯物主义观念的启蒙教育　D. 道德教育

答案 D。解析：小学德育教育的基本内容是道德教育。

12. "桃李不言，下自成蹊"这句话所体现的德育方法是（　　）。

A. 说服教育法　　　B. 榜样示范法　　　C. 陶冶教育法　　　D. 实际锻炼法

答案 B。解析：这句话体现的是榜样示范法。

13. 德育过程由教育者、受教育者、（　　）和（　　）四个相互制约的要素构成。

A. 德育内容　　德育途径　　　　B. 德育内容　　德育方法

C. 德育原则　　德育方法　　　　D. 德育方法　　德育途径

答案 B。解析：德育过程是由教育者、受教育者、德育内容、德育方法构成的。

14. 马卡连柯提出的"要尽量多地要求一个人，也要尽可能地尊重一个人"，反映了德育的（　　）。

A. 疏导原则

B. 因材施教原则

C. 导向性原则

D. 尊重学生与严格要求学生相结合原则

答案 D。解析：马卡连柯提出的"要尽量多地要求一个人，也要尽可能地尊重一个人"，反映了德育的尊重学生与严格要求学生相结合原则。

15. 德育过程从本质上说就是（　　）统一的过程。

A. 个体与环境　　　　　　　　　B. 个体与社会

C. 个体与教育　　　　　　　　　D. 个体社会化与社会规范个体化

答案 D。解析：德育过程从本质上说就是个体社会化与社会规范个体化统一的过程。

16. 通过制定和执行规章制度去管理班级的经常性活动是（　　）。

A. 班级常规管理　　　　　　　　B. 班级民主管理

C. 班级平行管理　　　　　　　　　D. 班级目标管理

答案 A。解析：班级常规管理是通过制定和执行规章制度去管理班级的经常性活动。

17. 在班级管理中，班主任是班级的（　　　）。

A. 法人　　　　　B. 监督人　　　　　C. 辅导员　　　　　D. 领导人

答案 D。解析：班主任是班级的领导人。

18. 下列哪一观点是亚里士多德的思想（　　　）。

A. 美德是否可教　　　　　　　　　B. 教学具有教育性

C. 人的和谐发展和年龄分期　　　　D. 教育即生活

答案 C。解析：亚里士多德的和谐教育思想以灵魂论为基础、以培养优良的公民为目标、以德智体和谐发展为内容、以音乐陶冶为途径。他最早根据儿童身心发展的特点提出按年龄划分教育阶段的主张。

19. 德育的个体发展功能的发挥应注意（　　　）。

A. 强调德育的外在强制性　　　　　B. 注意功能实现的间接性

C. 注重个体的享用性　　　　　　　D. 尊重学习个体的主体性

答案 D。解析：个体发展功能的发挥应注意两个问题：(1) 个体发展功能的发挥必须充分尊重学习个体的主体性，否则就会阻抑这一功能的正常发挥；(2) 品德发展实质上是人的文明化或社会化。因此，通过必要的规范学习与价值学习，以形成一定的品德，乃是发挥个体发展功能的重要内容。

二、名词解释

1. 德育

答：德育是教育者依据特定社会要求和道德规律，对受教育者实施有目的、有计划的影响，培养他们特定的政治思想意识和道德品质的活动。

2. 发展关键期

答：所谓发展关键期是指身体或心理的某一方面机能和能力最适宜于形成的时期。

3. 德育模式

答：德育模式实际上是在德育实施过程中道德与德育理论、德育内容、德育手段、德育方法、德育途径的某种组合方式。

三、简答题

1. 简述我国爱国主义教育中值得注意的问题。

答：(1) 爱国主义教育要把爱祖国与爱国家相对区分开来。(2) 爱国主义要把民族自豪感与危机感结合起来。(3) 反对狭隘的民族主义，把爱国教育与国际主义教育联系起来。(4) 爱国主义教育要体现层次性。

2. 简答常见的德育方法。

答：(1) 说服教育法。说服教育法是通过摆事实、讲道理，使学生提高认识，形成正确观点的方法。(2) 榜样示范法。榜样示范法是以他人的高尚思想、模范行为和卓越成就来影响学生品德的方法。榜样包括伟人的典范、教育者的示范、学生中的好榜样等。(3) 实际锻炼法。实际锻炼法是有目的地组织学生进行一定的实际活动，以培养他们的良好品德的方法。(4) 陶冶法。陶冶法是通过创设良好的情境,潜移默化地培养学生品德的方法。陶冶法包括:人格感化、环境陶冶和艺术陶冶等。(5) 品德评价法。品德评价法是根据一定的要求和标准对学生的思想言行作出判断,是对品德发展的强化手段。

3. 简述我国德育的基本任务和基本内容。

答:(1) 德育工作的基本任务是把学生培养成为热爱社会主义祖国的具有社会公德、法制意识、文明行为习惯的遵纪守法的公民,引导他们逐步树立正确的世界观、人生观和价值观,不断提高爱国主义、集体主义和社会主义思想觉悟,为他们中的优秀分子将来能够成长为共产主义者奠定基础。

(2) 我国学校的德育内容:① 爱国主义教育:使学生养成热爱祖国的观点和情感、保护和维护祖国的统一和利益的坚强意志的教育;② 理想教育;③ 集体主义教育:形成集体观点,关心集体和善于在集体中生活的教育;④ 劳动教育:使学生树立正确的劳动观点和劳动态度,热爱劳动人民,养成劳动习惯的教育;⑤ 自觉遵守纪律教育;⑥ 民主与法制教育:关于我国社会主义政治制度和公民权利与义务的教育;关于宪法以及有关法律、法规的教育;关于遵守法律,尊重人权,维护社会稳定的教育等;⑦ 科学世界观和人生观教育;⑧ 道德教育:处理个体与个体,个体与群体、社会,个体与自然界的关系时的行为规范教育。

四、论述题

1. 试述德育过程和学生品德形成过程有何不同?

答:德育过程和学生品德形成过程的不同表现在:

(1) 思想品德形成过程是学生个体品德自我发展的过程;德育过程则是教育者对受教育者的教育过程,是双边活动过程。

(2) 思想品德形成过程中,学生受各种因素影响,包括自发的环境因素的影响;德育过程中学生主要受有目的、有计划、有组织的教育影响。

(3) 从学生思想品德形成过程的结果看,品德形成可能与社会要求相一致,也可能不一致;德育过程的结果,学生形成的思想品德则与社会要求相一致。

2. 为什么说德育过程是一个长期的、反复的、逐步提高的过程?

答:(1) 德育过程的长期性是由人类认识规律决定的。构成思想品德的因素比较复杂,知、情、意、行各因素本身和各因素之间要通过不断斗争,才能得到发展和统一。

(2) 青少年正处于成长时期,可塑性比较强,思想不成熟,其发展也具有双向性,某一阶段出现某些倒退是正常的,这使得德育过程是一个反复的持续的过程。

(3) 德育过程中,学生除了接受学校的有目的有计划有组织的正规教育影响外,还受到来自社会的、家庭的多种影响,这些影响中难免会有负向的,因而一个人思想品德提高过程中出现反复是正常的。

(4) 当前意识形态领域中斗争的复杂性,也使得对学生社会主义品德的培养是长期的、反复的过程。

(5) 据此规律,教育者必须树立"抓反复,反复抓"的德育思想。

3. 论依靠积极因素、克服消极因素的德育原则。

答:在德育工作中,教育者要善于依靠和发扬学生品德中的积极因素,限制和克服消极因素,扬长避短,因势利导,使学生思想品德不断进步。这一原则是对立统一规律在德育中的反映。每一个学生思想品德内部都存在积极和消极两个方面,这两个方面既矛盾斗争又可以转化,当积极因素居主导地位时,学生品德表现较好;反之,则较差。教育者的责任,则是促使这种矛盾向积极方面转化。贯彻这一原则的要求是:① 要用一分为二的观点,找出学生思想品德中的积极和消极因素;② 善于创造条件使积极因素健康成长,并逐步使这一因素成为学生思想因素中的主导力量;③ 要培养学生的进取心,启发他们自我教育,发扬优点,克服缺点。

第八章　班主任工作

知识架构

班主任工作 {
班集体的概念、特征、发展阶段、形成与培养
班主任的概念、地位与作用、班主任的领导方式
班主任工作的内容与方法、班主任工作的意义
班级管理的概念、德育管理、学习管理、文体活动管理
常规管理、班级管理功能、管理存在的问题及解决策略
}

考纲要点

识记

1. 班集体概念、班级管理的功能和目的；

2. 班主任概念、班主任的地位作用和工作的意义。

理解

1. 班集体的特征与发展阶段；

2. 班集体的形成与培养；

3. 班主任领导方式：权威型、民主型、放任型；

4. 班级管理内容；

5. 班主任了解学生的内容与方法。

运用

1. 运用所学班集体和班主任工作的基本理论分析班级管理中存在的问题；

2. 通过案例分析理解班集体及班主任工作的基本理论和观点。

第一节　班集体与班主任

一、班集体

（一）班集体的概念

班集体是按照班级授课制的培养目标和教育规范组织起来的，以共同学习活动和直接人际交往为特质的社会心理共同体。

（二）班集体的特征

（1）有健全的组织结构和领导方式。

（2）有共同活动目标和行为规范、纪律制度。

（3）有平等友爱的人际关系和公正有效的行为调节机制。

（4）集体意志可促使成员为共同任务而努力，并对每个成员的思想、道德观念、行为方式产生重大影响。

（三）班集体的发展阶段

1. 组建阶段

学生初进学校，同学们尽管形式上同属一个班级，实际上都是一个个孤立的个体。班集体靠教师组织指挥，靠行政手段组织班级。班集体的目的任务都来自教师个体自身要求。

2. 形核阶段

同学之间开始相互了解，在班主任的引导培养下，涌现出了一批积极分子，班集体有了核心人物，开始协助班主任开展各项工作。但是，班集体不仅受班主任的组织指挥，而且正确的舆论与良好班风尚未形成。

3. 发展阶段

这一阶段班集体已成为教育主体。不仅学生干部，多数学生也能互相严格要求。教育要求已转化为集体成员的自觉需要，无需外在监督已能管理和教育自己；同学之间团结友爱，形成强有力的舆论与良好的班风；勤奋学习，各项活动表现良好。

4. 成熟阶段

这一阶段是班集体趋向成熟的时期，集体的特征得到充分的体现，并为集体成员所内化，全班已成为一个组织制度健全的有机整体，整个班级洋溢着一种平等、和谐、上进、合作的心理氛围，学生积极参与班级活动，并使自己的个性特长得到发展。

（四）班集体的形成和培养策略

班集体不是自然形成的，任何一个班集体的形成都会经历组建、形成、发展的过程，这实际上也是一个教育培养与社会化的过程。

（1）确定班集体的发展目标。

（2）建立得力的班集体核心。

（3）建立班集体的正常秩序。

（4）组织形式多样的教育活动。

（5）培养正确的舆论和良好的班风。这是班集体形成的主要标志。

二、班主任

（一）班主任的概念

班主任是对中国学校中全面负责一个班级学生的思想、品德、学习、健康和生活等工作的教师的总称。

（二）班主任的地位和作用

（1）班主任是班集体的组织者和领导者；

考题预测

名词解释：
班集体
班主任

简答题：
1. 简述班集体的特征。
2. 简述班集体的发展阶段。
3. 简述班集体培养的策略。

（2）班主任是实现教育目的、促进学生全面发展的骨干力量；

（3）班主任是沟通学校、家庭、社会三个方面的桥梁，是形成教育合力的重要中介。

（三）班主任（教师）的领导方式

第一，权威性；第二，民主性；第三，放任型。

（四）班主任工作的内容及方法

了解和研究学生；有效地组织和培养班集体；组织课外、校外和指导课余生活；协调校内外各种教育力量；学习指导、学习活动管理和生活指导与管理；建立学生档案；为学生做出操行评语；做班主任工作计划与总结；个别学生的教育工作；班会活动的组织；偶发事件的处理。

三、真题选析

（一）单选题

1. 班主任建立班级组织时应该遵循的首要原则是（　　）。

A. 有利于管理　　　B. 有利于教育　　　C. 有利于控制　　　D. 有利于创新

答案 B。解析：建立班级组织的根本目的是有利于教育。

2. 在课堂上，教师让学生自主学习，学生各行其道，教师能够解答学生的问题，但不能给予及时的正确指导，不认真检查学习结果，这种师生关系的形态属于（　　）。

A. 对立型　　　　B. 民主型　　　　C. 依赖型　　　　D. 放任型

答案 D。解析：师生关系是教师和学生在教育、教学过程中结成的相互关系，包括彼此所处的地位、作用和相互对待的态度等。一般包括教育关系、伦理关系和心理关系三部分。研究表明师生关系分为对立型、民主型、依赖型和放任型四种，其中民主型是最好的。

3. 学生品德差、学习差，几乎没有合作行为，而且谁也不知道该做什么。导致学生这种行为的教师领导方式最可能是（　　）。

A. 民主合作型　　　B. 放任自流型　　　C. 仁慈专断型　　　D. 强硬专断型

答案 B。解析：略。

（二）名词解释

1. 班集体

答：班集体是按照班级授课制的培养目标和教育规范组织起来的，以共同学习活动和直接人际交往为特质的社会心理共同体。

2. 班主任

答：班主任是对中国学校中全面负责一个班级学生的思想、品德、学习、健康和生活等工作的教师的总称。

（三）简答题

1. 简述班主任的地位作用和工作的意义。

答："班主任"是对中国学校中全面负责一个班级学生的思想、品德、学习、健康和生活等工作的教师的总称。（1）班主任是班集体的组织者和领导者；（2）班主任是实现教育目的、促进学生全面发展的骨干力量；（3）班主任是沟通学校、家庭、社会三个方面的桥梁，是形成教育合力的重要中介。对学生成长具有重要意义。

2. 简述班集体的形成和培养。

答：班集体不是自然形成的，任何一个班集体的形成，都会经历组建、形成、发展的过程，这实际上也是一个教育培养与社会化的过程。(1)确定班集体的发展目标;(2)建立得力的班集体核心;(3)建立班集体的正常秩序;(4)组织形式多样的教育活动;(5)培养正确的舆论和良好的班风。

3. 简述班集体的特征。

答:第一,有健全的组织结构和领导方式;第二,有共同活动目标和行为规范、纪律制度;第三,有平等友爱的人际关系和公正有效的行为调节机制;第四,集体意志可促使成员为共同任务而努力,并对每个成员的思想、道德观念、行为方式产生重大影响。

4. 简述班主任的领导方式。

答:权威型、民主型、放任型。

5. 简述班集体建设的内容。

答:确定班集体目标;建立班集体组织机构;完善班集体规章制度;开展集体活动;形成集体舆论。

第二节　班级管理

一、班级管理的概念

班级管理是一个动态的过程,它是教师根据一定的目的要求,采用一定的手段措施,带领全班学生,对班级中的各种资源进行计划、组织、协调、控制,以实现教育目标的组织活动过程。班级活动状况直接关系到学生的生活、学习和教学质量,任何一个好的学校都会把班级管理放在极其重要的地位。

二、班级管理的内容

(一)班级德育管理

班级德育管理工作主要有:

第一,树立与时代精神相通的科学的人才观,全面理解当代人才的规格要求,重视班级德育。

第二,有效地利用各科教学中的教育性因素尤其是品德课、政治课的各种形式的课堂教学,加强学生的德育理论知识学习,使班级形成良好的德育氛围。

第三,开展丰富多彩、有层次的班级德育活动和社会实践活动。

第四,努力形成"学校为主、社会支持、家庭配合"的德育网络,促使学生思想品德健康地发展。

(二)班级体育卫生管理

班级体育卫生管理的内容主要是:

第一,认真贯彻《学校体育工作条例》和《学校卫生工作条例》,遵循学校体育卫生工作的特点与规律,从学生的实际身心发展水平出发,合理地组织好各项工作。

第二,充分利用体育课和生理教育课,使学生掌握体育卫生基本知识和技能,培养学生体育运动能力和讲究卫生的习惯。

第三,组织开展丰富多彩的体育竞赛性和群众性的活动,增强学生的体质和组织纪律性。

第四,改善学校体育运动条件、学校卫生环境及教学卫生条件,增强学生身心健康,使学生全面地发展。

（三）班级教学管理

班级教学管理的具体任务是：

第一，树立正确的教育教学观。

第二，健全教学规章制度，维护良好的教学秩序。

第三，加强教学质量管理，开展教研、教改活动。

第四，重视人际关系环境的管理，主动建立一种民主平等、宽松和谐的教学氛围，形成良好的师生双边互动关系。

此外，班级管理的内容还包括班级活动管理、班级常规管理和班级文化管理。

考题预测

名词解释：
　班级管理

简答题：
　简述班级管理的内容。
　　答：德育管理；
　体育卫生管理；
　教学管理；
　活动管理；
　常规管理；
　班级文化管理。

三、班级管理的功能

班级管理的功能有：（1）有助于实现教学目标，提高学习效率；（2）有助于维持班级秩序，形成良好的班风；（3）有助于锻炼学生能力，学会自治自理。

四、班级管理中存在问题及其解决策略

（一）当前我国中学班级管理中存在的问题

（1）班主任对班级管理方式偏重于专断。

（2）班级管理制度缺乏活力，民主管理的程度低。

（二）我国中学班级管理中存在问题的解决策略

（1）以满足学生的发展为目的。

（2）确立学生在班级中的主体地位。

（3）有目的地训练学生进行班级管理的能力。

五、真题选析

1. 简述班级管理的功能和目的。

答：班级管理的功能有：（1）有助于实现教学目标，提高学习效率；（2）有助于维持班级秩序，形成良好的班风；（3）有助于锻炼学生能力，学会自治自理。最终目的是形成良好的班集体并服务于学生发展。

2. 联系实际论述了解学生的内容与方法。

答：有效教育的前提就是要了解学生，教师要学会了解学生的一般方法。了解学生和研究学生的内容主要包括了解和研究学生个人、学生的家庭背景以及学生的学习和生活环境等方面。具体方法有：访谈、家访、作业、侧面了解、观察等。

本章深度练习及解析

一、单项选择题

1. 首先提出普及教育的思想，并详细论证班级上课制的教育著作是（　　）。

A. 杜威的《民主主义与教育》　　　　　B. 赫尔巴特的《普通教育学》

C. 夸美纽斯的《大教学论》　　　　　　D. 昆体良的《雄辩术原理》

答案 C。解析:略。

2. 班主任通过查阅学生的作业、学籍卡片等来了解学生的方法属于(　　　)。

A. 书面材料分析法　　　　　　　　　B. 问卷法

C. 调查访问法　　　　　　　　　　　D. 观察法

答案 A。解析:班主任通过查阅学生的作业、学籍卡片等来了解学生的方法属于书面材料分析法。

3. 班集体在育人方面突出价值的实现是通过(　　　)实现的。

A. 班主任　　　　　B. 班干部　　　　　C. 男女学生　　　　　D. 集体教育

答案 D。解析:班集体在育人方面突出价值的实现是通过集体教育的力量实现的。

4. 班主任既通过集体的管理去影响个人,又通过对个人的直接管理去影响集体,这样的管理模式称为班级(　　　)。

A. 自由管理　　　　B. 民主管理　　　　C. 常规管理　　　　D. 平行管理

答案 D。解析:班级平行管理是班主任既通过集体的管理去影响个人又通过个人的直接管理去影响集体。

5. 班主任的领导方式一般可分为三种类型,即(　　　)。

A. 民主型、惩罚型、放任型　　　　　　B. 专制型、放任型、民主型

C. 放任型、监督型、正义型　　　　　　D. 惩罚型、正义型、权威型

答案 B。解析:放任型、民主型、专制型是班主任的三种领导方式。

二、名词解释

1. 班级管理

答:班级管理是教师根据一定的目的要求,采用一定的手段措施,带领班级学生,对班级中的各种资源进行计划、组织、协调、控制,以实现教育目标的组织活动过程。

2. 班级目标

答:班级目标是指在一定时期内班级所期望达到的境界。

3. 班级目标管理

答:班级目标管理是指班主任与学生共同确定班级总体目标,然后转化为小组目标和个人目标,使其与班级总体目标融为一体,形成目标体系,以此推进班级管理活动、实现班级目标的管理方法。

三、简答题

1. 简述班主任在班级中的角色。

答:(1) 班主任是班级建设的设计者;(2) 班主任是班级组织的领导者;(3) 班主任是协调班级人际关系的主导者。

2. 简述班主任在班级管理中的地位。

答:(1) 班级人际关系的艺术家;(2) 班集体的设计者;(3) 班级组织的领导者;(4)班级的教育者。

3. 简述班会的特点。

答:(1) 集体性;(2) 自主性;(3) 针对性;(4) 常规性。

4. 简述规章制度的作用。

答:(1) 管理;(2) 控制;(3) 教育。

四、论述题

1. 结合实际谈谈班级管理的功能。

答:班级管理的功能主要有以下几个方面:

第一,有助于实现教学目标,提高学习效率。班级组织严格的根本原因是为了更有效地实施教学活动,因此,设计各种不同的教学活动是班级管理的主要功能。

第二,有助于维持班级秩序,形成良好班风。调动班级成员参与班级管理的积极性,共同建立良好的班级秩序和健康的班级风气,是班级管理的基本功能。

第三,有助于锻炼学生能力,学会自治自理。班级管理的重要功能就是不但要帮助学生成为学习自主、生活自理、工作自治的人,而且要帮助学生进行社会角色的学习,获得认识社会、适应社会的能力,这对于促进学生的人格成长是极其重要的。

2. 如何培养一个成熟的班集体?

答:班集体不是自然形成的,任何一个班集体的形成,都会经历组建、形成、发展的过程,这实际上也是一个教育培养与社会化的过程。第一,确定班集体的发展目标。目标是集体发展的方向和动力,一个班集体只有具有共同的目标,才能使班级成员在认识上和行动上保持统一,才能推动班集体的发展。第二,建立得力的班集体核心。一个得力的班集体核心,是带动全班同学实现集体发展目标的核心。第三,建立班集体的正常秩序。班集体的正常秩序是维持和控制学生在校生活的基本条件,是教师开展工作的重要保证。第四,组织形式多样的教育活动。班集体是在全班同学参加各种教育活动的过程中逐步成长起来的,而各种教育活动又可使每个人都有机会为集体出力并显示自己的才能。第五,培养正确的舆论和良好的班风。班集体舆论是班集体生活与成员意愿的反映,是一个成熟班集体形成的标志。正确的班集体舆论是一种巨大的教育力量,对班集体每个成员都有约束、激励的作用,是教育集体成员的重要手段。

3. 结合实际谈谈良好的班集体对学生健康成长的意义。

答:在学校教育中,良好的班集体对学生健康成长是非常重要的,具体表现在以下方面:第一,有利于形成学生的群体意识。每个学生都是集体中的一员,学生的发展与集体的发展密切相关。在良好班集体的形成过程中,学生的群体意识、集体荣誉感会得到极大的强化。第二,有利于培养学生的社会交往与适应能力。班集体是学生活动与交往的基本场所,通过班级的集体活动和学生群体之间的交往,可使学生积累集体生活的经验,学会交往与合作,学会对环境的适应。第三,有利于形成学生的自我教育能力。班集体是训练班级成员自己管理自己、自己教育自己、自主开展活动的最好载体。

4. 结合实际谈谈班级管理的主要模式。

答:班级管理的模式主要有四种:

第一,班级常规管理。班级常规管理是指通过制定和执行规章制度去管理班级的经常性活动。班级的规章制度是学生在学习、工作、生活中必须遵守的行为准则,它具有管理、控制和教育的作用。

第二，班级平行管理。班级平行管理是指班主任既通过对集体的管理去间接影响个人，又通过对个人的直接管理去影响集体，从而把对集体和个人的管理结合起来的管理方式。

第三，班级民主管理。班级民主管理是指班级成员在服从班集体的正确决定和承担责任的前提下参与班级管理的一种管理方式。

第四，班级目标管理。班级目标管理是指班主任与学生共同确定班级总体目标，然后转化为小组目标和个人目标，使其与班级总体目标融为一体，形成目标体系，以此推进班级管理活动、实现班级目标的管理方法。

5. 如何建立以学生为本的班级管理新机制？

答：建立以学生为本的班级管理新机制要求如下：

第一，以满足学生的发展需要为目的。学生的发展是班级管理的核心。纪律、秩序、控制、服从是传统班级管理所追求的目标。在现代学校教育中，班级活动完全是一种培养人的实践活动，满足学生发展的需要既是班级活动的出发点，又是班级活动的最终归宿。第二，确立学生在班级中的主体地位。发展学生的主体性是学校管理的宗旨。在传统的班级管理模式下，学生在某种程度上是教师的"附属物"，学生的主体地位根本无法保障。现代教育的发展，从根本上促进了新型班级的建立，从而为以学生为本的班级管理提供了保证。第三，有目的地训练学生进行班级管理的能力。实行班级干部的轮流执政制，让每个学生都有锻炼的机会，并学会与人合作。以训练学生自我管理能力为主的班级管理制度改革的重点是：把以教师为中心的班级教育活动转变为学生的自我教育，即把班级集体作为学生自我教育的主体。

6. 根据班主任在班级管理中的地位（作用）谈谈班主任的素质建设。

答：班主任肩负着全面管理班级的职责，他是学校教育的中坚力量。班主任的素质直接决定班级的管理水平，直接影响班集体的全体成员的整体水平，从而决定了学校的教育教学质量。因此，班主任的素质极为关键。

第一，班主任是班级建设的主帅，是班级建设的设计者。对教育对象个体来说，教师的职能可归结为"灵魂工程师"，但对教育对象群体来说，他更多的是班集体的缔造者、设计者。班主任要根据学校的整体办学思想，在主客观条件许可的范围内提出相对理想的班级管理模式。

第二，班主任是班级组织的领导者。班主任在班级管理中的领导影响力主要表现在两个方面：一是由班主任的权威、地位、职权等构成的职权影响力；二是班主任的个性特征和人格魅力，这些构成了班主任的个性影响力。良好的班集体不是自发形成的，它依赖于班主任的领导与组织，班主任要善于利用职权影响力和个性影响力来领导和组织班级。

第三，班主任是协调班级人际关系的主导者。研究班级中的交往行为，指导学生形成良好的人际关系是班主任的重要使命之一。班主任应悉心研究班级的人际关系，指导学生的交往活动。① 要把学生作为交往的主体，研究学生的交往需要及能力的差异性，指导学生避免和解决冲突，建立积极的交往环境。② 设计内容充实、频率高的交往结构。形成一个相互渗透、交互作用的多渠道、多层次、多维度的交往网络。③ 要在与学生的交往中建立相互间充满信任的关系。

五、案例分析题

以下是一位实习教师的教学日记,请根据材料内容回答:

小黎是初二的女生,父母双双外出打工。她的个性很特殊,她与同学关系不太融洽,甚至有点紧张。开学初曾与一男生打架,对班主任的批评教育反应强烈,存在明显抵触情绪。有次自习,她戴耳机听音乐,被值日班干部提醒并记下名字,她当众撕掉记录本,并辱骂班干部。同学们基本上对她敬而远之,避免与她发生正面冲突。表面上她与同学相安无事,实际上特别渴望别人对她的认同和欣赏。可是她又把自己封闭起来,不能真诚地与人交流,时时以自我为中心,所以在班级里,她没有真正要好的朋友。在学习上,她几乎丧失了兴趣,老师上课时,她表现出爱理不理的样子,有时候连课本都不愿意打开;甚至有时候自顾自地写东西、做小动作等方式来逃避现实,她读的大多是离奇鬼怪的故事书。她在日记中写到:"课根本就听不进去,整天在混日子,学校像座监狱把人关在里面,而我需要自由……"

小黎的表现跟她的生活环境和成长经历有关。我在实习期间尝试努力去改变她,但收效甚微。面对小黎,我感到力不从心……

请以如下四个问题为主线分析:

问题1:如果你是小黎的班主任,你将采取什么措施来转化她?

问题2:根据小黎的特点,对她进行思想品德教育时应遵循哪些德育原则?

问题3:请从教育心理学的角度,分析小黎独特的心理特点,如何实施有针对性的教育?

问题4:以小黎等留守儿童的成长为例,你怎样看待学校教育在人的发展中的作用?

【分析】问题1:(1)对其关心爱护,尊重学生的人格尊严。(2)善于捕捉学生的亮点,从正面加以引导。(3)讲究一定的方法,善于抓住时机进行转化指导。

在采取以上措施时,最关键的是教师要尊重学生、爱护学生,用宽容的心来包容学生,在转化的过程中尤其要注意保护学生的自尊心,善于发现学生身上的亮点。

问题2:(1)课堂与生活相结合的原则。(2)疏导性原则。(3)长善救失的原则。(4)集体教育与个别教育相结合的原则。(5)灵活因材施教的原则。

问题3:根据对材料的分析可以看出,小黎的心理特点具有以下的特征:

(1)由于其父母长时间不在身边,所以,使得她缺少普通孩子所拥有的家庭的温暖。心理的归属感和安全感都由于其父母不在身边而受到严重的影响。这就要求,班主任在教育时要更多地给予她关心和爱护,从学习上、生活上和心理上都对其进行帮助和安慰。

(2)小黎的性格比较孤僻、不善于与同学交往,造成了她经常与周围的同学产生摩擦,同学与她的对峙行为,更加造成了她与周围同学及教师的逆反情绪,加重了她的性格孤僻。在教育的过程中,班主任老师不但要更多地关心她,用自己的宽容心和爱心去感化她,同时还要发动班级的同学去帮助她,理解她并且感化她。

(3)小黎虽然与周围的同学和老师不断地产生冲突,但是她的自尊心是相当强烈的,同时她也和其他的学生一样,希望能够获得别人的尊重和赞赏。另外,小黎目前是初二的学生,这时的学生处于青春期,她会具有青春期孩子的冲动、对抗、自尊心强及自我独立等一些性格特点。教师在教育的过程中要认识到青春期孩子的特质,有的放矢地进行教育。同时要适时地处理学生的心理矛盾,使得学生无论在身体上还是心理上都获得正常的发展。

问题4:学校教育在人的发展中起到主导作用。主导作用是指主要的并能引导事物向某方面发展的作用,学校教育对人的发展起主导作用,是指学校教育对人的发展具有主要的、导向性的作用。学校教育对人的发展的主要作用源于学校教育的特殊性。

第一,学校教育具有明确的目的性和方向性。第二,学校教育具有较强的计划性、系统性以及高度的组织性。第三,学校教育是一支经过专门训练的教师队伍担负的培养人的工作。第四,学校教育能对影响学生发展的因素加以调节、控制和利用,以最大限度得有利于学生的发展。此外,教育可以抓住儿童受教育的最佳时期。

另外,我们要辩证地看待学校教育。第一,学校教育对人的发展作用不是万能的。第二,学校教育对人的发展的主导作用是有条件的。其主导作用的发挥要受学校教育本身的目的性、系统性、选择性、教师的专业水平、社会影响、家庭影响与学校教育影响的一致性等制约。

第九章　教育研究与教育改革

考纲要点

识记

1. 教育研究的内涵、性质、类型；

2. 教育研究方法，定量研究和定性研究；

3. 教育改革含义、作用。

理解

1. 教育研究发展趋势；

2. 教师在教育研究中的地位和作用；

3. 掌握教育研究中收集资料、分析资料的方法和手段，掌握叙事、随笔等反思性、质性研究方法；

4. 了解国外教育改革背景和趋势；

5. 理解国内教育改革的历史、现状和背景，了解国内近期教育改革的指导思想、价值取向和具体进展情况。

运用

1. 能够运用所学理论，分析我国教育改革中遇到的各种问题和现象；

2. 能够运用各种教育研究方法开始教育科学研究。

第一节 教育研究

一、教育研究概述

（一）教育研究的内涵

1. 教育研究的概念

教育研究是教育科学研究的简称，是指人们运用科学的方法探求教育事物的本质和性质，摸索和总结其教育规律，取得科学结论，解决教育问题，促进教育事业发展的研究活动过程。

2. 教育研究的要素

一般说来，教育研究由三个要素组成：客观事实、科学理论和方法技术。

3. 教育研究的基本性质及特点

教育研究具有文化性、价值性和伦理性属性。其基本特点是客观性、科学性、系统性、综合性以及可验证性。

4. 教育研究的对象及特点

教育研究的对象是教育问题，包括理论问题和实践问题。教育问题具有复杂性、两难性、开放性、整合性以及扩散性的特点。

（二）教育研究的类型

1. 基础研究、应用研究和开发研究

（1）基础研究。基础研究以抽象、一般为特征，目的是揭示、描述、解释研究对象的现象和观察他们的活动机制与内在规律的研究。

（2）应用研究。应用研究以具体和特殊为特征，是对基础研究的成果作进一步的研制和应用的研究。

（3）开发研究。开发研究是对研究成果进行推广的研究。

2. 定量研究与定性研究

（1）定量研究。定量研究也称量化研究，就是对事物的量的分析和研究，主要侧重于用数字和量来描述所研究的事物，主要有调查法、相关法和实验法。

（2）定性研究。定性研究也称质的研究，就是对事物的质的方面的分析和研究，主要有访谈法、观察法以及案例研究法等。

（三）教育研究方法

1. 实验法

实验法是指有目的地控制一定的条件或创设一定的情境，以引起被试的某些心理活动来进行研究的一种方法。它主要包括实验室实验和自然实验两种方法。

（1）实验室实验法。实验室实验法指在实验室内利用一定的设施，控制一定的条件，并借助专门的实验仪器进行研究的一种方法。探索自变量和因变量之间的关系的一种方法。

（2）自然实验法。自然实验法指在日常生活等自然条件下，有目的、有计划地创设和控

考题预测

名词解释：
　　教育研究
　　基础研究
　　应用研究
　　定性研究
　　实验法

简答题：
　　1. 简述教育研究的类型。
　　2. 简述教育问题的特点。

制一定的条件来进行研究的一种方法。

2．调查法

调查法是指通过书面或口头回答问题的方式，全面或比较全面地收集研究对象的某一方面情况的各种材料，并作出分析、综合，得到某一结论的研究方法。一般有访谈法和问卷调查法。

（1）访谈法。访谈法指研究人员通过与被调查者直接交谈，来探索被调查者的心理状态的研究方法。

（2）问卷调查法。问卷即是书面提问的方式。问卷调查法指通过收集资料，然后做定量和定性的研究分析，归纳出调查结论的研究方法。

3．个案研究法

个案研究法（case study method）亦称个案历史法，是指对某一个体、某一群体或某一组织在较长时间里连续进行调查，从而研究其行为发展变化的全过程，这种研究方法也称为案例研究法。个案研究的对象可以是个人、个别团体、组织，也可以是一个个别事件。

个案研究的优点是研究的生动性，局限性是研究结论的主观性。

4．行动研究法

行动研究是指在自然、真实的教育环境中，教育实际工作者按照一定的操作程序，综合运用多种研究方法与技术，以解决教育实际问题为首要目标的一种研究模式。

行动研究的特点有：教师是研究者；以提高行动质量、解决实际问题为目标；以行动过程与研究过程的结合为主要表现形式；研究程序上自我反思，螺旋式上升；研究样本小，属个性化研究，重在相互借鉴。

行动研究的优点在于灵活、方便、能将理论研究和实践研究问题结合起来，对解决实际问题有效果；缺点是研究过程松散、不系统、研究样本小。

> **考题预测**
>
> 名词解释：
> 　个案研究
> 　行动研究
> 　叙事研究
>
> 简答题：
> 　1．简述教育叙事研究的过程。
> 　2．简述行动研究的优缺点。

5．叙事研究

叙事研究又称"故事研究"，是一种研究人类体验世界的方式。它从讲述者的故事开始，以对故事进行诠释为其主要任务，重在对叙事材料及意义的研究。

教师叙事研究的特点：

第一，以"质的研究"为方法论。第二，以教师的生活故事为研究对象。第三，由解说者描述和分析。

教师叙事研究可以围绕以下主题开展：

（1）研究教师的教育思想。（2）研究教师的教育活动。（3）研究教师的教育对象。

一般说来，教师叙事具有如下研究过程：

（1）确定研究问题。（2）选择研究对象。（3）进入研究现场。（4）进行观察访谈。（5）整理分析资料。（6）撰写研究报告。

6．经验总结法

教育经验是指教育工作者在长期的教育实践中获得的有关教育活动的知识、技能以及情感和情绪体验。这些教育经验因其来源于实践，经过了教育工作者的亲身经历，因而具有生动、具体、鲜活、情境化等感性认识的色彩。同时，教育经验作为客观的教育实践主观化的产物,又是教育理论的基础和源泉。教育经验总结法就是对教育经验的总结、提炼的过程。

二、教育研究的基本过程

（一）制订研究计划

撰写一份研究计划,首先必须了解研究计划的基本要求。基本要求可以概括为以下四个问题:(1) 研究什么;(2) 为什么研究;(3) 如何研究;(4) 有何成效。

（二）收集研究资料

研究资料可以分为文献资料和事实资料。文献资料是指用各种符号形式保存下来的,对教育研究具有一定参考价值的载体;事实资料则是指从观察、调查、实验中得到的和教育研究有关的现实信息。教育文献资料主要分布于书籍、报刊、政府、会议文献、学位论文中。

考题预测

简答题:
1. 简述教育研究的基本过程(步骤)。
2. 简述教育研究的发展趋势。
3. 写出常见的几种教育写作类型。

（三）处理研究资料

对于通过种种方法收集来的教育研究资料,需要进行处理,即进行整理和分析。对文字资料进行整理的一般程序是:审查、分类、编码和汇总。对数据资料的整理一般包括检查、分类、汇总登记和表达。

三、常见的教育写作类型

常见的教育写作类型有教育叙事、教育随笔、教育案例、教学反思、教学工作计划、教学工作总结。

四、教育研究的发展趋势

教育研究的发展趋势有:教育研究的现场化;教育研究方法的多元性和同一性;其他学科研究成果的渗透性;关注教育研究的价值;教育研究手段的现代化。

五、真题选析

（一）单选题

书录在文献等级中属于(　　)。

A. 一次文献　　　　B. 二次文献　　　　C. 三次文献　　　　D. 四次文献

答案C。解析:通过一定的方法和手段、运用一定的意义表达和记录体系记录在一定载体的有历史价值和研究价值的知识。文献的基本要素是:① 有历史价值和研究价值的知识;② 一定的载体;③ 一定的方法和手段;④ 一定的意义表达和记录体系。人们通常所理解的文献是指图书、期刊、典章所记录知识的总和。(1) 根据不同出版形式及内容,可以分为图书、连续性出版物、特种文献。① 图书:凡篇幅达到48页以上并构成一个书目单元的文献称为图书。② 连续性出版物:包含期刊(其中含有核心期刊)、报纸、年度出版物。③ 特种文献:专刊文献、标准文献、学位论文、科技报告、会议文献、政府出版物、档案资料、产品资料。

(2) 根据文献内容、性质和加工情况可将文献区分为零次文献、一次文献、二次文献、三次文献。① 零次文献是指未经加工出版的手稿、数据原始记录等文件。② 一次文献指以作者本人的研究成果为依据而创作的文献,如期刊论文、研究报告、专利说明书、会议论文、图书、剪刊、会议文献、学位论文、政府出刊物、产品样本、科技报告、标准文献、档案等。③ 二次文献是对一次文献进行加工整理后产生的一类方面,如书目、题录、简介、文摘等检索工具。④ 三次文献是在一、二次文献的基础上,经过综合分析而编写出来的文献,人们常把这类文献称为"情报研究"的成果,如综述、专题述评、学科年度总结、进展报告、数据手册等。与此类似,也有把情报区分成一次情报、二次情报、三次情报的。

（二）名词解释

1. 定量研究

答:定量研究是指确定事物某方面量的规定性的科学研究,就是将问题与现象用数量来表示进而去分析、考验、解释从而获得意义的研究方法和过程。主要方法有调查法、相关法和实验法。

2. 行动研究

答:行动研究是指在自然、真实的教育环境中,教育实际工作者按照一定的操作程序,综合运用多种研究方法与技术,以解决教育实际问题为首要目标的一种研究模式。

第二节　教育改革

一、教育改革概述

（一）教育改革的内涵

国际著名教育改革理论专家哈维洛克（R. G. Havelock）教授曾对"教育改革"作过如下定义:"教育改革就是教育现状所发生的任何有意义的转变"。

教育改革是一个系统工程,应该包括各级各类教育。首先,教育改革是以"教育现状的变化"为判定标准的,无论我们在理论上、思想上有多么美好的构想,如果不引起教育实际现状的变化,都不能称之为教育改革;其次,教育改革是以"有意义的转变"为标志的,也就是说,教育改革有着显见的具体效应或结果,意味着教育的最初状态与以后状态的明显不同;再次,教育变革是一个中性的概念,它所表达的是教育现状所发生的变化与改变,而不必然地是一种进步或改进。换句话说,教育改革的结果可以是正向的（教育改进）,也可以是负向的（教育退步）。

（二）教育改革的作用

（1）实现更高水平的普及教育。

（2）提供更加丰富的优质教育。

（3）构建体系完善的终身教育。

（4）健全充满活力的教育体制。

二、我国教育改革的主要内容

（1）教育优先,完善教育体制。重点推进义务教育均衡发展,巩固提高九年义务教育水平,加快普及高中阶段教育。

（2）以人为本,积极推进新课程改革。

（3）大力革新教育体制。

(4) 努力促进教育公平。

(5) 以提高教育质量为重点。

三、国外教育改革的特点和发展趋势

(1) 突出教育的战略地位。

(2) 提高教育质量。

(3) 突出课程改革地位。

(4) 加强和改进道德教育。

(5) 重视提高教师队伍建设。

(6) 强调教育公平。

四、真题选析

（一）单选题

1. 新基础教育课程改革的三级课程管理,这三级指的是(　　)。

A. 国家—地方—学校　　　　　　　　B. 中央—省—市县

C. 省—市—县　　　　　　　　　　　D. 省—市—学校

答案 A。解析:课程改革纲要提出的课程管辖权,包括国家课程、地方课程和学校课程(也称校本课程)三级。

2. 确定"优先发展、育人为本、改革创新、促进公平、提高质量"教育工作方针的是(　　)。

A.《中国教育改革和发展纲要》　　　　B.《教育规划纲要》

C.《中小学德育纲要》　　　　　　　　D.《基础教育课程改革纲要》

答案 A。解析:《中国教育改革和发展纲要》明确提出了"优先发展、育人为本、改革创新、促进公平、提高质量"的教育工作方针。

（二）名词解释

1. 教育叙事研究

答:教育叙事研究是教师以故事的形式对教育教学以及自身发展中的问题和情景进行诠释的一种研究方法。

2. 教育科学

答:教育科学是以教育现象和教育规律为共同研究对象的各门教育学科的总称,是由若干个教育类学科构成的学科总体。

本章深度练习及解析

一、单项选择题

1. 一个测验能够正确地测量出它所要测量的东西的程度,称为测验的 (　　)。

A. 信度　　　　　B. 效度　　　　　C. 区分度　　　　　D. 难度

答案 B。解析:效度亦称测验的有效性,指一套测试对应该测试的内容所测试的程度。

2. 如果高水平学生在测验项目上能得高分，而低水平学生只能得低分，那么就说明下列哪种质量指标高（　　）。

A. 效度　　　　　　　B. 信度　　　　　　　C. 难度　　　　　　　D. 区分度

答案 D。解析：区分度是测验项目对受试者水平的鉴别能力的指标。

3. 身处教育实践第一线的研究者与受过专门训练的科学研究者密切协作，以教育实践中存在的某一问题作为研究对象，通过合作研究，再把研究结果应用到自身从事的教育实践中的一种研究方法，这种研究方法是（　　）。

A. 观察法　　　　　　B. 读书法　　　　　　C. 文献法　　　　　　D. 行动研究法

答案 D。解析：略。

二、简答题

1. 简单介绍一下教育学研究中常用的教育研究方法。

答：常用的教育学的研究方法有历史法、调查法、教育实验法、统计法等。

（1）历史法。历史法就是要从事物发生和发展的过程中去进行考察，以弄清它的实质和发展规律的方法。它包括史料的搜集、对史料的鉴别、对史料进行分类三步骤。运用历史法研究教育问题时，要注意坚持全面分析的方法，要把历史分析和阶段分析结合起来，要正确处理批判与继承的关系。

（2）调查法。教育调查法是了解教育情况、研究教育问题的基本方法。它对于制定教育规划、检查教育质量、总结教育经验都起着重要的作用。教育调查分为全面调查、重点调查、抽样调查和个案调查。在运用调查法研究教育问题时，要确定好调查的目的，选择适当的调查对象，拟出调查提纲，计划好调查的步骤和方法。调查的方法是多种多样的，经常采用的有几种，如观察、谈话、查阅学生作业和教育文件资料、问卷等。

（3）教育实验法。教育实验法是研究者根据对改善教育问题的设想，创设某种环境，控制一定条件进行教育实践活动的方法。教育实验法一般分为三种：单组实验法、等组实验法和循环实验法。

（4）统计法。统计法是数量分析的一种方法，它对于各种工作都有着重要意义。统计法包括对数学资料的搜集、整理、计算和分析等一系列的方法，举凡统计图表的制作，各种集中量数、差异量数和相关系数的计算，总体参数的估计和差异性的显著性检验等所运用的方法，都是统计的方法。研究教育问题时可根据需要有选择地采用。

2. 新技术革命对教育提出了哪些新的挑战？

答：（1）能力本位主义。（2）个别化模式。（3）广泛采用高科技教学手段。（4）高情感、高创造的教育。

第三编　教育政策与法规

第一章　教育政策与法规基础知识

知识架构

教育政策与法规基础 {
　教育政策的概念与类型、基本特征、主要内容与体系结构
　教育政策的制定与实施、评价与调控
　教育法规的概念与类型、基本特质与体系结构
　教育法规的制定与执行、监督
　教育政策与法规的关系、功能、地位
　教育法律规范、法律关系、法律责任与申诉制度
　依法执教
}

考纲要点

识记

1. 教育政策、教育法规的概念；

2. 我国教育政策、法规的体系、类型、结构及特征；

3. 教育法律规范、教育法律关系、教育法律适用、教育行政执法、教育法律责任、教育法律救济等教育法学基本概念；

4. "依法执教"的涵义和依法执教的标准（或要求）。

理解

1. 教育政策、法规在国家政策、法规体系中的地位；教育政策、法规的功能；

2. 教育政策的制定、实施、评价、调控与教育法规的制定、执行（适用）、监督等过程程序；

3. 有关教育法律规范、教育法律关系、教育法律适用、教育行政执法、教育司法、教育法律责任、教育法律救济等教育法学基础知识和基本理论；

4. 依法执教的意义；

5. 教师违法（侵权）行为的主要类型（侵犯学生受教育权、人格权、隐私权、生命权、健康权、人身自由权、肖像权、名誉权、财产权、著作权以及性侵害和不作为违法侵权）及表现特征；

6. 教师违法（侵权）行为的主要法律责任；

7. 预防教师违法(侵权)行为的必要措施。

运用

1. 能够辨析教育政策与教育法规的联系与区别；

2. 能够运用教育政策、教育法规(或教育法学)基本理论分析小学教育中的政策、法律问题案例；

3. 能够按照"依法执教"标准(或要求)进行案例分析,判别现实中的教师违法现象和侵权行为,明确相应的法律责任,并能提出必要的预防措施。

第一节　教育政策的概述

一、教育政策的内涵

(一)教育政策的概念

教育政策是政党和国家为实现教育目标、任务而制定的行动准则,是教育方针、政策的统称。教育政策是一个完整的系统,可以从以下几点把握其基本内涵:

第一,从主体上把握。教育政策的主体是政党及其领导的国家、国家权力机构、对教育负有法律责任或行政责任的组织以及团体等。

第二,从动态行为规范上把握。教育政策是一种有目的的动态行为规范,包含具体的教育政策和行动方案。

第三,从作用对象上把握。教育政策总有具体的目标人群与作用客体,它规定着政策对象的政策行为。

(二)教育政策的类型

1. 依据政策制定主体分

一是政党的教育政策；二是国家的教育政策；三是社会团体的教育政策。

2. 依据政策内容与层次分

一是总政策；二是基本政策；三是具体政策。

3. 依据政策的效率范围分

一是全局性教育政策；二是区域性教育政策。

4. 依据政策的作用分

一是鼓励性教育政策；二是限制性教育政策。

(三)教育政策的基本特点

(1)政治性与原则性；(2)目的性与可行性；(3)稳定性与阶段性；(4)合法性与多功能性。

二、教育政策的主要内容

1. 教育体制政策

教育体制政策决定着教育的政治方向,规定着办学主体、管理主体的问题,起着全面性、基础性和政治保障性作用。教育体制政策主要包括办学体制政策、管理体制政策、学校领导体制政策、教育投入体制政策、教育人事管理体制政策、学校内部管理体制政策六个方面的内容。

2. 教育质量政策

教育质量政策规定了各级各类教育培养目标和教学质量标准、人才培养类型和标准的问题,具有导向性、目标性特征。

3. 教育经费政策

教育经费政策是保障教育事业健康运行和发展的基础政策,主要包括国家财政性教育经费投入政策、国家财政拨款政策、学校收费政策、社会捐资表彰激励政策、学校预算外资金管理政策、学校公用经费政策、教师工资政策、贫困生资助政策等。

4. 教育人事政策

教育人事政策是调整校长与教师、教师与学生、教师与政府关系的主要政策,主要包括教师资格制度政策、教师任用调配政策、教师聘用制度政策、教师职务制度政策、教育行政人员政策、校长任用和管理政策等。

5. 国家学制政策

国家学制政策规定了各级各类学校的学生的入学年龄、修业年限,以及毕业资格等,主要包括学前教育政策、初等教育政策、中等教育政策、高等教育政策等。

6. 课程与教学政策

课程与教学政策主要包括课程标准、课程计划,教材编写和审查政策等。

7. 学历与学位政策

学历与学位政策主要包括学历证书制度、学业证书制度和学位证书制度。

8. 教师教育政策

教师教育政策主要有师范教育政策、教师继续教育政策等。

9. 考试与评价政策

考试与评价政策主要包括各级各类学校的学年考试、毕业考试、升学考试政策;学校评估、教师评估、学生评估、区域性教育评估政策;教育督导政策等。

10. 招生与就业政策

招生与就业政策主要包括高考政策、自学考试政策、中考政策、研究生考试政策、职业资格考试政策等。

11. 学校语言文字政策

学校语言文字政策主要有学校普及普通话政策、普通话水平测试政策、少数民族地区双语教学政策等。

三、教育政策的体系结构

（一）教育政策体系结构的概念

教育政策的体系结构是指政党、国家和社会团体制定的有关教育政策的存在及其表现

考题预测

简答题:
　简述教育政策的主要内容。

单选题:
　课程标准、课程计划,教材编写和审查政策等属于(C)政策。
　A. 教育质量
　B. 教育经费
　C. 课程与教学
　D. 招生与就业

形式。一般可以从表现形式和纵横结构两个角度分析。

（二）教师政策的表现形式

教师政策的表现形式指教育政策是以怎样的文本样式出现的。主要包括：

1. 党的政策性文件

（1）党章。（2）会议决议。（3）党中央制定和批准的文件。（4）各级党组织的文件以及会议决议等。

2. 国家的政策文件

（1）国家议会或代表大会决议及制定和批准的文件。

（2）议会和代表大会常务机构的文件。

（3）国家行政机构的文件。

（4）地方议会或代表大会以及行政机关的文件等。

教师政策的表现形式还包括：政党和国家联合制定和发布的文件、政党和国家领导人的讲话和指示。

（三）教育政策的纵横结构

1. 教育政策的纵向结构

教育政策的纵向结构是指依照教育政策的内在逻辑关系作出的纵向排列。从不同的角度可以有不同的排列：如依据政策阶段性过程可以分为教育的长期政策、中期政策和短期政策；依照政策的空间系列可以分为教育的总政策、基本政策和一般具体政策等。

2. 教育政策的横向结构

教育政策的横向结构是指不同领域的教育政策依据横向并列关系加以排列形成的组合方式。如高等教育政策、普通教育政策、职业教育政策、成人教育政策、少数民族教育政策等。

四、教育政策的制定与实施

（一）教育政策的制定

1. 教育政策制定的过程

第一，确定教育政策议题；第二，明确教育政策目标；第三，设计教育政策方案；第四，选择教育政策方案。

2. 我国教育政策制定机构

（1）党的机关。（2）国家权力机关。（3）国家行政机关。

（二）教育政策的实施

1. 实施渠道

第一，党的各级组织。第二，地方各级人民政府。第三，广大人民群众。

2. 实施途径

第一，通过党的报刊及其他宣传工具。第二，通过工会、共青团以及妇联组织、少先队组织。第三，通过各民主党派以及无党派民主人士。第四，通过各级各类学校的校长、教师等。

考题预测

名词解释：
教育政策的纵向结构

简答题：
1. 简述教育政策的表现形式。
2. 简述教育政策的纵向结构。

单选题：
高等教育政策、普通教育政策、职业教育政策等属于教育政策体系结构中的（　B　）。
A. 纵向结构
B. 横向结构
C. 交叉结构
D. 网状结构

五、教育政策的评价与调控

（一）教育政策的评价

1. 教育政策评价的内涵与意义

（1）内涵。教育政策评价是指依据一定的评价标准,对教育政策运行的全过程进行系统的分析与判断,总结政策运行的成绩与经验,揭示存在的问题与不足,从而为修订和完善教育政策,并实现教育政策的良性运行服务。

（2）意义。第一,教育政策的评价是衡量和检验教育政策效果的基本手段与途径;第二,教育政策的评价是合理调配教育资源、实现资源优化配置的基础;第三,教育政策的评价是决定政策命运的重要依据;第四,教育政策的评价有利于实现教育决策的科学化和民主化。

2. 教育政策评价的标准

第一,发展性标准。第二,效益标准。第三,效率标准。第四,教育政策回应度标准,教育政策的回应度是指教育政策执行后满足政策目标群体需要的程度。

3. 教育政策评价的实行

教育政策评价一般由评价对象、评价方案、评价人员、评价实施和评价总结五个要素组成。

通常,教育政策评价的基本方法有:对比评价法、定量分析法、定性分析法、综合评价法。

（二）教育政策的调控

1. 教育政策调控的含义

教育政策调控是指教育政策调控主体依据一定的教育法规或制度,对教育政策的制定、执行、评价以及总结活动进行监督、调整和控制的过程。

2. 教育政策调控的过程

第一,制定调控计划;第二,进行政策观察;第三,开展政策评价;第四,纠正政策偏差;第五,用好调控成果。

3. 教育政策调控的功能

第一,反馈性功能;第二,促进性功能;第三,鉴定性功能;第四,导向性功能;第五,完善性功能;第六,沟通性功能。

> **考题预测**
>
> 名词解释:
> 　教育政策评价
> 　教育政策调控
>
> 简答题:
> 　简述教育政策调控的功能。

六、真题选析

（一）单选题

1. 根据教师资格条例,品行不良、侮辱学生、影响恶劣的,其教师资格将依法（　　　）。

A. 撤销　　　　　　B. 注销　　　　　　C. 吊销　　　　　　D. 取消

答案 A。解析:略。

2. 浙江省中小学人身安全事故预防与处理办法认定,学校对学生安全负的职责是（　　　）。

A. 教育、监管和救护　　　　　　　　B. 教育、教学和监护

C. 教育、管理和保护　　　　　　　　D. 教育、劝导和监管

答案 C。解析:略。

（二）名词解释

1. 教育政策

答：教育政策是一个政党和国家为实现一定历史时期的教育发展目标和任务，依据党和国家在一定历史时期的基本任务、基本方针而制定的关于教育的行动准则。

2. 教育政策评价

答：教育政策评价是指依据一定的评价标准，对教育政策运行的全过程进行系统的分析与判断，总结政策运行的成绩与经验，揭示存在的问题与不足，从而为修订和完善教育政策，并实现教育政策的良性运行服务。

3. 教育政策的调控

答：教育政策调控是指教育政策调控主体依据一定的教育法规或制度，对教育政策的制定、执行、评价以及总结活动进行监督、调整和控制的过程。

（三）简答题

简述教育政策、法规的体系。

答：教育政策法规体系是指教育政策与教育法作为一个专门的法律部门，按照一定的原则组成的一个相互联系、相互协调、完整统一的政策与法律有机整体。主要包括纵向结构和横向结构。

从横向来说：（略）；从纵向来说：（略）。

第二节　教育法规概述

一、教育法规的内涵

（一）教育法规的概念

教育法规是一切调整教育关系法律规范的总称，包括有关教育方面的法律、条例、规章等规范性文件。

（二）教育法规的类型

1. 根据教育法规创制方式和表达方式分

（1）成文法；（2）不成文法；（3）制定法；（4）判例法；（5）习惯法。

2. 根据教育法规的效率等级分

（1）根本法（基本法）；（2）普通法（单行法）。

3. 根据教育法规规定的内容分

（1）实体法；（2）程序法。

4. 根据教育法规的适用范围分

（1）一般法；（2）特殊法。

> **考题预测**
>
> 名词解释：
>
> 　教育法规
>
> 　基本法
>
> 　教育法规体系结构
>
> 简答题：
>
> 　1. 简述教育法规的类型。
>
> 　2. 简述教育法规的纵向结构。

二、教育法规的体系结构

（一）教育法规体系的概念

教育法规体系是指教育法作为一个专门的法律部门，按照一定的原则组成的一个相互联系、相互协调、完整统一的法律有机整体。

（二）教育法规的纵向结构

教育法规的纵向结构即教育法规的表现形式，是指由不同层次的教育法律文件组成的等级、效力有序的纵向体系。它包括如下形式：

1.《宪法》中有关教育的条款

《宪法》中有关教育的条款是教育法规的最高层次，是教育立法的根本依据。其他一切教育法律、法规都不得与之相违背。

2. 教育基本法

教育基本法也称教育母法。1995 年第八届全国人民代表大会第三次会议通过的《中华人民共和国教育法》是我国的教育基本法。

3. 教育单行法

教育单行法是规定教育领域某一方面具体问题的规范性文件，其效力低于宪法和教育基本法。如《中华人民共和国义务教育法》、《中华人民共和国教师法》等。

4. 教育行政法规

教育行政法规一般是由国家最高行政机构依据宪法和教育法律制定的关于教育行政管理的规范性文件。其效力低于宪法和教育法律，但高于地方性教育法规和教育规章。教育行政法规的名称一般有三种：条例、规定、办法或细则。

考题预测
名词解释：
  教育行政法规
  教育规章
  教育立法

5. 地方性教育法规

地方性教育法规是地方国家权力机关制订的规范性文件的专称。一般由地方各级人民政府所在地的市和经国家行政主管部门批准的较大的市的人民代表大会及其常务委员会制定。

6. 教育规章

教育规章是中央和地方有关国家行政机关依照法定权限和程序制定颁布的有关教育的规范性文件，包括部门教育规章和地方政府教育规章。

（三）教育法规的横向结构

教育法规的横向结构是指依据教育法规所调整的教育社会关系的特点或教育关系构成要素的不同，划分出若干处于同一层次的部门教育法，形成法规调整的横向体系。

（1）教育基本法。它主要规定了我国的教育基本制度，《中华人民共和国教育法》是我国的教育基本法。

（2）基础教育法。它是学前教育、义务教育、初等教育、中等教育、特殊教育等教育领域的教育法律的总称，《中华人民共和国义务教育法》就是其中的组成部分。

（3）高等教育法。它是调整高等教育关系的法律规范，如《中华人民共和国高等教育法》。

（4）职业教育法。它是以各级各类职业技术教育和培训为调整对象的教育法律规范的总称，《中华人民共和国职业教育法》是其主要组成部分。

（5）成人教育或社会教育法。以各类在职人员和职后人员的教育为调整对象，包括成人教育、继续教育、终身教育等。

（6）学位法。对学位授予、管理、等级等作出规定的法律，如《中华人民共和国学位条例》。

（7）教师法。以各级各类学校的教育教学人员的地位、权利、义务、职称、考评、进修、培养等为调整对象的教育法律法规总称，如《中华人民共和国教师法》。

（8）教育财政法或教育投入法。

三、教育法规的制定与执行

（一）教育立法

1. 教育立法的概念

教育立法也就是教育法的制定，是指国家立法机关依照法律制定程序制定规范性教育法律文件的活动。

2. 教育立法的基本程序

第一，教育法律草案的提出。第二，教育法律草案的审议。第三，教育法律草案的表决和通过。第四，教育法律的公布。

（二）教育执法

1. 教育执法的内涵

教育执法就是教育法规的执行。教育执法的特点是执法主体的确定性、执法的规范性、执法手段的强制性。

2. 教育执法的原则

第一，合法性原则。第二，公正性原则。第三，公开性原则。第四，权责统一原则。第五，不停止执行原则。第六，应急原则。

3. 教育执法的形式

（1）教育行政许可：国家教育行政机关根据当事人的申请，经审查赋予其从事培训、教学、研究等活动的权利或资格，并予以注册或批准的行为。

（2）教育行政处罚：国家教育行政机关依法对违反教育行政管理秩序的相对人进行惩戒、制裁的行为。

（3）教育行政强制措施。

（4）教育行政强制执行。

（5）教育行政奖励。

（三）教育司法（教育法适用）

1. 教育司法的内涵

教育司法是指国家司法机关依照法定的职权和程序，具体运用教育法律、法规处理案件的诉讼活动。其特点如下。

第一，教育司法的适用主体是检察机关和审判机关。第二，教育司法具有被动性。第三，教育司法具有国家强制性。第四，教育司法具有程序性。第五，教育司法具有态度中立性。第六，教育司法具有裁决权威性。

2. 教育司法的基本原则

第一，尊重事实，依法办案原则。第二，司法平等原则。第三，司法独立原则。

> **考题预测**
> 名词解释：
> 　教育执法
> 　教育行政许可
> 　教育行政处罚
> 　教育司法
> 　教育法规监督
> 简答题：
> 　简述教育政策与法规的区别。

四、教育法规的监督

教育法规监督就是指具有教育法规监督权的国家机关、社会团体和公民个人作为监督主体,对监督对象管理教育活动的合法性所进行的监察与督导活动。

教育法规的监督需要遵循如下原则:

第一,合宪性原则。第二,合法性原则。第三,合理性原则。

五、教育政策与教育法规的关系与功能

1. 教育政策与教育法规的联系

第一,两者都是上层建筑的重要组成部分。第二,教育法规以教育政策为指导,教育政策的制定和实施受教育法规的规范和制约。第三,教育政策决定教育法规的性质,教育法规的内容体现教育政策。第四,教育法规是实施教育政策的保证。

2. 教育政策与教育法规的区别

第一,制定主体和约束力不同。第二,基本属性和表现形式不同。第三,制定程序与实施方式不同。第四,稳定程度和调整范围不同。第五,公布的范围不同。

3. 教育政策、法规的功能

第一,保障功能;第二,规范功能;第三,制约功能;第四,管理功能;第五,激励功能。

4. 教育政策、法规在国家政策、法规中的地位

第一,教育政策与法规是国家政策与法规的重要组成部分。第二,教育政策在国家政策中具有比较独特的地位。

六、真题选析

(一) 单选题

1. 适用对违反学校纪律和规章制度的学生的惩罚手段或方法是(　　)。

　A. 人身罚　　　　　B. 心理罚　　　　　C. 财产罚　　　　　D. 申戒罚

答案 D。解析:申戒罚是指精神罚或影响声誉罚,是行政机关对行政违法行为人通过对其提出谴责、警告,从而对其名誉、荣誉、信誉等施加影响,引起其精神上的警惕,防止继续违法的措施。申戒罚主要适用于情节比较轻微,未造成严重社会危害的违法行为。它既可以适用于公民个人,也可以适用于法人和其他组织。

2. 从法规类型上看,《学生伤害事故处理办法》属于(　　)。

　A. 教育法律　　　　B. 教育行政法规　　C. 教育规章　　　　D. 教育法令

答案 B。解析:教育法律是国家最高权力机关作出的,由国家主席发布的规范性文件。教育行政法规是由国务院通过的法规。

3. 从法规类型上看,教师资格条例属于(　　)。

　A. 单行条例　　　　B. 政府规章　　　　C. 行政规章　　　　D. 行政法规

答案 D。解析:教育行政法规,一般是由国家最高行政机构依据宪法和教育法律制定的关于教育行政管理的规范性文件。其效力低于宪法和教育法律,但高于地方性教育法规和教育规章。教育行政法规的名称一般有三种:条例、规定、办法或细则。

(二) 简答题

1. 简述法规的类型。

答:第一,根据教育法规创制方式和表达方式分为:(1) 成文法;(2) 不成文法;(3) 制定法;(4) 判例

法；(5) 习惯法。

第二，根据教育法规的效率等级分为：(1) 根本法(基本法)；(2) 普通法(单行法)。

第三，根据教育法规规定的内容分为：(1) 实体法；(2) 程序法。

第四，根据教育法规的适用范围分为：(1) 一般法；(2) 特殊法。

2. 简答教育执法的形式。

答：(1) 教育行政许可：国家教育行政机关根据当事人的申请，经审查赋予其从事培训、教学、研究等活动的权利或资格，并予以注册或批准的行为。

(2) 教育行政处罚：国家教育行政机关依法对违反教育行政管理秩序的相对人进行惩戒、制裁的行为。

(3) 教育行政强制措施。(4) 教育行政强制执行。(5) 教育行政奖励。

3. 简答教育法律规范的类别。

答：(1) 义务性规范。(2) 授权性规范。(3) 强制性规范。(4) 任意性规范。(5) 制裁性规范。(6) 奖励性规范。

4. 简答法律责任的类型。

答：法律责任的类型是指承担法律责任方式的类别。法律责任按违法的性质和危害程度的不同可分为：民事法律责任、行政法律责任、刑事法律责任和违宪法律责任。

第三节　教育法学基础知识

一、教育法律规范

(一) 教育法律规范的含义

教育法律规范是由国家制定或认可，并以国家强制力保证实施的行为规则。

教育法律规范主要由法定条件、行为准则和法律后果三个要素组成。

第一，法定条件。法定条件是法律规范使用的条件和情况。每一个教育法律规范只有在所规定的法定条件出现时，才能适用该规范。

第二，行为准则。行为准则是指法律规范中规定的行为规则的基本要求，也就是法律关系主体应该做什么、不该做什么，可以做什么、禁止做什么的规定。

第三，法律后果。法律后果是指在某种条件或情况出现时，法律关系主体做出或没有做出行为准则要求的某种行为时应该承担的法律责任。

(二) 教育法律规范的类别

(1) 义务性规范，指行为准则要素中规定的教育法律关系主体必须为一定行为或不为某种行为的法律规范。

(2) 授权性规范，指行为准则要素中规定的教育法律关系主体有权做出或不做出某种行为的法律规范。

(3) 强制性规范，指规定法律关系参加者在某种条件或情况下，必须做出或禁止做出一定行为的规定。

(4) 任意性规范。

(5) 制裁性规范。

(6) 奖励性规范。

考题预测

名词解释：
教育法律规范
教育法律关系

简答题：
1. 简述教育法律规范的构成要件。
2. 简述教育法律规范的类别。
3. 简述教育法律关系的要素。

二、教育法律关系

（一）教育法律关系的含义

教育法律关系是教育法对由教育活动而产生的各种社会关系予以调整后形成的人与人之间的权利义务关系，是一种特殊的社会关系。具有如下特征：

第一，它是以教育法律规范为前提而产生的社会关系。

第二，它是以主体之间法律上的权利与义务表现出来的社会关系。

第三，它是体现意志性的特殊社会关系。

第四，它是国家强制力予以保障的社会关系。

（二）教育法律关系的要素

1. 教育法律关系主体

教育法律关系主体是指教育法律关系的参加者，即在教育法律关系中一定权利的享有者和一定义务的承担者，主要包括公民（自然人）、机构和组织（法人）以及国家三类。

2. 教育法律关系客体

教育法律关系客体是指教育法律关系主体的权利和义务所指向的对象，一般包括物质财富、非物质财富和行为三个方面。

3. 教育法律关系内容

教育法律关系内容是教育法律关系的主体依据法律规定而享有的权利和义务。权利和义务是法律关系的核心。权利与义务是相互依存、不可分割的关系。

> **考题预测**
>
> 简答题：
> 1. 简述教育法律关系的内容。
> 2. 简述教育法律关系的分类。

（三）教育法律关系的分类

1. 内部法律关系和外部法律关系

内部法律关系主要指教育法律规范调整的教育系统内部各级各类教育机构、教育工作人员、教师、学生等之间的关系。

外部法律关系主要指适用教育法律规范调整的教育系统与其外部社会各方面之间发生的法律关系。

2. 隶属型教育法律关系和平权型教育法律关系

隶属型教育法律关系是以教育管理部门为核心，向外辐射，与其他主体之间形成的教育法律关系。

平权型教育法律关系是两个具有平等法律地位的教育关系主体之间产生的教育法律关系，通常视为教育民事法律关系。

3. 调整性教育法律关系和保护性教育法律关系

调整性教育法律关系是按照调整性教育法律规范所设定的教育关系模式，主体的教育权利能够正常实现的教育法律关系。

保护性教育法律关系是在教育主体的权利和义务不能正常实现的情况下，通过保护性教育法律规范，采取法律制裁手段而形成的教育法律关系。

（四）教育法律关系的发生、变更和消灭

1. 教育法律关系的发生

教育法律关系的发生是指教育法律关系主体之间形成了一定的权利义务关系。

2. 教育法律关系的变更

教育法律关系的变更是指教育法律关系构成要素的改变，包括主体、客体或内容等要素的改变。

3. 教育法律关系的消灭

教育法律关系的消灭是指教育法律关系主体、客体的消灭，主体间权利义务的终止。

法律事实是教育法律关系发生、变更和消灭的根据。

三、教育法律责任

（一）法律责任的含义

法律责任有广义和狭义之分。广义的法律责任与法律义务同义，如每个公民都有遵守法律的责任（义务），人民法院有责任（义务）保证当事人的合法权益等等。狭义的法律责任，专指行为人违反了有关法律规定而必须承担的法定后果。本章所讲的法律责任是指后者。在此，应注意三个关键词：行为人、违反、法定后果。

法律责任有以下几个方面的特点：第一，法律责任是由法律规范所规定的，具有法定性。第二，法律责任与违法行为和法律规定的事实相联系，具有条件性。第三，法律责任由国家强制力保证实施，具有国家强制性。

（二）法律责任的类型

法律责任的类型是指承担法律责任方式的类别。

法律责任按违法的性质和危害程度的不同可分为：民事法律责任、行政法律责任、刑事法律责任和违宪法律责任。

（1）民事法律责任，是指违反了民事法律规范而应当依法承担的民事法律后果。

（2）行政法律责任，是指违反了行政法律规范而应当依法承担的行政法律后果。

（3）刑事法律责任，是指违反了刑事法律规范而应当依法承担的刑事法律后果。

（4）违宪法律责任，是指因违反宪法而应当依法承担的法律后果。

（三）教育法律责任的归责原则、构成要件和责任方式

1. 归责原则

所谓归责是对法律责任的归结。法律责任的归结是一个复杂的责任判断过程，判断、确认、追究以及免除责任时必须依照一定的标准和规则，这就是归责原则。它是法律责任制度的核心问题。

一般采取的归责原则有：过错责任原则、严格责任原则和公平责任原则。

（1）过错责任原则。过错责任是指主体由于过错侵害了他人权利而应承担的法律责任。

（2）严格责任原则。严格责任是指因行为或与行为相关的事件对

> **考题预测**
>
> 名词解释：
> 　教育法律责任
> 　严格责任原则
>
> 简答题：
> 　简述教育法律责任的类型。

他人的权利造成损害的而应承担的法律责任。

（3）公平责任原则。公平责任是指当事人双方在对造成损害均无过错的情况下，由法院（法官）根据公平概念，结合当事人财产状况及其他条件，确定一方对另一方的损失给予适当的补偿的法律责任。

2. 法律责任的构成要件

法律责任的构成要件就是指构成法律责任所必备的客观要件和主观要件的总和。

根据违法行为的一般特点可以把法律责任的构成要件概括为：主体、行为、心理状态、损害事实和因果关系五个方面。

（1）主体。它是指具有法定责任能力的自然人、法人或其他社会组织。

（2）行为。引起法律责任的行为是违法行为，或是侵害了法定权利，或是不履行法定义务。

（3）心理状态。它是指行为主体的主观故意和主观过失，通称主观过错。

（4）损害事实。它是指行为人的违法行为对受害方构成客观存在的确定的损害后果。

（5）因果关系。它是指违法行为与损害事实二者之间存有必然的联系，即某一损害事实是由行为人与某一行为直接引起的，二者存在着直接的因果关系。

3. 法律责任方式

法律责任方式是指承担或追究法律责任的具体形式，如惩罚、补偿、强制等，也称为法律制裁。所谓法律制裁，是指通过国家强制力对责任主体的人身、精神以及财产实施惩罚的法律责任方式。

根据法律责任的类型划分，法律制裁可相应地分为：民事制裁、行政制裁、刑事制裁和违宪制裁。

（1）民事制裁。民事制裁是指国家司法机关对负有民事责任的违法者依法实施的强制性惩罚措施。

依据《民法通则》的规定，承担民事责任的方式主要有：① 停止侵害；② 排除妨碍；③ 消除危险；④ 返还财产；⑤ 恢复原状；⑥ 修理、重作、更换；⑦ 赔偿损失；⑧ 支付违约金；⑨ 消除影响、恢复名誉；⑩ 赔礼道歉。

考题预测

名词解释：
民事制裁
行政处罚

简答题：
1. 简述教育法律责任的类型。
2. 简述教育法律责任的构成要件。
3. 简述教育法律责任的方式。

（2）行政制裁。行政制裁是指国家行政机关对违反行政法律规范而负有行政法律责任的人实施的惩罚性措施。承担行政责任的方式包括行政处分和行政处罚。

① 行政处分。行政处分是指国家行政机关依照行政隶属关系对有轻微失职行为的国家机关工作人员实施的惩罚措施。行政处分的方式主要有以下六种：警告；记过；记大过；降级；撤职；开除。

② 行政处罚。行政处罚是指由国家特定的行政机关给予犯有轻微违法行为而尚不够刑事处罚的公民或者法人的一种制裁。行政处罚必须由有关的行政主管机关实施。我国的行政处罚方式主要有：警告、罚款、没收违法所得、没收非法财物、责令停产停业、暂扣或者吊销许可证、暂扣或者吊销执照、行政拘留等。

（3）刑事制裁。刑事制裁是指依照刑事法律规定，对犯罪人所实施的惩罚性措施，即刑罚制裁。刑事制裁是各种法律制裁中最严厉的制裁措施。刑法规定了承担刑事责任的方式。依据《刑法》的规定，刑罚分为主刑和附加刑。

主刑的种类有：管制、拘役、有期徒刑、无期徒刑、死刑。

附加刑的种类有：罚金、剥夺政治权利、没收财产。

（4）违宪制裁。违宪制裁是指由监督宪法实施的国家机关对违宪行为者依其所应负的违宪责任而实施的惩罚性措施。

根据我国宪法的规定，违宪制裁的主要方式是撤销同宪法相抵触的法律和法规。

四、教育法律救济

（一）教育法律救济的含义

所谓教育法律救济是指教育法律关系的主体的合法权益受到侵犯并造成损害时，获得恢复和补救的法律制度。

教育法律救济具有如下特征：

第一，纠纷的存在是教育法律救济存在的前提。

第二，教育法律救济具有弥补性，它是对受损害的权利的弥补。它包括司法救济方式、行政救济方式、组织内部或民间渠道进行救济的方式。

第三，教育法律救济的根本目的是实现合法权益并保证法定的义务履行。

（二）教育法律救济的途径

教育法律救济的途径是指相对人认为其合法权益受到损害时，请求救济的渠道和方式。有如下三种途径：

第一，诉讼渠道。从我国现行法律制度看，凡符合民事诉讼法、刑事诉讼法和行政诉讼法受案范围的，都可以通过诉讼渠道求得司法解决。

第二，行政渠道。我国规定了明确的行政申诉和行政复议制度。规定了受教育者申诉和教师申诉制度两种行政救济方式。

第三，其他渠道。在人民调解制度的基础上，随着教育法制的健全，根据《教育法》和《教师法》的基本精神，正在逐步建立校内调解制度。

> **考题预测**
> 名词解释：
> 　教育法律救济
> 　教育申诉
>
> 简答题：
> 　简述教育法律救济的途径。

（三）教师申诉制度

1. 教师申诉制度的含义

教师申诉制度，即教师在其合法权益受到侵害时，依照法律、法规的规定，向主管的行政机关申诉理由，请求处理的制度。教师申诉制度具有如下特征：

第一，法定性。《教师法》明确规定了教师的申诉程序，各级人民政府及其所在部门必须依法在规定的期限内对教师的申诉作出处理决定，使教师的合法权益及时得到保障。

第二，专门性。它在宪法赋予公民享有申诉权利的基础上，将教师这一特定专业人员的申诉权利具体化。这就使教师申诉制度区别于一般的信访工作。

第三，非诉讼性。它是由行政机关依法对教师的申诉，根据法定行政职权和程序作出行政处理的制度。这有别于诉讼法上的申诉制度。

2. 教师申诉的范围和程序

（1）范围。第一，教师认为学校或其他教育机构侵犯其《教师法》规定的合法权益，可以提出申诉。合法权益包括在职务聘任、教学科研、工作条件、民主管理、培训进修、考核奖罚、工资福利待遇、退休等各方面的合法权益。

第二,教师对学校或其他教育机构作出的处理决定不服的,可以提出申诉。

第三,教师认为当地人民政府的有关行政部门侵犯其《教师法》规定的合法权益的,可以提出申诉。

（2）程序。教师申诉制度由申诉提出、受理和处理三个环节组成,并依次序进行。

考题预测
简答题:
　简述教师申诉的程序。

第一,提出申诉。教师提出申诉,应当以书面形式提出。申诉书的内容包括双方当事人的概况、申诉请求、申诉理由、附项（有关证件材料）。

第二,对申诉的受理。主管的教育行政部门接到申诉书后,进行审查和处理。

第三,对申诉的处理。有四种情况:一是原行政行为合法,维持原处理决定;二是被申诉人不履行法定职责的,可责令其限期改正;三是部分适用法律错误的,可变更或责令学校重新处理;四是学校管理行为违法的,可撤销其原处理决定,其依据的内部规章与法律和行政法规相抵触的,可责令学校修改或废止。

对学校或者其他教育机构提出的申诉,主管教育行政部门应当在收到申诉书的次日起30日内进行处理,主管教育行政部门逾期未作处理,或者久拖不决的,其申诉内容涉及人身权、财产权,以及其他属于行政复议、行政诉讼受案范围的,申诉人可依法提起行政复议或行政诉讼。

（四）学生申诉制度（受教育者申诉制度）

1. 学生申诉制度的含义和特征

（1）学生申诉制度的含义。学生申诉制度是指学生在接受教育的过程中,对学校给予的处分不服,或认为学校和教师侵犯了其合法权益而向有关部门提出要求重新处理的制度。根据有关文件规定,学生申诉又分为两种:

一是校内学生申诉简称校内申诉;二是教育行政申诉。所谓校内申诉,是指学生如果对学校的处分或处理决定有异议,可以在接到决定书之日起于一定时间内根据事实向学校学生申诉处理委员会申诉。

（2）学生申诉制度的特征。第一,法定性;第二,行政性;第三,准司法性;第四,准独立性:学生申诉制度虽然是通过学校行政举措制定的,但其应该有一个相对独立的申诉机构,这一机构应不依附于学校任何行政部门,并且是能体现其相对的权威性和最大的公信力的机构;另外,学校申诉制度的专门性还体现在申诉机构组成人员的配备上。第五,非诉性。

2. 学生申诉的范围

第一,根据《教育法》第42条:"对学校给予的处分不服可提起申诉;对学校、教师侵犯其人身权、财产权等合法权益可提起申诉。"上述规定将学生申诉的范围规范为两个方面:受教育权和民事权利。

第二,根据《普通高等学校学生管理规定》第5条:"受教育权,人身权和财产权。"学生除了对学校给予的"处分"可以申诉外,还可以对给予学生的"处理"提起申诉。《普通高等学校学生管理规定》又在第60条规定"学校应当成立学生申诉处理委员会,受理学生对取消入学资格、退学处理或者违规、违纪处分的申诉"。该规定将学校校内申诉学生申诉的范围,在上述规定的基础上进行了细化:一是取消入学资格;二是受到退学或者违纪、违规处分。另外需要提及的是,《普通高等学校学生管理规定》并没有对教育行政部门的申诉范围作出相应规定。只是在第63条规定"学生对复查决定有异议的,在接到学校复查决定书之日起 15 个工作日内,可以向学校所在地省级教育行政部门提出书面申诉"。对这个规定可以作如下解释:如果学校没有作出复查决定,那么学生就不能向省级教育行政部门提出书面申诉。

3. 学生申诉制度的程序

第一,提出申诉;第二,申诉受理;第三,申诉处理。

（五）教育行政复议

1. 教育行政复议的含义

教育行政复议是指个人或组织认为国家行政机关的具体行政行为侵犯了其他教育法所规定的合法权益,依法请求作出该行为的上一级机关或法律、法规规定的其他机关对该行为进行审查,以保障其合法权益,受理申请的机关依法定程序复查并作出决定的法律制度。

教育行政复议从其属性上看,属于非诉讼上的一种申诉救济途径,它具有如下几个基本特征:

第一,教育行政复议是一种带有司法性质的特殊的行政行为。

第二,教育行政复议是一种依申请的行政行为。

第三,教育行政复议的对象只能是具体行政行为,而不能是抽象行政行为。

第四,教育行政复议的申请人只能是教育行政管理相对人（包括教师、学生和其他公民、组织等）,被申请人是作出具体行政行为的教育行政机关或其他行政机关。

第五,教育行政复议执行不适用调解的原则。这也是一般行政复议的一个基本原则,目的在于维护法律的公正和严肃,给处于服从地位的行政相对人以保护自己合法权益的公平机会。所以教育行政复议,不能以调解作为最后方式,必须有明确的裁决。

2. 教育行政复议的范围

第一,对教育行政处罚不服的。第二,对教育行政强制措施不服的。第三,对教育行政机关作出的有关许可证、执照、资质证、资格证书等的变更、中止、撤销的决定不服的。第四,教育行政机关因不作为违法的。第五,行政相对人认为教育行政机关违法集资等。第六,认为教育行政机关侵犯合法经营自主权的。第七,认为教育行政机关的其他具体行政行为侵犯其合法权益的。

3. 教育行政复议的程序

教育行政复议程序基本上分为申请、受理、审理、决定和执行五个步骤。

（1）申请。申请是指公民、法人或其他组织认为行政机关的具体行政行为侵犯其教育法所保护的合法权益,依照法律规定的条件向有关机关提出复议的要求。申请人应以书面形式在 60 日内提出复议申请。复议申请书应载明下列内容:申请人的自然情况（姓名、性别、年龄、职业、住址等）;被申请人的名称、地址;申请复议的要求和理由;附交有关的物证、书证或复印件;提出申请的日期。

（2）受理。受理是指教育行政复议机关基于相对人的申请,经审查认为符合法律规定的申请条件,决定立案并准备审理的行为。复议机关决定受理的标志是立案。一旦立案,复议机关必须依法对案件进行审理,复议申请人和被申请人法律地位平等,申请人不得重复申

考题预测

名词解释:
　教育行政复议

简答题:
　简述教育行政复议的程序。

请复议。

（3）审理。审理是教育行政复议的中心阶段。复议机关应当在受理之日起 7 日内将复议申请书副本发送被申请人。被申请人在收到复议申请书副本之日起 10 日内,应向复议机关提交作出具体行政行为的有关材料或者证据以及答辩书。被申请人逾期不答辩的,不影响复议。复议机关根据复议申请书和被申请人提供的材料、证据和答辩书,对原行政执法决定进行审查。通过审查,查明事实真相,确定原行政执法决定是否违法、失当、侵害了申请人的合法权益。行政复议应以书面形式进行,复议机关认为必要时,也可采取其他方式。

（4）决定。决定是指对案件进行审理后,在判明具体行政行为的合法性、正当性的基础上,有关机关作出相应的裁断。复议机关应在复议期限内（自受理之日起 60 日内）作出决定。复议决定有:维持决定、补正程序决定、撤销和变更决定、履行职责决定和赔偿决定。

（5）执行。复议决定生效后就具有国家强制力,复议双方应自觉履行,否则将强制执行。在教育行政复议的过程中,如果行政机关拒绝履行复议决定的,复议机关可以直接或建议有关部门对该行政机关的法定代表人给予行政处分;复议参加人或其他人阻碍复议人员依法执行职务的,在未使用暴力和其他威胁手段的情况下,由公安机关给予行政处罚;在使用暴力或其他威胁手段的情况下,则依法追究刑事责任;复议机关工作人员失职的,复议机关或有关部门应批评教育或给予行政处分,直至追究刑事责任。

（六）教育行政诉讼

1. 教育行政诉讼的含义

教育行政诉讼,是指教育管理相对人认为教育行政机关作出的具体行政行为侵犯其合法权益,向人民法院提出申请,主张其权利的活动。

2. 行政诉讼和行政复议的区别

第一,性质不同。行政复议是行政活动,而行政诉讼是司法活动。

第二,受理机关不同。行政复议的受理机关是上一级行政机关或该机关所属的本级人民政府;而行政诉讼的受理机关是人民法院。

第三,适用程序不同。行政复议适用行政程序,实行一级复议,进行书面审理,程序简便;而行政诉讼适用司法程序,实行两级终审,程序严格。

第四,审查范围不同。行政复议对具体行政行为进行合法性与适当性审查,而行政诉讼只对其合法性进行审查。

第五,法律效力不同。除法律明文规定的以外,行政复议决定不具有最终的法律效力。而行政诉讼的终审判决具有最终的法律效力。

3. 教育行政诉讼的受案范围

在教育行政诉讼中,教育行政案件的受案范围与教育行政复议的范围极为相似,主要集中在以下几方面:① 对教育行政处罚不服的;② 认为符合法定条件申请教育行政机关颁发许可证或执照,教育行政机关拒绝颁发或不予答复的;③ 申请教育行政机关履行保护人身权、财产权的法定职责,教育行政机关拒绝履行或者不予答复;④ 认为教育行政机关违法要求履行义务的;⑤ 认为教育行政机关侵犯其他人身权、财产权的。

4. 教育行政诉讼的程序

第一,起诉和受理。起诉是公民、法人和其他组织依法向人民法院提出诉讼请求的诉讼行为。起诉条件是原告认为行政机关的具体行政行为侵犯了其合法权益的公民、法人和其他组织;有明确的被告;有具体的诉讼请求和事实依据;属于人民法院受案范围和受诉人民法院管辖。对于当事人的起诉,人民法院经审查,应当在接到起诉状之日起 7 日内立案或裁定不予受理,当事人对不予受理的裁定不服,可以提起上诉。

第二,审理和判决。我国行政诉讼实行两审终审,二审作出的判决和裁定为终审的判决裁定,案件到此为止最后审结,如果发现确有错误,可以再经审判监督程序予以纠正。人民法院对行政案件作出审理后,根据不同情况做出不同判决:维持判决;撤销判决;履行职责判决;变更判决。

第三,执行。执行是诉讼活动的最后阶段,人民法院对发生法律效力的判决裁定,在义务人逾期不执行时,有权依法采取强制措施,迫使其履行义务。

(七) 学生伤害事故责任

1. 学生伤害事故的含义

学生伤害事故是指:"在学校实施的教育教学活动或者学校组织的校外活动中,以及在学校负有管理责任的校舍、场地、其他教育教学设施、生活设施内发生的,造成在校学生人身损害后果的事故"。

对这一定义,可从以下三方面进行理解:

第一,从时间上看,是指在"学校实施的教育教学活动或者学校组织的校外活动"中发生的伤害事故。"学校实施的教育教学活动或者学校组织的校外活动"时间包括:① 学生合理的到校时间与合理的离校时间的中间时间;② 教师要求学生提前到达学校或延迟离开学校的时间;③ 教师要求学生补课的时间;④ 课间休息时间;⑤ 体育课、实验课、劳动课等课上时间;⑥ 学校组织学生参加集会、比赛、演出、参观、旅游、军训等活动的路上或活动期间的时间等。但学生在校期间擅自离开学校发生的伤害,学校已经尽到通知义务的可以免责。

第二,从空间上看,是指在"学校负有管理责任的校舍、场地、其他教育教学设施、生活设施"内发生的伤害事故。学校负有管理责任的校舍、场地、其他教育教学设施、生活设施包括:学校的教室、走廊、操场、图书馆、游泳池、食堂、宿舍等所有由学校管理的场所,以及学校的教育教学及生活用具、用品、设备、设施等。

第三,从后果上看,是指"造成在校学生人身损害后果的事故"。人身损害后果主要是指致学生生病、伤残、死亡等。

2. 学生伤害事故的责任承担

就现行法而言,对学生伤害事故的归责,主要采取"过错责任原则"。按照《学生伤害事故处理办法》的规定,在学生伤害事故中,各种法律关系的主体可能承担的法律责任,可以分为以下几种情况:

第一,学校的法律责任。《学生伤害事故处理办法》中规定:因下列情形之一造成的学生伤害事故,学校应当依法承担相应的责任,主要分为以下 12 种情况:

① 学具设施不合格。学校的校舍、场地、其他公共设施，以及学校提供给学生使用的学具、教育教学和生活设施、设备不符合国家规定的标准，或者有明显不安全因素的；

② 管理制度有隐患。学校的安全保卫、消防、设施设备管理等安全管理制度有明显疏漏，或者管理混乱，存在重大安全隐患，而未及时采取措施的；

③ 食品药品不标准。学校向学生提供的药品、食品、饮用水等不符合国家或者行业的有关标准、要求的；

④ 应该预见未预见。学校组织学生参加教育教学活动或者校外活动，未对学生进行相应的安全教育，并未在可预见的范围内采取必要的安全措施的；

⑤ 聘用教工不合格。学校知道教师或者其他工作人员患有不适宜担任教育教学工作的疾病，但未采取必要措施的；

⑥ 组织活动不适宜。学校违反有关规定，组织或者安排未成年学生从事不宜未成年人参加的劳动、体育运动或者其他活动的；

⑦ 学生有病未注意。学生有特异体质或者特定疾病，不宜参加某种教育教学活动，学校知道或者应当知道，但未予以必要的注意的；

⑧ 学生受伤无措施。学生在校期间突发疾病或者受到伤害，学校发现，但未根据实际情况及时采取相应措施，导致不良后果加重的；

⑨ 体罚学生不道德。学校教师或者其他工作人员体罚或者变相体罚学生，或者在履行职责过程中违反工作要求、操作规程、职业道德或者其他有关规定的；

⑩ 学生危险未制止。学校教师或者其他工作人员在负有组织、管理未成年学生的职责期间，发现学生行为具有危险性，但未进行必要的管理、告诫或者制止的；

⑪ 学生擅离未告知。对未成年学生擅自离校等与学生人身安全直接相关的信息，学校发现或者知道，但未及时告知未成年学生的监护人，导致未成年学生因脱离监护人的保护而发生伤害的；

⑫ 履行职责未依法。学校有未依法履行职责的其他情形的。

第二，学生或者未成年学生监护人的法律责任。《学生伤害事故处理办法》中规定：学生或者未成年学生监护人由于过错，有下列情形之一，造成学生伤害事故，应当依法承担相应的责任，主要分为以下5种情况：

① 学生知道有危险。学生违反法律法规的规定，违反社会公共行为准则、学校的规章制度或者纪律，实施按其年龄和认知能力应当知道具有危险或者可能危及他人的行为的；

② 学生不听教师劝。学生行为具有危险性，学校、教师已经告诫、纠正，但学生不听劝阻、拒不改正的；

③ 学生隐瞒特定病。学生或者其监护人知道学生有特异体质，或者患有特定疾病，但未告知学校的；

④ 监护职责未履行。未成年学生的身体状况、行为、情绪等有异常情况，监护人知道或者已被学校告知，但未履行相应监护职责的；

⑤ 学生监护有过错。学生或者未成年学生监护人有其他过错的。

第三，学校不承担事故责任，责任另行确定。《学生伤害事故处理办法》中规定：下列情

考题预测

名词解释：
学生伤害事故

简答题：
简述学生伤害事故担责的种类。

形下发生的造成学生人身损害后果的事故,学校行为并无不当的,不承担事故责任;事故责任应当按有关法律法规或者其他有关规定认定,主要分为以下 4 种情况:

①　学生自行上学:在学生自行上学、放学、返校、离校途中发生的;

②　学生擅自离校:在学生自行外出或者擅自离校期间发生的;

③　学生自行留校:在放学后、节假日或者假期等学校工作时间以外,学生自行滞留学校或者自行到校发生的;

④　学校职责以外:其他在学校管理职责范围外发生的。

第四,学校无法律责任的情形。《学生伤害事故处理办法》中规定:因下列情形之一造成的学生伤害事故,学校已履行了相应职责,行为并无不当的,无法律责任,主要分为以下 6 种情况:

考题预测
简答题:
　　简述学校无法律责任的情形。

①　不可抗的自然因素:地震、雷击、台风、洪水等不可抗的自然因素造成的;

②　外部突发性侵害:来自学校外部的突发性、偶发性侵害造成的;

③　学生有病学校不知:学生有特异体质、特定疾病或者异常心理状态,学校不知道或者难于知道的;

④　学生自杀、自伤:学生自杀、自伤的;

⑤　风险性活动:在对抗性或者具有风险性的体育竞赛活动中发生意外伤害的;

⑥　其他意外因素:其他意外因素造成的。

第五,其他主体的法律责任。主要分为以下两种情况:

①　学校以外的组织者、经营者:《学生伤害事故处理办法》中规定:"学校安排学生参加活动,因提供场地、设备、交通工具、食品及其他消费与服务的经营者,或者学校以外的活动组织者的过错造成的学生伤害事故,有过错的当事人应当依法承担相应的责任。"

②　与职务无关的行为或故意实施的犯罪行为:《学生伤害事故处理办法》中规定:"学校教师或者其他工作人员与其职务无关的个人行为,或者因学生、教师及其他个人故意实施的违法犯罪行为,造成学生人身损害的,由致害人依法承担相应的责任。"

3. 学生伤害事故中的赔偿责任

《学生伤害事故处理办法》中规定:对发生伤害事故负有责任的组织或者个人,应当按照法律法规的有关规定,承担相应的损害赔偿责任。

第一,学校有责任时。学校对学生伤害事故负有责任的,根据责任的大小,适当予以经济赔偿;因学校教师或者其他工作人员在履行职务中的故意或者重大过失造成的学生伤害事故,学校予以赔偿后,可以向有关责任人员追偿。

考题预测
简答题:
　　1. 简述学生伤害事故中的赔偿责任的三种情形。

　　2. 简述学生伤害事故的防范措施。

第二,学校无责任时。学校无责任的,如果有条件,可以根据实际情况,本着自愿和可能的原则,对受伤害学生给予适当的帮助,学校无责任而对受伤害学生给予的适当帮助不属于赔偿责任承担。

第三,学生有责任时。未成年学生对学生伤害事故负有责任的,由其监护人依法承担相应的赔偿责任。

4. 学生伤害事故的防范

防范的主要措施为:

第一,保障设施安全,重点排查隐患。

第二,加强安全教育,提高学生自救能力。

第三,遵守法律法规,建立健全管理责任制度。

第四,救治及时,形成合力。

五、真题选析

(一)单选题

1. 教师法规定,教师对学校或其他教育机构侵犯其合法权益的,或者对学校或其他教育机构作出的处理决定不服的,可以向教育行政部门(　　)。

A. 提出申诉　　　　B. 提出复议　　　　C. 提出诉讼　　　　D. 提出上诉

答案 A。解析:略。

2. 学生伤害事故处理办法有关学生伤害事故责任的规定所体现的归责原则是(　　)。

A. 过错原则　　　　B. 无过错责任原则

C. 过错推定原则　　D. 公平责任原则

答案 A。解析:学生伤害事故处理办法第八条规定:学生伤害事故的责任,应当根据相关当事人的行为与损害后果之间的因果关系依法确定。第十条规定,学生或者未成年学生监护人由于过错,有下列情形之一,造成学生伤害事故,应当依法承担相应的责任。过错原则也叫失责原则,它是以行为人主观上的过错为承担民事责任的基本条件的认定责任的准则。按过错责任原则,行为人仅在有过错的情况下,才承担民事责任。没有过错,就不承担民事责任。无过错责任原则,也叫无过失责任原则,是指没有过错造成他人损害的依法律规定应由与造成损害原因有关的人承担民事责任的确认责任的准则。执行这一原则,主要不是根据行为人的过错,而是基于损害的客观存在,根据行为人的活动及所管理的人或物的危险性质 与所造成损害后果的因果关系,而由法律规定的特别加重责任。过错推定,也叫过失推定,在侵权行为法上,就是受害人在诉讼中,能证明违法行为与损害事实之间的因果关系的情况下,如果加害人不能证明损害的发生自己无过错,那么就从损害事实的本身推定被告在致人损害的行为中有过错,并为此承担赔偿责任。公平责任原则作为一种责任分配原则,其责任分配的依据既不是行为,也不是特定事故原因,而是一种抽象的价值理念——公平。一般说来,在法律规范的结构中,价值理念不具有直接的可操作性,把一种价值理念作为调整具体社会关系的操作工具,是一种特殊的法律现象。

3. 浙江省中小学人身安全事故预防与处理办法认定,学校对学生安全负有的职责是(　　)。

A. 教育、监管和救护　　　　B. 教育、教学和监护

C. 教育、管理和保护　　　　D. 教育、劝导和监管

答案 C。解析:第四条规定负有教育、管理和保护的责任。

4. 当前,减少学生伤害事故给学校造成的压力,同时能较好解决学生伤害事故损害赔偿或补偿责任的合法而有效的途径是(　　)。

A. 学校加强安全教育,学生学会自护自救本领

B. 学校参加责任保险,学生参加意外伤害保险

C. 学校发动师生捐款,设立学生伤害赔偿基金

D. 学校与学生家长签订“学生(子女)安全责任协议”

答案 B。解析:略。

5. 学校要依法治校,教师要依法执教,切实保障学生的合法权利,因此对学生的奖惩都要(　　)。

A. 公开、公正　　　B. 公平、公开　　　C. 公平、公示　　　D. 公平、公正

答案 D。解析:略。

（二）名词解释

1. 学生伤害事故

答:学生伤害事故是指:"在学校实施的教育教学活动或者学校组织的校外活动中,以及在学校负有管理责任的校舍、场地、其他教育教学设施、生活设施内发生的,造成在校学生人身损害后果的事故"。

2. 教育司法

答:教育司法是指国家司法机关依照法定的职权和程序,具体运用教育法律、法规处理案件的诉讼活动。

3. 教育法律规范

答:教育法律规范是由国家制定或认可,并以国家强制力保证实施的行为规则。教育法律规范主要由法定条件、行为准则和法律后果三个要素组成。

4. 教育法律关系

答:教育法律关系是教育法对由教育活动而产生的各种社会关系予以调整后形成的人与人之间的权利义务关系,是一种特殊的社会关系。

5. 教育法律救济

答:所谓教育法律救济是指教育法律关系的主体的合法权益受到侵犯并造成损害时,获得恢复和补救的法律制度。

6. 教师申诉制度

答:教师申诉制度即教师在其合法权益受到侵害时,依照法律、法规的规定,向主管的行政机关申诉理由,请求处理的制度。

（三）简答题

1. 简答法律责任的类型。

答:法律责任的类型是指承担法律责任方式的类别。法律责任按违法的性质和危害程度的不同可分为:民事法律责任、行政法律责任、刑事法律责任和违宪法律责任。

2. 简答法律责任的构成要件。

答:法律责任的构成要件就是指构成法律责任所必备的客观要件和主观要件的总和。可以把法律责任的构成要件概括为:主体、行为、心理状态、损害事实和因果关系五个方面。第一,主体,是指具有法定责任能力的自然人、法人或其他社会组织。第二,行为,引起法律责任的行为是违法行为,或者侵害了法定权利,或者不履行法定义务。第三,心理状态,是指行为主体的主观故意和主观过失,通称主观过错。第四,损害事实,是指行为人的违法行为对受害方构成客观存在的确定的损害后果。第五,因果关系,是指违法行为与损害事实二者之间存有必然的联系,即某一损害事实是由行为人与某一行为直接引起的,二者存在着直接的因果关系。

3. 简答教育执法的形式。

答:(1)教育行政许可。国家教育行政机关根据当事人的申请,经审查赋予其从事培训、教学、研究等活动的权利或资格,并予以注册或批准的行为。(2)教育行政处罚。国家教育行政机关依法对违反教育行政管理秩序的相对人进行惩戒、制裁的行为。(3)教育行政强制措施。(4)教育行政强制执行。(5)教育行政奖励。

（四）案例分析

某普通中学为提高毕业生的升学率和考入"重点"的名额而"因材施教"。在年初就要求毕业班的学生参加本校组织"高(中)考预考",按"预考"成绩重新分定班级。让"高分班"学

生得到特别的"重点保护":配备最优秀的师资和设施、资源,并准备通过某些"有关系"的家长或其他人员,通过非正规的渠道甚至非法手段(如修改学生原始档案材料等)帮助部分学生制造"少数民族的户籍"、特长奖励等假材料、假证明,使之享受高(中)考的政策性加分;而对"低分班"的学生则"动员"他们放弃报考"重点",让其选报(限报)"专科或高职学校"(职高);同时,还要求那些"升学无望"的学生放弃报考提前离校。后经一些学生家长反映到媒体,上级教育行政部门则着手查处。

请从违法侵权的视角分析该学校的教育管理行为。

(分析思路提示:该校的做法是否违法? 违法主体有谁? 违反了哪些法律或法律规定? 违法主体应当承担什么样的法律责任?)

【分析】该校的做法已经违法(指出违法行为)。

违反了《中华人民共和国教育法》,指出教育法中平等教育权、不能歧视学生等规定。

违法主体是学校(指出这是学校组织作出的行为)。

违法主体应当承担改正行为、承担相应责任(指出相应的责任)。

第四节　依法执教和违法预防

一、依法执教的内涵

1. 依法执教的概念

依法执教就是要求教师在教育教学活动中,按照教育法律、法规使自己的教育教学活动法制化和规范化。

2. 依法执教的意义

第一,依法执教是依法治国的必然要求。第二,依法执教是依法治教的重要内容。第三,依法执教是人民教师的素质要求。

3. 依法执教的要求

第一,知法守法。第二,依法进行教育教学活动。第三,和违法行为做斗争。

二、教师违法行为预防

1. 教师违法行为的含义

教师违法行为是指教师不法侵害他人的财产权利和人身权利而应承担的责任的行为。

2. 教师违法行为的主要类型

(1) 侵犯学生的受教育权,主要包括侵犯学生受教育的平等权、入学权、参加考试的权利、上课学习权、教育选择权等。

(2) 侵犯学生的人身权,主要包括侵犯学生的姓名肖像权、隐私权,以及性侵害等。

(3) 侵犯学生的财产权。

(4) 侵犯学生的著作权。

(5) 不作为违法侵权,主要包括对学生身体状况关照不力;对学生受伤或生病救护不力;在履行职责中失当;学生活动组织失职;饮食安全事故;未及时告知监护人等。

三、预防教师违法行为的主要措施

第一,建立完善的教育法规体系;第二,建立严格的教育执法制度;第三,建立全面的教育法律监督机制;第四,增强法制观念;第五,加强学校的规范管理;第六,强化学生的自我保护意识;第七,加大学校安全教育力度。

四、真题选析

（一）名词解释

1.教育法律责任

答:教育法律责任是指行为人违反了有关的教育法律规定而必须承担的法定后果。首先,法律责任是由法律规范所规定的,具有法定性。其次,法律责任与违法行为和法律规定的事实相联系,具有条件性。第三,法律责任有国家强制力保证实施,具有国家强制性。法律责任按违法的性质和危害程度的不同可分为:民事法律责任、行政法律责任、刑事法律责任和违宪法律责任。

2.教育法律关系

答:教育法律关系是指教育法律规范在调整人们有关教育活动的行为过程中形成的权利和义务关系,是一种特殊的社会关系。

（二）案例分析

1.班主任麻老师在自修课时见张亮、李宏、马威三位同学在讲话,就过去训斥他们,当着全班同学的面叫他们的绰号(出话声音最响的张亮为"大喇叭",声音有点沙哑的李宏为"破喇叭",头发厚黑粗硬的马威为"黑刺猬"),并罚他们到教室外的走廊上站立至下课。第二天上课,又看(听)到张亮、李宏、马威等在底下交头接耳——发出了声音,麻老师顿时走到他们身边,拿出胶带纸,令班干部帮他把他们的嘴封起来;他们反抗,麻老师就把他们赶出了教室,不准他们返回课堂……

请从教师违法侵权的视角分析麻老师的教学行为。

【分析】麻老师的教学行为严重侵犯了学生的权益:首先侵犯了学生的名誉权:老师不应该当着全班同学的面叫他们的绰号。其次,侵犯了学生的身体权:麻老师不应该让他们在教室外的走廊上站立至下课,更不应该拿出胶带纸,令班干部帮他把他们的嘴封起来;第三,麻老师侵犯了学生的受教育权:先是让学生站到教室外,后来又赶出教师,不准他们返回课堂。

2.2004年,王娜参加高考未上二批本科录取分数线。而同学萝莉上了线未被录取。王娜家人为了让王娜读上本科大学,采用冒用他人身份信息及高考成绩信息等资料,伪造被冒用者的户口迁移证及学生学籍档案等手段,并通过其他途径使王娜补录到西南某省的A师范大学。四年后,王娜获取了A师范大学的本科毕业证、学士学位证、教师资格证等证书并受聘南方某市的一所中学,成为正式教师。萝莉经努力,2005年考取华北某市的B师范大学。2009年毕业前夕在办理网上签名时遭拒,经查才发现自己的姓名、身份证等信息资料已被王娜冒用。案发后,王娜家人被依法追究刑事责任,判处有期徒刑。王娜也将依法承担相应的教育法律责任。

请分析王娜将依法被追究的教育法律责任。

【分析】(1)教育法律责任的定义。(2)依法撤销其教师资格证、毕业证、学士学位证;依法解聘。

3.某中学在整顿校级校风活动中,让各班自定违纪违规处罚制度。二(3)班班主任牛老师率先发动班级学生制定了这样的班规。迟到一次罚十元,不出操一次罚十元,课上睡觉罚十五元。这一规定经学校同意后试行。接着全校推行,后经学生家长反映到上级教育行政部门被查处。

(1)该校的做法是否违法?

(2)违法主体有谁?

(3)违反了哪些法律或法律规定?

(4)违法主体应该承担什么样的法律责任?

【分析】(1)该校的做法违法,违反了《中华人民共和国教育法》的相关规定并对其进行引用。(2)违法主体有班主任教师和学校。(3)违反了《中华人民共和国教育法》、《中华人民共和国义务教育法》、《未成年人保护法》的哪些法律或法律规定。(4)违法主体教师应该承担的法律责任;违法主体学校应该承担的法律责任。

本章深度练习及解析

一、单项选择题

1.李某以为张某贪污学费,将张某打伤,造成张某轻微伤,医药费开支1685元,李某侵害张某的( )。

A.名誉权、荣誉权
B.生命健康权、荣誉权
C.生命健康权、名誉权
D.生命健康权、名誉权、荣誉权

答案C。解析:略。

2.第1题例中,张某依法向( ),维护自己的合法权益是正确的。

A.学校提出赔偿
B.教育行政部门申诉
C.法院提出诉讼
D.以上皆可

答案C。解析:略。

3.教师羞辱学生,导致学生自杀,老师应该( )。

A.承担全部责任
B.承担大部分责任
C.承担过错责任
D.不承担责任

答案C。解析:略。

4.明知校舍有危险而不采取相应措施,直接责任人应追究( )责任。

A.民事 B.刑事 C.一般 D.行政

答案B。解析:《中华人民共和国教育法》第73条:"明知校舍或者教育教学设施有危险,而不采取措施,造成人员伤亡或者重大财产损失的,对直接负责的主管人员和其他直接责任人员,依法追究刑事责任。"

5.对于违反学校管理制度的义务教育在校生,学校应该采取( )措施。

A.开除学籍 B.批评开除学籍 C.批评 D.退学

答案C。解析:略。

6. "学校、幼儿园的教职员应当尊重未成年人的人格尊严,不得对未成年学生和儿童实施体罚、变相体罚或者其他侮辱人格尊严的行为。"这一条文出自(   )。

A.《中华人民共和国义务教育法》　　　　　B.《中华人民共和国教育法》

C.《中华人民共和国教师法》　　　　　　　D.《中华人民共和国未成年人保护法》

答案D。解析:《中华人民共和国未成年人保护法》第15条规定:"学校、幼儿园的教职员应当尊重未成年人的人格尊严,不得对未成年学生和儿童实施体罚、变相体罚或者其他侮辱人格尊严的行为。"

7.《中华人民共和国教师法》颁布的时间是(   )。

A. 1993 年　　　　　B. 1994 年　　　　　C. 1995 年　　　　　D. 2002 年

答案A。解析:中华人民共和国主席令第15号(1993年10月31日,第八届全国人民代表大会常务委员会第四次会议通过)颁布了《中华人民共和国教师法》。

二、名词解释

法律责任

答:法律责任是指因违法行为而必须承担的具有强制性的法律后果。

三、简答题

1. 我国哪一部法律对学生应尽的法律义务作了专门规定,学生应尽的法律义务有哪些?

答:(1)《中华人民共和国教育法》;(2)遵守法律、法规;尊敬师长,养成良好的思想品德和行为习惯;努力学习,完成规定的学习任务;遵守所在学校或者其他教育机构的管理制度。

2. 简述聘任教师的形式。

答:招聘、续聘、解聘和辞聘。

四、论述题

试论教育行政赔偿的内涵和特征。

答:教育行政赔偿是指教育行政机关及其工作人员在执行职务过程中,违法行使职权,侵犯了公民、法人或其他组织的合法权益并造成损害,依照法律规定,由国家承担损害赔偿责任的制度。教育行政赔偿有如下特征:第一,侵权主体为教育行政机关及其公务员;第二,侵权损害发生在执行职务的过程中。教育行政侵权行为与行使教育行政权力相联系;第三,侵权行为源于教育行政机关及其公务员的违法行政。违法行政的本质在于它的社会危害性,它不仅侵犯了公民或法人的合法权益,更重要的是它削弱了法律,使国家的权威受到了严重影响,伤害了人民对国家的感情,从而具有社会危害性;第四,教育行政赔偿主体是国家;第五,教育行政赔偿是一种法律责任,是具有法律意义上的责任:首先,这种责任一般由法律规定。其次,这种责任的承担形式通常是具有法律上的惩戒意义。再次,这种责任的承担是法律上的救济,即补救。

五、案例分析题

1. 某小学有一间空置的教室,很多学生喜欢在课间休息时到这间废弃的教室里玩耍。

某日下午 14 时左右,这间教室的房顶突然坍塌,造成 1 人死亡,3 人重伤,18 人轻伤。事故发生后。受伤的学生得到及时救治。

请结合相关教育法律知识分析此案例。

【分析】(1)该校的教室明显存在不安全因素,而学校并没有采取有效安全措施,致使学生伤亡,学校相关责任人已构成教育设施重大安全事故罪,应依刑法予以处理。

(2)学校应对受害学生及其家属承担民事赔偿责任。

2. 梅梅是个能干的女孩。她家庭负担很重,爸爸整天干活不在家,妈妈瘫痪在床上。梅梅不仅要做家务,还要照顾躺在床上的妈妈。虽然时间很紧,但她从不放松学习,有时会为妈妈熬药而迟到。

这学期,学校要开展纪律比赛,梅梅的班主任老师担心她经常迟到会影响班集体成绩,就劝她转学,同学们也在背后议论纷纷。梅梅不愿意离开,可是又怕影响大家。

请运用教育法律法规知识进行分析。

【分析】未成年学生是受教育者,有权利在学校完整地接受义务教育。无论学习成绩是否优秀,品行是否有问题,学生受教育的权利是均等的,学校不可以随意开除学生或责令学生转学。学生更应该珍惜学习机会,在学校完成学习任务。

《中华人民共和国未成年人保护法》规定:"学校应当全面贯彻国家教育方针,对未成年学生进行德育、智育、体育、美育、劳动教育以及社会生活指导和青春期教育","学校应当尊重未成年学生的受教育权,不得随意开除未成年学生",所以教师劝学生转学是违法的。

第二章　现行主要的教育政策法规必读

考纲要点

识记

1.《中共中央关于教育体制改革的决定》、《中国教育改革和发展纲要》、《面向21世纪教育振兴行动计划》、《国务院关于基础教育改革与发展的决定》、《基础教育课程改革纲要(试行)》(教育部)、《中共中央国务院关于深化教育改革,全面推进素质教育的决定》、《爱国主义教育实施纲要》、《公民道德建设实施纲要》、《关于适应新形势进一步加强和改进中小学德育工作的意见》、《关于进一步加强和改进未成年人思想道德建设的若干意见》、《中华人民共和国宪法》中有关教育的主要条款;

2. 我国现行教育法律的名称、颁布与开始施行的时间;

3.《中华人民共和国教育法》、《中华人民共和国义务教育法》(修订)、《中华人民共和国教师法》、《教师资格条例》等教育政策文献的名称、颁布时间及其与中小学教育教学工作密切相关的政策规定。

理解

《中华人民共和国教育法》《中华人民共和国义务教育法》(修订)、《中华人民共和国教师法》、《教师资格条例》等教育政策和法规的基本精神和它们对中小学教育改革与发展的重大意义。

运用

1. 能够识别不同的教育政策、法规类型：教育法律、教育行政法规、地方性教育法规、部门教育规章和地方政府规章等；

2. 能够运用我国现行的教育法律法规、政策及有关法律规定，判别现实中的教育违法现象，分析教育违法问题。

第一节 现行主要的教育政策

一、公民道德建设实施纲要重点内容

（1）目标：在全民族牢固树立建设有中国特色社会主义的共同理想和正确的世界观、人生观、价值观，在全社会大力倡导"爱国守法、明礼诚信、团结友善、勤俭自强、敬业奉献"的基本道德规范，努力提高公民道德素质，促进人的全面发展，培养一代又一代有理想、有道德、有文化、有纪律的社会主义公民。

（2）核心：为人民服务作为公民道德建设的核心。

（3）原则：集体主义作为公民道德建设的原则。

（4）基本要求：爱祖国、爱人民、爱劳动、爱科学、爱社会主义作为公民道德建设的基本要求。

> **考题预测**
>
> 简答题：
> 简述公民道德建设的基本要求。
>
> 单选题：
> 公民道德建设的核心是（ A ）。
> A. 为人民服务
> B. 集体主义
> C. 爱国守法
> D. 敬业奉献

二、爱国主义教育实施纲要

（一）爱国主义教育的基本原则

（1）爱国主义教育必须以邓小平同志建设有中国特色社会主义理论和党的基本路线为指导，必须有利于促进社会主义现代化建设，必须有利于促进改革开放，必须有利于维护国家和民族的声誉、尊严、团结和利益，必须有利于促进祖国统一的事业。这是新时期爱国主义教育的基本指导思想。

（2）开展爱国主义教育的目的是要振奋民族精神，增强民族凝聚力，树立民族自尊心和自豪感，巩固和发展最广泛的爱国统一战线，把人民群众的爱国热情引导和凝聚到建设有中国特色的社会主义伟大事业上来，做有理想、有道德、有文化、有纪律的社会主义公民，为实现四化、振兴中华的共同理想团结奋斗。

（3）爱国主义教育必须坚持重在建设的方针。要按照邓小平同志关于爱国主义的一系列重要论述，搞好爱国主义教育的理论建设、教材建设、制度建设和基地建设。把爱国主义教育贯穿于各项思想政治教育之中，作为社会主义精神文明建设的基础性工程，作为我国社会的主旋律，坚定不移、长期不懈地抓下去。

（4）爱国主义教育必须坚持对外开放的原则。爱国主义绝不是狭隘的民族主义，我们既要继承和发扬中华民族的优秀成果,也要学习和吸收世界各国包括资本主义发达国家所创造的一切文明成果。只有这样,中国人民才能和各国人民一道,为促进世界和平和人类进步作出贡献。

(5)爱国主义教育必须突出时代特征。

(二)爱国主义教育的主要内容

(1)爱国主义教育的素材非常广泛。从历史到现实,从物质文明到精神文明,从自然风光到物产资源,社会生活的各个领域都蕴藏着极为丰富的进行爱国主义教育的瑰宝。要善于运用国情资料,并注意挖掘和利用各种宝贵的教育资源,不断丰富爱国主义教育的内容。

(2)要进行中华民族悠久历史的教育。

(3)要进行中华民族优秀传统文化教育。

(4)要进行党的基本路线和社会主义现代化建设成就的教育。

(5)要进行中国国情的教育。

(6)要进行社会主义民主和法制教育。

(7)要进行国防教育和国家安全教育。

(8)要进行民族团结教育。

(9)要进行"和平统一、一国两制"方针的教育。

(10)爱国主义教育是全民教育,重点是广大青少年。

(11)进行爱国主义教育,需要提倡必要的礼仪,特别要提倡有助于培养对国旗、国歌、国徽崇敬感的必要礼仪,增强人们的爱国主义情感。

> **考题预测**
> 简答题:
> 1. 简述开展爱国主义教育的目的。
> 2. 简述《中共中央关于教育体制改革的决定》的主要内容。

三、《中共中央关于教育体制改革的决定》

(一)发布时间:1985 年 5 月 27 日

(二)主要内容

第一,教育体制改革的根本目的是提高民族素质,多出人才、出好人才。

第二,把发展基础教育的责任交给地方,有步骤地实行九年制义务教育。

第三,调整中等教育结构,大力发展职业技术教育。

第四,改革高等学校的招生计划和毕业生分配制度,扩大高等学校办学自主权。

四、《中国教育改革发展纲要》

(一)发布时间:1993 年 2 月 13 日

(二)主要内容

第一,各级各类教育发展的具体目标是:

全国基本普及九年义务教育(包括初中阶段的职业技术教育);大城市市区和沿海经济发达地区积极普及高中阶段教育。大中城市基本满足幼儿接受教育的要求,广大农村积极发展学前一年教育。

全国基本扫除青壮年文盲,使青壮年中的文盲率降到 5% 以下。通过岗位培训、继续教育和在职学历教育,提高广大从业人员的思想文化素质和职业技能。各地区、各部门根据实际情况,制定本地区本行业的分阶段教育发展目标和任务。

第二,为了实现上述目标,应采取深化教育改革,坚持协调发展,增加教育投入,提高教师素质,提高教育质量,注重办学效益,实行分区规划,加强社会参与的战略。

在教育事业发展上,不仅教育的规模要有较大发展,而且要把教育质量和办学效益提高到一个新的水平。

在结构选择上,以九年义务教育为基础,大力加强基础教育,积极发展职业技术教育、成人教育和高等教育,把提高劳动者素质,培养初、中级人才摆到突出的位置。

在地区发展格局上,从各地经济、文化发展不平衡的实际出发,因地制宜,分类指导。鼓励经济、文化发达地区率先达到中等发达国家八十年代末的教育发展水平;积极支持贫困地区和民族地区发展教育。

第三,基础教育是提高民族素质的奠基工程,必须大力加强。

第四,改革教育体制。

第五,全面贯彻教育方针,全面提高教育质量。

五、《面向 21 世纪教育振兴行动计划》

（一）发布时间

教育部 1998 年 12 月 24 日制定,国务院 1999 年 1 月 13 日批转。

（二）主要内容

（1）实施"跨世纪素质教育工程"。

（2）实施"跨世纪园丁工程"。

（3）实施"高层次创造性人才工程",加强高等学校科研工作,积极参与国家创新体系建设。

考题预测

单选题:

"跨世纪素质教育工程"是在（ A ）中提出的。

A.《面向 21 世纪教育振兴行动计划》

B.《国务院关于基础教育改革与发展的决定》

C.《中国教育改革和发展纲要》

D.《中共中央国务院关于深化教育改革、全面推进素质教育的决定》

六、《国务院关于基础教育改革与发展的决定》

（一）发布时间:2001 年 5 月 29 日国发[2001]21 号

（二）主要内容（共 40 条）

（1）确立基础教育在社会主义现代化建设中的战略地位,坚持基础教育优先发展。

（2）完善管理体制,保障经费投入,推进农村义务教育持续健康发展。

（3）深化教育教学改革,扎实推进素质教育。

（4）完善教师教育体系,深化人事制度改革,大力加强中小学教师队伍建设。

七、《中共中央国务院关于深化教育改革、全面推进素质教育的决定》

（一）发布时间:1999 年 6 月 13 日

（二）主要内容（共 26 条）

第一,全面推进素质教育,培养适应二十一世纪现代化建设需要的社会主义新人。

〈1〉实施素质教育。

〈2〉实施素质教育应当贯穿于幼儿教育、中小学教育、职业教育、成人教育、高等教育等各级各类教育,应当贯穿于学校教育、家庭教育和社会教育等各个方面。

〈3〉各级各类学校必须更加重视德育工作,以马克思列宁主义、毛泽东思想和邓小平理论为指导,按照德育总体目标和学生成长规律,确定不同学龄阶段的德育内容和要求,在培养学生的思想品德和行为规范方面,要形成一定的目标递进层次。

〈4〉智育工作要转变教育观念,改革人才培养模式,积极实行启发式和讨论式教学,激发学生独立思考和创新的意识,切实提高教学质量。要让学生感受、理解知识产生和发展的过程,培养学生的科学精神和创新思维习惯,重视培养学生收集处理信息的能力、获取新知识的能力、分析和解决问题的能力、语言文字表达能力以及团结协作和社会活动的能力。

〈5〉健康体魄是青少年为祖国和人民服务的基本前提,是中华民族旺盛生命力的体现。

〈6〉美育不仅能陶冶情操、提高素养,而且有助于开发智力,对于促进学生全面发展具有不可替代的作用。

〈7〉教育与生产劳动相结合是培养全面发展人才的重要途径。

第二,深化教育改革,为实施素质教育创造条件。

〈14〉调整和改革课程体系、结构、内容,建立新的基础教育课程体系,试行国家课程、地方课程和学校课程。

八、《基础教育课程改革纲要》

（一）发布时间:2001 年 6 月 8 日

（二）主要内容

新的课程体系涵盖幼儿教育、义务教育和普通高中教育。

第一,课程改革的目标。

第二,课程结构。

〈3〉整体设置九年一贯的义务教育课程。小学阶段以综合课程为主;初中阶段设置分科与综合相结合的课程;高中以分科课程为主。

第三,课程标准。

〈7〉国家课程标准是教材编写、教学、评估和考试命题的依据,是国家管理和评价课程的基础。

第四,教学过程。

〈10〉教师在教学过程中应与学生积极互动、共同发展,要处理好传授知识与培养能力的关系,注重培养学生的独立性和自主性,引导学生质疑、调查、探究,在实践中学习,促进学生在教师指导下主动地、富有个性地学习。教师应尊重学生的人格,关注个体差异,满足不同学生的学习需要,创设能引导学生主动参与的教育环境,激发学生的学习积极性,培养学生掌握和运用知识的态度和能力,使每个学生都能得到充分的发展。

〈11〉大力推进信息技术在教学过程中的普遍应用,促进信息技术与学科课程的整合,逐步实现教学内容的呈现方式、学生的学习方式、教师的教学方式和师生互动方式的变革,充分发挥信息技术的优势,为学生的学习和发展提供丰富多彩的教育环境和有力的学习工具。

第五,课程评价。

〈14〉建立促进学生全面发展的评价体系。

〈15〉继续改革和完善考试制度。

第六,课程管理。

〈16〉为保障和促进课程对不同地区、学校、学生的要求,实行国家、地方和学校三级课程管理。

第二节 现行主要的教育法律法规及重要规定

一、《中华人民共和国宪法》中有关教育的主要条款

(一)时间

1982 年 12 月 4 日第五届全国人民代表大会第五次会议通过,1982 年 12 月 4 日全国人民代表大会公告公布施行。根据 1988 年 4 月 12 日第七届全国人民代表大会第一次会议通过的《中华人民共和国宪法修正案》、1993 年 3 月 29 日第八届全国人民代表大会第一次会议通过的《中华人民共和国宪法修正案》、1999 年 3 月 15 日第九届全国人民代表大会第二次会议通过的《中华人民共和国宪法修正案》和 2004 年 3 月 14 日第十届全国人民代表大会第二次会议通过的《中华人民共和国宪法修正案》修正。

(二)有关教育的主要条款

第十九条 国家发展社会主义的教育事业,提高全国人民的科学文化水平。

国家举办各种学校,普及初等义务教育,发展中等教育、职业教育和高等教育,并且发展学前教育。

国家发展各种教育设施,扫除文盲,对工人、农民、国家工作人员和其他劳动者进行政治、文化、科学、技术、业务的教育,鼓励自学成才。

国家鼓励集体经济组织、国家企业事业组织和其他社会力量依照法律规定举办各种教育事业。

国家推广全国通用的普通话。

第二十四条 国家通过普及理想教育、道德教育、文化教育、纪律和法制教育,通过在城乡不同范围的群众中制定和执行各种守则、公约,加强社会主义精神文明的建设。

国家提倡爱祖国、爱人民、爱劳动、爱科学、爱社会主义的公德,在人民中进行爱国主义、集体主义和国际主义、共产主义的教育,进行辩证唯物主义和历史唯物主义的教育,反对资本主义的、封建主义的和其他的腐朽思想。

二、《中华人民共和国教育法》主要条款

(一)时间

1995 年 3 月 18 日第八届全国人民代表大会第三次会议通过。

(二)目录

第一章 总 则

第二章 教育基本制度

第三章 学校及其他教育机构

第四章　教师和其他教育工作者

第五章　受教育者

第六章　教育与社会

第七章　教育投入与条件保障

第八章　教育对外交流与合作

第九章　法律责任

第十章　附　则

（三）主要条款

第四条　教育是社会主义现代化建设的基础,国家保障教育事业优先发展。全社会应当关心和支持教育事业的发展。全社会应当尊重教师。

第五条　教育必须为社会主义现代化建设服务,必须与生产劳动相结合,培养德、智、体等方面全面发展的社会主义事业的建设者和接班人。

第二十六条　设立学校及其他教育机构,必须具备下列基本条件:

（1）有组织机构和章程;

（2）有合格的教师;

（3）有符合规定标准的教学场所及设施、设备等;

（4）有必备的办学资金和稳定的经费来源。

第三十四条　国家实行教师资格、职务、聘任制度,通过考核、奖励、培养和培训,提高教师素质,加强教师队伍建设。

第三十五条　学校及其他教育机构中的管理人员,实行教育职员制度。

学校及其他教育机构中的教学辅助人员和其他专业技术人员,实行专业技术职务聘任制度。

第四十二条　受教育者享有下列权利:

（1）参加教育教学计划安排的各种活动,使用教育教学设施、设备、图书资料;

（2）按照国家有关规定获得奖学金、贷学金、助学金;

（3）在学业成绩和品行上获得公正评价,完成规定的学业后获得相应的学业证书、学位证书;

（4）对学校给予的处分不服向有关部门提出申诉,对学校、教师侵犯其人身权、财产权等合法权益,提出申诉或者依法提起诉讼;

（5）法律法规规定的其他权利。

三、《中华人民共和国义务教育法》主要条款

（一）时间

1986 年 4 月 12 日第六届全国人民代表大会第四次会议通过,2006 年 6 月 29 日第十届全国人民代表大会常务委员会第二十二次会议修订。

下面是修订后的《中华人民共和国义务教育法》主要条款。自 2006 年 9 月 1 日起施行。

（二）主要条款

第四条　凡具有中华人民共和国国籍的适龄儿童、少年,不分性别、民族、种族、家庭财

产状况、宗教信仰等,依法享有平等接受义务教育的权利,并履行接受义务教育的义务。

第十四条　禁止用人单位招用应当接受义务教育的适龄儿童、少年。

根据国家有关规定经批准招收适龄儿童、少年进行文艺、体育等专业训练的社会组织,应当保证所招收的适龄儿童、少年接受义务教育;自行实施义务教育的,应当经县级人民政府教育行政部门批准。

第二十六条　学校实行校长负责制。校长应当符合国家规定的任职条件。校长由县级人民政府教育行政部门依法聘任。

第二十七条　对违反学校管理制度的学生,学校应当予以批评教育,不得开除。

第二十八条　教师享有法律规定的权利,履行法律规定的义务,应当为人师表,忠诚于人民的教育事业。

全社会应当尊重教师。

第二十九条　教师在教育教学中应当平等对待学生,关注学生的个体差异,因材施教,促进学生的充分发展。

教师应当尊重学生的人格,不得歧视学生,不得对学生实施体罚、变相体罚或者其他侮辱人格尊严的行为,不得侵犯学生合法权益。

第三十条　教师应当取得国家规定的教师资格。

国家建立统一的义务教育教师职务制度。教师职务分为初级职务、中级职务和高级职务。

第三十一条　各级人民政府保障教师工资福利和社会保险待遇,改善教师工作和生活条件;完善农村教师工资经费保障机制。

教师的平均工资水平应当不低于当地公务员的平均工资水平。

特殊教育教师享有特殊岗位补助津贴。在民族地区和边远贫困地区工作的教师享有艰苦贫困地区补助津贴。

第三十二条　县级以上人民政府应当加强教师培养工作,采取措施发展教师教育。

县级人民政府教育行政部门应当均衡配置本行政区域内学校师资力量,组织校长、教师的培训和流动,加强对薄弱学校的建设。

第三十四条　教育教学工作应当符合教育规律和学生身心发展特点,面向全体学生,教书育人,将德育、智育、体育、美育等有机统一在教育教学活动中,注重培养学生独立思考能力、创新能力和实践能力,促进学生全面发展。

第三十五条　国务院教育行政部门根据适龄儿童、少年身心发展的状况和实际情况,确定教学制度、教育教学内容和课程设置,改革考试制度,并改进高级中等学校招生办法,推进实施素质教育。

学校和教师按照确定的教育教学内容和课程设置开展教育教学活动,保证达到国家规定的基本质量要求。

国家鼓励学校和教师采用启发式教育等教育教学方法,提高教育教学质量。

第三十六条　学校应当把德育放在首位,寓德育于教育教学之中,开展与学生年龄相适应的社会实践活动,形成学校、家庭、社会相互配合的思想道德教育体系,促进学生养成良好的思想品德和行为习惯。

第三十七条　学校应当保证学生的课外活动时间,组织开展文化娱乐等课外活动。社会公共文化体育设施应当为学校开展课外活动提供便利。

第五十八条 适龄儿童、少年的父母或者其他法定监护人无正当理由未依照本法规定送适龄儿童、少年入学接受义务教育的,由当地乡镇人民政府或者县级人民政府教育行政部门给予批评教育,责令限期改正。

第五十九条 有下列情形之一的,依照有关法律、行政法规的规定予以处罚:

(1)胁迫或者诱骗应当接受义务教育的适龄儿童、少年失学、辍学的;

(2)非法招用应当接受义务教育的适龄儿童、少年的;

(3)出版未经依法审定的教科书的。

第六十条 违反本法规定,构成犯罪的,依法追究刑事责任。

四、《中华人民共和国教师法》主要条款

(一)时间

《中华人民共和国教师法》已由中华人民共和国第八届全国人民代表大会常务委员会第四次会议于1993年10月31日通过,现予公布,自1994年1月1日起施行。

(二)主要条款

第三条 教师是履行教育教学职责的专业人员,承担教书育人,培养社会主义事业建设者和接班人、提高民族素质的使命。教师应当忠诚于人民的教育事业。

第六条 每年九月十日为教师节。

第七条 教师享有下列权利:

(1)进行教育教学活动,开展教育教学改革和实验;

(2)从事科学研究、学术交流,参加专业的学术团体,在学术活动中充分发表意见;

(3)指导学生的学习和发展,评定学生的品行和学业成绩;

(4)按时获取工资报酬,享受国家规定的福利待遇以及寒暑假期的带薪休假;

(5)对学校教育教学、管理工作和教育行政部门的工作提出意见和建议,通过教职工代表大会或者其他形式,参与学校的民主管理;

(6)参加进修或者其他方式的培训。

第八条 教师应当履行下列义务:

(1)遵守宪法、法律和职业道德,为人师表;

(2)贯彻国家的教育方针,遵守规章制度,执行学校的教学计划,履行教师聘约,完成教育教学工作任务;

(3)对学生进行宪法所确定的基本原则的教育和爱国主义、民族团结的教育,法制教育以及思想品德、文化、科学技术教育,组织、带领学生开展有益的社会活动;

(4)关心、爱护全体学生,尊重学生人格,促进学生在品德、智力、体质等方面全面发展;

(5)制止有害于学生的行为或者其他侵犯学生合法权益的行为,批评和抵制有害于学生健康成长的现象;

(6)不断提高思想政治觉悟和教育教学业务水平。

第十一条 取得教师资格应当具备的相应学历是:

(1)取得幼儿园教师资格,应当具备幼儿师范学校毕业及其以上学历;

（2）取得小学教师资格，应当具备中等师范学校毕业及其以上学历；

（3）取得初级中学教师、初级职业学校文化、专业课教师资格，应当具备高等师范专科学校或者其他大学专科毕业及其以上学历；

（4）取得高级中学教师资格和中等专业学校、技工学校、职业高中文化课、专业课教师资格，应当具备高等师范院校本科或者其他大学本科毕业及其以上学历；取得中等专业学校、技工学校和职业高中学生实习指导教师资格应当具备的学历由国务院教育行政部门规定；

（5）取得高等学校教师资格，应当具备研究生或者大学本科毕业学历；

（6）取得成人教育教师资格，应当按照成人教育的层次、类别，分别具备高等、中等学校毕业及其以上学历。

不具备本法规定的教师资格学历的公民，申请获取教师资格，必须通过国家教师资格考试。国家教师资格考试制度由国务院规定。

第十四条　受到剥夺政治权利或者故意犯罪受到有期徒刑以上刑事处罚的，不能取得教师资格；已经取得教师资格的，丧失教师资格。

第十七条　学校和其他教育机构应当逐步实行教师聘任制。教师的聘任应当遵循双方地位平等的原则，由学位和教师签订聘任合同，明确规定双方的权利、义务和责任。实施教师聘任制的步骤、办法由国务院教育行政部门规定。

第二十二条　学校或者其他教育机构应当对教师的政治思想、业务水平、工作态度和工作成绩进行考核。

第三十七条　教师有下列情形之一的，由所在学校、其他教育机构或者教育行政部门给予行政处分或者解聘：

（1）故意不完成教育教学任务给教育教学工作造成损失的；

（2）体罚学生，经教育不改的；

（3）品行不良、侮辱学生，影响恶劣的。

教师有前款第（2）项、第（3）项所列情形之一，情节严重，构成犯罪的，依法追究刑事责任。

第三十九条　教师对学校或者其他教育机构侵犯其合法权益的，或者对学校或者其他教育机构作出的处理不服的，可以向教育行政部门提出申诉，教育行政部门应当在接到申诉的三十日内，作出处理。

教师认为当地人民政府有关行政部门侵犯其根据本法规定享有的权利的，可以向同级人民政府或者上一级人民政府有关部门提出申诉，同级人民政府或者上一级人民政府有关部门应当作出处理。

五、真题选析

（一）单选题

1. 我国全面进入依法治教轨道的标志是颁布与实施（　　）。

A.《中华人民共和国义务教育法》　　　　B.《中华人民共和国教师法》

C.《中华人民共和国教育法》　　　　D. 新《中华人民共和国义务教育法》

答案 C。解析：略。

2. 教师法定的最基本权利是（　　）。

A. 管理学生权　　　B. 教育教学权　　　C. 科学研究权　　　D. 进修培训权

答案 B。解析：略。

3. 教师法定的基本权利是（　　）。

A. 惩罚学生权　　　B. 学习权　　　C. 写作权　　　D. 教育教学权

答案 D。解析：略。

4. 我国原《义务教育法》和新修订的《义务教育法》开始实施的时间分别是（　　）。

A. 1986.9.1 和 2006.9.1　　　　B. 1986.7.1 和 2006.7.1

C. 1986.7.1 和 2006.9.1　　　　D. 1986.9.1 和 2006.7.1.

答案 C。解析：略。

5. 我国《教师法》和新修订的《义务教育法》开始实施的时间分别是（　　）。

A. 1993.10.31 和 2006.9.1　　　　B. 1994.1.1 和 2006.9.1

C. 1995.9.1 和 2006.7.1　　　　D. 1993.11.1 和 2006.6.29

答案 B。解析：略。

6. 教师法规定，教师对学校或其他教育机构侵犯其合法权益的，或者对学校或其他教育机构作出的处理决定不服的，可以向教育行政部门（　　）。

A. 提出申诉　　　B. 提出复议　　　C. 提出诉讼　　　D. 提出上诉

答案 A。解析：《中华人民共和国教师法》第 39 条第 1 款规定：教师对学校或者其他教育机构侵犯其合法权益的，或者对学校或者其他教育机构作出的处理不服的，可以向教育行政部门提出申诉。

（二）简答题

1. 我国教育法规定学生享有哪些权利？

答：根据教育法规定，学生拥有下列权利：(1) 参加教育教学计划安排的各种活动，使用教育教学设备、图书资料。(2) 获得各种奖学金、助学金等。(3) 获得公正评价权。(4) 具有合法的申诉权。(5) 法律规定的其他权利。

2. 简述教师的权利。

答：根据教师法规定，教师拥有下列权利：(1) 进行教育教学活动，开展教育教学改革和实验。(2) 从事科学研究、学术交流，参加专业的学术团体，在学术活动中充分发表意见。(3) 指导学生的学习和发展，评定学生的品行和学业成绩。(4) 按时获取工资报酬，享受国家规定的福利待遇以及寒暑假期的带薪休假。(5) 对学校教育教学、管理工作和教育行政部门的工作提出意见和建议，通过教职工代表大会或其他形式，参与学校的民主管理。(6) 参加进修或者其他方式的培训。

也可以简单地归结为：教育教学权；学术研究权；评价学生权；工资福利权；参与管理权；进修培训权。

3. 列出五部我国现行的教育法律名称（教师法和义务教育法除外）。

答：《中华人民共和国教育法》1995 年通过并施行；

《中华人民共和国未成年人保护法》1991 年通过，2006 年修订，2007 年施行；

《中华人民共和国职业教育法》1996 年通过并施行；

《中华人民共和国高等教育法》1998 年通过，1999 年施行；

《中华人民共和国民办教育促进法》2002 年通过，2003 年施行。

（三）材料分析题

小明和小华是 S 小学二年级的学生。一天，小明和小华在课间休息时玩跷跷板，小明推了小华一下，致使小华从跷跷板上掉到水泥地面上摔伤，共花去医药费 1000 元。

请问:在这起事故中,谁应当承担赔偿责任? 为什么?

【分析】在这起事故中,小明的监护人和 S 小学都应当承担赔偿责任。因为小明未满 10 周岁,属于无民事行为能力人,小明的监护人应当代替小明承担相应的民事赔偿责任。S 小学将跷跷板设置在水泥地上,未能充分考虑学生活动条件的安全性以及教育管理不当,因此 S 小学也应当承担一定的赔偿责任。由此,未成年人的监护人应当加强对被监护人的安全教育。